中国文化之精神价值

唐君毅

著

九州出版社
JIUZHOUPRESS

图书在版编目（CIP）数据

中国文化之精神价值 / 唐君毅著. -- 北京 : 九州
出版社，2020.7

　　ISBN 978-7-5108-8843-4

　　Ⅰ．①中… Ⅱ．①唐… Ⅲ．①文化精神－研究－中国
Ⅳ．①G02

中国版本图书馆CIP数据核字(2020)第123236号

中国文化之精神价值

作　　者	唐君毅　著
出版发行	九州出版社
地　　址	北京市西城区阜外大街甲 35 号（100037）
发行电话	(010)68992190/3/5/6
网　　址	www.jiuzhoupress.com
电子信箱	jiuzhou@jiuzhoupress.com
印　　刷	三河市兴博印务有限公司
开　　本	710 毫米 ×1000 毫米　16 开
印　　张	26
字　　数	316 千字
版　　次	2021 年 1 月第 1 版
印　　次	2021 年 1 月第 1 次印刷
书　　号	ISBN 978-7-5108-8843-4
定　　价	78.00 元

《台湾国学丛书》总序

在我看来，不管多变的时局到底怎么演变，以及两岸历史的舞台场景如何转换，都不会妨碍海峡对岸的国学研究，总要构成中国的"传统学术文化"的有机组成部分。

事实上，无论是就其时间上的起源而言，还是就其空间上的分布而言，这个幅员如此辽阔的文明，都既曾呈现出"满天星斗"似的散落，也曾表现出"多元一体"式的聚集，这既表征着发展步调与观念传播上的落差，也表征着从地理到政治、从风俗到方言上的区隔。也正因为这样，越是到了晚近这段时间，无论从国际还是国内学界来看，也都越发重视起儒学乃至国学的地域性问题。

可无论如何，既然"国学"正如我给出的定义那样，乃属于中国"传统学术文化"的总称，那么在这样的总称之下，任何地域性的儒学流派乃至国学分支，毕竟都并非只属于某种"地方性文化"。也就是说，一旦换从另一方面来看，尤其是，换从全球性的宏观对比来看，那么，无论是何种地域的国学流派，都显然在共享着同一批来自先秦的典籍，乃至负载着这些典籍的同一书写系统，以及隐含在这些典籍中的同一价值系统。

更不要说，受这种价值系统的点化与浸润，无论你来到哪个特殊的地域，都不难从更深层的意义上发现，那里在共享着同一个"生活世界"。甚至可以这么说，这些林林总总、五光十色的地域文化，反而提供了非常难得的生活实验室，来落实那种价值的各种可能性。正因为这样，无论来到中华世界的哪一方水土，也无论是从它的田间还是市井，你都可能发出"似曾相识"的感慨。——这种感慨，当然也能概括我对台北街市的感受，正因为那表现形态是独具特色的，它对我本人才显得有点"出乎意料"，可说到底它毕竟还是中国式的，于是在细思之下又仍不出"情理之中"。

在这个意义上，当然所有的"多样性"都是可贵的。而进一步说，至少在我这个嗜书如命的人看来，台湾那边的国学研究就尤其可贵，尤其是从 1949 年到 1978 年间，由那些桴海迁移的前辈们所做出的研究。无可讳言，那正是大陆越来越走向紧张与禁闭，终至去全方位地"破除四旧"的岁月，所以在那种命悬一线的危殆情况下，若不是中国总还保留了那么个角落，仍然活跃着对于文化传统的学术研究，那么，我们曾经长期引以为自豪的、据说在历史中从未中断过的学脉，可能就要面对另一番难以想象的场景了。

正是因此，我才更加感佩那些前辈的薪火相传。虽说余生也晚，无缘向其中的大多数人当面请益，然而我从他们留下的那些书页中，还是不仅能读出他们潜在的情思，更油然感受到自己肩上的责任，正如自己曾就此动情而写的："这些前辈终究会表现为'最后的玫瑰'么？他们当年的学术努力，终究会被斩断为无本之木么？——读着这些几乎是'一生磨一剑'的学术成果，虽然余生也晚，而跟这些前辈学人缘悭一面，仍然情不自禁地怀想到，他们当年这般花果飘零，虽然这般奋笔疾书，以图思绪能有所寄托，但在其内心世界里，还是有说不出的凄苦犹疑。"

终于，趁着大陆这边的国学振兴，我们可以更成规模地引进那些老先生的相关著作了。由此便不在话下，这种更加系统的、按部就班的引进，首先就出于一种亲切的"传承意识"。实际上，即使我们现在所获得的进展，乃至由此而催生出的国学高涨，也并非没有台湾国学的影响在。早在改革开放、边门乍开的初期，那些从海峡对岸得到的繁体著作，就跟从大洋彼岸得到的英文著作一样，都使得我们从中获得过兴奋的"解放感"。正因此，如果任何一种学术史的内在线索，都必然表现为承前启后的"接着讲"，那么也完全可以说，我们也正是在接着台湾国学的线索来讲的。

与此同时，现在借着这种集成式的编辑，而对于台湾国学的总体回顾，当然也包含了另一种活跃的"对话意识"。学术研究，作为一种有机增长的话语，其生命力从来都在于不断的创新，而如此不断创新的内生动力，又从来都来自"后生"向着"前贤"的反复切磋。也是惟其如此，这些如今静躺在台湾图书馆中的著作——它们眼下基本上已不再被对岸再版了——才不会只表现为某种历史的遗迹，而得以加入到整个国学复兴的"大合唱"中；此外，同样不在话下的是，我们还希望这次集中的重印，又不失为一种相应的和及时的提醒，那就是在这种"多元一体"的"大合唱"中，仍需仔细聆听来自宝岛的那个特殊声部。

最后要说的是，在一方面，我们既已不再相信任何形式的"历史目的论"，那么自然也就可以理解，今后的进程也总会开放向任何"偶然性"，无法再去想象黑格尔式的、必然的螺旋上升；可在另一方面，又正如我在新近完成的著作中所讲的："尽管我们的确属于'有限的、会死亡的、偶然存在的'人类，他们也的确属于'有限的、会死亡的、偶然存在的'人类，可话说回来，构成了彼此'主观间性'的那种'人心所向'，却并不是同样有限和偶然的，相反倒是递相授受、薪火相传、永世长存的，由此也便显出了不可抹煞的'必然性'。"在这个意义上，我们就总还有理由去畅想：由作为中国"传统学术文化"总称的国学——当然也包括台湾国学——所造成的"人心所向"和"主观间性"，也总还不失为一种历史的推动力量吧？

刘东

2020 年 6 月 24 日于浙江大学中西书院

目 录

自序（述本书缘起）/ 1

第十版自序 / 7

第一章　中西文化精神形成之外缘 / 1

（一）西方文化之来源为多元与中国文化之来源为一元 / 1

（二）不同文化民族之接触——战争与商业对西方文化精神形成之关系 / 4

（三）农业与和平对中国文化精神之形成之关系 / 9

（四）中西文化之面目之不同——重文化之类别与重文化之统 / 12

第二章　中国文化与宗教之起源 / 16

（一）中国古代之劳动精神与社会政治之关系 / 16

（二）社会政治与文学艺术之相依 / 19

（三）中国古代宗教精神之特质 / 21

第三章　中国哲学之原始精神 / 28

（一）中国哲学之起源问题与周代宗法制度之合家庭社会政治道德以为一 / 28

（二）中国哲学智慧之起源，为古代宗教道德精神之升进，而非对之之怀疑与批评 / 33

（三）孔子之继往开来与继天道以立人道 / 35

（四）孔子之全面的合天与全面的人文精神，与孔子所开启之
人文精神与哲学 / 39

（五）中国文化精神之形成与西方之不同 / 42

第四章　孔子以后之中国学术文化精神 / 44

（一）九流与六艺及孔子的精神 / 44

（二）秦汉唐宋元明清之文化精神之综贯的说明 / 47

第五章　中国先哲之自然宇宙观 / 54

（一）西方哲学科学中之自然宇宙观 / 54

（二）中国自然宇宙观中缺乏超越的必然律之观念，而以自然
律则为内在于自然事物者 / 60

（三）中国自然宇宙观中，共相非第一义之理。物之存在的根
本之理为生理，此生理即物之性。物之性表现于与他物
感通之德量。性或生理，乃自由原则、生化原则，而非
必然原则 / 62

（四）中国自然宇宙观，视物皆有虚以涵实，以形成生化历程，
故无纯物质性之实体观念，万物无永相矛盾冲突之理，
而有由相感通以归中和之理 / 64

（五）中国宇宙观中物质与能力、物质与空间、时间与空间
不相对立，以位序说时空，而无"无限之时间空间观
念" / 68

（六）中国自然宇宙观重明理、象、数合一而不相离 / 74

（七）价值内在于自然万物之宇宙观 / 76

（八）儒道阴阳法诸家之自然宇宙观之比较 / 81

第六章　中国先哲之人心观 / 85

（一）中西哲学中人心观之不同 / 85

（二）心之无对性、虚灵性、涵盖性、主宰性 / 89

（三）心之知与神为心之阴阳二面 / 94

（四）心之神与志气 / 97

（五）心之性情 / 100

（六）性情之善不善及性与理 / 105

（七）中国儒家所谓心性之直道而行，及心与其所对之自然之
　　　本性，皆超矛盾辩证历程者 / 109

（八）罪恶之起源与道德生活中之辩证的发展 / 115

（九）中国儒道二家之心性观之体会 / 118

第七章　中国先哲之人生道德理想论（上）/ 124

（一）西方人生道德理想之类型与中国人生道德理想相比较 / 124

（二）中国儒家人生思想对自然实在之敬意及惜物贵物 / 130

（三）爱物之道德问题 / 137

（四）家庭之尊重——孝友之意义 / 140

（五）道德责任之范围 / 144

第八章　中国先哲之人生道德理想论（下）/ 146

（六）道德意识中之平等慧与差别慧 / 146

（七）良知与当然之理之内在性 / 151

（八）恕道与过失罪恶之拔除 / 155

（九）修养重建本教始之工夫 / 158

（十）一切人生活动皆可为一目的 / 161

（十一）人生一切活动与苦乐之遭遇皆充满价值意义 / 166

第九章　中国人间世界——日常生活社会政治与教育及讲学之精
　　　神 / 171

（一）日常生活与文化生活 / 171

（二）中国人在自然界之农业生活与其精神涵义 / 174

（三）中国之家庭生活日常生活之精神涵义 / 178

（四）日常生活中之礼乐意味 / 182

（五）致广大之社会精神 / 185

（六）平天下法天地之政治理念 / 195

（七）贯古今重会通之教育与讲学精神 / 199

第十章　中国艺术精神 / 204

（一）中国艺术精神下之自然观 / 204

（二）泛论中国文艺精神与西方之不同 / 209

（三）建筑 / 212

（四）书画 / 214

（五）音乐 / 216

（六）雕刻 / 218

（七）中国各艺术精神之相通 / 220

第十一章　中国文学精神 / 223

（一）中国文学重视诗歌散文及中国文字文法之特性 / 223

（二）中国自然文学中所表现之自然观——生德、仙境化境——
虚实一如、无我之实境——忘我忘神之解脱感 / 228

（三）中国文学不长于英雄之歌颂、社会之写实，而尚豪侠以
代英雄 / 233

（四）中国小说戏剧，不重烘托一主角之性格与理想，而重绘
出整幅之人间 / 236

（五）中国人间文学中之爱情文学重回环婉转之情与婚后
之爱 / 238

（六）中国人间文学范围，包含人与人之各种关系，及人与历
史文化之关系 / 241

（七）中国文学之表情，重两面关系中一往一复之情，并重超
越境之内在化 / 244

（八）中国无西方式悲剧之理由 / 246

（九）中国之悲剧意识 / 249

（十）中国悲剧意识之虚与实、悲与壮 / 253

第十二章　与中国人格世界对照之西方人格世界 / 255

（一）西方之社会事业家、发明家型 / 256

（二）西方之学者型 / 258

（三）西方之文学家、艺术家型 / 260

（四）西方之军事家、政治家、社会改造家型 / 264

（五）西方宗教人格型 / 266

第十三章　中国之人格世界 / 269

（一）有功德于民生日用之人物 / 270

（二）学者 / 272

（三）文学家、艺术家 / 275

（四）儒将与圣君贤相 / 279

（五）豪杰之士 / 281

（六）侠义之士 / 283

（七）气节之士 / 285

（八）高僧 / 286

（九）隐逸与仙道 / 289

（十）独行人物 / 291

（十一）圣贤 / 292

第十四章　中国之宗教精神与形上信仰——悠久世界 / 296

（一）宗教要求之内容与其产生之必然性及当然性 / 296

（二）世界各大宗教之异同 / 303

（三）中国宗教精神比较淡薄之故 / 307

（四）宗教信仰之当有与儒家之形上性的宗教信仰 / 312

（五）中国儒者证天道之方——天或天地可指宇宙生命、宇宙精神、本心即天心 / 315

（六）中国宗教之形上智慧——开天地为二 / 321

（七）中国先哲对鬼神之信仰与对自己之宗教精神 / 325

第十五章　中国文化之创造（上）/ 329

（一）中国百年来之文化问题与中国文化之价值 / 329

（二）中国数十年新文化运动，提倡西方文化之科学民主自由之
　　　精神于中国，所以失败之故及其态度上之错误 / 336

第十六章　中国文化之创造（中）/ 343

（三）中国文化精神之根本缺点之反省（此段或须读者先看一
　　　次，再看后文，重看一次，乃能真理解）/ 343

（四）内心理想之超越性、客观性与其价值 / 349

（五）西方科学、工业文明、阶级、国家法律意识、社会文化
　　　之分途发展、民主自由精神，依同一理念而成立 / 352

（六）西方社会文化精神对中国文化之价值 / 357

（七）社会文化之分途发展与国家法律意识及世界性之人类社
　　　会组织 / 360

第十七章　中国未来之文化创造（下）/ 367

（八）中国未来哲学及文艺之方向 / 367

（九）宗教精神之重建 / 370

（十）伦理道德精神之充拓 / 379

（十一）中国文化之回顾与前瞻 / 387

外文人名中译对照表 / 391

自序（述本书缘起）

此书之作，动念于十年前，其初意乃为个人之补过。原余于十七年前，即曾作一长文，名《中国文化之根本精神论》，发表于《中央大学文艺丛刊》。当时曾提出"天人合一"与"分全不二"，为解释中国文化之根本观念。继后三四年中，曾陆续对中国之哲学、文学、艺术、宗教、道德皆有所论。后辑成《中西哲学思想之比较论集》，予正中书局出版。在此书印刷之际，正个人思想有一进境之时，及该书印出，即深致不满，并曾函正中书局，勿再版。然书局仍续有再版印行，遂欲另写一书，以赎愆尤。原该书自表面观之，内容似甚丰富，且根本观念与今之所陈，亦似相差不远，然实则多似是而非之论。盖文化之范围至大，论文化最重要者，在所持以论文化之中心观念。如中心观念不清或错误，则全盘皆错。余在当时，虽已泛滥于中西哲学之著作，然于中西思想之大本大源，未能清楚。当时余所谓天人合一之天，唯是指自然生命现象之全，或一切变化流行之现象之全。余当时在西方哲学中，颇受柏格孙、詹姆士，及新实在论之多元思想之影响。对中国哲学思想，唯于心之虚灵不滞、周行万物一义，及自然宇宙之变化无方、无往不复二义，有一深切之了解。此二义亦保存于本书中。然当时对于西方理想主义或唯心论之形上学，无真认识；对东方思想中之佛家之唯识般若，及孟子、陆、王所谓天人合德之本心或良知，亦无所会悟。盖吾性多理障，初解知识，即喜疑难，时与先父辩论。先父信性善，余则信善恶二元。先父崇儒，余则以儒与诸家平等，或加诽谤。今日青年目空古人之罪，吾皆尝躬蹈之。吾于写该书之前七八年，亦曾闻熊十力师、欧阳竟无大师，与吕秋逸先生讲唯识、唯心之论，吾甚佩诸先生之为人，而终以为唯心、唯识之论，在知识论上，绝不可通。尝自思四论证破之，后见其与新实在论者破唯心之论证暗合，乃广读新实在论书。又受新实在论者批评西方传统哲学中本体观念之影响，遂对一切所谓形而上之本体，皆视为一种抽象之执着。故余于《中国文化精神》一文，开始即借用《易经》所谓"神无方而易无体"一语，以论中国先哲之宇宙观为无体观。此文初出，师友皆相称美，独熊先生见之，函谓开始一点即错了，然余当时并不心服。余当时答辩谓，即此变化流行之本身，即为不变。变之为变之理，即变化流行之现象之本体，故即体即用云云。当时又读柏拉图之《巴门尼德斯对话》，及黑格尔《逻辑》，见其自有、无二范畴，推演出一切思想范畴。而变之概念，原可以有无之交替说之。于是以为可用"有无之理"之自己构造，为形上学之第一原理，以说明宇宙，并尝以之解释老、庄、《易传》、《中庸》之形上学，成数万言（亦见该书），实则全为戏论。唯继后因个人生活之种种烦恼，而于人生道德问题，有所用心。对"人生之精神活动，恒自向上超越"一义，及"道德生活纯为自觉的依理而行"一义，有较真切之会悟，遂知人之有其内在而复超越的心之本体或道德自我，乃有《人生之体验》（中华出版）、《道德自我之建立》（商务出版）二书之作。同时对熊先生之形上学，亦略相契会。时又读友人牟宗三先生《逻辑典范》（商务三十年出版），乃知纯知之理性活动为动而愈出之义，由此益证此心之内在的超越性、主宰性。十年来与牟先生论学甚相得，互启发印证之处最多。对此心此理，更不复疑。而余十年来之哲学思想，亦更无变化。于中西理想主义以至超越实在论者之胜义，日益识其会通。乃知夫道，一而已矣，而不讳言宗教。并于科学精神、国家法律、民主自由之概念，渐一一得其正解。至对中国文化问题，则十年来见诸师友之作，如熊十力先生、牟宗三先生之论中国哲学，钱宾四、蒙文通先生之论中国历史之进化与传统政治，梁漱溟、刘咸炘先生之论中国社会与伦理，方东美、宗白华先生论中国人生命情调与美感，程兆熊、李源澄、邓子琴先生之论中国农业与文化及中国典制礼俗，及其他时贤之著，皆以为可助吾民族精神之自觉。较清末民初诸老先生及新文化运动时，留传至今流俗之论，夐乎尚已。而西哲中如黑格尔《历史哲学》、凯萨林《哲学家旅行日记》，及斯宾格勒、罗素、杜威、诺斯诺圃、汤恩比对中国文化之论列，亦多旁观者清，而颇有深入透辟之论。盖文化乃天下之公物，范围至大，凡人有所用心，皆必能有所发见。顾余仍以为憾者，则引申分析中国哲学之智慧，以论中国文化之"精神的价值"之著，而统之有宗，会之有元者，尚付阙如。故于此十年中，复不自量力，先成《文化之道德理性基础》一书，以明文化之原理，再进以《论中西文化之精神价值》。二书卷帙浩繁，一时不易出版，故将后一书下部论中国文化者提出刊行，是即此书。吾之此书，成于颠沛流离之际，平日所读书皆不在手边，临时又无参考之资，凡所论列，其材料大多不出乎记忆之所及，而宛若自吾一人胸中自然流出，固亦有其美，然终不能无挂一漏万之憾。身居闹市，长闻车马之声，亦不得从容构思，唯瞻望故邦，吾祖先之不肖子孙，正视吾数千年之文化留至今者，为封建之残余，不惜加以蠲弃。怀昔贤之遗泽，将毁弃于一旦，时或苍茫望天，临风陨涕。乃勉自发愤，时作时辍，八月乃成。此书乃以我所知之西方文化思想中之异于中国者为背景，以凸出中国文化之面目。于具体之历史社会之事实，所论者较少，而于中国文化之特殊精神，则力求以较清楚之哲学概念，加以表达。对中国之人生意趣、文艺境界、人格精神、宗教智慧，通常唯恃直觉了悟者，吾皆以"方以智"之道加以剖解，而终归于见天心、自然、人性、人伦、人文、人格之一贯。吾于中国文化之精神，不取时贤之无宗教之说，而主中国之哲学、道德与政治之精神，皆直接自原始敬天之精神而开出之说。故中国文化非无宗教，而是宗教之融摄于人文。此意亦吾今昔之见解之最相反者，盖亦屡经曲折之思维而后得之。余于中国宗教精神中，对天地鬼神之观念，更特致尊重，兼以为可以补西方宗教精神所不足，并可以为中国未来之新宗教之基础。余以中国文化精神之神髓，唯在充量的依内在于人之仁心，以超越的涵盖自然与人生，并普遍化此仁心，以观自然与人生，兼实现之于自然与人生而成人文。此仁心即天心也。此义在吾书，随处加以烘托，以使智者得之于一瞬。在中国文化之哲学概念方面，则恒随文加以分疏，其涉及哲学问题深处者，如关于性与天道方面者，皆以西哲之胜义为较论之据，势不能不引申触类，发古人之所未发。而文约旨远，又实无法使之更通俗化，必需读者于此中问题，先曾反复究心，方易心领神会，则吾之过也。又吾书之论中国文化，虽重在论其过去，而用意则归向于中国未来文化创造道路之指出。吾在此借用古人之太极、人极、皇极三极一贯之意，以明圆而神之中国文化精神，对方以智之西方文化精神可全部摄取之理由，以展开中国未来之人文世界。顾吾又不承认中西文化之融合，只为一截长补短之事，而以之为一完成中国文化自身当有之发展，实现中国文化之理念之所涵之事。故中国百年来中西文化之争，对中学为体西学为用，与全盘西化之二极，吾书可谓已与以一在哲学理念上之真实的会通。此会通之当有，与由此会通后，中国未来文化必有一新面目，自吾之哲学理念观之，乃为天造地设者。吾知今之中国学人皆不喜此神秘之论，然吾望人虚怀体察本书之立义，再定其是非。吾书辞繁不杀，又喜用西方式之造句，以曲达一义，然中心观念在吾心中，实至简易。唯当今之世，简易者不加以界画敷陈，多方烘托，则干枯而无生命，人不易得所持循。故首四章以纵论中国文化之历史发展。第五章至第八章，论中国先哲之自然观、心性观，及人生道德理想。第九章至十四章，则横论中国文化之各面：先之以人间世界，以论中国之社会文化，与人在自然之生活情趣；次之以艺术文学精神以论美感；再次之以人格世界，以论中国所崇敬之人物之类型；终之悠久世界，以论中国人之宗教精神与形上信仰。最后三章，则专论中西文化之融摄问题，以解除百年来中西文化之纠结，而昭示中国未来文化之远景。吾书每章皆自具经纬，各章之义复互相照映，而每章立义，皆先浅近易晓者，以次第及于精微。故即在初学，但循序以读，皆可得解。亦可先阅艺术文学精神、人间世界、人格世界数章，因所论较为具体，可引发兴味，再及其他。吾年来另以语体文所写之《孔子与人格世界》《西洋文化之省察》，及在《民主评论》与《人生》诸刊所写论文，并与此书相出入，而说理较浅近切合现实，读者宜参看。吾书自谓有进于以前论中西文化者，而颇详人之所略。后之来者固当将进于我，而详余之所略。"君子尊德性而道问学，致广大而尽精微，极高明而道中庸，温故而知新，敦厚以崇礼"，虽不能至，心向往之。然此固非一人之事也。

一九五一年孔子二千五百零一年九月二十日

唐君毅自序于香港

第十版自序

本书成于一九五一年秋，其目标在本哲学观点，以论中国文化之精神价值。一九五三年春，于正中书局出版，迄今已二十五年。此二十五年中，吾在港、台所出版之著述，约分四类：一类为吾尚在大陆之时已出版或已成书，泛论人生文化道德理性之关系之著，如《人生之体验》《道德自我之建立》《心物与人生》，及《文化意识与道德理性》等。第二类为来港以后表示个人对哲学信念之理解及对中西哲学之评论之著，如《哲学概论》，及《生命存在与心灵境界》二书。此二类之书，皆可谓为本书之纯哲学理论之基础所在。第三类为与本书同时，或继本书而写之评论中西文化，重建人文精神、人文学术，以疏通当前时代之社会政治问题之一般性论文，此共编为《人文精神之重建》《中国人文精神之发展》《中华人文与当今世界》三书。皆由引申发挥本书最后三章，论中国文化之创造之文中所涵蕴之义理，并讨论其所连及之问题而作。第四类为专论中国哲学史中之哲学问题，如心、理、性命、天道、人道之著，此即《中国哲学原论》中之《导论篇》《原性篇》《原道篇》《原教篇》之所以著。而此诸书，则可谓为对本书所只概括涉及之中国哲学之基本观念，而据之以论中国文化者，作一分析的思辨，与历史的发展的论述。故二十五年来吾所出版其他之著，无不与本书密切相关。本书之论述哲学与中国文化诸问题，自不如吾其他之著之较为详尽。然自本书所涵蕴之义理，并连及之问题之丰富，而富启发性言，则此吾之他书皆不如此书。故今于本书第十版请正中书局以新四号字重新排版，以使字迹较为清晰，读者少节目力之劳。此新版中，校改错字，及修正文句不下数百处，唯在内容方面，则此新版于旧版所更改者甚少。读者宜看吾其他之著，及他人于此中问题之所述，以补本书之所不足。是为序。

一九七八年一月十五日

第一章　中西文化精神形成之外缘

（一）西方文化之来源为多元与中国文化之来源为一元

吾人今兹论中国文化，乃以西方文化为背景，而作一比较之论列。关于中西文化之差别，吾人今将首提一义：即西方文化之形成为多元，其所历之文化冲突多，而中国文化之形成，几可谓一元，其所历之文化冲突少。西方文化源于受埃及文化、巴比伦文化、叙利亚文化，与爱琴文化之影响而形成之希腊文化。罗马精神融摄希腊文化，而形成罗马文化。希伯来之犹太教、基督教精神，与阿拉伯精神侵入罗马世界而有中古文化。再加上意大利之文艺复兴，与日耳曼精神之发挥，乃成西方近代之文化。其中基督教之精神，虽由其主宰中古文化，浸成西方文化之统所在，然基督教精神毕竟为后起，而与希腊精神不能全水乳交融，因而有文艺复兴时代之人，以希腊文化对抗希伯来文化精神之事。吾人今日虽可在哲学理念上，将希腊中古与近代西洋文化精神统摄而论之，如黑格尔及著者本书上部之所为，然不能掩西方文化之来源为多元之历史。此种文化之来源为多元，亦即西方现代英、美、法、德、俄之文化思想之冲突何以极多之故。中国文化之来源，近人因受西方文化之来源为多元观念之暗示，亦有论其为多元者。如梁任公先生极早即有中国南北二支文化思想之论，蒙文通先生《古史甄微》有齐鲁、秦晋、荆楚三支文化之说，然此种各地文化思想之差别，毋宁谓纯为地理之影响或各地民族气质之不同所形成之差别，不足成立中国文化之来源为多元之证。至少在有史足征以后，所谓不同民族之夏、殷、周，在文化上，大体乃一贯相仍，中原民族用以表达学术文化思想之文字之统一，即其证也。至于后来，中国之中原民族，对夷狄之文化，虽时有所取，然皆无损于文化之大本大原之不变。汉唐以后，对印度文化之接触，非由实际利害上之情势所促成，主要出于中国人内心之向往要求，故中、印间之文化冲突亦少。唐代与回教文化、景教思想之接触，亦未尝生文化之冲突，且未影响中国文化精神之核心。明代教士之输入西方科学与基督教义，当时亦未发生大影响。唯近百年来之中西文化之接触，因初为受实际利害上之情势（如通商及帝国主义之侵略等）所促成，而后有种种文化冲突之发生，特感文化融合之需要。然西方之文化史，则整个为一不同文化之接触冲突，迄今未能融合之历史〔此意西方人论者已多。近见诺斯诺圃（Northrop）《东方与西方之会合》（*The Meeting of East and West*）中言之甚详，并以为此乃西方文化亟须东方文化加以补足之理由〕。因在西方历史中，不同文化之接触，皆复为实际利害之情势所促进，故接触恒与冲突相俱。非如中国人之过去接受印度文化，纯出内心之向往要求，而易如水乳之交融也。

吾人自西方文化之来源为多元，及其文化中之冲突多上着眼，以观西方文化之发展，即可以多少解释西方文化之特殊精神所由形成之外缘，而中国缺此外缘，故其文化精神亦不同也。

关于西方文化之特殊精神，吾尝括为四目。一为向上而向外之超越精神。由此而肯定种种在人之上及在人之外之超越的理想、超越的实在，如"超越之神""可能世界""潜在世界""外于人之自然世界""物之自身""价值理想自身"等。此皆为其宗教、哲学、文学、艺术、道德之生活，所企慕向往之对象。二为充量客观化吾人之求知的理性活动之精神。此精神与前者结合，而有中世之宗教中，特重上帝之全知，与希腊哲学中肯定一理型世界。由此精神之表现，而有西方之逻辑、数学、几何学，与哲学中之范畴论，以为近代之西方科学之母。由近代科学之应用于客观自然之改造，以实现其人生文化中之超越的理想，满足其征服自然之权力欲，而有近代之工业技术、物质文明。第三为尊重个体自由意志之精神。此主要表现于基督教中，上帝造人为唯一有自由意志者之信念。然自亚当犯罪，人之自由意志，则恒向恶。故中古基督教，仍不重个人之自由意志之价值。人多谓尊重自由乃日耳曼精神。真尊重个体之自由意志，盖始于西方近代。故近代西方哲学中，特以意志自由之证明，为最重大之问题。近代复有各种社会上、政治上、法律上之争个人之自由平等之权利之运动，经济上近代有自由企业之资本主义之产生。第四为学术文化上之分途的多端发展之精神。西方文化中之各文化部门，如宗教、文学、艺术、科学、哲学、政治、经济皆类别分明。其学术中之分类，尤愈分愈细。学术上之主义派别，特见纷繁。各种学术文化中之人物，皆喜各引一端，推类至尽，以逞其所长，显其偏至。恒不免于由其有所偏至，而生偏蔽与偏执。此四种精神，相依为用，以表现于西洋文化历史中，此在吾书之上部及本部中，随处论及，今不必详。而此四种精神，皆中国文化精神之所缺。而其所以缺乏之外缘，主要者即在西方文化之来源为多元，其文化之接触，恒与冲突相俱，而中国文化之来源，则可谓为一元，其与印度文化之接触，亦未尝有大冲突之故。今请进而论此外缘之有无与中西文化精神之差别之关系如下：

（二）不同文化民族之接触——战争与商业对西方文化精神形成之关系

人类文化之接触，或为低级文化或较野蛮民族接触更高级之文化，或为二具有高度文化之民族之互相接触。当一较野蛮民族或只有低级文化之民族，接触一较高文化时，则依于人之向上之天性，必有企慕、向往之心。高文化之民族，则此时恒有一自觉之高卓感。而二有高度略相等而不同之文化民族相接触时，则依于人性之求和融统一之要求，亦必向上升起，因而易形成一更高之文化理念，以求二种文化之和融统一。故凡不同之文化接触，皆可使吾人之精神趋于向上提高，而求其冒起超升。二民族之文化接触，可纯出自一民族之精神要求，亦可由实际利害之情势所促成。如由战争或商业需要为主，而造成之文化接触，则可谓纯由实际利害之情势所促成。由战争所造成之文化接触，如战争后，二民族各还故土，则此二种文化接触，除多少掠夺对方之人为奴隶外，恒不过只增加二民族之文物之交换，思想观念之交流。此交流乃只取对方之文物思想观念，而不取对方之人群。此即为一将文物思想与实际之人群分离之抽象精神。由是而二民族间遂一方虽有文化之交流，一方仍可由相互之战争，以增强实际生活中之敌对意识。如战争之结果，一成被征服者，一成征服者，而同居一地，则战争之后即易形成一阶级社会，而有统治阶级与被统治阶级之敌对意识。此中，如被征服者为较野蛮者，则使较有文化之征服者，更自觉其文化之高贵性。被征服者如不屈服于征服者之文化，则其在现实生活因无可反抗，其精神必寄托于超现实之宗教〔西人汤恩比（Toynbee）亦谓内部之无权者易信宗教〕。反之，被征服者如为较野蛮之人，且在文化上愿屈服者，则其对征服者之文化，亦可视之如神圣，以超越之眼光观之。复次如征服者为野蛮人，则野蛮人之征服文化人，恒极残酷而杀戮至多，唯留其文物。及野蛮人后代之子孙，见文化人之遗留文物，而既发现其价值，又念此非其所能自造时，亦恒自然以超越眼光视之，而生一向上怀慕向往之心，此盖皆理有固然之事也。

至于由商业需要而导致之文化接触，则不增加二民族之敌对意识，而恒增强二民族相互之利用意识，如欲以少易多、以小利换大利之意识。"由小利以得大利"，乃人之自觉的自私心与"自我中心"观念所引发者。亦人一种原始的向外而向上追求之生活理想。人之常情，由商业交易而得新货物文化物，复易生仿效制造之心。仿效制造不成，则生羡慕之情。但吾人须知此仿效制造之心、此羡慕之情，乃向"远地之人之心灵之技巧或精神"而施，由是即有一向客观外在之人之精神所生之企慕向往心。此亦为一种向外而向上之精神。然商业交易所得，唯是货物或文化物。故此企慕向往之心，只环绕于此货物文化物，而想象远地人之如何能制造之，并求如何可以效之胜之之道。人此时之心思，即超出货物文化物之本身，倚虚空而盘旋，易以形成形相与概念。又商业上之获利，重在善讲交易，与所贩卖货物为人所喜。英人怀特海，于《理念之探险》（*Adventures of Ideas*）中，曾谓文化之传播，或恃压迫，或恃说服。压迫恃武力，说服恃理性。商业上之讲交易，即开启人之重用理性以说服他人，而使人心悦者。此言亦深有理趣（唯彼忽视西方近代人以武力支持商业之事实耳）。人又或谓商业之得失之关键，乃在交易中之对方之心之最后决定。于是商业中患得患失之心，亦易与求外面之神之宗教意识结合，此亦可说。夫然，故二民族之文化之接触，无论由战争或商业之需要所促成，皆可增强人之精神之向上而向外活动之趋向，亦使人更易相信一超越于我之外之理想对象、精神境界，或神之存在。同时亦增强人之敌对精神与自私心、自我中心之观念，并重抽象概念者。近代西方文化，由无数民族之战争与商业关系而生之文化接触以形成，故亦特富一向上向外之超越精神，与尊重个体性之自由意志之精神、重概念之分解之理性活动之精神也。

吾人由西方文化之发展史以观，吾人皆知希腊土地硗瘠，农业不足以营生，故其民族早业商，而其文化之兴起亦始于商业。希腊文化盖遥承爱琴文化、巴比伦文化、埃及文化，而爱琴海之克利特亦原为业商者。希腊后与波斯战争而接触其他之东方文化。希腊之科学哲学思想，皆始于殖民地。吾人于此即可推知希腊人之科学哲学之智慧之初现，其光辉乃为向外照耀、向外探求的。殖民地之人，不负实际社会政治上甚多之责任，故更喜仰观俯察自然事物，生惊奇之念，因而首发达自然哲学。希腊之几何学盖渊源于埃及，埃及之几何学为测地之实用技术。然埃及人之测地，对希腊人言，为生疏遥远、不关生活痛痒之事。希腊人之心目中，无几何学之实际应用之需要，则几何图形，成为纯粹之理想中之对象，纯粹求知心所寄托之对象。再运用人之纯粹理性于其上，则纯粹理论性之希腊几何学成矣。希腊之数学与商业经济有关，柏格孙于其《道德与宗教之两原》中已论之。商业最须计算，其为增强数之意识者，固无疑义，然商业中之应用数学，恒为实用。数学而为超实用者，亦必须有一将数之本身概念化，而空灵化之或升高之超越精神。故唯由阿非克（Orphic）宗教下来之毕达哥拉斯学派及柏拉图，其哲学具超越精神者，能真重视数理；则柏格孙之说不能尽。吾人如论希腊人之重视数学、几何学与自然哲学之外缘，吾人宁谓在其最初之思想家皆为殖民地中之人，先不负实际社会之责任。因而其思想，自然常趋向于纯粹真理之探求，恒向上向外有所企慕，因而概念之存于心中者亦不须落到实际，而其本身遂得成为观照或运用纯粹理性活动于其上之理想对象。此亦即柏拉图、亚里士多德之所以言哲学亦必须有闲阶级方能从事之意也。

希腊文化之精神，自尼采之《悲剧之诞生》一书出版以来，人多谓其包含二种精神，一为阿波罗式之清明平静之科学哲学精神，一为热狂而带悲剧意识之阿非克宗教之狄奥尼索斯（Dionysius）精神。希腊神话中，人与神及神与神冲突之多，皆表示希腊人之精神，非皆为清明平静者（前见 Adam: *Vitality of Platonism* 中论古代希腊人苦痛与罪恶观，尤可知希腊人原来之悲观色彩）。殖民地逐渐传入科学哲学精神至希腊本土，而有希腊之哲人学派，即为一批判传统文化，使之解体者。苏格拉底被认为哲人学派，遂被控为不敬神，而处死刑。当时之希腊戏剧家 Aristophanes 尝讽刺苏格拉底。以后柏拉图，亦欲逐诗人于理想国之外。希腊之悲剧精神及神话中之神与神、神与人冲突，或为人与自然命运之实际冲突之反映〔如阿德蒲斯（Oedipus）之悲剧〕，或为个人与社会之实际冲突之反映〔如安特宫（Antigone）悲剧〕，或为民族与民族之战争之反映〔如荷马《依利亚特》（*Iliad*）史诗中所夹杂之神话〕。而悲剧中所表现之人之超越精神，皆由冲突之夹缝中，向上冒起之超越精神也。富超越精神之柏拉图哲学，则可谓由苏格拉底之死于文化之冲突之下所刺激，而欲综合传统宗教文化精神与以前之自然哲学之产物。柏氏以前之哲学与科学，唯成就纯理智之概念。柏拉图乃承苏格拉底而重人生文化中之价值概念，如美善等，并升概念为超越之理型，为灵魂前生之所接，死后之灵魂之所依。希腊人之败波斯、雅典之败斯巴达，皆增加希腊、雅典人对其文化之高卓感。罗马之征服希腊世界，乃以较野蛮人征服较高文化之民族，罗马人所长在法律政治。罗马人征服希腊，仍自知文化不如希腊人，而文化日慕希腊化。罗马文豪西塞禄（Cicero）谓罗马文化一切皆不如希腊，所唯一可恃以自豪者，唯是十二铜表法。罗马后对一切人，亦颇施以平等待遇之法律。然溯罗马之长于法律之故，依黑格尔之《历史哲学》，谓此亦缘于其内部之诸阶级、诸个体人之意志互相争衡、互相限制以生。至于基督教之求内心天国之超越的宗教精神，则原于犹太教。犹太民族之迭经亡国，转徙流离，即其信超越之神之宗教之远缘，治宗教史者类能言之。然犹太人初望超越之神，助其在地上复国，耶稣起而决心舍地上之国，而一往于内心求天国。耶稣之死，则其生前之超越精神与犹太民族之现实愿望之冲突而成之悲剧也。基督教之终代替罗马之国教，与教皇之得统治罗马世界，则宗教精神之自下翻上，超越政治势力而加以主宰之实证。北方蛮族之南下，则又为野蛮民族之战胜文化民族。蛮族之基督教化，则为蛮族之再屈服于所遇之文化。基督教之文化，在蛮族人心中，又更为神圣而高卓伟大，而更深企慕之情。此更深企慕之情，亦一孕育近代浮士德精神者也。意大利之文艺复兴，复起于君士坦丁学者之逃至意大利商业都市。意大利商业都市之人，又同于希腊殖民地之人，不负社会政治责任，故特宜从事于超实用之文艺学术之研究。英国之尊重个人之民主自由之思想，与英国之产业革命商业势力之膨胀，互为因缘，亦正因商业之增强人人自我中心之意识。德国之黑格尔、菲希特之国家思想、大我主义，与超越精神，则一方由德国所承之中古精神日耳曼精神较多，一方亦多少由德之败于法所刺激（罗素于其《权力》一书，谓菲氏之"超越的我"即德人，而其所否定之"非我"即法人。虽为一笑话，且故涉讥刺，然亦非全无关系），又为民族与民族间之冲突、战争，引发人之超越精神之证。由是以观，则知西方人之超越精神，与重个体自由观念，皆可谓由民族与民族间之战争、文化之接触与商业交易而生之激荡冲突之势所助成也。

（三）农业与和平对中国文化精神之形成之关系

然吾人反观中国文化之发展，则见中国史上虽有战争，商业亦非不发达。然中国历史上之战争，大多为内乱。中国古代之最大之商业，乃内地之商业，而初非海外之商业。中国所谓乱者，治之反。乱者，群雄之并起，乃整个社会之骚动，非必敌对民族之战争。反乱者为平乱，而非只胜利。西方人于战争求胜利，乃超越精神。而中国人于乱求治，则为以平天下为目的。海外之商业，使人外慕，作多方面追求，而重以小利易大利，并恒与掠夺之战争相连，内地之商业则以通功易事为目的。大城市之商业，唯是经济上之交流中心，为各地方经济之所拱载。中国人经济生活之所托命，实在农业而非商业，此人所无异辞。中国之古代战争，固亦有新兴民族代旧民族而兴起之战争，如夏、殷、周之战争，及中国与夷狄之战争。然殷原在夏后之世，周原臣服于殷，其争仍近于内部之革命，而非全同于外来民族间之战争。至于中原民族与四方民族之战争，若四方民族胜利，如满蒙之入主中国，彼等固未自造一新文化。在中原民族胜利之场合下，如汉唐之拓疆土，中原民族对四方民族，亦未曾形成截然悬殊之阶级。故战争之结果，唯是中原民族与四方民族之同化，中国文化之广度的普被，中国人之精神之更趋于阔大，而非中国人之精神之更向上超越而冒起，与敌对意识之增强。其中之原因，乃在中国文化之超敌对而致广大之精神之早已形成。其文化之力量早已能安抚彼较野蛮民族之精神以同化之而有余。促成此种超敌对性与致广大性之精神之实现者，即农业为主之经济。

夫农业生活与商业生活之不同，在农业必求定著而安居，商业必求远游而易方。农业之事只能尽人力以俟天，商业之得失则直接视买卖二方之人心为定。远游者，周行四方，见上天下地之相悬。农业之人向地工作，而地上之植物上升于天，见上天下地之相通。农业之收获，为实用具体之农产。商业之利得，恒在货币与帐簿上数字之增多。农业之产品，重质之美，可以量计而难以确定之数计。而商业之货币，则可以确定之数计。农业生活定著而安居，则生于斯食于斯，而对自然环境皆熟习而生情，惊奇之心遂少，不似业商者之远游异地，易见新鲜之事物，惊奇之心之强。又求定著安居以勤力生产者，亦自然爱和平。侨居异邦者，易滋生争斗之事，此一一皆理之所宜然。故商业之生活，必使人倾向于外，多所希慕于人，而自我中心之情显。其精神之向上，则易为向一超越性之神，致其崇敬，并重纯粹求知之理性活动，及数之计算等。农业之生活，则使人倾向于向内，重尽己力，求人我各安其居，互不相犯之愿浓；其精神之向上，则易为向一有内在性而周行地面之神致其崇敬；而对环境中之人物，易有悠久之情谊；伦理之念笃，艺术之审美心强，此皆促成上所谓超敌对性致广大之精神之实现者也。

由中国人之农业生活，自然促进人之超敌对致广大而爱和平之精神，及中国文化之来源本为一元而非多元，其文化非由不同民族之文化之迭经冲突战争而次第向上垒叠综合以形成，于是使中国文化历史之发展，乃依一中心精神，由内向外不断推扩实现，而于和平中发展。此义，钱宾四先生之《国史大纲》，尝特加发挥。黑格尔观西方之历史，唯见战争冲突可提起人之超越精神，航海业商之可开发人之智性；而二者皆可成就人之个体的主观精神之自觉，于是以为矛盾为历史文化发展之动力；一时代对前一时代之超越而加以否定，为进步之源泉。不知中国则适循另一途径而发展。中国学术文化思想之发展，固亦常为新朝矫旧朝之偏，如汉之革秦、魏晋之异于汉、唐之反魏晋、宋之薄汉唐、清之非宋明。然新朝之所以反旧朝之文化思想，恒必溯源于先秦之传统文化，故子史变而经不变。经之异其解释可也，而以经义衡正子史之精神，则不变也。此种文化上反本复始之意识，与西方人之向上向前向未来，求综合相异相反之文化之矛盾，不能不谓之为二种精神。反本复始，乃使故者化为新，而新者通于故。古今之变通，历史之发展，有一中心之支柱，而文化之大统见。文化之大统见，则学术文化中之万类不齐者，皆如一本之与枝干花叶。枝干花叶相异，而可不视为矛盾，而皆可视为同一本之表现也。唯如此而人乃真可有于殊途见同归，于百虑见一致之胸襟与度量。人之学术文化之活动，乃非只为向上以求超越，向前以求创造；而重在向内以求容受涵摄，向上以致高明广大。而此皆待于内心之和平与社会之和平。唯有内外之和平，而后个人有深厚之文化修养，以承先启后，民族之文化生命乃得悠久无疆，以向前扩展也。

（四）中西文化之面目之不同——重文化之类别与重文化之统

中国学术文化生命能悠久而扩展，由于中国人之反本复始，求容受涵摄以致广大，此适与其农业生活之爱和平、尊历史之精神相配合。故中国文化精神中一往超越向上之精神不显，抽象的分析概念之理性活动不著，个体性之自由意志之观念不强，而学术文化之分门别类，主义派别之多，亦不如西洋。西洋学术文化之重分门别类，与主义派别之多，皆西方人分析概念之精神之表现，并所以使个人之特殊的性情、气质，得以自见于社会文化世界者。此吾人在本书上部已有所论。此分类之精神，在社会则显为阶级之分立、职业之对峙，在文化则成各种类之文化领域、主义、派别。然在中国，则社会之阶级之分不显，个人之转移职业极易（见下第九章），而学术文化中亦重统绪而略类分。重各类学术文化之精神之融和，而以具体之人物或人格之成就、民族文化之延续为目标。譬如吾人今言文化中，有宗教、艺术、哲学、科学、政治、经济、文学诸画分之文化领域，即由西方文化输入，而后为中国人所明确意识者。而每种文化领域中之有各种之主义，科学中之截然区别之门类，亦中国过去之所缺。中国之过去学术与书籍，非无分类。刘向、刘歆之《七略》，历代之艺文志、经籍志，即对一切文化学术书籍之分类。史书之志，多皆记载分别之文化活动者也。如礼、乐、食货、官制、选举……即记载社会、道德、音乐、经济、政治之活动者也。然中国之史书，毕竟是先帝王之世系，以记一代之大事，次列传等，以述活动之人物。此即表示一先具体之人物人格，后较抽象之分门别类之文化活动之精神。一门类之文化活动，为不同之个体人物所参加，吾人固可以一门类之文化活动，为连系统摄诸个体人物之精神之一抽象的普遍者。然每一具体人物，则为原则上可参加各种之文化活动者，则具体之人物又为各门类之文化活动之统摄者、贯通者，亦即可视之为一具体之普遍者。而伟大人物，即可成整个民族文化精神之代表者。中国之重个人之人格，又不全同于西洋之尊重个人个体性之自由意志者。亦即因中国人之恒视伟大之人物人格，即整个民族文化精神之代表者之故也。

中国文化精神，因重具体之普遍者，而恒以人物人格之概念为第一，故中国人亦不重视分辨各种门类之学术文化之价值意义，而重于不同之学术文化活动中见同一之道之表现。"知言"乃所以"知人"。人当于学术文化之升降，见世运之消长、民族之盛衰。故在中国之学术中，书籍之分类，皆不重以所论列之对象之不同而分，而注重以著述之体裁分。《七略》中之《六艺略》，唯以为中国民族学术之原始而得名。刘、班视《诸子略》，则唯以为六经之道之支流余裔，而自成一家言者以得名。《七略》变为四部，一切个人之说理之著作，无论如《诸子略》之论人生政治之理、如《兵书略》之军法、《方技略》之技艺、《术数略》之术数，皆入子部。章实斋谓六经皆史，史则经之流，而自觉以记载人类之社会文化之全面发展为目的者。集者，子之流，《七略》中之《诗赋略》之扩大，表现个人之一切思想、情感、经历之文字之总集也。《七略》之分，犹可谓比较重书籍之内容。四部之分，唯以著述之或为表现中国民族之道之大原（经），或表现个人所知之理（子），或叙述全面之社会文化之发展（史），或表现个人之精神（集）以分。《七略》之变为四部，亦注重分门别类之学术精神，更为注重通贯综合之学术精神之所代之证明也。四部之中，经史高于子集。秦汉以后，大学者皆致力于经史。则以民族集体之文化生命，高于个人之文化精神，为学术文化之统所在之故也。故中国古代之目录之学，亦不同于西方之目录学之只须就书之内容而分入各门类为已足，必须有章实斋所谓"辨章学术，考镜源流"之功。辨章学术、考镜源流之功，所以属于目录学者，以一著作之内容恒为多方面之综合，其内容不辨章，则不知也。考源流者，亦以个人之学术，必须隶属于民族学术文化之生命，乃见其精神之所在、价值之所在。章实斋《文史通义》又谓古代之学术为"言公"，先有公言，然后有私言。即同于谓中国乃先有民族之学术文化，而后有个人之学术文化。中国之书，多托古之伪作，亦正以人之自愿推其心得，让诸古人，以见人之心同、理同，而去其有我之私也。夫然，故中国学术之分派，亦只为源流之派别，为表师承所自，或表地域不同之家派、宗派，而罕有如西方之以抽象之主义分派者。以抽象之主义分派，乃以内容分学术之门类后，于一门专门学术中，再分不同观点之思想。西方一专门学术中，有种种依主义不同而生之派别。他种文化领域，如宗教、艺术、政治中，亦有依不同之主义而生之不同文化活动之类型。在中国，则各宗派、家派之学术文化，固亦各有其所重之宗旨，如哲学中，程朱重主敬穷理，陆王重悟本心良知。诗文中，王渔洋重神韵，袁枚重性情。然宗旨所代表者，恒只为其讲学论文重心所在。"主义"则恒代表其最初之观点与最后之归结。故不同宗旨之学术文化，常可以互相涵摄而并存。而每一主义之学术文化，皆易表现一独特之精神，而与其他主义不易相容。夫然，故论西洋学术文化史之发展，吾人最易见一时代之学术文化之精神，为某一特殊之文化领域所主宰，而一时代之学术文化之各派之独特精神何在，亦极鲜明而可见。如吾人谓希腊之文化精神，以文艺哲学为主，中世纪之文化精神以宗教为主，近代之文化精神以科学与技术为主，皆甚彰明较著。而一时代中之宗教宗派之或为一神，或为多神，或为超神，或为泛神；文学宗派之或为浪漫的，或为写实的，或为古典的；哲学之或主唯心，或主唯物，皆对峙显然。然论中国文化史，则各时代文化精神，究为某一特殊文化之领域所主宰，固甚难言。辨章学术之同异，尤为古今人所难；而言三教合一，异唱同归，则易于振振有辞。此皆中国学术文化精神，重融合贯通于一统，较不重以概念之分析辨其类别之证也。

第二章 中国文化与宗教之起源

（一）中国古代之劳动精神与社会政治之关系

吾人今更克就中国古代文化情形，与前所述西方希腊文化作一比较，尤可见中西文化之殊途，在其开始点已决定。吾人前谓希腊文化始于业商殖民，而中国文化则始于业农安土。希腊文化之精英，在其神话之富于想象、悲剧中之人生严肃感、雕刻建筑之古典美，与数学、几何及自然哲学之思想。此皆由希腊人与其他民族接触后所次第创造，亦皆非中国古代人之所长。然中国古代之文化，皆中国民族自行创造而出，而非由与异族文化接触而生。其所长则在社会政治经济之实用文化方面，而及于伦理、道德、人生哲学，此正希腊文化之所短也。希腊诸城邦独立，恒互争雄长，唯在对波斯战争时，雅典曾为一时之盟主。然雅典又继与斯巴达相战，希腊民族始终未能统一，以形成一希腊帝国。希腊人，于其小国寡民之政治，盖视若固然。故柏拉图之理想国固为一小国。亚里士多德言国家亦谓全国人口宜不超十万者（近代摩耳《乌托邦》之理想国，人口亦只三四十万。卢梭言民主国家人口，宜一万人）。后罗马之建大帝国，初唯赖武力法律，以统治四乡。近代西方之国家，亦非恃军队与警察不能统治。然中国之大帝国，则秦汉统一以后，则主要全恃文化力量以致太平。汉代社会政治文化精神之形成，实远原自中国之上古。《史记》与《尚书》谓唐尧之德曰："钦明文思安安，……光被四表，格于上下。九族既睦，平章百姓。百姓昭明，协和万邦。"宛若唐、虞时已有纯由德治之一帝国，固未必然。今人谓唐、虞只为一部族，盖亦近是。然吾人说求"横被四表（戴东原释光即横），格于上下"，为中国古代由唐、虞、夏、商、周、秦、汉，次第实现之社会政治精神，则亦未尝不可。盖至少自大禹起，已倾向一王朝之建立。大禹之建立夏朝，主要当系赖其联络古代之小邦，共谋治当时之洪水，盖由其领导治水之功，而其为天下共主之势成。夫世界各国古代皆有洪水，在希腊、犹太、北欧之洪水神话中，皆谓洪水为上天之所以罚人。当洪水下降，人皆无以抗之。犹太神话中唯诺拉八口，得免洪水之灾。希腊神话中，谓洪水降而人类绝。只有曾盗火以助人类之神 Prometheus 之子 Deucalion 与其妻，行于荒凉之道路，忽闻天音，而相率拾母亲之骨头（即地上石子）抛下。彼所抛者成男，其妻抛者成女，世界乃第二次有人类云。此神话，尤凄凉惨绝。然在中国，则虽谓洪水降自昊天，然大禹领导治水，则见人力之胜天。于是禹成神禹。禹乃古代中国，可确征有大功业之人，而被崇敬为神者。由禹之领导治水，相传禹会诸侯于涂山，执玉帛者万国，《史记》谓禹定万国，则协和万邦之事，禹盖尝躬为之。中国自夏以后，天下有世系相传之共主，即表示中国之民族社会，已向一中心而凝结。故以后华夏、诸夏之名，成中原文化民族之通称，则谓秦汉之大一统，即远绍自夏朝，亦未为不可也。

禹之功在平水土，故后世称禹之德者，恒在其勤劳刻苦。如孔子之称禹曰卑宫室、菲饮食、恶衣服。孟子之称禹三过其门而不入。庄子谓墨子沐甚雨，栉疾风，坚苦卓绝，行禹之道。由禹功德特见称美于后世，吾人即知中国民族之文化，亦可谓始于重劳动，首重人对自然之治理。吾人亦可说：中国文化之原始精神，先只是求实际上之人群组织，得存在于直接所接之自然，而被安顿于世界。既不躲闪，不逃遁，亦无希高慕外之幻想者。后来中国学术文化之花朵与光辉，皆由一最原始之朴厚老实之精神中，次第长出。正如农业中之植物，为由地下而上升于天。中国民族最初之思想与智慧，乃自其切实坚苦之现实生活经验中，孕育而出。故中国最早之圣哲，非不负实际社会政治责任之宗教家、先知，及殖民地之哲学家，而为古代之帝王、贤臣，如禹、汤、文、武、周公、皋陶、箕子，与春秋时政府之史官贤士大夫等也。

人或谓吾以禹之功，在其治水土而重劳动，此即证成唯物史观之说，实则大谬不然。盖依唯物史观说，所重者乃以生产力、劳动力，与生产工具之变化，决定社会政治文化之变化。禹或夏民族，固相传有种种新工具之发现，然禹之大功，则在社会政治上之联合诸邦国，以凝合诸夏之民族。禹正赖此以使治水之事得成。此所证者，乃政治社会之组织，为决定人对自然劳动、向自然用生产工具、使人治理自然之事有真实效果之条件。此正与唯物史观之说相反。禹而后之帝王贤臣之用心，皆首向人群如何和协、政治如何安定之上用心，而非首向生产工具之发明上、自然之研究上、财富之积累上用心，其故亦盖在此。

中国古代文化之形成，吾以为有二大事件，各代表一文化精神之上升历程。其一即由禹之故事所启示：人在对自然之治理中，成就民族之凝合，建立世系相传之王朝，以为政治社会之中心。由夏历商，盖社会政治制度，逐渐形成，故《表记》谓商人先罚后赏，尊而不亲。唯夏商政治上，虽已有一贯相传之王朝为中心，而此中心之力量与精神，盖尚未能施及于四方，而加以涵盖。此时社会上之宗教思想之重要，盖亦过于人文思想。周之王朝成立，大行封建，即为中国古代历史中第二件大事。周初封建子弟与功臣，诚亦可谓是便于统治或监殷。其封建唐、虞、夏、殷之后，则是对于历史上之所已成立之邦国，原有之势力，予以重新之承认、安抚。然无论封建是求便于统治，或对原有势力予以承认、安抚，皆表示此中心王朝之力量或精神之下覆于四方。故周之封建制，对中国社会民族凝合协调之功甚大。周行封建又沿袭殷人敬祖之风，改其兄终弟及之习，进而严宗法，由宗法以固封建，而严人伦之别。周之分封宗室，出自亲亲之谊，宗法益所以固亲亲之谊。人之亲亲之谊，原出自自然之人性；而封建宗法则为政治社会之制度。由宗法而定君位，严人伦，遂使原出自自然人性之亲亲之谊者，含超自然之政治、社会、道德之文化意义。而后世言周公之德教，则特尊其建立人伦道德之功。由周而人文益备。故古谓夏尚忠，殷尚质，周尚文。忠者重勤劳，乃偏重于经济。质者率民以事神，而法制益备，治权较稳固之谓。周尚文，而后政治社会之制度、伦理之道诚立也。此中国古代文化精神之上升历程中，第二阶段之大事也。

（二）社会政治与文学艺术之相依

周代王朝之建立，其理想为一中心王朝与四方所封建之诸侯之上下覆载，相互协调，此又可谓肇始于夏之协和万邦之精神之更高实现。周代之书中，更多有"仪刑文王，万邦作孚"（《诗经》）、"万国咸宁"(《易》)、"先王以建万国，亲诸侯"(《易》)之语，即此类语之气象，已非希腊人、罗马人与西方近代人所有。此种政治意识之本身，有一艺术性之和谐精神灌注。周代之政治、道德上之礼教，亦与乐教俱。中国音乐、舞蹈、雕刻，固当早有。然唯至周代以后尚文，乃有礼乐之盛。此中之故，可谓由于政治局度，至周代而后阔大。严宗法而重伦理道德之生活，人之精神乃可上通百世，下通子孙，横通兄弟亲戚之伦，生命精神发皇而充沛，礼乐方有所依也。礼乐者纯文也，政治、社会、伦理之文，乃礼乐之质也。故中国最初之艺术，皆可谓古代中国之政治、伦理精神之光辉。中国古代文学艺术，亦即所以充实中国古代之政治伦理之精神，而与之融协者。希腊之荷马史诗，乃流浪者、旅行者之集体创作。希腊之剧曲，原自颂神之舞蹈，戏剧初于狄奥尼索斯（Dionysius）神庙前举行。故剧场之第一排座位，留为教士座。社会有独立之行吟诗人、歌唱团。剧作家、伶人，恒受富人之资助以为生，故其艺术文学精神，为独立于现实政治社会之外者。在古代中国，则无剧场，无希腊之专门之剧作家与行吟诗人。中国古代之礼，初固亦为事神之礼，乐亦当为颂神祭神之乐。然自政治、宗法、人伦之条理见，则礼渐以人间之礼为主；颂中遂有"美盛德之形容，以其成功，告于神明"之颂人之作。中国古代之朝觐聘问中，即有升歌赋诗之乐。《礼经》中所载之冠、婚、丧、祭、朝聘、乡饮酒、士相见等礼中，观其仪节之详，服饰之繁，礼器之多，想象行礼之际，主宾升降之秩然有序，周旋中规，折旋中矩，即甚富于艺术、戏剧之意味。则中国古代之无独立之戏剧，正由其合礼乐于社会、政治、伦理之生活，整个皆表现审美艺术之精神。中国最早之雕刻绘画，即商周鼎彝上之花纹鸟兽，由此而开启以后之书法。鼎彝则不外礼器与日用品也。至于中国古代之诗，如《诗经》之风，盖皆不外歌咏其日常劳动生活与社会人情；其颂则美古人之盛德，雅则记王政之废兴。《楚辞》之美人芳草之思，亦初所以寄忠君爱国之情。是皆足证中国之文学、艺术精神，直接为其在自然之劳动生活、社会生活、政治伦理生活之充内形外、流露升华而出。固非逃于现实之外，寄情幻想，企慕神境，以焕发才思，如西方文学、艺术之精神之表现于若独立之文学、艺术之领域者也。

（三）中国古代宗教精神之特质

人之能肯定神之存在，乃表现人不私其精神为其个人或人类所有，并能超越感觉以观世界之精神之流露。故古代人之人性之初现，即直接现为一对客观世界或自然世界之"神之存在之肯定"。然人之肯定一客观之神之存在，初恒夹杂感觉事物之物质性。于是人初所肯定之神，恒为图腾或庶物之神；必精神进展，乃有纯粹之精神性的主宰万物之天神；进而知天神之具人之人格、人之道德性。此盖东西各民族之宗教思想发展之常轨，中国亦未尝例外者。然当人肯定一客观之神，而视之如人格，人即不免对之致其希望与祈求。并以吾人之想象情感，对神环绕，而不知不觉间，亦客观化吾人之一切内心之生活于神之世界中。凡人所不能客观化于现实之世界中者，人皆恒自然客观化之于神。故信神虽一切民族之所同，而宗教思想与神话则千差万别。由民族之宗教思想，最可知其文化精神之内容。故吾人欲知中国古代文化之面目，并完成吾人上之所论，不可不一论中国宗教思想之特质而异于希腊及其他民族者。

吾人如由中国古代之神话传说与记载，以观中国之宗教思想，其特质有三：

甲、人神之距离少

此与希腊其他民族之神话中所言之神人关系皆不同。希腊之神话中，多言神人之冲突，神之播弄人。如 Troy 之战，即由 Zeus 一时之意志而引起。希腊莎福克之悲剧 *Oedipus* 中，谓德尔斐（Delphi）神庙之巫人，尝预言人之杀父娶母，人亦竟不能逃。犹太教中之上帝耶和华，原意为一战伐者，亦极其威严，其意志恒不可测度，故尝试探亚伯拉罕（Abraham）之是否愿杀其唯一之子，奉献于神，以作牺牲，以验其对彼之信念是否专诚。此外在印度宗教神话中，对于因陀罗（雷神）、斐多罗（旱灾之神）、伐龙那（天神）之权力之想象，亦极为丰富。人由神造之历程，在希腊及犹太教神话中，亦皆有极详细之描写。凡此等等，皆足证在他方宗教中，神高高在上之超越性与人神距离之大。于是若神为善，为伟大，则更益衬出吾人之渺小与罪恶深重。故希腊 Orphic 宗教中，谓人之生命中有恶魔 Titan（原为自然神族）之成分。基督教有原始罪恶之论。印度教、佛教，数论有无明结使与自性之说，皆表现人之罪业感。波斯教谓善恶二神常争斗于人心，使人不能常近善神，而恒与之有一距离，善神胜利在世界末日云。然在中国，则古代虽亦有"上帝震怒""天命殛之""天将兴之，谁能废之"之言，然关于神如何威吓惩罚人之具体想象，则极缺乏。杀人祀神，以人为牺牲之事，民俗中固有之，然未有如《旧约》中之以此事表示当然之牺牲精神者。中国古代神话中，有关于大禹治水之神话，有后羿射日之神话，有夸父追日之神话，有嫦娥奔月之神话，有共工氏怒触不周之山而天柱折之神话，有女娲氏炼石补天之神话，有仓颉造字，天雨粟、鬼

夜哭之神话，有神农尝百草之神话，此皆为人力胜自然，补天之所
不足之神话。而黄帝、伏羲等之被视为神，皆直接由于其对人类之
文化，有一实际之贡献，而非以其为一民族之英雄或善战者。希腊
之人而神者，有 Achilles。然 Achilles 则以武功显。犹太教之耶和华，
初当亦是一善战之民族英雄，而升为天神者。罗马之神中，特重要
之 Mars（即火星神），亦为战神，其初为自然神或人神，则不能确
定。夫神而善战，则威力大而人神之距离益大。神而只为发明文物
者，文物皆所以为人所用，则人神之距离小。中国之神，多由其发
明文物而成神，故神与人之距离亦小也。

　　至于神造人之神话，则中国只有女娲抟土为人之神话。抟土为
人，乃依自然物以造人，而非如犹太教、基督教之上帝，自无中造
世界，并纯依其自身之形象以造人。希腊神话中，爱洛斯（Eros）
范土为人，近乎中国女娲氏之神话。然爱洛斯只为一抽象之自然爱
力，乃自然神。女娲则为人而成神者。爱洛斯之造人，乃非人者之
神造人。女娲氏之造人，则人而神者之自造人。非人之神造人，神
与人之距离固大于人而神者之造人也。中国后世之神话又有盘古之
神话（此或谓原于苗族），谓古者天地混沌如鸡子，盘古生其中，后
天地分而天日高一丈，地日厚一丈，盘古日长一丈，一万八千日
后，天极高，地极厚，盘古极长云。又谓盘古死而目为日月，血脉
为江河，四肢与头为五岳（见任昉《述异记》，并可参考《太平御
览》所纂集）。如盘古而为人，则此神话所表示，乃人与天地并生，
与天地同大。如盘古而为神，则此神不造天地，而在天地中，立于
地上，则其超越性不显，非如希腊神之独居于阿灵匹斯山，耶和华
之高居天上矣。如盘古而为人，则盘古死而有山河日月之说，正表
示吾人今所见自然，皆人之所化身。如盘古而为神，则盘古死而后

有山河日月，即证自然立而神死，自然即神之显示。故盘古之神话，
或所以显人之尊严，或所以明神之内在。而二者皆依于神人距离不
大之意识而生者也。唯人与神之距离不大，故神善而人未必恶，神
伟大而人未必渺小。故中国无人性中之恶魔之观念，无原始罪恶之
说。中国孔、孟以前虽有"天生民有欲，无主乃乱"（《书经·仲虺
之诰》）之说，及节性（《书经·召诰》）之说，未尝确立人性之善；
然谓"欲""性"为恶之思想亦未有，故人性不必与天命相反。及孔、
孟出而性善之论立，人性之善与天命之善通矣。

乙、祖考配享于神及神意与人意之不相违

由中国古代之神与人之距离不大，故在中国古代宗教思想又有
一特殊之点，即以祖考配享上帝或天。殷之龟甲文中之占卜与祈求，
多问祖宗。以祖考配享天与上帝，至迟始于周。如"文王陟降，在
帝左右"（《诗》）、"孝莫大于严父，严父莫大于配天，昔者周公郊祀
后稷以配天，宗祀文王于明堂，以配上帝"（《孝经》）、"殷荐之上
帝，以配祖考"（《易》）之言，皆足为证（惠栋《明堂大道录》四大
祭皆配天说可参考）。希腊神话虽有神人恋爱之事，然亦缺人与天
帝（Jupiter）配享而在其左右之思想。西方基督教以人信上帝，可蒙
赐恩而入天国，然入天国非人配享上帝之谓。《大卫诗》预言耶稣曰
"上帝对吾主说，你坐在我左右，等我把你仇人屈作你的脚蹬"，后
基督教义中，有上帝、圣子、圣神，三位一体之论，则礼上帝与礼
耶稣为一事。然此仍与中国之以祖考配天者，出自人之崇敬先德之
意者不同。以祖考配享天者，人之自登人于天之事，中国天人合德
之思想之远源也。以人神之距离少，故在中国古代宗教思想中，于
神意及人意亦恒视为不相违反者。中国古人固信占卜所示之吉凶，

然盖未有以神意或天命为不可以人力转移改变者。在希腊雅典神庙中，所示之神谕（Oracles）皆不可改变，耶和华之命亦然。然在中国古代，则常有"天命靡常""命靡常""维天之命，于穆不已"之言。天命靡常者，言人之修德与否，皆可以改致天命。则占卜所示之吉凶，皆可以人力转移。于是人自当注重自求多福，因而《洪范》中论筮，亦不重一往信从卜筮所示。人之稽疑，须一方询神意，一方询人意。龟从筮从以外，尚须看自己卿士与庶人是否相从。《易经》之卦爻辞所示，纯为变通之理。人果能善变，则凶卦皆吉，否、坎、屯、讼之卦，皆无不吉。凶爻更皆由变化而吉〔心理学家容格（Jung）序卫礼贤所译《易经》，亦谓《易》之卜筮之非定命论，为异于西方之思想者〕。在西方古代人，因视神意为固定，不可以人力胜，故人必须先知神意，遂重视专门事神，或测知神意之人。故希腊特重预言家，犹太教、回教特重先知，僧侣巫觋，亦皆以此易成一特殊人物或特殊阶级。然在中国，则神意乃人力所可转，人修德以自求多福，神未有不助人者。神意可由人转移，则专司祭神，测知神意之巫觋之重要性，亦自然减少，不易成一特殊阶级，宗教亦不易有超越而独立之文化地位矣。

丙、天帝之富仁爱体恤之德

由神人之距离不大，人可在帝左右，神意恒顺人之修德而转移，故中国古代之天帝，复较希腊之宙斯（Zeus）、犹太之耶和华，皆富仁爱体恤之德。夫神之必具德性，固一切宗教所同然。然神之以威力显者，其德性恒偏表现于主持正义方面，其仁爱恒不足。希腊之宙斯与犹太之耶和华之德性，皆偏于正义。必至基督教起，而上帝之德性乃以仁爱为主。神之威力盛，义足而仁不足时，则恒因神所欲主持之正义，在彼而非在此，其用力亦在彼不在此，因而可不体恤在此之人情，以至人纵修德，亦不能感动天神，于是有有德者反得恶报之事，此犹太《旧约》中之所以多哀怨之言也。然在中国，则由天帝不以威力显，"民之所欲，天必从之"（《泰誓》此语，《左传》中屡征引之，以明"天之爱民甚矣，岂其使一人肆于民上"之理），以与人亲近，故天帝早富于对人之仁爱体恤之情。人之修德，无不可感动天。故《诗》《书》中特多"天矜于民"，"惟天惠民"，"皇帝哀矜庶戮之不辜"，"皇矣上帝……监观四方，求民之莫"（莫，定也），"皇天无亲，惟德是辅"，"惟德动天，无远弗届"，"帝谓文王，予怀明德"，"帝谓文王，无然畔援，无然歆羡"之语。由天帝之与人接近，而又富仁爱体恤之情，故中国古人虽信天帝之尊严，仍可兼信其遍在自然，遍覆人间世界。夫天之圆而下覆，其功直贯地中，以引出植物，乃人在自然中直接之所见。然在信天帝之超越性者，则恒思天帝之居，在天之上层，由是而易有层叠之天之观念，如希腊人之天体观是也。因而建教堂以对天神祈祷，亦宜使之高耸云霄，如中世之教堂是也。然在中国则因以天帝为与人亲近，故能直接自所见"天覆世界"处，直接自"天之功之贯入地中，以引出植物以养人"等处，见上帝生万物而遍爱下民之德。亦不复重视所见之天以外之上层之天，而重观天帝之周行于当前世界之上下四方。于是，有"天高听卑""帝无常处"之言，祭天之礼自下燔柴，以上达于天，祭天之建筑，则不用高耸云霄之教堂，而用圜丘，故清之天坛，犹一直横卧地上也。

自文化之心理起原观之，吾人可谓人所信之神之性质，皆人之精神之客观化于神者。然自文化历史观之，则古代人之精神之形成，皆受其所信之神之性质所规定。而人之德行之形成，皆由其仿效神德而形成。由中国古人之信天帝之德为自上覆盖，周行四方，而遍爱下民者，于是人之学天，亦即当学其如此之德。帝王最须敬天，周礼并以唯天子能祭天。帝王尤须法天以行政，当法天之广大、宽容，故中国古代极早即有宽大之教与爱民之教（伪古文《尚书》有"克宽克仁""彰信兆民""予仁若考"之言，而甲骨文中未见有仁字云）。又当法天之使在下者上升。故极早有求贤自佐，登庸在野者之教。万物并行不悖于天地间，则建万国、协万邦，正天子之任也。夫天之生物，本末始终相贯，末不离本，终不离始；故人当不忘其所本之祖宗与父母，及历史之古训。如是之天帝观，与法天、敬天之宗教精神，皆可谓由中国古代人民之社会、政治、伦理、文化之实际生活中之亲和仁厚之情中生出，亦可谓原为中国之社会、政治、伦理、文化生活之本根，而又在外护持中国之社会、政治、伦理、文化生活者也。

第三章　中国哲学之原始精神

（一）中国哲学之起源问题与周代宗法制度之合家庭社会政治道德以为一

关于中西文化之起源之不同，由中西哲学之起源之不同更可证之。在印度与希腊，哲学之初起，皆起于古代传统宗教文化之解体，怀疑思想之兴起，与新旧文化思想之冲突。依唯物史观之说，则此一切皆归于社会上原居下层阶级之人，如商人平民之升起，及僧侣与贵族之势力之没落。以此二者，说明希腊及印度之六派哲学之兴起，及希腊早期哲学兴起之外缘，皆可头头是道。近代之论中国学术文化史者，狃于西洋印度之例，故自夏曾佑、梁任公、胡适之、冯友兰以来，论中国哲学之起源者，大体皆注重说明中国古代之鬼神术数如何为先秦之哲学所代，孔老时代之怀疑思想批评精神之出现，及人民怨天思想之滋生，与贵族之如何腐化而没落，平民阶级之如何逐渐兴起，士之如何独立，以表示其间划时代之转变。此种说法，亦未尝无理据与史实足资证明。然据以前之旧说，则自《庄子·天下》篇，刘向、歆父子，班固，直至清章学诚论先秦学术之起源，皆重在说明先秦学术如何承继周代文化精神而生起。即清末龚定庵之《古史钩沉》，民初张尔田之《史微》、江瑔《读子卮言》，皆尚承此旧说。吾人今日若为平情之论，则吾意仍当依旧说为本，以说明先秦之哲学之如何自以前之旧文化生起，而又表现一新精神。

吾人之所以仍归于依旧说为本，以论中国哲学之起源者，由于吾人以为中国古代社会，实未有如希腊印度之阶级利害之剧烈矛盾，亦未尝如彼方之有新兴哲学与传统宗教文化之显明冲突。希腊哲学兴起之时，其社会有自由民、商人阶级与占人口大部分之奴隶阶级。印度哲学兴起之时，其社会亦有截然差别之婆罗门、刹帝利、吠舍、首陀四阶级（人或谓印度宗教思想之轮回，即由生前所处之阶级之固定，故只有赖死后之轮回，以求转生云）。皆与中国诸子兴起时代中国社会之情形迥然不同。周之封建制下，贵族与庶民固可谓二阶级。然贵族庶民间，阶级利害之冲突，决不如希腊、印度阶级利害冲突之甚。凡古代贵族阶级之成立，大皆由于曾为战争中之胜利者。贵族阶级之权力，恒由战争之频仍，或与他国时在战争之势中以增强，得继续维持其统治之地位。印度古代，迄未统一。其哲学兴起之时，正战争频仍之世。希腊之诸小邦，亦互相独立，时在战争之情势中。故其下层阶级与平民阶级所受之压迫，永不易解除，社会阶级间之紧张关系，因以常存。然中国周代封建制度建立后，在春秋前，封建之诸侯间皆少互相战争之事。以古代恒患民少，土地待开发者多，故平民谋生之道较易，亦尽有运用其精力之所。因而阶级之对峙关系自较不紧张。承平既久，生齿日繁，阶级间之贫富地位之悬殊，未有不日趋于冲淡者。且周代之封建制度本身亦有一巧妙之处，可以使封建诸侯不致相争，而维持天下之一统之势者，此即由其与宗法制度之结合（此下本王国维先生《殷周制度论》之意而推衍之）。宗法制度有百世不迁之宗，以为社会之一贯的、不变的、纵的统一原则。有五世则迁之宗，以为社会生齿日繁时之变迁的、横的统一原则。宗法制度教为臣下者，由敬祖先以敬宗子，以敬国君，敬天子；教为君上者，由敬天敬祖宗，以爱同宗之族人，爱百姓而安庶民。由是而合家庭之情谊，与社会之组织、政治之统系、宗教之情操以为一，再文之以礼乐，则人不易生叛上作乱之心，而天下易趋于安定。故《礼记·大传》曰：

> 自仁率亲，等而上之至于祖。自义率祖，顺而下之至于祢。是故人道，亲亲也。亲亲故尊祖，尊祖故敬宗（此上为臣民之敬君），敬宗故收族（下为君上之爱臣民），收族故宗庙严，宗庙严故重社稷，重社稷故爱百姓，爱百姓故刑罚中，刑罚中故庶民安，庶民安故财用足。

《礼记·祭统》谓：

> 忠臣以事其君，孝子以事其亲，其本一也，上则顺于鬼神，外则顺于君长。

《国语·楚语》观射父曰：

> 祀所以昭孝息民、抚国家、定百姓也。……以昭祀其先祖，肃肃济济，如或临之。于是乎，合其州乡朋友婚姻，比尔兄弟亲戚。于是乎，弭其百苛，殄其谗慝，合其嘉好，结其亲昵，亿其上下，以申固其姓……致力于神民，所以摄固者也。

《孝经》谓：

孝莫大于严父，严父莫大于配天。……周公郊祀后稷以配天，宗祀文王于明堂，以配上帝。是以四海之内，各以其职来祭。

《中庸》谓：

明乎郊社之礼，禘尝之义，治国其如示诸掌乎。

《论语》谓：

其为人也孝弟，而好犯上者鲜矣。不好犯上，而好作乱者，未之有也。君子务本，本立而道生。

此类之语为后人所说，其用意乃在指出周之礼教、宗法制度之为合家庭、社会、政治、道德、宗教之精神为一，以安天下者。人之生而知孝弟，固中外人性之所同。然在中国古代宗法制度中，则本人之孝于其父母之心，而教人依理以充达其情于父之父、父之祖，以至于远祖，至以祖配享于天，敬祖如敬天之大祭，并将人对天之宗教上之崇敬，融摄于敬祖之中。又本人之敬其兄之心，而教人依理以充达其情，以敬吾之小宗，以至大宗之宗子。依天子国君皆立长立嫡之制，则天子国君，皆宗法制下之最大之宗子也。由是而敬君之心，亦可由自然孝弟之情以生出。于是人人同有之自然孝弟之情，皆为支持此宗法之社会制度及政治之统系者。故人能为孝子，即能为忠臣，而敬及于天子，亦及于天。是敬神、敬祖即敬人也。

至于为君上者，则因知最早之祖先，必遍爱其子孙，而当顺尊祖之心，体其遍爱之志，自然爱及一切同族之人。于是天子诸侯当爱及同姓之诸侯卿大夫。凡为宗子者皆有收族之义务，天子复当承天意，诸侯当承社稷神之意，以爱百姓、安庶民。故天子诸侯，重宗庙社稷，则自当爱人安人。是敬祖敬神即爱人安人也。夫爱敬之始为孝弟，孝为纵贯之情，弟为横施之情，纵贯之情通上下百世，由吾身至祖而上；由祖而横施其敬及祖之兄，再顺而下，而至其宗子，至于君。横施之敬及于君，由重社稷而尊天子，此为臣之义也。君之由孝及于其祖，而体祖之爱，再顺而下之，爱及于一切同族同宗，由敬天、敬社稷神而爱百姓、安庶民，此君之仁也。义及于天之子而间接通于天神，仁则本天心以爱人，此人德之齐于神，而人之爱敬仁义，乃弥纶于天地。此宗法制度之涵义，固不必为当时人所自觉，后来儒家乃自觉而发明之。然宗法制度之推行，必可多少冲淡诸侯之纷争、阶级之对峙，使人民不易作乱，天下易安定，而使中华民族日趋于凝合，则断断然也。

唯因周代之封建宗法之制度中，涵有此可安天下之"融摄家庭、社会、政治、宗教以为一"之伟大的文化精神，中国哲学之兴起，遂不该说为对传统之宗教文化之批评怀疑而兴起。夏曾佑、胡适之等说，老子为最早之怀疑思想家，实无是处。夫希腊哲学之所以起于反宗教传统者，一方面由于希腊之哲学乃自殖民地而入本土，一方由于希腊哲人不满于希腊传统宗教之神话，太多幻想，神之喜怒爱恶，互相冲突矛盾。苏格拉底与欧色弗落（Euthyphro）之谈话，即为指出神之爱恶无定，而怀疑世俗敬神之论者。柏拉图及其他诸哲，则大皆觉希腊人对神之所想，多为幻想而不满宗教者也。印度哲学之起，亦由印度之旧宗教中迷信幻想尤多。然在中国固有之宗教，则以中国民族古代文化之务实际，对神之幻想较少，中国古代社会中，巫觋之地位亦不高，更无特反宗教之必要。至于《诗经》所载之怨天之诗，不过抒情之作，亦不能作为中国哲学思想始于反传统文化宗教之证。依吾人之见，孔、孟对周代之文化极其赞叹，孔、孟固未尝否认传统宗教中之天，而孔、孟之所谓仁，即原为天德而又自觉为人德者，此义今人盖多不能识。墨子反周之礼乐，亦未尝非诗书，且笃信天志。老庄所谓"大本大宗"之"天"，与"生天生地"之"道"，亦可谓由传统宗教意义中之"天帝之遍在自然"之自觉，而转成之概念。故吾论中国哲学之起源，不谓其起源于由反宗教、由消极的批评怀疑传统文化开出理性之运用；而谓其由于积极地自觉传统宗教文化之精神即开出理性之运用。因而中国哲学，乃直接承周代文化之发展所生，而非一更端另起之一精神之所生。中国哲学之进于传统宗教文化精神者，唯在多有此一自觉理性之应用耳。

（二）中国哲学智慧之起源，为古代宗教道德精神之升进，而非对之之怀疑与批评

中国文化中，此种由宗教至哲学之历程，吾人以为主要由于中国古代之道德、宗教精神之发展与升进。吾尝论中国古代之道德观念之转变，在周以前所重之德，据《尚书》所载，不外敬慎、勿怠、宽容、勿矜，大皆帝王治者自守之德。周以后即渐重礼让忠信之德，《左传》《国语》等书可以为证。宽容勿矜之德，乃所以自广气度；敬慎勿怠，乃所以兢业自勉；唯礼让忠信，乃真对等之人间相遇之德，而可行于一切人与人之关系中者。盖周之礼教立，而人与人之关系

复杂，故道德不仅表现于君之爱臣民，与下之所以事上；亦表现于天子与诸侯、诸侯与诸侯、卿士大夫之相见相会之中，人伦之世界向横面开展而扩大，则礼教之本义，原偏重于敬神及行于君臣上下之间者，变为偏重于对等之人间之相敬，乃有礼让忠信之德之重视。及春秋以后，武士成为文士，国与野之分渐泯，士庶人之阶级渐不可分，而礼让忠信之德即可遍应用于一切人与人之间，而敬意亦可以行于一切人间。此仲弓问仁，孔子之答以"出门如见大宾，使民如承大祭"也。然此对一切人之敬，亦皆可谓由原始敬天敬祖之精神，通过宗法关系而次第开出者。故亦可谓为敬天敬祖之敬，移至一切人，而成为向人表现之敬。人与人之彼此间，由重忠信礼让之德以表其相敬相尊，则人之自尊自信之心与责任意识，亦日益提高。此即春秋时有担当、有独立精神之贤士大夫之所以辈出。在人与人之交往之中，尤其在朝、觐、聘、问之际，远地来会不易，礼仪因以繁重。此礼仪虽不必即为周公所手订，要是由历史习惯以次第形成。当其既已形成，则违之者为失礼。当人见人之失礼以后，则不能不念俗成之标准，以为评论。故《左传》中记诸侯之相会，常有评对方之无礼，并追究战争之发生，原于对方之无礼者。人与人相遇时，亦可由人之仪表，及处事之如何，以批评其内心。由是而有春秋时之道德批评。《左传》述一事后，恒继以君子曰之批评，此盖不必即孔子或作者之言，或正为当时人之道德评论，然此评论非自觉的另立一标准以反传统之道德，而是由自觉传统之标准，而予以解释，或随事而发者。吾意中国人之道德智慧，或智之德，当即是由此具体的礼尚往来之人间生活中之评论所逐渐养成，而非如希腊之智慧之德，乃初由惊奇、仰观俯察自然、了解数形之关系、分析理智概念而次第养成。故在希腊以智为首德，哲学家多尊数学。而中国则仁义礼智中，智为末德，《周礼·大司徒》六德中，亦先仁义圣而后智，六艺礼乐射御书数中，数亦居末位。《国语·周语》谓"言智必及事"，《左传》谓："智，文之舆也。"即谓智不离实际之事而言，智盖只所以知礼文之义而载运之，使行于天下者，故曰文之舆也。《易经》之元、亨、利、贞，自《易传》言之，元即仁，亨即礼，利即义，贞即智。贞，定也，智亦定也，是中国古所谓智慧之用，唯在自觉人之仁义礼之德，而贞定之，确立之。春秋时之道德评论，即中国人自觉的道德智慧之流露之开始，其作用亦唯在贞定确立传统仁义之道。中国春秋时，孔子之作《春秋》，亦不过扩大此评论，而为二百四十年史事作系统的评论。孔子发明六艺之教，讲论德行之哲学智慧，亦只是承以前贤士大夫之道德评论而发展。孔子弟子与墨、孟、老、庄，盖皆不过承传统文化与孔子之精神而更各引一端。则中国哲学唯是承以前之传统文化精神而升进一步之所成，其起源实迥不同于希腊哲学之起于对传统文化之批评怀疑矣。

（三）孔子之继往开来与继天道以立人道

孔子对中国文化历史贡献之巨，固夫人而知之。孔子所以兴起，由于其时代为一礼坏乐崩、臣弑其君、子弑其父之乱世，亦夫人而知之。然春秋时之礼坏乐崩，人之道德堕落，实不同于苏格拉底、柏拉图时代希腊社会政治之乱。苏、柏时代之社会政治之乱，可归因于贵族阶级与一般市民或商人阶级之争权，与哲人学派之怀疑论，及自利的个人主义之思想之兴起。然孔子时代之礼坏乐崩，唯由当时所谓贵族阶级中，诸侯与天子、诸侯与卿大夫之上下相凌，与生活之腐化。孔子之使命，亦不同苏格拉底、柏拉图等之欲凭理性之运用，以寻求道德之意义，与设计一理想国；而唯是欲正名分，使居其名位者，有其名位上原当有之德，而重建周之文教。故孔子之使命，乃一由继往以开来之使命，而非另建理想国之使命。而其以文王之既没，文不在兹乎自许，作《春秋》而又知《春秋》为天子之事，孔子实是无异以一平民，而居天子之位以评论一切，并承以前之文化而删《诗》《书》，订礼乐，以教后世。后今文家说孔子为素王，古文家则说孔子唯是一使古代学术由贵族而及于民间，别政与教，而于君道以外建立师道者。今古文家之言虽不同，亦未尝无相通之处。然吾人复须知，孔子之以天子之事自任，而以仁教弟子，即无异于教弟子以王者之德，天子之智慧。天子原须上承天心之宽容以涵育万民，孔子教人以仁，亦即教人直接法天之使四时行百物生之德，而使人皆有同于王者同于天之德。此乃孔子之由继往而下开万世之真精神所在，为生民以来所未有。柏拉图之精神与之相较，诚瞠乎后矣。孔子之真精神，亦中国哲学之真精神所自始也。

孔子对于周以来之传统文化之精神唯是承继之。孔子所进于以前者，唯是自觉其精神所在。不有孔子之自觉，则传统文化之精神唯存于礼仪威仪之社会文化中，有孔子之自觉，则此精神存于孔子之心，见诸孔子之行事，孔子以之垂教，乃使人人皆可知此精神而实践之。故孔子之智，对一以前之文化是成终，而对闻其教者则是成始，不有孔子，则周之礼文之道，只蕴于周之礼文之中，有孔子之自觉，则周之礼文之道，溢出于"特定时代之周之礼文"之外，而可运之于天下万世，而随时人皆可以大弘斯道，以推而广之。故孔子立而后中国之人道乃立，孔子之立人道，亦即立一人人皆以"天子之仁心"存心之人道。天子之仁心，即承天心而来。故孔子之立人道，亦即承天道。近人谓孔子之学非宗教，且不信古代相传之天神之存在，此实无可征。可征者，唯是孔子不重信天之本身，而重信天之所以为天之仁道。孔子信天道，中国人之自觉论天道，亦自孔子始，则信而有征者。故孔子以前有人有文化，而人与文化之道未真被自觉，人之道未立，自孔子自觉之而后立。孔子以前亦有天，人亦知信天，而敬天学天之仁等；然自觉天之所以为天之道，即是此仁，而唯以仁道言天者，则自孔子始。唯孔子而后真知人文之道与天道，唯是同一之仁道，而立人道以继天道。此即孔子之所以通古今与天人，《中庸》曰："肫肫其仁，渊渊其渊，浩浩其天。"孔子之人格之所以通天人，而为天之直接呈现也。

　　知孔子之精神在通古今与天人，则知孔子之精神与世界其他伟大人物，及先秦诸子之精神，唯是全足与偏至之不同。世界之一切宗教圣人，皆能归命于天，亦多能知天道之以仁为本，而依之以立人道，如耶稣是也。然彼等恒未能以通古今承古之文化历史，以开启未来文化历史自任。且世界一切宗教家对于天或神，皆重祈祷，而低级之祈祷恒夹杂私求与私意，如犹太教中有上帝选民之观念，此即将偏私自己之民族之心，注入于上帝，使上帝成一偏私之上帝也。祈祷中有私意而求于上帝，及其求不得，则生哀怨之辞，此《旧约》中之所多有也。治西方宗教史者，皆知犹太教之上帝，乃逐渐由自私之上帝而成一无私之上帝。在耶稣以前之先知如 Amos 等固亦有无私之上帝观念，至耶稣起，乃深发其义，并特重人当求上帝于内心，天国在天上，即在内心，而不在地上或外界之义；并教人绝去对上帝之私求，而教人爱敌如友，以绝去以前之自视为选民之意识。后之基督教徒，虽仍保持选民一观念，已改为纯宗教道德上之意义。在中古复加上"上帝之选择何人而对之赐恩，为不可以人意窥测者"一观念。此正所以免人自视为选民，而对他人存敌意。耶稣基督教之思想，在西方宗教文化思想中，乃表示一极高之宗教精神。然后来之基督教中，仍重祈祷，而祈祷之中，总不免求上帝满足其在世间之私求，如战争之祈祷上帝助我胜利，皆恒是依于一私心之祈祷也。然观孔子之教，则孔子盖根本不重人于天于神之祈求，故能"不怨天"。而孔子相传之教，唯言天之道为无私，为使四时行而百物生，为不已，为健行不息，人当承之以立人道。人对天对祖宗之神之情感，恒由人念天与祖宗之神对人有恩德以增益。故祭祀之义，不重祈祷而特重报答，所谓大报本复始。夫重祈祷，乃视主动全若在神，不免自居被动。重报恩报本复始，则纯为承天与祖宗之神之爱与恩德，加以摄受后，自动的引发伸展自己之仁心，以上达于天与远祖，所以使人德上齐于天德与神德，天德神德亦流行于自己仁心人德之中者也。夫然而人亦即更能以天地生物之心，祖宗爱后人之志，以成己而成物，赞天地之化育。基督教之承天心以爱人，虽亦是此义。然因其特重祈祷，或使人易杂偏私之欲，则精神不免卑逊于神之前，而不能极其上达之伸展，因而上帝易显其超越性，人在神前，乃多罪孽深重之感。唯依孔子之教，乃真可由其于天于神无所求之报本复始精神，而摄天心于人心；转天神之恩我，以推恩于世界，而人德可齐天德，由此而后可以见人与天之俱尊。人德齐天，而知人之善性亦齐于天，然后有天命即性之性善论，尽心知性即知天、存心养性即事天之孟子之学。此儒家之教包涵宗教精神于其内，既承天道以极高明，而归极于立人道，以致广大、道中庸之人文精神所自生。故谓儒家是宗教者固非，而谓儒家反宗教、非宗教，无天无神无帝者尤非。儒家骨髓，实唯是上所谓"融宗教于人文，合天人之道而知其同为仁道，乃以人承天，而使人知人德可同于天德，人性即天命，而皆至善，于人之仁心与善性，见天心神性之所存，人至诚而皆可成圣如神如帝"之人文宗教也。

（四）孔子之全面的合天与全面的人文精神，与孔子所开启之人文精神与哲学

至于孔子之立教，与世界其他学者，及中国先秦诸子之教之不同者，亦由于孔子之达天德重人文为全面的。而其他人，则恒皆有所偏。盖孔子所承中国以前之传统文化精神，吾人以前已言其乃由经济而社会、政治、伦理、艺术、宗教、道德次第伸展，而前后互相包摄以成之一整体。故孔子之以六艺设教，即包含人类全部文化精神之品类于其中。六艺原为礼、乐、射、御、书、数，以六经为六艺，乃后来之说。然孔子盖亦实尝以六经之义为教。六经中，《书》者上古三王之事，多偏于政治经济方面。《礼》者周之礼，注重在教伦理道德。《诗》《乐》为文学艺术。《易》者古代之宗教精神之所寄托，天道也。而《春秋》，则孔子之所以本天道之仁，居天子之位，以评论"所见所闻所传闻三世"之社会文化，而开拓未来之世界文化者也。孔子著《春秋》，在其晚年。其一生之行事，与周游列国，在望得用我者，而兴东周。《春秋》亦不托空言，谓不如见诸行事之深切著明。中国文化开始即重实践，孔子亦先求行道。及道不行，乃退而与弟子，删《诗》《书》，订礼乐，修《春秋》以教来世。是孔子之精神为全面文化之精神，而又求直接实现之于全面社会之精神。其言教，皆系属于其行事。西方印度之哲人，恒先建立一知识系统，人生社会之理想，先著书论学，聚徒讲学，再求用世，恒未及有实践之行为，而身已殁，或则最初目的，即自限于求真理，与著书讲学。孔子之精神实与之皆不同，观孔子之好学而无所不学，

学不厌，其对人文之各方面，由经济、政治、社会、伦理、道德、艺术、文学、宗教，皆一一予以重视，而以本末终始条贯之，亦世界学术之其他派别所罕有。西哲中如柏拉图、亚里士多德、康德、黑格尔等，在理想上，盖能及此，终不免求知立说之意味重。彼等与西方宗教圣徒、社会革命家之重行而忽知，皆同是一偏，不如孔子之人格所表现之知行合一之精神矣。孔子之人格，表现对人文之全面皆加重视而无所不学，及知行合一精神，此在原则上，为一神足漏尽而无遗之人格精神。故孔子以后中国之学术文化，无论如何发展，而在人格之典型上，文化之究极理想上，皆不能不归宗孔子。人无论在人类文化中，重某一特殊精神，亦莫不可多少由孔子之言与六经中，得其根据与渊源。因人类学术文化活动止此数种，原不能溢于其外也。夫然故中国后人之归宗孔子，亦未尝真窒息学术文化之发展，后人尽可言孔子所未言，详孔子所未详，而补孔子对人文之认识之所不足，然由孔子人格所显示之学不厌，对全面人文皆加尊重，及知行合一之精神之本身而言，则为一当下具足之整体，而无可以过之者。中国文化经孔子而文化之大统立，万脉分流，同出昆仑，百家腾跃，终入环内。此非孔子之个人之有何威力，唯因孔子所承之文化，原是全面，而人之精神只能在全面文化中活动也。孔子之伟大处，孔子固未尝自言唯彼有之，后人亦不以唯孔子有之，人人皆可尽心知性而知天，而如神如帝成圣，人人皆可以学孔子作《春秋》之精神，而居天子之位，以评论世界，而以天下为己任，而如王，如天子，或以延续文化教育为己任而为师，即人人皆可为孔子。自孔子之教立，而人人皆可自觉其有"能行仁道之心"，而此心即启示人之有无尽之尊严性、崇高性、广大性。人之可如神、如帝、如天子，为师、为承继祖宗文化而发扬之以延续社会生命之孝子，与为圣、为孔子。此数者，实为一事。中国后世之神位之所以有天地君亲师者，盖以必有所敬者在彼，而后有所成就者在我。非以天地君亲师在我之外，非我所能为之谓也。依孔子之教，正是谓人人皆可体天地君亲师之德之心，而与之同其德同其心。五而一，非五而五。此五者在中国文化之发轫时，唯有天地人，唯有原始宗教思想中之敬天神地祇之心，与人在天地中之劳作。自禹而后始有协和万邦之君。自周行封建严宗法，而后真有亲。自孔子，而后自觉天地君亲之仁德仁心，而有学术之讲习，有教，而有师。孔子之教立，人皆知修德而人德可同于天德；而后有墨子之教，欲人学天之兼爱；而后有庄子、老子之教人知天而同天；孟子明性善，喜言仁政；荀子化性起伪，善言礼制；法家则由礼以言法。自诸子百家分流，而中国哲学之门庭显矣。自孔子而后，士之责任感自尊心增强，于是或敝屣尊荣，不事王公，高尚其志；或游说卿相，取合诸侯，为王者师。孟子、荀子皆言尧、舜禅让，与汤、武征诛。由荀子而有韩非、李斯，乃专以尊君为念。由商鞅、李斯助秦之政，而周之封建诸侯，与周天子俱灭。秦亡而汉高祖以平民为天子，汉儒言五德终始与禅让，有德者应继无德兴，即孔子作《春秋》以天子之事自任之精神所开启。原始之宗教既经孔子之融化，乃本人德可齐于天之思想，再与庄子游于天地之思想相与合流；而渐有与天地比寿、与日月齐光之神仙思想。而后之佛学之所以为中国人所喜，亦因佛学始于不信超绝之梵天，而信人人皆可成佛，而如神、如梵天、如上帝。则中国以后道佛之宗教精神，亦孔子天人合德之思想之所开，人诚信天人合德，而人德可齐天，则人之敬圣贤之心、敬亲之心，亦可同于敬天之心。此即后来之宗教精神之所以于天帝崇拜之外，尤重对圣贤祖先之崇拜之故。孔子信天敬祖，后人则敬孔子如天，而或忘单纯之天。于是原始敬天之宗教精神，若归于减弱。敬祖之教，在西周，原所以支持封建政治者，由孔子之教，而孝之本身，纵不连于事君，亦所以显人之仁德，而有其本身之价值。故敬祖之教，不随原始宗教精神之减弱，不随封建宗法制度之崩坏而消灭，乃反以增强，此乃孔子以后之文化面目，异于孔子以前之最重要者。而其所以致此之故，虽不必原出于孔子一人之力，然要必为孔子之精神之所首先开启者。

（五）中国文化精神之形成与西方之不同

吾人以上论孔子以前及孔子与孔子所开启之文化精神，目的在指出中国文化根本精神与西方文化精神之形成之不同。尤重在说明中国文化之所以有统之故，即在中国文化根本精神之形成，依于次第之升进，亦可谓依于层层包涵之环展。故其启后之处，即直接由其承前之文化，而加以自觉以来。故由夏至孔子，以至孔子以后之文化精神之推进，皆未尝经明显剧烈之冲突矛盾。此即养成中国人对历史文化之亲和感，与文化统绪之意识。同时减弱人之求超越现实超越古人，以另造一理想世界或超越境界之超越精神。而人类之超越精神，又大皆由宗教中之神与人隔离，神高高在人之上以引起。中国之天神，因素富于内在性，及孔子发天人合一之义，孟子发性善之义以后，即使人更不复外人而求天。由孔子之重视自天之道之表现于其生物之处，以观天德；及老子、庄子之重由自然以观天观道，更谓道在蝼蚁、稊稗，牛马四足谓之天，更使天神失其超越性。中国古代之文化，又皆由人群之实际生活中所形成，及周而严伦理宗法。孔、孟虽尊个人，然其尊个人即尊个人之能及一切人，而通于一切人之仁性仁心。老、庄精神，虽或忽略人在社会伦理中之责任，而重个人精神之自由。然其所尊之有精神自由之个人，必须是能自个人之意志欲望解脱者。杨朱或不免重个人情欲之放肆，然亦非重意志自由之概念之本身者。墨家重社会之集体生活，法家重政治之集体生活。故西方近代人所重之个体之意志自由，亦非中国文化大统中所重之精神。至于西洋人所重之理智的理性活动之客观化之精神，其为中国所忽亦甚明。吾人上论，中国文化自开始即重实践，孔子亦先求行道而后讲学，故智德居于末德，数居六艺之末。儒道墨之初起，皆唯以论人生政治德性为事。《公孙龙》、《墨辩》、庄子《齐物论》篇、荀子《正名》篇中之知识论、逻辑、科学思想，皆由诸家之辩论而后引起，只为诸家末流所尊尚。则知在西方居哲学科学思想之首位者，正为中国学术思想中之居末位者。西方言哲学者，必先逻辑、知识论，再及形上学、本体论，而终于人生哲学、伦理、政治。而中国古代学术之发展，适反其道而行，乃由政治、伦理以及人生之道。而由人生之道以知天道与性，而终于名学知识论之讨论。《墨辩》及名家兴，而诸家之学衰，而后世中国之学术，亦未尝改而以名学、知识论为哲学科学之首。则为西方文化精神之特殊精神之所在者，如吾人前所谓文化之分殊的发展、超越精神、个体性之自由之尊重，与理智的理性之客观化之四者，皆中国文化精神中之所忽，由上述之中国古代文化精神，已确乎可见矣。

第四章　孔子以后之中国学术文化精神

（一）九流与六艺及孔子的精神

孔子以后，诸子百家学术之分流，同依于士人人格尊严之自觉，六艺之教之散于民间。诸子百家之派别虽多，然吾人以文化观点而论其所偏重，则皆不外承孔子所承之传统文化精神之一偏、六艺之教之一偏，或天道观念之一偏而形成。唯因其原出一本，故学术文化之分流，终向往于天下之一统。诸家学术亦终汇合于汉，以建立第一个由平民为天子之坚实而博厚之大帝国。当诸子百家学术分流之际，正战国诸雄竞长之时。然诸子中，除法家、纵横家之人物外，皆未尝特与现实之政治势力结合。故文化学术思想之分派，与现实社会政治势力之分裂，未尝互相结纳，以加深世界之分裂，如今日之欧洲然。此皆由诸子百家之原出一本，而同向往天下之一统之故也。

以诸子百家精神相较，而言其所偏重，儒家偏重法周，其学兼综六艺而特重礼乐。礼者道德之精神，乐者艺术之精神。儒家由孟子之言心性，言仁义，至荀子之言礼制，言君臣之道，至《乐记》《中庸》《易传》，乃以礼乐精神之"中和""位序""同异""内外""动静""刚柔"，说宇宙人生社会文化之全，乃儒家思想之极致。墨家薄礼乐，而不废《诗》《书》。不废《诗》者，取其民间实际生活之纪载。不废《书》者，以其载古代帝王之勤劳务实之事业。最能表示中国古人之勤劳笃实之精神之古代人物，无如平水土躬稼穑有天下之夏禹。故墨家倡法夏，墨子兼爱之教所重者，在下察于百姓耳目之实，求所以使人人之得衣食，而裕其生之道，乃不重少数士君子之盛容修饰，弦歌鼓舞之礼乐生活。故墨子精神所重者，在社会经济。墨子之言兼爱，本于天志。其谓天之意志，即为兼爱万民而生养之。此传统宗教之精神，墨子之所承，亦有合于孔子天道为仁之意。然墨家视天在外，其强调天之人格性，近乎西方基督教与回教。孔、孟则以人体仁道，由天人之道之合一，以明性与天道非二。故不强调天外在之超越的人格性。由孔子、孟子以降，教人法天之仁而行仁，即所以立人道而立天道，故人无所希慕于天。然墨子则以天之兼爱为天之意志，亦即天之欲望，故如人不为天之所欲，即遭天怒，人为天之所欲，乃为天所爱。人为天之所欲，则天亦为人之所欲，而人受天赏，得福利；反之，人为天所不欲，天亦为人之所不欲，而人受天罚，得祸害。其言乃使天与人间之关系，成交易之关系。如是以行兼爱之道，遂非自尽其心性，或理当如此之谓，而若为获天之报偿之手段。此则使人之逐实际利害之情，夹杂于宗教精神之中，而使墨子对天之宗教精神，反不如孔子之高远者也。

至于法家之精神，则纯出自战国纷争之世。法家之理想，重富国强兵，而尚耕战。其战非仁者之征伐，其耕唯所以富国而弱民。法家精神之重心，不在社会经济而只在现实之国家政治。故诗书礼乐文化之本身价值，皆为所抹杀。法家不法先王，而重备当今之所急。此为对传统文化之大反叛。然法家之轻民而尊君，视君为神圣，而诡秘化之，实利用一种人民之宗教心理。而其重刑罚之理论，亦未尝不以古代政治家之措施为例。韩非称殷之刑弃灰者之事，赞太公之杀狂矞华士。夏之事业，当以劳动为主。殷之法制乃渐备，而先罚后赏。则法家之所承者，近于殷之精神者也。《诗》、《书》、礼、乐之中，唯《书》所载二帝三王之事，为法家所诵。谓法家略有得于《书》教亦可也。

至于道家，则庄子宋人，老子楚人，其余道家多齐人。宋与齐楚之地，受周代文化之感染较浅，而楚人尤多信巫史。老庄皆以六艺为已陈之刍狗，其所喜言者，乃至德之世、尧舜以前，则夏商周之文化，固皆不在其眼中；而现实世界之纷争，更其所欲逃避。故弃社会而就自然，外游于人间世，内心则求侔于天，与造物者游。其根本之文化精神，亦可谓近求解脱之宗教精神、超现实之形上学或哲学之精神。而老庄之帝王之道，则为一种政治理想。然自老庄所言之天与道之涵义言，则固是一遍在万物而无私者。此亦可说为中国古代宗教中天帝之信仰所转化，亦略同于孔子以仁言天。其不同于孔子者，唯是老庄喜说天之大仁不仁、无为无不为之德。无不为而一任万物之容与遨游于天地间，此天地之所以为大也。老庄实不重视自天道之使四时行而百物生之生生不已、自强不息一面，以言天德。则老庄之天道，虽可谓横被四表，而不能纵通上下与终始，此则不如孔子儒家者。而庄子之言天机之动、天籁之行，咸其自己，不相为碍，谓天地有大美而不言，其所谓真人至人之生活中，涵天乐在，则其人生之理想境，实亦一种游心宇宙之艺术生活，而为遥契古代乐教之精神者。化人间之乐教为天地间之乐教，而倡之于世者，庄子也。

先秦学术除儒道墨法以外，阴阳家盖原始自然哲学之所遗，与儒家仁义之教之结合。亦可谓古之卜筮与易之流。至于农家，则中国经济生活中，尚农精神之说明者。农家人物，盖皆吸道墨之余绪，而别无精义。纵横家者，列国纷争之世，以权术说天下者。名家者，由诸家之辩论，以开启对逻辑、知识论之问题特加以发挥之哲学家。诸家立义规模，要皆不足以与前四家比。而杂家之《吕览》《淮南》，则诸家分流以后，左右采获，以求反于一本之思想潮流，秦汉之际之一转捩思想也。秦之灭六国与周，实现诸子所向往之抽象的一统天下之理想。然秦以政摄教而摧残学术，其精神全不是中国文化精神，故不数传而灭。唯汉兴而后，乃实现先秦诸子所向往之文化凝合之理想。杂家所代表之文化精神渐去杂以成纯，而显为董仲舒、司马迁之精神。彼等体孔子重全面人文精神而再现之。汉之文化即先秦诸家之学术思想相汇合而实现于社会之所成，而使中国民族之统一，不止于如秦之只成一抽象的形式统一，而成为真有文化内容之具体的统一者也。

（二）秦汉唐宋元明清之文化精神之综贯的说明

以东西历史比论，秦之实现一抽象形式之统一于东方之世界，实类于罗马之实现一抽象的统一于西方之世界。秦以武力统一天下，罗马亦然。秦尚法，其所定制度，亦颇具规模，为汉所承。罗马之法典，亦垂范西土。二者之精神皆黑格尔所谓"理解形式"的。然罗马纯以武力法律为治，至于数百年，而后得基督教为其精神生命。而中国之秦则不三世而绝。盖以罗马之世之学术，主要唯斯多噶学派。斯多噶派之崇尚抽象之理性，正为罗马之法律精神之一部。而斯多噶派之人生思想，又不免趋于消极之忍受。中国则自孔子而后，个人人格之自尊自觉之心已甚强。儒、道、墨之学术文化精神之普遍于社会，其势不可尽泯，而皆无不与法家相反。依儒家意，唯有德者乃可为天子，孟、荀皆言禅让与征诛。道家之薄天子而不为，即看不起天子。故秦皇出游，刘邦见之曰"大丈夫当如此也"，项羽见之曰"彼可取而代也"，此乃彼等自觉其原可为天子之思想之流露，盖亦六国之后同有之思想。夫然，故天下之豪杰，可并起而亡秦。秦亡而见有具体之文化生活之人，不能只以抽象之理解形式之法律统治，亦见只恃武力之不可以治天下。西方人有罗马之以法律武力统治天下之例在前，故及今仍多以法律武力为政权之基础。斯太林犹欲学第三罗马，于法律外，再济以无限度之警察精神以治国。而在中国，则自汉代秦兴，历史二千年更无再自觉主张纯以武力法律为治之论。汉以后，中国即可谓纯为一所谓文化国，历代皆赖儒家精神之普遍贯注于社会，提高人民之文化生活，以为佐治太平之要道矣。

汉代文化之形成可谓由于凝合与广被。而此凝合与广被之所以可能，则由汉初之治，即承秦之政制。汉初尚黄老，足以宽统治者之度量。继乃尊孔子，崇儒学，以树学术文化之骨干。汉代奖励孝弟力田，使人各安其居而勤事生产，以裕民生而富国家，即所以稳定社会。察举之政治制度，则所以使人民之秀者，自下而升举于上，而用于政治，此皆为汉代文治之精髓。而武力则唯用于拓边。夫然而汉代文化之形成，其初本于道家之宽大精神为政，可谓如天之覆盖于社会；其以儒家精神立学术之骨干，可谓立大地之支柱；行察举之制度，则如使地上之人民上升；孝弟力田，所以使人各安土；而以武力拓疆域，则所以广天地。故汉之建立一统世界似周，而又不同。周之建立一统，赖封建与宗法。其封建初乃赖武力之支持。故周代继世之天子，虽能上承天命，及其武力弱，即不能覆盖四方诸侯。周衰而在下位者，皆求升高位。昔为卿大夫者，今为诸侯；昔为诸侯，今欲霸天下。游士驰说于四方，以致卿相之位。此正如地上之物皆升而上，又无以覆盖之者，是无以遂人大一统之望也。秦乃以强力盖之，以求一统，而终亡于恣睢。故汉兴尚黄老之宽容精神，又以察举助在下位之人民之升居上位，而使上下相孚；武力横施于四方，则人民之精神亦随之而拓展；孝弟力田，又足以使人民之各安于位。是故汉代文化精神之形成，实如上天下地之浑合而升降相涵。既能凝合而又能广被，此盖亦即汉代思想，又为阴阳家之成分所贯之故。阴阳家喜言天覆地载，与阴阳之升降，及五行四时之依四方而运，而中心之土不动之理，正所以象征汉代文化之精神。而汉代文学中之奏议与对策，则政治上，上下求通情合道之文章。而汉赋之铺张扬厉，亦一向外横施以求精神之广被之表现也。

汉之一统之局分，而三国鼎立之势成。历魏晋六朝，而五胡乱华。然中国社会政治之混乱，与民族之厄运，未尝使文化因而断绝。唯以政局在分裂中，及西来文化之冲击，而传统之整一的文化系统，因以疏离。以魏晋六朝与汉相比，则汉犹周初，而魏晋六朝如战国。汉之所成就，偏在政治、军事，与经济上土地之开发。其学术以经学为主。汉人之德行，表现于使民族凝合之事功，故文学中有奏议、对策，与宫殿、都城之赋。而魏晋六朝之所成就，偏在文学、艺术，其学术以哲学、文学为主。魏晋人之人格，则见于其风度之美与性情之率真，故魏晋之诗文恒善抒怀抱。汉代学术人物之精神，阔大、朴厚而浑成。魏晋六朝人则多胸襟旷达、"形超神越"（此语见《世说新语》)。此超越精神，不如西方宗教、哲学、文艺中超越精神之表现为离世异俗之瑰意奇行，唯主要表现于日常生活之间、交游清谈之中，或寄情山水之际。魏晋六朝之精神，主要乃为道家庄子之精神之更人间化。唯非人之与天游之逍遥游，乃人与人相忘之逍遥游也。魏晋人之重个性，亦不如西人重个性之无尽伸展，而唯重人物间个性之欣赏。中国文化精神中，汉人之阔大、朴厚、浑成，转为魏晋人之疏朗、清新、俊逸，可谓中国文化精神，在地上建立帝国以后，再盘旋于空阔，优悠于虚灵，以脱去其重浊之气、沉滞之质，而归于纯化之美者也。王羲之之书法，陶渊明之诗及顾恺之之画则纯化美之代表也。

至于唐代文化之兴起，则又转魏晋之虚以入实。唐代政治规模之阔大如汉而或过之。唐代文化交通及于世界。唐承汉魏晋六朝所传佛学，更大开宗派。由魏晋六朝之重空宗，而天台，而法相与华严，而禅。中国固有学术，则由玄学更转入经学，皆表现由虚入实精神。其诗由五言而至歌行，文由骈文而古文，皆亦表现一充实之美。而盛唐诗之重兴会，重情真气盛，尤表示其生命之健旺。而艺术中唐代金碧山水与壁画之华美，及雕刻中之佛像之丰盈，又皆表示唐代人精神上之富丽。整个唐代文化，多方面并行不悖之发展，为以前时代所无。此多方面之发展，未尝不似近代西洋文化之万流竞注。然唐代文化之多方面发展，有相互之照映，而不见有力量之冲突矛盾与紧张局面之存在。唐代之文化之特殊者为宗教，当时计有回教、景教、波斯教、道教与佛教。宗教势力之盛，又如西方之中世，而以佛教为最盛。佛教中又以华严为最盛。华严宗所谓一摄一切，一切摄一，一切摄一切之事理无碍、事事无碍之华严世界，正为唐代文化多方面并行发展、不相矛盾，而相涵摄之精神之最高表现。此则与西洋中世之基督教主宰文化之势力下，不免轻艺术，充满基督教与回教等之斗争，与虐待异端之事，表现截然不同之文化精神矣。

宋明为中国儒学再度复兴之时代。汉代儒学之用，表现于政治，而宋明儒学之最大价值，则见于教化。中国民族之精神，由魏晋而超越纯化，由隋唐而才情汗漫，精神充沛。至宋明则由汗漫之才情，归于收敛，充沛外凸之精神，归于平顺而向内敛抑。心智日以清，而事理日以明。故学术则有理学与功利之学。功利之学重明事，理学重明理。二者中唯理学能代表宋明人之心智之极。由唐诗之重性情，至宋诗之重意境，由唐诗之血肉丰腴，至宋诗之峻气瘦骨，由唐代歌行之舒畅，至宋词之婉曲，由唐人之笔记小说之一往情深，至宋元章回小说之曲叙事情。由唐代之金碧山水，至宋元之文人画，由唐代之法相、华严之盛，至宋明以后禅宗、净土之盛，皆表现中国民族心智之由反省而日以清明，如潦水尽而寒潭清，烟光凝而暮山紫，行李萧然，山川如画矣。然其中唯宋明理学之精神，为能由清明之智之极，觉内心之仁义礼智之理，以复见天地之心；而教人由智上觉悟，致知涵养并进之工夫，以希贤希圣，而以讲学教天下之人皆有此觉悟，此实同于孔子之使王官之学布于民间。然其所不同者，在孔子仍是先有意于政治，且孔子是以一人为天下之木铎；而宋明理学家之精神，则几全用于教化，而以一群人，共负起复兴学术、作育人才之大业也。

吾尝以《易经》元亨利贞、仁义礼智之序，言中国民族文化精神之发展。则孔子承中国民族古代文化精神而立仁教，所开启之先秦文化之生机为元。秦汉之建立大帝国之政治，为礼制之实现为亨。魏晋隋唐之艺术、文学、政治、宗教等文化，多端发展，旁皇四达，为文化中之义道，如元亨利贞中之利。则宋元之精神为智，而欲由贞下起元者也。惜乎元清异族入主中夏，盗憎主人，而中国文化精神之发展，乃不免受一顿挫。宋明理学之发展，由朱子之重理，至王阳明而重心，至晚明而重气，由讲宇宙人生，而讲历史文化之精神之自觉。如顾炎武、黄梨洲、王船山等，皆欲由历史文化精神之自觉，以上追三代，而起民族之生机，以建制立法，为万世开太平者也。清儒不能继其志，于是转而重考证、训诂、校勘、文字、音韵之学，以求知中国古代文化之真面目。此仍可谓是由宋明重智之精神来。然宋明所重之智，乃内心真觉悟之智，而清儒所重之智，则纯成理智上、知识上之智。此理智上、知识上之智，乃以研究历史文化中之器物文字为目的，而又非以直接研究自然社会为目的，故未能成就西洋之科学，而只成为帮助人了解中国过去学术精神之工具之学。则清儒之精神，盖非中国昔所谓求智，而亦非西洋之求智，只可谓为求知古人之真意或求信实之精神。而清代哲学、文学、艺术、宗教、政治，皆难言特殊之创造。盖皆不外求能老实学古人而近真，堪自信与被信为能传古人之衣钵、承过去之文化而已。然此求信实之精神，自为一时代之新精神。清人盖善模仿，而于汉人经学，魏晋唐宋之诗文，与宋明程、朱、陆、王之理学，元明之画，与明代以来之禅宗、净土，颇皆能善学，求保存勿失。此求如实保存中国文化，即清代文化之特殊精神。然海通以还，中国文化与西洋文化相遇，清代学术文化重保存文献之精神，终不足以应大变。欧风美雨，纷至沓来。老师宿儒，遇新思潮之冲击，徒居退守之势，不免抱残守缺之讥。终至中国文化精神之堤防，乃全然溃决。而人之学习西洋文化，固未必能得彼方文化之真，而一民族之学习他方文化，又势难尽失故行。于是中西精神，互相牵挂，再加以西洋文化本身之复杂，于是国人日以动荡摇摆于新旧间与诸新间，左顾右盼，荆棘横生，矛盾百出，此乃中国文化从古至今未有之变局。而宋明以后应有之贞下起元之事，若尚渺不可期。然以此今日文化之多矛盾冲突之眼光，看中国过去历史文化之精神之发展，而谓其亦如是，则蔽于今而不知古者之言。实则中国过去文化精神，不特有一贯之历史线索可寻，而汉以后中国文化精神，皆可谓只是实现先秦之文化理念之所涵。汉唐宋明清之文化精神之发展，虽自成段落，然皆可谓次第之升进，亦皆表现中国文化之不重抽象之理性，不重一往之超越，不重绝对个体性之自由意志之精神。故秦似罗马之以抽象理性所订之法治国，而汉承之，即改而重人民具体之文化生活之安排。魏晋精神为艺术的，重人物之情性之发抒，似西洋之重个性。然魏晋人复重人物之欣赏，故有清谈，有人物之品评。隋唐宗教之盛，似中世，其文化之多方面发达似近代，而不似中世与近代之多文化冲突。宋明尚智尚理，然为由觉悟以知道德人生之理，非纯粹理智性之理。清人重考证，似科学精神，而研究对象为历史文物，其精神为求知古历史文物之实际。在整个中国文化之发展中，除为保存扩大文化而攘夷拓边之战争外，战争皆无意义，亦少促进文化之效。而中国之学术文化之人物，自春秋战国起，即未尝有借现实之武力，以实现理想者。中国以后文化之进展，皆罕假手于战争；而战争之事，多只是乱。此亦与西方战争之或为宗教战争，或为主义战争之恒有一意义，战争中因两面各有文化理想，而战争之结果，恒可促进文化理想之综合者，实不同。故整个中国文化之发展，皆表现中国文化之特殊精神者也。

第五章　中国先哲之自然宇宙观

（一）西方哲学科学中之自然宇宙观

吾人以上唯论及中国文化之起源与历史发展中所表现之精神。吾人以下即当分别由中国之自然观、心性观、人生道德理想论及人间世界、艺术文学精神、人格世界、宗教精神等各方面，对中国文化之精神作一横剖面之讨论。而吾人之讨论此诸问题，亦将重在与西方学术思想文化相较而论。故此章讨论中国之自然观，亦将先对西方之自然观与以一说明，以为比较之资。唯此章所重者，非讨论中西之自然哲学、自然科学之理论，而是讨论其对自然之观点不同，与取其观点所表现之精神与价值。此点读者须先了解。

关于西方自然观，吾人首所欲论者，即为其所表现之超越精神，及纯理的分析精神。近代西方自然科学之来源，怀特海于《科学与近代世界》中，曾谓其原于希腊之命运观念、罗马法之观念及基督教上帝创造之世界必有秩序之观念。希腊之"命运"观念，为在上支配人生社会之事变者。罗马法之法律，亦为一种刚性的宰制社会之规律。基督教之上帝，亦为在世界之先造世界者。故皆表现一超越性。西方科学之理性主义精神，初实为相信：世界万物为一在特殊物上之"客观普遍必然之理或定律"之所支配。怀特海在《理念之探险》中，又谓西洋之自然律有四种：一种以自然律为内在于事物；一种为以自然律为神所安置的（Imposed）；一种为以自然律为所观察之感觉现象之继续的"次第"之描述；一种为以自然律纯为一约定的解释。其中后二种皆近代之主观主义者之说。代表第三种者，为休谟、马哈等。代表第四种者为普恩加赍（Poincare）等。此后二种纯由近代认识论兴后，对于已成科学知识，从事反省其感觉经验之根据及所用名词之涵义，而生之二种学说。除中世纪之唯名论，在精神上与此二说略相近外，以前西洋之哲学家、科学家，殆未有相信此类学说者。唯此二学说之以自然律纯为主观心之构造，实不能为西洋之自然科学家、自然哲学家之"向前向上追求自然律精神"之基础。而可为此精神之基础者，唯是自然本身有其内在之定律，或自然之定律为一神所安置之信念。近代之初之科学家，如牛顿、笛卡儿、来布尼兹，即皆相信自然定律为神所安置。亚里士多德及斯多噶之思想，则为相信自然律为内在于自然之说者。至于贯乎古代与近代初之自然律观念之中者，即为数理秩序之观念。故 Burtt《近代物理学玄学基础》（*Metaphysical Foundation of Modern Physical Science*）即论近代物理学之初起，纯本于相信"数理规定自然界之万事万物，而一切自然律皆可以数理表达，一切自然物之本性，皆可以其数量加以解释"。此思想乃远源于希腊之毕达哥拉斯派，及柏拉图《提摩斯》（*Timaeus*）中所表现之自然观。彼等皆视形数之理、形数之秩序，为一切自然物所以成为自然物之根据。亚里士多德较轻视数学，此乃由于其自然研究中特重"种类之定型"之画分。种类之所以有定型，则由普遍之形式因或目的因，能规范物之发展与变化。至形式因、目的因观念之被重视，仍源自柏拉图之以普遍者为超越特殊事物而存在之思想也。

由上知西洋之自然科学之远源，唯是一理性的分析精神与超越精神之结合。此结合所成精神之向上运用，为超越具体感觉世界，以分别认识自然之诸普遍者，如普遍形相、普遍关系、数理秩序、存在与知识之范畴。而其向外运用，则为先透至感觉现象之外，肯定一物之"体质"（Substance 或 Matter），而有物质之观念。此即希腊密勒塔斯（Miletus）学派初所肯定。即以里亚提克（Eleatic）学派之巴门尼德斯（Parmenides）之"太一"（One），依贝勒特（Burnet）在其《希腊哲学》一书所论，亦谓是一普遍之物质观念。人再以分析精神透入此物质之观念，即成"分别有其形相而又不可见之原子原质"之观念。此原子与原质，乃人之超越感觉世界，向外用其分析理性至感觉世界之后，所分别肯定之存在，故皆实而不虚。由是而原子论者，如德谟克利泰，所以知原子之存在，虽一方由观物之相渗透等现象而知。然在另一方，则当其既肯定原子之存在后，即有原子为坚固不可入之信念。原质论者，如安那克萨各拉斯（Anaxagoras），则有一切物各有种、各有原质，永不消灭之论。此皆表示希腊人舍显索隐之超越的分析精神。亦一方使人觉此类原子原质观念，皆似为希腊人将个人之个体观念，客观化与外在化于自然界而生。希腊原子论者视原子纯为不可破之个体，故中国人初译原子为"莫破"，故其间一切关系皆为外在，而主要为互相冲击之关系。恩比多克（Empedocles）之地水火气之原质，不能自动，必赖其外之爱、恨二力使之动。安那克萨各拉斯之原质，则自身亦不能相结合以成物，必须有外在原质之宇宙魂 Nous 加以结合。此即近代思想中，力学的机械自然观及自然秩序为神所安置之思想之远源。

亦为近代初期之唯物论、自然主义、个人主义者，以物体为本性上互相外在，个人为一不可分之个体单位之论所自出。无论在希腊与近代之初之原子论、原质论者，为使其运动变化成可能，皆不能不假定一纯粹之空间，为原子、原质由运动以生变化而结合成万物之所。其不承认纯空间之存在者，如依里亚特派与近代之笛卡儿、牛顿，则必以自然界处处皆为充满的或布满以太之物质的。此种虚实相对，实则不虚、虚则不实之思想，直至二十世纪之物理学中发展出电场、磁场，及物质可化为力等观念以后，乃有所改变耳。

　　至于近代之自然观所表现精神之高于希腊者，则在希腊自然观之舍显而索隐之资具，唯是观察与理性，近代则济以实验。以实验之工具透入自然之内部，而逼其回答吾人之问题（培根语），于是由否定希腊及近代之初所肯定之原子观念，而渐根本不信有任何不可破之原子或电子。然此等化原子电子为力所自发之中心等等思想之产生，唯是由自然科学之实验方法之进步而有之意外发现；亦可谓由实验工具之放出电流，及各种放射线，与原子互相冲击之所发现；以至可谓即西方人以其自身之目光、其超越的分析精神，与原子相冲击之所发现。而近代科学中表现此超越的精神尚有一点高于希腊人者，即近代科学于感觉世界之自然物之研究，乃一方舍显而索隐以及于小宇宙，一方舍近而索远，以至于大宇宙。观大宇宙即求知天文之定律，求知太阳系以至于星云世界，及整个宇宙天体运动变化之定律。近代天文学之发达，实远迈越于希腊。而此种研究无限大宇宙之兴趣，乃原于自中古之"上帝表现其光荣于整个宇宙之创造"之信仰。由此信仰，故人欲由上帝之所创造之物，以见上帝之光荣，必须求超越"所接近地面上之有限物"，而运用吾人理性上的分析精神，以研究遥远宇宙中一切天体（故哥伯尼、凯蒲勒，皆明言其研究天文之目的在了解上帝管理下之宇宙秩序，了解上帝之伟大），由此求超越地面有限物之精神，即使近代科学中置定一无限空间与无限时间。

近代西洋科学由无限之上帝观念，转出无限空时之观念后，探索无限空间之天体者，为近代天文学。近代天文学精神与近代西洋人在实际生活中，力求向外探险，航海殖民，以膨胀其在地面上活动范围之精神，相依而并进。而探索无限时间之兴趣，即为追溯生物之原始、人类之原始、地球之原始，由此而有生物进化论、人类进化论、宇宙进化论之科学理论，由是而打破亚里士多德之生物及万物种类不变论。由生物的进化论之说明生物次第生成，遂进至一切万物种类次第生成之进化论。然进化论由万物之次第生成，发现一层层上升之进化原理，则与柏拉图、亚里士多德之层叠的理型世界观，或形式质料递展之世界观，其根本精神，亦为一贯。不过前者为纵观宇宙，后者为横观宇宙耳。然由前者之为纵观宇宙，即使人不只求知过去至今之进化，且欲知由今至未来之进化。由是而近代人有种种对未来世界之设计与理想，及对未来无尽向往企慕之情。故进化论之精神，又与近代西洋人在实际生活中，求向前奋斗，求超越现实，而有所创造，以表现其强烈生命力之精神，相依而并进。

在希腊之天文学中，以天体之日月星为有神性的，其运动皆依一和谐而圆满整齐之秩序，故天体之运动，表现美与真理。在希腊神话、柏拉图之回忆说，及基督教之神话中，人之黄金世界在过去，宇宙之乐园在亚当初降时。此皆与近代之思想相反。依近代之天文学，则自凯蒲勒而确知天体之运动非圆而为椭圆，至牛顿综合盖律雷之物体下坠律与凯蒲勒之天体三大定律，而倡万有引力律，即将吾人所感地上物之力之观念，移至天体之间，成一切天体相互间之万有引力律。一切天体之吸引力与推拒力，离心力与向心力，乃互相反对而争衡者。其争衡之结果，即为天体运动之轨道。此种思想在本源上，正是以每一天体为一绝对之独立个体。由是而天体之和谐运动与所表现之数理秩序之美，亦可谓由诸个体之天体，各以其所独具之质力，互相抵制迫胁所生之外表结果。自然界生物之相与及人类之原始，由近代生物学、人类学所发现，亦不如吾人平日所见之自然之美丽与和平，而为充满无数之斗争与冲突者。生物之所求者，据达尔文、斯宾塞之说，皆亦不外求得内外之力之平衡，而适应环境，以得生存。叔本华等又以其哲学，说明一切生物皆充满一盲目的生存意志，乃唯知自爱其个体与子孙者。于是由近代天文学与生物学，探索无限之大宇宙与生物人类之原始，遂若置宇宙万物于一力与力之争衡冲突之紧张关系中。此紧张关系，亦即表现西洋近代人之社会政治之组织，及人生情调者。此种思想之进一步，则必然为以整个世界为矛盾之力之结合，如黑格尔、马克思之自然宇宙观。不过在黑格尔思想中，有一超越之理念为矛盾者之综合，而在马克思之思想中，则自然世界唯有矛盾与冲突。并推之以论人类社会、历史，亦处处表现此二者耳。

　　吾人以上所论西方之自然宇宙观，乃新物理学及相对论未出现时之西洋自然宇宙观。然唯此种自然宇宙观，乃近代之新物理学及相对论所自生之背景，并能代表西方文化精神者。而此数十年来之新物理学及相对论之自然观，除其所用之数学仍代表西方精神外，若自其结论所趋向方面看，则毋宁谓更接近于中国之自然宇宙观。今将于下文说明之。

（二）中国自然宇宙观中缺乏超越的必然律之观念，而以自然律则为内在于自然事物者

中国之自然宇宙观，不似西方之自然宇宙观有系统之科学理论及实验为之说明作证。因自然科学本非中国之所长，然中国之自然宇宙观，自有其所代表之文化精神，与所表现之对自然之智慧。中国自然宇宙观之文化背景，唯是中国古代传统文化精神，及后来之儒家精神与道家精神。此与西方近代科学之文化背景实不同。怀特海谓希腊人之必然之命运、罗马之强制的法律，为近代西洋科学中自然定律为绝对的必然，又外在于事物本身之观念之所本。然在中国古代之宗教思想中，则素有天命靡常、天命不已之思想。故中国古人所信之自然律，亦因而非绝对必然的。中国又无超越的基督教精神，亦无肯定超越之数理世界、概念世界之毕达哥拉斯、柏拉图之哲学，为中国人之科学与自然观之基础。故中国古代之自然律，亦非由神自外赋与或自上而安置于下，而是内在于自然万物自身的。在《易经》及先秦儒道二家思想中，已具体形成一种以自然万物有律则，内在于其运行变化之中，而此律则又非只为一必然原则之思想。此种思想，初非由一纯理智的前提所推出。其验证，乃在直接经验中之现象与事实，而为儒道二家之道德精神、艺术精神所支持者。依中国古代之说，所谓万物之律则，即是其性。此性皆由万物之运行变化或发挥作用而见，亦即由其所显之情实而见。物之运行变化，必有其始终本末，即有其秩序条理。有秩序条理，即有律则。此条理秩序与律则，由物之运行变化而见。故在直接经验中，此秩序与律则，为内在于物之运行变化中所显之事象者，因而可说为物

之性。谓直接经验中事象，皆显为片断之感觉而不相连续，此乃近世休谟等所以怀疑事物有内在之因果律，而主张一切事象只有在时间上与空间上之承续接近关系之说。依休谟言，因果律纯由吾人依习惯而在外加上者。由休谟之说，转进一层，而为康德之以因果律为人心所立之法之说。然实则说事象之呈于吾前者，唯是片断之感觉，此正是一依理性之分析精神所生之思想。就直接经验而言，则事象之运行变化中之连续性，正为被经验者。因而事象中之因果律与秩序条理，亦可为直接经验者。此可由怀特海、詹姆士、柏格孙，以至勃拉得雷及友人牟宗三先生，对休谟式之理论之批评，以证吾人之说。

抑吾犹有进者，吾意人之以事物之律则与秩序条理，为外在于事物之说所自生，初乃由于发现一事物之律则或条理为其他事物所同表现而为一普遍者，因吾人发现一律则或条理等之意义，恒溢出一特殊事物之外，而涵盖于诸特殊事物之上，又为特殊事物可表现或不表现者，吾人乃有律则条理外在超越于事物之观念。此观念固非必不能在一义上成立，然此理或律则之超越性，可不妨碍其内在性。此内在性之实证处，吾人将谓其在吾人不将一事物之秩序条理与其他事物比较时，吾人亦可有秩序条理之认识。吾意对特殊事物之条理秩序之认识，可先于知其为普遍于其他事物条理秩序之认识者。夫事物之条理秩序，固为诸普遍者，如普遍形相、普遍关系之结合。然人之认识一事物之诸普遍形相关系，尽可在一特殊事物发展历程之经验中认识。如吾人观一有生命物之生长所表现之运动变化时，便可知其条理秩序。盖在一有生命物之生长中，其形相（或关系）变化之由 A 至 B，至 C 至 D，非互相独立，亦非只前后相续，而为前后互相贯通包含者。于是在此，吾人意念之更迭，亦为互相贯通包含者。如吾人意念由 A 至 B 时，吾人知 B 前有 A。再至 C 时，则知 C 前有 B 且有 A，则此时 A 之形相本身，即对吾人呈现为普遍者而为理。及由 C 再至 D 时，则吾人又知 D 前有 C 与 B，则 B 之事象此时对吾人又即呈现为普遍者而为理。如此依序认识，则吾人可对此事物之条理秩序所由结合成之普遍者之理，皆加以认识，而可对此事物之发展历程为"由如何而如何""表现何种条理秩序"有一判断。在此判断中，则吾人之认识诸普遍者，皆是吾人于事物之发展历程中，在一一后起之事象自冒出生起时认识之。因而吾人即由一特殊事物而认识其条理秩序，并知此条理秩序之为内在此特殊事物之发展历程，或其所显之诸事象中者矣。

（三）中国自然宇宙观中，共相非第一义之理。物之存在的根本之理为生理，此生理即物之性。物之性表现于与他物感通之德量。性或生理，乃自由原则、生化原则，而非必然原则

吾人上谓理或律则或条理秩序，内在于自然事物，即谓事物之理或律则或条理秩序，初只为事物之本性，而非通于其他事物之共相。一共相，吾人可说之为在各特殊事物之上，而超越的涵盖诸事物者。此乃西方人所早发现。然此共相，依吾人上所言，则为后起。如以共相为第一义之理，吾人必然易落入以理为自外安置于自然界事物之说。至以一特殊事物本身所显示条理秩序为第一义之理，则在认识上，虽可谓先有事物之事象之直觉，而后自觉的认识其内在条理秩序；而在本体论，则当说，由物先有生起事象之理（故上文名

物为事物）而后有事象生起，与对事象生起之理之认识。此生起事象之理，即自然中生生不息之理，此生生不息之理，为任何事象所以能生之根据，故为宇宙间最普遍之理，亦肯定任何事象之生起所必须肯定之理。自此理为万物所共有共由言，亦即万物之道或天之道，即《易》中所谓生物成物之乾坤之理。亦即宇宙之仁之理。此生之理、仁之理，因其为内在万物，使万物之事象之有生起成可能且必然，亦即使自然世界得继续存在而不断灭者。然此生之理，使万物之事象之有生起成为可能而必然，却非使万物之所生起为何形式（即表现为何形相关系）之事象本身为必然。盖任一事象之生起，必由以前之物与其他物之交感，以为其外缘。而一物与他物之如何交感或交感之形式，则非由任一物之本身所决定。因而一物之自身生起何形式之事象，亦非依其本身所决定。此亦即同于谓：物如何表现生之理，将生起何种事象，可随所感通之其他物之情况，而多少有所改变。因而一物之性之本身，即包含一随所感而变化之性。一物愈能随所感而变化者，其所具之生之理亦愈丰富而充实，亦即愈为能生之物。由是而中国思想中，所谓物之性，非一必然原则，而正是一自由原则、生化原则。所谓天命之谓性，非天以一指定命运规定人物之行动运化，而正是赋人物以"多多少少不受其自己过去之习惯所机械支配，亦不受外界之来感之力之机械支配，而随境有一创造的生起而表现自由"之性。而一物之由创造的生起以表现自由，又非在其与他物感通时不显。且物必愈与他物感通，而后愈有更大之创造的生起。由是而此自由生化之原则，非依附于物之一个体之力量，亦非依附于一个体之任意之意志，而是依附于个体所得于天之生生之几、生生之理，亦即个体之能贯通他物之德量。个体之德量，由其与他物感通，新有所创造的生起而显；亦由时时能自觉的求多所感通，求善于感通，并脱离其过去之习惯之机械支配，及外界之物之力之机械支配，而日趋宏大。但此非一般物之所能，唯人乃能之耳。

（四）中国自然宇宙观，视物皆有虚以涵实，以形成生化历程，故无纯物质性之实体观念，万物无永相矛盾冲突之理，而有由相感通以归中和之理

吾人以上论中国之自然律为内在，与西方之恒视自然律为超越相对；中国之自然律为万物之性，而性则表现于其能随境变化而有创造生起处，因而可谓之内在于物之自由原则、生化原则，此与西方之必然的自然律相对；又由中国思想之以物之性，表现于与他物相感通之德量，此与西方以物之本质为力之说相对。此三点乃中国之自然宇宙观之核心。此三点，皆可由吾人对自然，尤其是对自然界生物之发育，物与物之相感之直接经验以证实。亦为中国宗教精神以天高听卑，帝无常处，儒家以仁道仁心观宇宙，及道家以逍遥齐物之眼光观宇宙之精神所必涵。由此数点所引申之义之最重要者，即自然物之实中皆有虚之观念。盖物皆由其与他物感通之德以见性，是一物之本性，能涵摄他物，即物中有虚也。物之与他物感通，而能生起事象、依于生生不息之理以开新，即不全受过去之习惯所机械支配，亦不全受外力所机械决定，亦无一超越之特殊形式，以限定其所生起之事为某一特殊之形式之事，皆实中有虚也。夫然，故在中国之古代思想中，从无不可破坏、永恒不变之原子论与原质论。在西方与印度，皆有原子论、原质论。印度后来之思想，逐渐化原

子为无方分之极微。佛家起而破极微。然在中国，则两者皆无。中国《洪范》所谓五行：金木水火土，初唯所以指日用之物。《洪范》之释五行，唯曰"金曰从革，木曰曲直，火曰炎上，水曰润下，土爱稼穑"。此即纯从物与他物相感通时所见之功用上讲。《易经》之八卦：乾、坤、坎、离、艮、兑、巽、震，初唯所以指天、地、水、火、山、泽、风、雷等实物之健、顺、陷、丽、止、悦、入、动之德性。一物与他物相感通所显之功用，亦即一物能涵摄他物，而能生起具体事象之德性。故依中国原始五行八卦之思想，皆无重视事物之纯粹物质性之实体之思想。中国五行八卦之思想，实迥异于西方印度之以地水火风等为世界之原始物质性实体之论也。

西方所谓物质实体，自始即含为潜伏于感觉世界之下之实在之义。此在斯波丁（Spaulding）《新理性论》、卡西纳（Cassirer）《实体与功能》、贝勒特（Burnet）《希腊哲学》诸书中皆论之甚详。希腊自 Empedocles 起，即已有凡物本身不能自动，必待外力使之动，或物与物相冲击而后动之意。故近代自然科学中，或以物质为体积除密度，而充实空间之实质；或以物质之质量，由其运动他物体之力除以所经之距离而得。因而物质之根本性为惰性，与抵抗运动性。近代辩证唯物论者，固谓物质本身即为动的。然其说此动，不由物之能感通而涵摄他物上说，则其动为盲目者，不表现生化之理者。唯由西方近代物理学之革命，知物质之可化为力，而力又可消灭于他物之摄受其力者之前，西方科学思想乃打破物质为本身绝对实在之实体之观念。在来布尼兹之哲学，已有每一物为一力之中心，此中心反映涵摄宇宙万物之思想。在受相对论及新物理学之影响后，又有罗素等之以事象本身为物理世界之真正之实在，物质的原子原质，只为逻辑的构造之说。然此说又有抹杀其实在性之嫌。唯怀特海乃能承来布尼兹之说，初主事（Event）为唯一之实在，继由"事"之观念转为现实存在（Actual Entities）之观念。每一现实存在之生起，皆包含对于新理之觉摄，与对已成之其他之事物（即其他之现实存在）之觉摄。亦即每一事物之生起，宇宙之每一"创造的自由生化原则"之显示，皆依于已成之他事物之相感通，与新理之由被觉摄而实现。而此事物之相感通与新理之实现，皆为实现一种价值。因而亦为新旧事物之各表现一种德性。夫然，西方科学哲学思想中，乃有打破一不动之纯物质实体之观念，而代之以"一切现实存在皆表现互相涵摄之德性，因而皆有实有虚，以形成一生化历程"之理念。然在中国之《易经》，则早由现实物之相感通，以论物之能涵摄他物，而皆实中有虚，以形成生化历程之义矣。怀特海于其《历程与实在》中，言其思想与西方思想相远，与中国《易》之思想相近，非无故也。

《易经》之思想内容极为复杂，各易学家之解释亦不同，此处非专论哲学，不必多及。然《易》中表现物之相涵摄与实中皆有虚，以形成生化历程之思想，则随处可见。如地自表面观之，明为纯粹之坚固物质。天体之日月星，希腊人或以为只是火光，无物体之实质性者，或视为超越之神所居。而依《易》教，则地之德为坤，坤之德曰柔，乃以☷表之。据《易》所言，天之功为贯入地中，以引出地中之植物者，其德为乾为刚。此即表示一种"于地之坚固之实质中，识取其虚涵性，而于天之运行作用及其与地感通中，认识其实在性"之态度。故在《易经》之思想中，一物之实质性、实在性，纯由其有虚能涵摄，而与他物相感通以建立，而不依其自身以建立。故八卦表物德，乃以疏朗之线条表之，而非如希腊毕达哥拉斯、柏拉图及原子论者之以几何形体表物。八卦最初所代表之八物，又皆为两两对应、相反相感以相生相成之八物。如天高地下，固为相反相成，地之向天凸者，为山，天之向地凹者成泽，自上而下者曰水，自下而上者曰火，自内向外动者曰雷，自外向内入者曰风。故八卦本身，初所代表之八物之关系，即为上下内外，相感相通，似相反而相成之关系。八卦之言诸物之德，亦唯就其与他物生关系时所表现之刚柔动静之姿态上着眼。天运转不穷，以其功贯入地中，其德为至健至刚。地顺承天，以依时生万物，其德为至柔至顺。三画以表始中终之历程。故乾表以☰，坤表以☷。泽动而下凹而柔在外，故表其德以☱。山静而上凸，似刚在外，故表其德以☶。水下流而刚在中流，故表其德以☵。火上升而中虚，故表其德以☲。雷自下起，自内向外动而四散，故表其德以☳。风内柔而外刚以猛，至上益厉，故表之以☴。由此而八卦初所代表之物之德，皆不外刚柔动静。刚柔动静之德，唯由物之感通而见，亦即皆由虚之摄实、实之涵虚而见。易以八卦指自然物之德，于是可以进而以八卦指一切物在相感通之际所表之刚柔动静之德，以见万物皆为表现虚实相涵之关系者。以八卦之相配，所成六十四卦即可以表示一切万物，互以其德性再相感通，而成之一切事变。而每一事变之历程，又皆物之以其德再相感通，以形成新事物之历程。而感通以生新事物之道，则在此刚而彼遇之以柔，此动而彼能承之以静，刚柔相摩而相孚，动静相荡而相应，乃有虚实相涵摄之事，而后新物乃得生成，此即中和之所以为贵。刚柔动静不相济，不中不和，则二物皆必须自行变通，分别与其他物之刚柔动静可相济者，相与感通，以自易其德；使不得中和于此者，可得中和于彼。二物既分别得中和于彼，而分别易其德以后，则二物可再相感通，而刚柔动静皆得相济，以重有新事物之生成。由是而宇宙万物间，有一时不相感通而相矛盾冲突之事，而无永相矛盾冲突，永不得中和之理。而由矛盾冲突以归中和之道，不在由下翻上，以求综合；而在分别求变易其路道，扩大其所感通之物之范围，成就并行不悖之生化历程，以再求感通。夫然，而不和者皆可归于和，诚善悔而善补过，则凶皆化吉，否者终泰，万物遂生生不息而不断成就，宇宙因以得永恒存在。此乃《易》之由旁通以致广大，而成悠久之教之大略也。

（五）中国宇宙观中物质与能力、物质与空间、时间与空间不相对立，以位序说时空，而无"无限之时间空间观念"

由《易经》之教，每一物皆与其他物互相感通涵摄，以使新事物生生不息。故西方思想中，物质与能力、物质与空间之对立，在《易经》与中国后儒之思想中皆无有。盖吾人上既谓物之实中涵虚，虚能摄实，则一物之所以为物，即在其摄受性与感通性。西方哲人论物质，如不以之为潜伏于感觉世界之下，充塞空间而有惰性之实体，如吾人上之所述；则或如柏拉图等之以物质为一纯粹之"限制原理"；或如亚里士多德之以物质为纯粹之"质料"；或如菲希特之以物质为阻碍意志、待意志克服之"非我"；或如黑格尔之以物质为"客观化理性之互相外在相"。凡此诸说，皆未能明白指出物质一名之所以立之积极性质。实则吾人之谓物质有惰性充实一空间，与谓物质为吾人意志阻碍之意义，正不外说其能使吾人所施予之力归于丧失，而若摄受收纳吾人之力之谓。所谓物质为实现一形式之材料之意，亦即一普遍之形式可为一物所摄受之意。所谓物之互相外在，即物之各自为一摄受中心之意。而物之限制性，初亦惟由其有所摄受，有所不摄受，摄受此而不摄受彼以显。故所谓物质为纯粹之"充实空间性"、纯粹之"惰性"、纯粹之"质料"、纯粹之"外在性""限制性"，实皆由"一物有积极摄受性，而又不能尽摄受吾人望其摄受者"所反照出。如离吾人之所望彼摄受者以言，即无所谓纯粹之惰性等。物之摄受性，亦即其阴性，物质之质，即所以指出物之阴性而非有他。此阴性、摄受性，乃依于其有虚，可使外力等归于潜隐以言，而非以其只是"实"也。至于所谓物之能力，则唯表现于物之能使他物动，及与他物之感通上。物之使他物动，乃一方表现能力于他物，同时即自丧失其能力。依新物理学言，丧失能力亦丧失质量。则物之能力之见于外而为实，乃依于其自身之力之宛若由此物质至他物质，为他物质所摄受，而入于虚。物之有力与有摄受他力之质之证明，又唯在此物之变化与他物之变化相应，而有一相继而生之生化历程。则力、质皆只是假名。自然界所有者，唯是一不断之生化历程之开启而收敛，收敛而开启。此收敛而彼开启，则亦可曰彼摄受此，而此感通于彼。则整个自然界非质力互相转化之生化历程，而是诸生化历程互相转化之生化历程。非质力相摄，而是一诸生化历程之互相涵摄，或趋于收敛，或逐渐开启，而互为虚实消长，此即一阴一阳之更迭，与阴阳之互相涵摄感通之"道"。于是质力之统一之观念，可融于阴阳相依之观念下矣。

在西方思想中，因以物质为充实空间，可有一定之形体者，故物质外有空间。物质之表现能力而动，又必经时间。物所占之空间与形体之量有限，动所经历之时间有限。吾人即就宇宙全体之物之形体在空间中之动，合以思之，其外似仍尚有空间、时间，则无限之时空之观念由此而生。在西方，时间、空间又恒被视为二。由是而有分别研究无限时空中，至大至小、古往今来事物之兴趣，此吾人前所已言者也。然在中国，一方不以时空为二，故宇宙、世界，皆并称如为一名。《说文》谓："宙，舟车所极覆也。"后人遂谓下覆为宇，上奠为宙。宇宙二字，初即含不相离之意。中国思想中，一方亦不视一物为只限于占据一特定之时空者，因而亦缺乏抽象之无限时空之观念。《易经》中言位，即以代空间，言时亦即是言序。物有位，其生起变化也依时序。位变而时序变，时序变而位变，时位变而事物所感通之其他事物亦变，事物之本身亦变。故事物与位序皆不相离。如日之由东而偏南偏西偏北，则位有东南西北之异，而时亦有春夏秋冬之别矣。诚然，指特定之物而说，固自有其异于他物之位与时序。然一物之位，吾人可说乃由其与其他事物相关系而所在之场所以定。自自然万物之为一互相涵摄感通之生化历程上看，则物之位在此，其所感通者恒在彼，即其位亦不得说定在此。至于事物生起之时，则由与之同呈现之事物而定。然一事物之生起之时在此，其所承以生之事物，及其所开启而使之生之事物，则在前时与后时。其生也，乃涵摄以前宇宙事物以生；其成也，即被以后之宇宙事物所涵摄以成，则其时亦不能说定在此。于是吾人虽可指出一物异于他物之位与时序，而实不能谓一物之只定限于所占据时空之一部。因而怀特海所谓西方近代物理学中之单纯定位（Simple Location）之观念，在《易经》及中国哲人之思想中，可谓自始不存，或早已打破。日之所在之空间，非只在彼天某一部，乃遍在于日光之所照也。草木之生，非只生于其生之时。其生乃生于使草木生之过去宇宙之其他生化历程之上，而复生于此草木之生所开启之未来宇宙之生化历程之中。物之作用之所在、功能之所在，即物之所在。故日光之经太空而至地球，此中间之空间，非一无所有之空间，乃日光之所充满，即日之所充满也。已往者恒有功于来者，中间亦无空无所有之时间，往者皆充满于来者之中也。由是而所谓在事物之外空无所有之无限时空，在吾人经验之自然世界中，实可不须安立。而所谓万物间之空间非他，即万物赖以相与感通之场所。一物于其位所见之空间非他，即一物所以摄受他物之观景，或安排来感物之坐标也。事物间之时间非他，即万物之相承而感通之际会。一物之未来之时间非他，即一物由摄受他物，而将有所创生之"远景"或"可能范围"也。由是而空洞之时间空间，皆宇宙生生之几之所运，皆乾坤之大生广生之德所覆载而充满。吾人遂不须在有限之形体所占之时空之上，自心中冒出一无限时空之图像，客观化而推置之于外，以囊括万物，如牛顿、盖律雷之所持。由是而中国先哲之说时空，亦缺明晰的时间为一度、空间为三度之时空观念。庄子曰："有实而无乎处者，宇也；有长而无本剽者，宙也。"则宇宙乃一纵一横之别耳。果以时空为量，则易思其为一直伸展而无限，因吾人之度量之活动，乃原则上可无限重复而一直伸展者也。

中国先哲之说宇宙，皆自当下位时以说。古往今来曰宙，上下四方曰宇。自当下位时以说宇宙，则当下为今古四方上下所交会，亦即为今古上下四方之极限，或今古上下四方之中和之地。吾人居此中和之地，以观今古上下四方，皆充满其他事物之生化历程。吾人自己之生命，亦即为一生化历程，而与似在吾人之外者，恒在相与感通中，使其作用相往来。吾人一日不能弃物绝物，而不与之感通，则吾人之精神与心思，即可不须穷东极西而不返，以达于虚空之境，以肯定一无所有之无限虚空。亦不须透过过去之宇宙人类之历史，以达于太初之无有一切之时间。时间空间之无限，可只须自万物相与之感通无尽，而生化不穷上说。盖当感通之际，即物皆超出其原先之位序，超出原先之有限时间空间，而见无"限"。而吾人之观事物之相感通而生生，吾人之心亦即超出吾人所指事物所居之时空位序，而证无"限"。积极之无限，不可措思，康德早已明之。而由消极以显积极之无"限"，则凡限制之超拔处，皆可当下有一实证。故凡物之相感通，皆超拔一限制，即皆为无限之实证处。而凡物之感通，皆见一时位之物，与他时位之物之交会，而见一中和。故中国先哲不言无限而言中和。此中和之所在，盖即无限之所在也。

吾人诚了解中国先哲之不自事物中分析出其所占时空，而客观化为一抽象无限时空之态度，而恒视事物与其在时空中之位序不相离；则当事物之变灭而往，吾人亦无妨说其所居之时位亦与之俱往。事物之往而再来，或同类事物之依同理而新生，使吾人疑若往者之再来，则亦可谓事物与原居之时位之再同来。依中国先哲之阴阳循环之义，则事物之灭而隐者，恒可依同理而再生，而往者若恒可再来。则由事物之往者恒来，亦复见事物所居之时空，非一往之无限无际，而恒若自周旋以折回。故《易》曰："无往不复，天地际也。"由是而中国先哲之自然宇宙观，遂恒由日月星之往而再来，四时草木之代谢，以见天地中和之气之常在，生生之几之不息；特善于在诸有限之物之往来不穷之上，证无限之常在。盖以此而中国天文学中，有浑天、盖天、宣夜诸说（可参考《太平御览·天部》），以明天之周行不息，其生发化育之功，常覆帱万物；而无希腊毕达哥拉斯以降之天之层叠观念，亦无无限平展之天体观念。中国天文学所以落后，无太阳中心、星云中心等理论构造，亦即由于人之思想之向天而伸展者，恒随日月星之轮转折回也。至于远溯人类生物之起源、地球初形成，或尚未存在时宇宙状况之兴趣之所以缺乏，而无西方人研究原始人类生物进化论、宇宙进化论之哲学科学之成就，亦由一直向远古伸展之时间观念，未先被客观化而向外抛出，故亦不对此空虚之时间，求有知识以充实之也。

吾人观中国先哲之论天地，如驺衍以谈天名。而于空间，则只有九九八十一州以环海绕之之说，此正是一种回绕之空间观。屈原《天问》初有九天之名，而不成层叠式，唯以东西南北与四角及中央分。中央者地也（据王逸注）。扬雄有九天之说，则以天之功用分，仍无层叠之义。而天之一字，既指高远处亦指其低近处，未尝如西文之以 Sky 指天之卑近处，以 Heaven 指天之高远处或天堂之别也。至于中国思想中，论天地之开辟之兴趣，始于战国，盛于秦汉。然吾人观纬书及《淮南子》及其他汉儒之所论，皆极于太初之元气一概念而止，未尝求详万物及人类或地球所以生之历程也。一般正宗儒家，更多不问此问题。荀子之言"天地始者，今日是也"，乃使此问题，从根截断。此外如阴阳家之五德终始，三统递换之说，孟子五百年必有王者兴之说，邵康节之元会运世之历史观，皆同不重视宇宙与人类社会历史之层叠地向前进展之历程，而唯观其循环往复之运转。此皆见中国先哲之不离人所居时位之中心，以观宇宙之大，亦未尝抛出一无尽地一直伸展之时空理网，以囊括当前所接之天地万物；再作穷幽极深之探测，以及于遥远与上古。中国先哲之所会悟，盖在知远者之通于近，古之通于今。诚无往而不复，则远古者皆将即见于卑近与方来。与其穷幽极深以测宇宙之大与无限，何如即当前万物之相感通而生生不息处、"列星随旋，日月递照，四时代御"（荀子语）处、"物极则反，命曰环流"（《鹖冠子》）处、"始终相反乎无端，而莫知其所穷"（《庄子》）处，见当下之无限。《易》曰："日往则月来，月往则日来，日月相推而明生焉。寒往则暑来，暑往则寒来，寒暑相推而岁成焉。往者诎也，来者信也，诎信相感而利生焉。"又曰"往来不穷谓之通","通则久"。《中庸》曰:"久则征,征则悠远。"凡宇宙万物之相感通而生生不息,循环往复处,皆当下得见物之不自限,见空间之无限亦见时间之无限。中国先哲之言,可以为证者多矣。

(六)中国自然宇宙观重明理、象、数合一而不相离

中国由《易经》以来,自然宇宙观之特色,一为融质力于阴阳,二为由物质之位序以说时空,而无"无物之无限时空"之观念,而重观当下之天地中万物之相涵摄、相感通、相覆载。第三点则为数与理与象之合一。中国古代思想之以数与理象之合一,盖亦未尝经理智上之抽象分析活动,而唯就直接经验而立言。中国《左传》言:"物生而后有象,象而后有滋,滋而后有数。"《易纬乾坤凿度》谓:"易起无,从无人有,有理若形,形及于变而象,象而后数。"盖与《易经》中之数理象合一之论,同为中国古人对数理象之原始思想。中国古人于数,盖唯重由序而成之一二三四之数。而此数之成立,即可直接依于物之生长之历程而成立。物之所以生长,由于其有生长之理。凡物有所生,对外即显一象,此象一面象征其所自生之"物之生理",一面即表示此物与周围之事物,曾有一新感通关系,并暗示将可有其他象,再依生理而生,象有所象。象之所象,即物之理、物之性、物之德。于是此象非只为一如在主观之心中或在物之表面之现象,而为与理合一不离之象。复次当一象生,即有一阳之动,吾人对此象,即可有一肯定。由一象至第二象之生,即有第一象之由显而隐,即有一阴之成。此中即有一象之特殊内容之由有形而无形,一象之特殊内容之被超越。自吾人之自心而论,同时有

"对此象之肯定"活动之完成。此肯定活动之完成，纯就其本身而言，即为一肯定活动之客观化。即无内容之"此是此"之活动之客观化。亦即为无内容之"一"之概念之成就。而当此第二象之依生理，由生而成时，吾人即又有一超越于第一象之"一"之另一"一"。而此后"一"与前"一"，又皆在吾人之整个觉识中。吾人可一并加以一肯定。由是而有"二"之概念。然此"二"，在客观方面说，乃由最初之"物之象之一"，自内生长出或开出之另一象之"一"而成。而在吾人之自心方面说，则吾人又可对前一与后一有整个之觉识。故由进一步之反省，即可知此二个"一"，同属于此整个觉识之"全一"。由此递展至三四五六，皆可次第由"依生理而生长之物所显象"之次第生成以成立；而亦皆不能离使物生长可能之"生理"之"全"与"一"。唯一之统诸数，可为一统二，二统四；或一统三，三统九等不同形态耳。

　　然吾人以上所说，直接由物生之象而成立，并直接为观照之所对，而又统于一之数，不能过多。依中国古人所言，盖不过十。故中国《河图》《洛书》之数，皆不过十（何以不过十，此暂不论）。而因中国先哲之以数由理象而成，不离理象而独立，故数之结合即见象之结合，与理之感通互摄。于是，无论在序列之数与并立之数（即今所谓序数与基数），皆物之数易而见象易，象易而见理易。此即中国历代象数之学之根本前提。由此前提之不足以发现"为纯粹理性之客观化"之西方式数学，不易讲超直观所及之无限之序数、基数之如何产生，与不易有负数、无理数、无限大、无限小之数，与级数、代数、虚数，不易有不与整体性之实物相对之抽象数之数学，盖亦无怪其然者矣。

　　中国数学固不及西洋，然中国之理象数之合一之思想，亦有其重要之价值。西方人能构成种种抽象之数之观念，故常以为物之在数量上可分析者，在实际上亦可分析。在数量上加减不变者，在实际上亦可加减而不变。并以为物之数量性，为物之最重要之性质。物之不同，皆由其所涵数量之不同。或至以数量相同者，则价值相同。人恒不知数量上之分析与加减，初皆唯是概念上之分析，亦即外在于物自身之分析。数学上之加减，不同于实际上事物之加减。实际上事物之加减，使事物互改变其所感通之物之数量，亦即使事物之所感受，与其反应行为，皆有性质上之改变。数量上加减之于事物，无所改变，或少改变者，惟在"物之彼此互为外在，或互相感通之能力极少"之情形下，愈在高级之存在，则其数量上之增减，愈足使其相互之感通关系不同，而生彼此性质上之改变。事物之价值，皆由其能促进人物之生长发育或理想之实现而见。故价值表现于一主体与客体之整全的相互关系中，而不表现于纯粹数量之增加上。由是而单纯之数量加多，价值可不必增大。数量同，而价值不必同。然由吾人之过于重抽象之数，则数增而价值增之幻觉，恒在所必生。中国人信数与象理合一，于是唯由人物之性、人物之理之实现而有之生长发育，及人理想之实现所成之事业，乃最重要者，为吾人所首当措思。理显而象生，象生而有数。观数只所以明象而察理，借见万物之依理而生成，所实现之美善之价值。此即中国象数之学之目的，迥异于西方之只以数学表现纯理之活动，与应用数学以计量万物之多少者也。

（七）价值内在于自然万物之宇宙观

中国自然宇宙观之最大特征，吾人将以为在视自然本身为含美善之价值者。此亦《易经》思想之所涵，而为中国历代哲人之所承，与西方以往之思想，最大不同处。吾人以前已谓在西方近代科学初所发现之自然与社会，为一生物之互相斗争、人类之阶级与阶级，及个体与个体相斗争，一切人物以力相争衡之自然与社会。然中国《易经》，则早有一切自然与社会之矛盾冲突皆可由变通而归于和谐之教。近代西方科学中，此种自然无情观之渊源，可谓原于中世纪鄙弃自然与物质世界之思想。亦可谓远原于希腊哲学中，自毕达哥拉斯至柏拉图，与新柏拉图派以来，以物质世界为较低之世界，物质为限制之原理之思想；及希腊唯物论者以自然之物为机械，而不涵价值之思想。此种种思想，皆可谓原于西方之纯以数量、形相观念看物质，亦促进近代西方科学家只以数量形相之眼光，看自然界之万物，而更不求发现或肯定其价值者。此即罗素所以主张人对自然，当守道德的中立。惟怀特海则以西方近代文化思想之最大缺点，即为其看自然守价值之中立，而不知价值之内在于自然。而影响近代社会思想甚大之达尔文、马克思等，则又反由不以价值眼光看自然与社会之结果，而只发现自然界有种种反价值或表现负价值之事实。于是在彼等科学思想中，自然与社会遂纯为充满矛盾冲突斗争之事实，处处表现违悖人生之价值理想者矣。

吾人今所欲论者，首为西方近代科学所发现之自然社会中之矛盾冲突斗争，只为自然社会中一部之事实，亦非西方科学之最后之定论。西方达尔文倡生存竞争之说以后，固有华勒氏（Wallace）（似为达氏之表弟）著《生物之世界》（有中译本）以明生物世界之大体为快乐。克鲁泡特金亦以互助论生物之所以得生存。近代物理科学中之物质观，亦逐渐远离于以力量争衡说明物质世界之存在与运动之观念，而代以"物以其力场相涵摄""物依其最短之路径前进"，或"依四度空间之自然曲率运动"等观念。而人类社会是否只充满个人间与阶级间、民族间之斗争，亦有两面可说之理论。故依今日之科学与吾人所接之事实，而讨论此问题，实二者皆可说，而无定然之结论可得。至于由宗教以讨论此问题，则吾人如采基督教绝对之超神论，吾人即不能不言上帝之创造世界是好的。惟以物与上帝，高下相距太悬殊，且依基督教超神论之教义，自然万物皆为人而造；则自然物之本身，诚难言有内在之价值。然如吾人稍采泛神论之观点，则不能谓万能至善之上帝，竟无力无德以使自然万物一一皆具内在之价值。至于依艺术文学之精神以观自然，则自然之有和谐之美，乃吾人所不得而否认。如康德、黑格尔、席林等，固皆承认自然有美矣。至于依道德精神与哲学理论以论自然，则吾人断不可抹杀自然世界之表现价值，而当归于《易经》所示之思路。今试论之于下：

吾所谓依道德精神以论自然，乃指中国式之道德精神。中国式之道德精神之本，在信人性之仁，即天道之仁。而天道之仁，即表现于自然。盖中国先哲之论人性之仁，其本质乃一绝对之无私。常言绝对之无私，只言不私其财物，不私其力。"货恶其弃于地也，不必藏于己；力恶其不出于身也，不必为己。"此言是也，而未尽。真正绝对之无私，当为不私其仁，不私其德。故真正之仁者，必不仅肯定其自己有仁心，可有仁德；亦必然肯定我以外之他人他物，可有仁心仁德。夫然，故人之仁心，果充塞洋溢而不可已，则将不免于一切人物，皆望其能仁而视若有仁。于自然之生物与无生物，亦将可谓其有类于我心之仁德者。人之仁，表现于人之以其情与万物感通，而成己成物之际。则在生化发育中之自然物，吾人明见其与他物相感通，而开启新事物之生成，则吾人又何不可谓亦有仁德之表现？吾人试分别论人之仁义礼智诸德之表现于人间。则仁为人与他人精神之感通，人与他人间之浑然一体之情，此乃一切德之始。礼为人对他人精神之尊重与肯定。义为人我之各得其正。智为人我之成己成物之事之完成而条理见。然物与物以其功能互相感通，互相贯注涵摄，正为一切生生之事物所自始，即事物之元、事物之仁也。物与物由此感通，而相应相和以生生，即为物之亨、物之礼也。相对之物由此而皆各得其所求，即物之利、物之义。生生之新物之各得成就，而显物之生理，即"乾道变化，各正性命"，为物之贞，即物之智也。谓物之不能自觉其所表现之德性诚是，然其事其行，既与人之出自仁义礼智之心之行事，显相同之理，则只谓人有此德而物无德，在经验上无根据。而人诚依无私之大仁之心以观物，复不私其仁其德，则以人之仁义礼智之德，解释万物之所以生成，而视自然界之物，同皆载此元亨利贞、仁义礼智之德，将为情之所不能已。此德纵不能归之于一一之个体物，亦当归之整个之天地。人诚不注重自"一一分别并存之个体物"，以观自然宇宙，而视自然宇宙为一生化发育之流行，则凡一物之灭，皆为他物之所自生。于是，其灭皆只为终、为成，而非灭尽无余之谓，终皆所以成始，灭皆所以为生矣。

至于物之相争相害之争，固不可得而抹杀。然其相争相害，皆为求生存。求生存本身，在中国先哲视之，并不视为保存物质之身体之事，亦不视为中性的或罪恶的，而以物之求生存，即求有所创新发育。物之求生存本身，亦依物之自身有仁，而后可能。故中国人以物能生之种子曰仁，如桃仁杏仁之名是也。知物之求生存之依于仁，则物之求生存而相争相害，亦依于仁而后可能也。吾人由物之相争相害，而谓自然界处处表现斗争与矛盾，固非全无所见。然凡物之与其他物斗争者，其自身必先生存，而其生存必由其仁于其自身，即其生命之内部必有一统一与和谐；否则，其与他物之斗争矛盾，亦不能有。夫然，自然界之斗争矛盾，即可说为自然界之表层，或万物之生化历程之末端之一险阻现象，而非自然界之本性。凡自然界之斗争、矛盾与险阻，依《易经》之教，又无不可由扩大各自所感通之物之范围，以调协彼此之关系，而归于并存并育之大和。依理而言，自然界之斗争矛盾，固皆原则上之可化除。人尤不可由斗争矛盾以见天道之全，观天道之常。谓天道有阴杀一面固可，然天道之本，与天道之常，则在阳生。亦唯以天道之本、天道之常在阳生，而后万物乃生生不穷，今日乃尚有宇宙之存在。若阴杀为宇宙之本，则物与物间，外固相杀，而一物之各部分，亦可互视为相外，而当互争生存以相杀，便成内外之相杀。果内外之相杀为宇宙之道，则将无一物存在之可能，而宇宙早已消灭。故由宇宙之不灭，万物之存在，即证天道之必以生道为本、仁道为本，而自然界非不表现德性与价值，亦明矣。

中国关于自然本身即涵价值与人之德性之思想，首盖表现于《易经》，而几为后代儒者所共认。如《礼记》之言："天地严凝之气，始于西南，而盛于西北，此天地之尊严气也，此天地之义气也。天地温厚之气，始于东北，而盛于东南，此天地之盛德气也，此天地之仁气也。"又曰："春作夏长，仁也。秋敛冬藏，义也。"汉儒贾逵《左传解诂》曰："利用，地德；厚生，天德。"而董仲舒尤屡言天地之仁义之德。宋儒之论此者尤精，今不及多论。世人不察，恒以为此种思想乃西方之自然主义，而不知西方已往自然主义之短，正在其于自然，可不言其价值与德性。故表现西方文化之向上精神之哲学思想，必反对自然主义。中国人之以自然有德性、有价值，其根据则在中国人之道德精神之不私其仁与其德，故能客观化其仁德于宇宙间。中国此种思想，文化史上之渊源，则在中国古代相传之上帝与天皆不超越而外在，上帝无常处，天道贯入地中，天道内在于万物之宗教哲学思想。此种思想之精神，正通于西方理想主义唯心论之精神。故能不止于人生中言理想价值，于人上言心；而于自然万物，亦言其具人心之德性、神之德性也。

（八）儒道阴阳法诸家之自然宇宙观之比较

吾人以上论中国之自然宇宙观，主要唯取《易经》、儒家及阴阳家思想，而未及道家及他家之说。盖中国思想中，墨家、法家之思想，重心唯在社会政治。墨家言天志，仍自天之兼养万物，见自然界之表现天德。法家如《韩非子·解老》《喻老》中之自然宇宙观，皆出自道家。道家之自然宇宙观，诚与儒家、阴阳家不全同。然其不同，与其谓为根本精神之相反，不如直说为所见偏全之不同。如持儒、道、阴阳家三家之自然观与西方之自然观相对较而论，则见三家之同处实多。儒家、阴阳家言阴阳以涵质力，道家亦然。儒家、阴阳家无"无限无物之时空"，道家亦然，《庄子·逍遥游》曾设问："天之苍苍，其正色耶？其远而无所至极耶？"而庄子无答。儒家、阴阳家，不以数离理象而独立。道家亦然。诸家之自然观中，盖阴阳家更为着重万物之生化历程之有一定之秩序一面，故重五行之说。由五行之说之固定化，而趋向一种决定论之宇宙观。此决定论之意味，不同于西方者，在五行之秩序乃可直接由一事物之变化历程本身说，而非自神之安排计划或外力之机械胁迫说。然要为一种决定论，此种决定论亦可为中国之科学如天文、历法、音律，及医学与术数之学等之所依。儒家与阴阳家之不同，则在阴阳家有决定论之趋向，言人生历史，不免过重命运之支配；儒家则重由知命、俟命，而由自己之决定以立命、至命。至于原始之道家，则既不重立命，亦不重观一事物之生化历程中所表现之"律则之实现"，或"历史的秩序"，而重观诸事物生化历程之互相代谢。故于事物，恒只观其两端，而不重知其初中终，或元亨利贞，与五行之段落。《庄子·德充符》篇曰："死生存亡，穷达贫富，贤与不肖……是事之变命之行也，日夜相代乎前而知不能规乎其始者也。"《田子方》篇曰："消息满虚，一晦一明，日改月化，日有所为而莫见其功，生有所乎萌，死有所乎归。始终相反乎无端，而莫知其所穷。"老子曰"反者道之动""有无相生"。此诸义亦《易经》中所有。然道家只言相对之两端，而不重其中间一段过渡，则生化历程之义不显。由是而道家观自然宇宙之变化，唯有正反之互易，有无之相生，一虚一实之互见。此有无之相生、虚实之互见，即个体事物之命之行。然此命之行本身之秩序，庄子固不加重视，而亦不说此命之行，受外在之机械决定，而只是一如此如此之"事之变"中之"命之行"而已。而吾人诚能超个体以通观万物之"事之变，命之行"，则唯见万物由无出有，由有入无。虚无寂寞，则万物出入之所依。故曰"复归于无物""有乎出，有乎入，入出而无见其形，是谓天门。天门者，无有也"。老庄之阴阳，唯是天地吐纳万物之枢机。由是天地生物，固可谓之天地之德。然天地有此德，而对万物则无情。谓天地为大仁，实亦同于不仁。故曰"天地不仁""大仁不仁"。此说之价值，在其更着重自然之虚无一方面，以见万物之无固定之实质。并由自然万物变化成毁之无常，以益见其皆可各得天地之德以生，而不相为碍。故庄子之自然观，更为广大而宽闲，善显天地间万物之相容与，而自得其得，自适其适之美。庄子之缺点，则在其只知天地之以其虚无之道出入万物，而成此天地，而不知万物之本身，能各以其自身之"虚"涵摄他物之实，成就其自身之生化历程；不知此物之各以虚涵实，即所以使物得其内在之充实；不知万物之相继而生，亦即一天地万物相继而日趋充实富有之历程，而可见天地之至健而至顺之德。庄子不识此诸义，因而亦不能真了解前后相承而起之生命世界，人类社会之历史世界。故庄子之天地之道，只可言有美而不可言有善。只可言有生德，而不可真言有生生之德。天地生物，而其生德实未尝真内在于物，以使物生生也。而儒家言天，则具生生之德，天生物而其生德即复真内在于物，而使其所生，更成能生，生生不已，而亦成其生生之德、存存之性者。是天地之继其生生存存之德性于物，而后天地之道乃可真言是善也。

又由老庄思想之退堕，而只重一切之物"来自无有，而归于无有"一面，则不能不重阴道而忽阳道，重收敛而忽开拓。其影响于人生态度者，其高者为独善其身，恬淡素朴，其低者则增益其自私自利之心。至于宅心褊狭之士，则将由此认万物唯是以"互相否定以归虚无"为性，乃谓天地本身真是不仁，其生皆所以为杀，万物皆为刍狗。由是而有《老子》之一部分及《阴符经》形态以杀机言天道之说。韩非子视人物唯知自利，其刻薄寡恩之思想，所以可说为兼由《老子》而出，亦正以老子思想之退堕形态，必为视自然为"自吞其所生"之司杀者。自然之虚静，皆所以藏万物之死尸。故韩非教人君居虚静，用法术，以宰制天下人，使天下人任其生杀予夺。吾人如专自宇宙杀机及人心阴险一面看，吾人亦即可发现一西方所谓魔鬼之世界。然纯粹之阴道与杀机，不能为现实世界之任何存在得存在之根据，已如前论。中国后来之正统道家，固不向此用心。

法家、《阴符》之思想，亦不为后人所崇。依儒家之思想，尤必扶阳而抑阴。儒家言虚无之用，唯自一物之自身能涵摄他物，由致虚以致实上说。儒家大皆于自然界，见一生机洋溢之"充实而相续之生化历程""宇宙之富有日新中之大业盛德"。中国自秦以后，唯儒家之自然观为后世所承，亦即见中国文化精神之所注矣。

第六章　中国先哲之人心观

（一）中西哲学中人心观之不同

　　欲知西方人之人心观，可自西方科学中之心理学了解，可自西方宗教思想中了解，可自西方哲学中了解，亦可自西方文学中如何描写人心之情感及其他活动上了解。对人心之最具体而细密、亲切、深刻之描写，皆见于文学。然文学之范围过大，非今之所及论。大率西方宗教思想中，言人心特性，恒重其具有灵性或自由意志一点。人有自由意志，人心理之变化，原则上宜可无穷。人心既可犯罪而受苦，亦可求拔除罪恶与苦痛，由信仰以归命上帝。由是而教徒恒有其个人宗教生活中精神奋斗曲折之叙述，如奥古斯丁之《忏悔录》之类。唯西方中世宗教中，又有除亚当有完全之自由意志外，亚当之子孙以亚当犯罪而有原始罪恶，人之自由意志恒向恶，其得救与否，皆预先注定之说（奥古斯丁即持此说）。果尔，则人心之犯罪、受苦及信仰之心理变化，亦当为必然。遂又宜可促进人心之必然定律之考察。然西方宗教上，言人心之理论，多融于其哲学思想，故不须单独别论。西方近代心理学之言心，则一方原于生物学、生理学、医学之发展，一方原于其哲学中之人心论。大率现代西方心理学学派中，行为派之心理学所受生理学影响最大。华逊（Watson）于其《行为主义》一书，以生理学为分别研究有机体之反应行为，心理学则研究整个有机体之反应行为。彼肯定单元的反射弧之存在，而企图以生理决定之交替反应，说明一切心理活动。此乃西方心理学中最近生理学者。下意识派之心理学，如佛洛特（Freud）、亚德勒（Adler）等，皆重视不被自觉之生命欲望、生命冲动，如色欲、权力欲等对人心之决定力量。此实为注重心理学与生物学之连系者。至于联想主义及所谓构造派之心理学，则皆注重先了解心理之基本元素，如单纯之观念、感觉，或基本之心理能力，而以观念感觉之联合，心理能力之配合组织，说明各种复杂之心理。此亦恒不免以剖析物理之方法，剖析心理。此乃由物理上之原子之肯定，移至心理上之原子单位之追求之心理学。詹姆士等之机能派之心理学，则视感觉、记忆、情感、思想、意志，皆为适应环境之各种心理机能。此机能之活动，乃随情境而异。此派视吾人意识中之观念之本身，亦为一行动之准备，而指向行动，以满足吾人之要求者。此种心理学，乃较上列诸说，更能以超物理学、超分析之方法观心者。然此派心理学，因太重心之实用价值，而恒不免以心之概念隶属于生命与社会之概念。至于此外如完形派心理学及斯伯朗格（Spranger）之文化心理学，虽最能本整全之观点，就心之所以为心本身观心，然完形派心理学今日之成就，仍偏于知觉等低级心理方面。文化派心理学，亦不被视为科学的心理学，而只被视为哲学的心理学。故西方近代之科学的心理学，实尚在极幼稚之阶段。其前途发展如何，虽不可知，然以其今日之成就而言，其对人心本身认识之深度，盖尚不如西方过去宗教与哲学中对人心认识之深度。吾人如取西方近

代之心理学，以代表西方文化中之人心观，尚不如以西方哲学中言
人心之理论，以代表西方文化中之人心观。

西方哲学中有系统之人心论，始于柏拉图与亚里士多德。即在
中世神学哲学中之人心论，如多玛斯之说，亦多承二氏之言。柏拉
图与亚里士多德之人心论，皆以人心之本质，即在其能认识普遍永
恒之"理念"或"形式"之理性。灵魂之不朽皆由"人心之能把握
普遍永恒之理念或形式"以反证出。基督教承犹太教而变之，其论
人心之要点，一在吾人上所言之自由意志，一在耶稣本人所指示，
人人具有单纯朴质之信心。此信心，即为人归命于上帝之媒介。基
督教所言之爱，乃通过信上帝之一念而生，故基督教徒能实际上行
爱之道。然在理论上，则此爱之道，不必说之为人性所固有。人性
所有，则只为一可善可恶之中性的自由意志。故当近世思想代中世
思想而生之后，上帝之信仰成为可疑时，则有自由意志之人性，遂
亦可如霍布士、马夏维利等之说之为恶，亦可如洛克及其他功利主
义者之说之为纯以求快乐为事者。至于欲恢复人心、人性尊严之理
想主义者，如康德、菲希特、黑格尔，则仍由人性中之理性，依理
以自律之道德意志，以言人性之向善。近世哲学中之言心，在英国
之经验主义、功利主义之潮流下，如洛克视心，初纯为被动接受刺
激，以得单纯观念者，唯在诸观念被反省时，可由组合、抽象、比
较等形成复杂观念。巴克来以宇宙等于心及其观念之和。休谟视
心只为一堆依习惯而结合之印象观念，由此即开出联想主义之心理
学。至于理性主义者，如笛卡儿、斯宾诺萨等，皆以心之本质为一
思维，亦即一能直觉、任持、观照清明之观念者。来布尼兹以心为
具理性之意志力，此即下开以后主意派之人心论者。康德对人心之
最大之发现，一方在肯定一普遍的超越意识或超越的统觉，并知人

心之识物乃挟其自身之范畴，以规范对象，而形成知识。另一方则在知人心有以理自律之道德意志，此即真正之自由意志。故康氏所谓自由即向善之自由，由是而扬弃基督教之中性的自由意志之说。承康德之说而发展之菲希特、黑格尔、格林等，即一方更系统的肯定一切知识范畴之为心所建立，更说明人之能自律的自由意志，亦即一规定社会之理想，规定历史文化之方向之客观意志或客观精神，而通于宇宙意志、宇宙精神者。至于现代采现象主义方法之哲学家如虎塞耳（Husserl）、哈特曼（N. Hartmann），则由康德之超越的统觉，转而重视对"精神现象之意义价值"之直觉，而重心之意向性（Intentionality），凡此等皆西方哲学中之人心观之主要观念，吾前在论西方哲学之处，已多分别有所论，今亦不必多赘。

然吾人反观中国人之言心，则除中国之医书，如《内经》等，及一部分之道家言，如《淮南子》及道教之书，重视生理与心之关系外，殆皆注重直接就人心对其自身之体验以言心性。中国先哲之就对人心自身之体验以言心性也，盖皆不注重研讨心中之诸观念如何联络之法则，亦不重视下意识中之生命冲动对心之决定力量，及心之"如何利用观念之指导，与环境相适应，以满足其实际上要求之机能"，亦不注重"心之认识普遍的理型形式之能力，与心所自具之范畴"之分析，及心所具之实在力量，或各种心理能力之分析。中国哲人之言心，主要者，一为道家一路，一为儒家一路。道家之言心，重心之虚灵明觉，及心所依之气一面。儒家之言心，则兼重心之性情与志行一面。西哲所谓观念，中国先哲即名之为念。此念本身乃忽起忽灭、变化无常者。中国儒道二家，虽皆重在意念上用工夫，然皆不以意念为心之本身，亦皆未尝分析人之意念之种类，考究其依何律以联结，如西方联想主义之所为。西方心理学家所谓冲动欲望，中国儒道二家名之为欲。然二家皆以欲为后起，而非先存于吾人下意识中之实体。西方心理学家所谓人心对环境之适应或反应，在中国哲人相近之一名为与物之"感应"或"感通"。西方言人心之反应，多谓其乃所以满足人心之要求欲望。中国儒家之言感通，则所以显性情。道家言感通，则归于物我两忘。西方哲学中以理性言心者，多绌情感轻经验；其以意志言心者，则恒不免于尚力，而罕以性情言心者。英文所谓 Emotion，含激动义。Sentiment 则指一种情感之郁积，而亦常含一非理性之义。Feeling 一字，则偏自主观之所感言。西哲中直至现代，乃有勃拉得雷（Bradley）、怀特海（Whitehead）之重 Feeling 一观念。海德格（Heidegger）以存在哲学名于现代。其论人之存在颇重 Mood（Gestimmtsein）之观念。而诸人所谓 Feeling、Mood，义皆极特殊。然在中国，则言"理"者，多连性情言，亦恒连经验言，曰性理、曰情理。言意志者恒连于气言，而少连力言，曰志气、曰意气。而情之一字，则唯当其同于欲或与欲相连时，乃含恶义；如连于性言，则为性之表现，亦即理性之表现，而含善义。吾人观此中西哲之言心者，所用名词之涵义之不同，亦可略见中西人心观之异矣。

（二）心之无对性、虚灵性、涵盖性、主宰性

大率西哲之言心性者，皆重心之有对性一面：观念与心对；心之冲动、欲望、机能与外物对；心之理性与情欲经验对；心之意志理想精神则与环境对、与实现理想之场所对，与反乎精神之自然对。知识之范畴，初亦由能知与所知之对象相对，而后能显出。而中国人之言心性，则重心之无对性。中国先哲重心之虚灵与心之性情，皆

所以显心与自然之不相为碍，与心之通内外，而能使主宾相照、物我兼成，以见心之无对性。心之虚灵一义，原为道家老庄之言，而继为儒家之荀子所采，为魏晋王弼、何晏所宗，为宋明理学家所重。道家庄子之所以悟得此义，一方由于见天道之运而无所积，自然万物之变化无常，出乎无有，而入乎无有，方生方死，彼是相因，而莫为之宰。一方亦即由于观此心之喜怒哀乐、虑叹变慹、姚佚启态之日夜相代乎前，而不知其所萌；若有真宰，而特不得其朕。再一方则由见我与物之关系，亦为"非彼无我，非我无所取"之互相因待之关系。由是而对我心中之观念与心之情态，不作孤立想，不作执着想，亦不作实存常住想。能不作此诸想，即庄子所谓心斋。于是只见此心之感而后应，应而即忘，随气化而运行不滞，"不将不迎，应而不藏"之虚灵明觉。此即庄子所谓常心，所谓"万物不可纳于灵台"之"灵台"。而通常人所谓心，则庄子所谓"心止于符"之心，"偾骄而不可系者，其惟人心乎"，"其热焦火，其寒凝冰"之心，此即以其观念反映物而符物之心，为情感所激荡之心；而非庄子所谓依于虚而待物之气之常心，或灵台之心也。后来之道家思想，如表现于《管子》中之《内业》《心术》者，亦以此种虚灵之真心，与"对心中观念或情态有执着"之心有别。故谓："心以藏心，心之中又有心焉。"（《内业》）而此心中之心，即虚灵之真心。故谓"君子之处也若无知，言至虚也。其应物也若偶之，言时适也。若影之象形，响之应声也。故物至则应，过则舍矣。"（《心术上》）此与庄子之言心无不同也。

　　道家此处所论之虚灵明觉之心，平心论之，实颇近乎康德在《纯理批判》之超越的统觉，或超越意识。因二者同为超所知之对象，而遍运于一切可能之观念、印象、对象，而无所陷溺者。然康德之超越统觉，统率若干范畴。以诸范畴，向对象运用，以规范对象，而成就知识。此所规范之对象，唯是呈现吾心前之表象世界，而非物之自身。此超越的统觉亦不能以其"范畴"构造出一"实在世界"而达于物之自身。因而此超越的统觉，为冒举于表象世界之上，与物之自身相对者。然道家之虚灵明觉之心，则不以成就知识为目的。同时复直接与所接之物相遇，与大化同流。庄子之神遇，"天地与我并生，万物与我为一"之感，老子之"空虚不毁万物为实"，"致虚守静"以观万物之复，《管子·心术下》篇所谓"表里遂通，泉之不涸。……上察于天，下察于地"，又《心术上》篇所谓"其处也若无知，其应物也若偶之"，皆直接与物相遇，而无范畴之间接，无我物之对待可言也。直接与物相遇，而不碍心之虚灵者，以物之运化未尝积滞，而依气之虚以待物之心，亦可无所滞住执着也。夫然，故关于心之无限性之一问题，道家之观点，亦与康德纯理批判之观点不同。依纯理批判之观点，心之统觉与其范畴之普遍性、无限性，皆由其能综摄一切可能经验而见。依道家之观念，则其所以说此心为常心与无限量，乃直接由其"念念之过而不留，无所将迎"之"当下即是而逍遥自得之感"上说。此逍遥自得之感，乃一"非意志性"之自由，亦即忘我物而"天人不相胜"之自由。故道家能不如西方理想主义者之期必于求不朽，求上帝，而亦能视死生为一条，若与造物者游，盖天地刻刻更新，即刻刻自造，心不滞住于过往，则刻刻皆与造物者相遇，万化而未有极，即不见有腐朽之物也。

此种虚灵明觉之人心观为道家所提出，而亦远源于孔子空空如也、毋意毋必毋固毋我之教。道家之言，亦复为后儒如荀子及宋明儒者之所取。儒家与道家之不同，在儒家根本重有为，而道家根本重无为。道家养虚灵之心，而自葆其光辉，其随感而应，为不得已事。儒家则自觉的求有以用其心，尽其心。如孔孟之操心、尽心，皆所以显全幅之真性情。此点今暂不论。荀子之用心、尽心，则所以明察物理，与自制其不善之性情。荀子之言用心、尽心，首即本心之虚灵明觉以说。其《解蔽》篇谓："人何以知道？曰心。心何以知？曰……虚壹而静。虚壹而静，谓之大清明。万物莫形而不见，莫见而不论，莫论而失位。坐于室而见四海，处于今而论久远。疏观万物而知其情……经纬天地而材官万物，制割大理而宇宙里矣。"此与庄子所谓"圣人之心静乎，天地之鉴也，万物之镜也"，"精神四达并流……上际于天，下蟠于地"之言，实多相类。抑更近于康德所谓超越的统觉。然荀子之言心，毕竟有大异道家者。一则在其于心之虚灵明觉外，言心之主宰自己之自由意志。一则在其注重用心之虚灵明觉，以成就记忆知识。故荀子之解释心静之功效曰："人心譬如盘水，正错而勿动，则湛浊在下，而清明在上，则足以见须眉而察肤理矣。微风过之，湛浊动乎下，清明乱于上，则不可以得大形之正也。心亦如是矣。故导之以理，养之以清，物莫之倾。则足以定是非决嫌疑矣。小物引之，则其正外易，其心内倾，则不足以决庶理矣。"（《解蔽》）又分别释虚壹而静及心之自作主宰之义曰："心未尝不藏也，然而有所谓虚。心未尝不满也，然而有所谓一。心未尝不动也，然而有所谓静。人生而有知，知而有志。志也者藏也，然而有所谓虚。不以所已藏害所将受，谓之虚。心生而有知，知而有异。异也者，同时兼知之。同时兼知之，两也。然而有所谓一，不以夫一害此一，谓之壹。心卧则梦，偷则自行，使之则谋。故心未尝不动也，然而有所谓静。……虚则入……壹则尽……静则察。……""心者，形之君也，而神明之主也。出令而无所受令：自禁也、自使也、自夺也、自取也、自行也、自止也。故口可劫而使墨云，形可劫而使诎申，心不可劫而使易意。是之则受，非之则辞。"
(《解蔽》)吾人由上列之言，则知荀子之论心，乃一方重心之虚灵，
一方重心之自禁自使之自由意志。其论心之虚灵，乃以之为成就记
忆知识之一条件。大约西方人重用心以成就知识者，首重赖感官以
从事观察，进而求望远镜、显微镜，以扩大感觉之范围。次则重加
强注意，引发好奇心，鼓舞兴趣。再次则重预测、设臆、构造、假
设，从事进一步之观察实验等。然在中国哲人之求知，则首重使心
先自清明，能虚怀摄受。荀子亦如是，故首重心之能"不以所已藏
害所将受"之无尽的摄受力。此点又颇似西方洛克视人心初为纯粹
之白纸，及诸视人心如一无限量之箱之学说。然荀子之言与此说不
同者，实有二点：一在荀子之要人"自觉自动的，使心能常保持其
如一白纸之无所有"，由致虚以显其无尽之摄受力，因此致虚为最重
要之工夫。于是由有所摄受而成之记忆内容，则只为心之能虚而致
虚之果，因而亦不足视为心之本身。至于所记忆之内容，由任意之
联想，而自动兴起，不能自止者，即荀子所谓"心卧则梦，偷则自
行"。是乃心之昏昧而不用，不能致虚守静之故。故由荀子式之人心
观，决不能发展为西方之以观念联想说心之本质之人心观。其次则
荀子之视心之为一能致虚静之摄受者，非如洛克等之视心初只为一
被动的，由外物涂抹之以种种分别之印象，然后再对此印象，加以
反省者。荀子之论心，乃一方言其能致虚，以摄受外物之形相；一
方即视此心为主动的向外物伸展，而兼知其异，施行一综合的定置
作用者。此即荀子所谓一方"同时兼知"两者，一方又"不以此一
害彼一"（即使此一彼一，各当其位，定而不乱之谓）。自此点而言，
则荀子之言心，自其为能无尽摄受者言，虽近乎西方言心之 Box
Theory 中之箱子，而自其施行一综合的定置作用言，则可喻如一喇

叭之自内出气以弥纶于外，而与康德所谓超越的统觉之以综合经验为事者，更为相近，所缺者唯康德之一套范畴耳。至荀子言心，重心之自禁、自使之自由意志，则更与洛克之以"被决定之情欲"言意志者相远，而与康德之能发定然命令之意志为近。唯荀子于心之所以能自作主宰之故，因其不承认性善，亦不承认先天之理性，故未能自圆其说。然自其思想之归趣观之，则其论心重在说明心之虚而无限制性，心之超观念或记忆内容之超越性，综合的"定置所知世界"之涵盖性，及能致其虚静，"不以梦剧乱知"，而"自禁自使"之主宰性固甚明。其人心观与其谓为接近西方之经验主义，实不如谓其近西方之理性主义、理想主义。道家言人心之虚灵明觉，只及其超越性与无"限制"性，而荀子乃言其综合的涵盖性之可以成就"各当其位"之对对象之知识，言心之自作主宰性，以化性起伪，以成就道德之修养、人文社会之实践，而此后二者，即所以使荀子之人心观为儒家式，而非止于道家者也。

（三）心之知与神为心之阴阳二面

吾人在上文论道家与荀子之言心之共同者，一在二家皆不以心之观念印象言心之本身，二在二家皆以心直接与物相遇，不以观念印象为心与物中间之一间隔，亦不以心有种种范畴为规范对象以成知识之媒介，故同以心为表现无对性，而直接遍运于自然界之虚灵明觉。所不同者，唯在道家于物过而不留，故根本不重接物后所留下之记忆知识。而荀子则肯定此记忆知识之重要性，因而亦重心之综合的兼知之能力。此外则道家不重心之主宰性，而荀子则重之。故道家无我而忘自觉，超自觉。荀子则有我，而有自觉。原记忆知识之来源，虽由于摄受，而所记忆所已知之知识之重要性，则在于本之以判断现在与将来，以知过去者与现在将来者可属于同一统类而同理。于是荀子遂重知类明统之理性能力。由此理性能力之运用，于是荀子能论正名之道，以求于同实者与同名，异实者莫不异名，并求知"百王之无变，足以为道贯"者，以明礼义之统，亦使人力求通古今远近之蔽，得"坐于室而见四海，处于今而论久远"，而合天下古今之人之情，以言仁恕之道德。总括而言之，荀子之理性能力，可谓为求认识事物之类之同或异，而应之以同或异之态度之理性能力。然却非如西哲在数学逻辑中之自定概念，自立假设，而引申其理论效果之理性能力，亦非如康德式之反省知识范畴之理性能力，又非如宋明儒所重之依于一本有之道德的天性而显发之理性能力。荀子所言之辨类之理性能力，盖近似亚里士多德、柏拉图所谓"发现共相形式"之理性能力。然荀子又未尝有独立之"理念世界"或"纯粹形式"之观念之建立。荀子用此辨类之理性能力，在根本上可谓：在一"一切理皆内在于具体事物之信念下"，向对象而运用。故其所认识之理，虽皆近乎西哲所谓诸具体事物之共理共相，而此共相共理之认识，又似只为理性能力所通过加以运用，以判断事物，而非其所留驻，故亦恒未能确切的被置定为一抽象之普遍概念、普遍命题之内容，以形成一直接观照把握之一对象。此外墨家亦重视类似之理性能力之运用。墨家亦以理为内在于具体之事物中。墨家之所谓"以类取，以类予"之教，亦即重在使吾人之理性能力，通过同类之理，而将吾人对一具体事物之态度，移至对同类之具体事物；而不重直下把握观照此中间之抽象普遍之理，以为心之所凝注安顿之所。故二家之逻辑，皆似只为一种类推比拟之逻辑。而缺西方之层层向前进展推演之演绎法，层层向后归约淘汰之归纳法。此种中国逻辑之缺点，与不重把握抽象普遍之共相共理之缺点，吾人实毋庸为之讳言。由此而助成中国人之不重超越客观之理想之任持，亦使中国人精神生活之圆满发展，有所缺漏（此吾当于末章中论之）。

然此种之以理或共相，为心所通过而非所留驻之理性活动之另一种价值，则在使心之虚灵明觉，不被抽象概念所界画系缚，而常与具体之事象相接，与之亲和，随具体事象之变化而运行，而保其生动性与活泼性。大率中国哲人言"为心之概念知识之内容"之理，皆只视为已成之具体事象之脉络与结构。具体事象在迁流生化中，则此脉络与结构，亦融于后起之具体之事象，而不常如其故，以成固定。因而一切记忆知识，皆止于藏往。至于判断当今，则一方赖凝固于心中之"已往之记忆知识"，重新活泼起来；一方赖对于当下呈现者之直接承受。二者交融，以成一当机之判断，决定一当机之态度。此即所谓心之神。《易传》言神以知来，知以藏往。知之藏往，由于心之摄受已呈现而使显者存隐于心中，即心之阴一面。神之知来，则由于使所摄受者之重新活泼，使隐者再显，而伸展至当下所呈现，即为心之阳一面。此心之阳一面，伸展至当下呈现者，而通之于心所对之世界。然此当下呈现者，及心之此伸展活动之本身，又同时为心之所摄受，而为可入于心之阴一面，以成记忆知识者。此中，心之阴一面与阳一面之更迭，而互相渗透融摄，不断充实而富有，不断日新而开辟，即成就此心之一阴一阳之大用流行，一阖一辟之变。此义，固非荀子、墨子之所能见及。然实与荀、墨之以理为内在于事象之义相涵。由荀、墨之以理为内在于事象，必归于《易传》中知以藏往，而神以知来义。由知藏往而神知来，则见人心之所以为人心之理，即一"由知而神，由神而知"，往来不穷之"由事显理，融理入事"之活动之理。此即《易传》中所言之阴阳太极之理，此理纯为一具体而普遍之理，而显此理之心，亦为一真具体普遍之心矣。

（四）心之神与志气

大率中国先哲之言心，皆集中于心之"虚灵明觉"、心之"知"，与心之"神"三概念。只知心之知，用知以说服天下，而行兼爱之道，而不知心之虚灵明觉者，墨子也。知心之虚灵明觉，而致虚守静以观物之正反往复，而外表则和光同尘，处柔弱卑下之地，以宰制刚强者，老子也。使自己之虚灵明觉，为己所独用，而不使人见，而以法术之知识，控制人民者，韩非也。知心之能藏往，心复易为"往者""故者"所蔽，故尚去智与故，以乘自然之化为依乎天理，而以神遇所直接之物者，庄子也。知心之有神，而重心之有知、有所藏；知重智，以知类明统，"卒然起一方，则举统类而应之"，"以类行杂"而"变化代兴"以"执神而固"者，荀子也。而既重心之有知以藏往，而尤重神之统知以知来者，《易传》也。神以知来，故通常西方心理学中所谓对新之感觉之注意、预期、判断，及想象、意志之活动，在中国之心理学名词中，皆当属于心之神。一切表现心之伸展，心之阳生之活动者，皆心之神。知为已成，神为方生。凡已成者皆融于方生。无方生者，则一切入于幽而乾坤毁。乾坤之不毁，唯在方生者之能永不限于已成。故阴阳虽循环不息，而阳恒行于前，阴恒继于后。故知来之神可统知，而藏往之知不可统神。神统知之智，为神智。神智或为将过去之智之所得，皆融于当下之直觉，以洞见未来；或为对当下生生不穷者之纯粹直觉。《易经》重神智，故谓易有圣人之道四，即易之用四。此或见于卜筮，或见于制器，或见于言，或见于动，皆本神智以知来，而使人之精神能生生不已，以开辟日新之事业者也。易之卜筮，固包含通常所谓对未来之想象，而又为一种判断。制器亦包含一种器当如何制之想象或判断，而又包含一改造自然之实践活动。言动，则人在伦理政治社会中之言语与行为活动也。

由纯想象，即有文学艺术。西方人言文学者，皆重想象。然中国古无想象之名。黄侃《文心雕龙札记》谓《文心雕龙》之神思即想象，然吾人复须知神思与想象二名之不同。盖想象之一名，重在所想象之意象。而神思之一名，则重在心在想象中之不为感觉及所想之意象所限制，而自由运行，以无远弗届，而遍接万物一面。故《文心雕龙》论神思曰："文之思也，其神远矣。故寂然凝虑，思接千载；悄焉动容，视通万里。吟咏之间，吐纳珠玉之声；眉睫之前，卷舒风云之色。……登山则情满于山，观海则意溢于海。"此乃纯自想象之内容为心之不受限制之神所运度，以言心在想象中所表现之超越性、涵盖性。此外如陆机《文赋》之言心之想象与作文之心灵境界曰："其始也，皆收视反听，耽思旁讯，精骛八极，心游万仞。其致也，情曈昽而弥鲜，物昭晰而互进。倾群言之沥液，漱六艺之芳润。浮天渊以安流，濯下泉而潜浸。于是沉辞怫悦，若游鱼衔钩而出重渊之深，浮藻联翩，若翰鸟缨缴而坠层云之峻。收百世之阙文，采千载之遗韵。谢朝华于已披，启夕秀于未振，观古今于须臾，抚四海于一瞬。"凡以后中国文学家之以神为文学批评之根本概念者，皆是自心之不为意象所限制，而能自由融裁一切意象上说神，以显神之超越性、涵盖性。故吾谓中国所谓心之神之一名，乃包含西方想象一名之所涵之义，而又超越所想象之内容，以表心之虚灵而无对的伸展活动之一名也。

至于制器言动者，即西方所谓冲动意志行为之活动。此属于广义之心之神。然在中国则恒属之于心之气。大率中国之言心之神，乃就心之活动若全无阻碍之际言。而言心之气，则就其感阻碍限制，而又加以克服融化上言。言身之气，则指充实于身体而能运用此身，使身之各部，不互相为对峙阻碍者。言物之气，则就物之形质之相对峙阻碍处之融化上言。唯在中国恒以心之气、身之气及物之气为相通，故心之意志能贯注于身体行为也。庄子所谓心之气，则自心之能虚受一切而安之，于一切阻碍，皆不视为阻碍，以使阻碍销融化除之德上说。此可谓偏指心之阴柔之气。而儒家所尚之气，则为一依于自作主宰之精神或神，而充塞弥纶于物我之间，以使其间之矛盾，归于中和，不复见有阻隔窒碍之气。故此气恒与心之志连，而称为志气。志中即包含目的与理想。志气中，即包含实现目的与理想之努力。故志气一名之义，与西方德人所谓精神（Geist）之义最近，亦与西方意志冲动之名之义略近。然西方人言意志冲动，皆明显有所对。言目的理想与现实对，言精神则与自然对，此吾人前所已言。而中国人之所谓志气，则志原义为心之所之。所谓有志，其中重要处，乃在心之活动之有一定之方向，非在所向之目的理想之内容，因此内容可为逐渐扩充者。西方人言建立理想，重提出理想之内容。先哲言立志，则重在决定一作人之方向与态度。理想之内容与现实相对，唯以努力连系二者。而先哲言立志，言志气，则可不与一切相对，而直就人心之自身以说。清明在躬、志气如神之志气，向上愤悱之志气，独立自尊之志气，皆不对任何事物以言，而纯为心之无对性之活动。故由志气之充拓而形于外，固可包含一客观之目的与理想，此志气本身，则又可涵盖此理想与理想所对之现实。因而此志气之义，又不全同于连系理想与现实之努力或意志。

因此努力或意志一名之义常被视为在现实之上、理想之下，而志气一名之义，则真为弥纶充塞于理想与现实之中，而统摄之者也。

（五）心之性情

吾人以上论中国先哲所谓心之虚灵明觉义，并依此虚灵明觉义，以言心之知、心之神，与心之志气中所涵超越性、涵盖性、无对性，而未及心之性情。而性情之问题，则为中国人心观之中心之问题。

心、性、情三名之义中，心之义含虚灵明觉之义，儒道二家皆可无异辞。唯儒家于心，更重为身之主宰义。性之义，则在儒道二家颇不同。大率道家言性，恒与命连。道家所谓性命，即自然赋与人之本来面目之生命。此自然之生命，乃自变化生长者，或可谓之一"自然之气化流行"，因而不受心知中固定观念约束者。故人心之虚灵明觉，虽即隶属于吾人之性命，而人由心之虚灵明觉，以识物而生之观念理想、闻见知识，则非直接根于性命，而为浮于心之表面之物。人如只受此人心表面之观念理想、见闻知识之领导，而有所为，在道家盖皆以为此乃"去性而从于心"之人为之伪，或外加之文，乃足以使人失其性命之情，而灭其本质者。（故庄子曰文灭质，博溺心。）此外凡依于人心之受外物刺激而生之一切喜怒哀乐之情绪之扰乱，在道家亦恒视之为可以使人心即失其虚灵明觉，亦使人性命之情失其自然之平静恬愉者。故道家言复性。复性以保心之清明，而轻记忆、知识、志行与情感。墨家重知，与道家异，而与道家同轻情。《墨子·贵义》篇言去六辟，即去情之蔽也。墨家所重者在志行。儒家中，则荀子一派重心之清明与心之志行，而以性情皆为恶，遂绌性情而尊心。先秦诸哲，唯儒家自孔、孟至《易传》《中庸》一路，乃能兼重心之虚灵明觉与心之志气及性情，而明言性情之为善。中国古所谓性，初涵生义。阮元《性命古训》已言之。傅斯年《性命古训辨证》谓金文中性皆书作生，故性本只指现实之自然生命，亦原可不含价值意义者。道家之就自然生命之变化生长之能以言性，告子由自然生命之食色之欲以言性，皆不以性中有善，而皆较合于古义。人之自然生命在自然环境中之活动，自表面观之，恒为刺激与个人之欲望、个人过去习惯所决定，人自然生命之喜怒哀乐，亦以此而非人所能真自主者。故凡求人生之向上，而自作主宰者，宜主抑情。此盖西哲之所以多尚理性而轻情欲，与中国哲人之所以亦多只尊性尊心而卑情之故。

　　然在中国之孔、孟、《易传》、《中庸》中，则即就人之自然生命活动，以发现一崇高之道德价值，而主人性之善。并由表面为被动之情中，见人有纯粹自动自发之性之显于其中。此在孔子，犹言之较为隐约，而唯多自人生而有之孝弟之心情上，指点人之自然生命中，包含一超个体之食色欲望之自动自发之向上心情，为仁民爱物之德行所本。故孔子之言，唯隐涵性善义。孟子、《易传》、《中庸》则就人之知爱、知敬之良知、良能，与恻隐、羞恶、辞让、是非之情，以见人之自然生命实非如庄子之所言唯是一气化之流行。人性亦不如告子所言，唯有一保存自己生命与子孙生命之食色之欲。乃实有一超个体生命而与一切人物相感通而成就之之心情，及与我之生命所自来之一切父母祖宗之生命相感通，而顺承之之心情。即由此以见人之有遍覆万物而对之有情（仁），而寄与敬意（礼），而使之各得其所（义），而贞定的成就之（智）之仁义礼智之性。夫然，故此性亦即通于一切人物之所以生之性。有此性之心，亦即通于天心。故充吾与人物之感通之性，而尽心知性，则可以知天事天而立命。夫人之情，固皆待心感物而后动恻隐、羞恶、辞让、是非之心情，若非感物则不显。然感物而动，非皆同于被物所决定，无内在之主宰之谓。盖人当感父母而知孝，见孺子入井而生恻隐怵惕之心，闻人之嗟来之声，而生宁死不食之羞恶之心。此父母之存在、孺子之入井与嗟来之声之事实本身，初未尝必然决定吾人如何应之之态度。此对父母之孝心，与救孺子之念、宁死不食之心，又明不出于吾人为自己打算之欲望，亦不能如西方联想派心理学之说，谓吾人之见孺子入井而动情，由于吾人过去主观经验中，入井曾与落水之苦痛不快之观念相联，故今亦联想及一苦痛不快之观念。此说之不应理，盖由不知吾人此时之不快，乃为孺子而不快，非为吾人主观联想及之观念而不快也。吾人直就吾人有如是之心情时，加以反省体验，明见吾人此时之心情，乃直接对当前之境而发。由此所对境之特殊性，及如是如是之心情之生动活泼性，即知其为当下之生命活动之一开辟或创新。而由此生命活动之含超越吾人自己之打算，而趋向于一客观的使孺子得救，或拒绝嗟来之食之事，即知吾人之心情，乃一超越于我个体之主观，而涵盖他人与外物于其内之一客观性的或宇宙性的心情。因而能具此心情之自然生命，亦即包含一超自然个体之意义之生命，而为一精神生命或宇宙生命之直接呈现。此心情中所包含之道德价值与善，亦即属于此心情之自身，而见此心情之为善，见此心情之为依一内在之善性之主宰而生者。此善性因其有客观性与宇宙性，复为与生俱生，乃真可称为天性或天命之性。此即由孟子至《中庸》《易传》之统贯心性情，统贯人心与天心、人性与天性之人心观所自生。

　　孟子、《中庸》、《易传》统贯心性情而一之，于是彼等遂不直自心之虚灵明觉上说心。谓心为一变化不居，出入无方者，孟子、《中庸》、《易传》，固可无异辞。然如只就其虚灵明觉、变化无方上言，则初无价值上之涵义。此明觉本身，亦为可存在而显发，亦可不存在而隐潜者。因而此心之无限性、超越性、涵盖性、主宰性，如只在人心之明觉上言，皆只为其一形式的性质，而非有必然的实效性，亦不具备一定之内容者。故言心之一定之内容与有实效之主宰性等，必自心之性情上说。如离此性情，则心之虚灵，正所以使其空而无实。心亦实不能自保其自身之虚灵明觉功用之长存。吾人若断定心之虚灵明觉之功用必然长存，至少必须肯定此心有能长保其虚灵明觉之性。故孟子、《中庸》、《易传》皆自性情说心之虚灵明觉，不自心之虚灵明觉说性情。自性情说心，即首自心之与物感通时所表之态度、所生之情说心。唯由心之与物感通时，能由感此而感彼，觉此而觉彼——即明此而易为明彼——故可见心之虚与灵。又由心之感通一物，于物有知有明后，当下昭然明白，若常能保其明；已往之知，亦如可再来而复现，见心若为贞观而贞明者，方可说心能自觉，具明觉。是心之虚灵明觉本身，即依此能易其明、保其明而贞观、贞明之性理而有。此即入于《易传》之思路。又心之与物直接之感通，乃与具体特殊之物相感通。故在感通之际，此心之虚灵明觉，必特殊化而具体化，复因有所感通而充实化。由是而见心之性虽虚灵，而又能充实，亦即心有求充实之性。纵观心之变化出入，心虽无时不返虚；横观心之对境，则心无时不自求充实亦充实于境，而时时皆实。心之全虚，唯在生命死亡、心之不存之际。生命存在、心存在时，心固无时不自求充实，而充实于境也。心之所以能自充实而充实于境，复正依于吾之自然生命与自然事物时在交感中，而有种种生活上之实事。故心之自求充实与充实于境，实即自求充实于"自然生命与自然事物交感而相互贯通所成生活"之中。心之性所趋向之"充实"，亦即"由此自然生命与物之交感而相互贯通所成之生活境界"之日益扩大而得实现。至于吾人之自觉的求与物交感以相互贯通之心，即吾人之成己成物之仁心。由是而心欲求自尽其向慕充实之性，求获得有超越性、涵盖性、无限性之精神生命，初亦只能在此自然生命与物之交感，而相互贯通中，及成己成物之仁心充拓中求得。亦唯由此自然生命与物之交感相互贯通，而成物成己之仁心之充拓中，乃见此自然生命自破其限制，而见有所谓精神生命之存于吾人之自然生命中。并见得此心之有无限性、涵盖性，与超越性；此心亦由此以得自见自保其无限性、涵盖性与超越性也。自然生命与物交感，成自然生活；精神生命与物之交感，即构成吾人精神生活中之情。人之性情，固依于能虚灵能求充实之心，而为其性情。情之有，固依于性之有。然性由情而见，亦由情而养。心又由性之见于情，乃能自见自觉其存在，由是而心之实在性乃依于性情之实在性。心之主宰作用之能有实效性，则唯赖心有性为其内容，而显此性于与物相感之情中。而心之主宰性，即依于心之有性为之宰，以定其所向也。

儒家之性情之概念，乃其人心观之核心。有性情而心有内容，心有实在性与实效性。亦即有性情而人心之知、心之神，与心之志气有其实在性与实效性。心之知物，由于接物。而心之接物，初只是与物之感通，由是而反省所感通之物之形相关系等乃有知。心之神思与想象，固可无乎不运，然性情之好恶哀乐所不及，亦非神思想象之所运。心之志气固可无所不求充塞弥纶，然若不依于性情之不容已，则志气之膨胀，将空枵而无实，亦终归于销沉。故性情为心之本。

（六）性情之善不善及性与理

孟子、《易传》、《中庸》言心之重性情，与荀子之贱性情、庄子汉儒之贱情，及西方学者之尚理性，不能不谓有一大差别。大率思想家之贱情，盖由其有见于人之情恒为被动，而不足见心之自作主宰性。然吾人上已言，孟子、《易传》、《中庸》所论之性情，并非被动之情，而为依于内在之性而自发自动之情。且舍此与物感通之自发自动之情，亦不足以见性养性而存心。性情实心之知与神与志气所本以生者。然吾人试探哲人之所以贱情之故，尚有可得而言。盖吾人上所言性情之情，可谓只为情之一种。即情之依于"超越个体之自然生命，而与物相感通，并求成己成物之心性"而生者。然人有此种"表现心性之不自限性、无限性、超越性、涵盖性与主宰性"之情；人亦有饮食男女之情，好声色、贪货财之淫乱夺取之情，及由"与人相对峙一念而生"之好权力及嫉妒瞋恨之情。此乃告子之所以论性无善不善，荀子之所以言性恶，与西哲之所以亦多以情为无善、不善或为恶，而喜尊理性之理由所在。且情生于与具体之物接。具体之物之特殊性，即足以使吾人有普遍性之理性不显。具体之物之实在性，又足以使心之虚灵性暂隐，以至使吾人之心陷于物而化于物，而若全失其虚灵性。由是而人之情本身，即若有使心昏昧而蔽吾人之大公无私之心，即蔽吾人之理性或仁义礼智之性之趋向。此又即西哲及中国汉宋儒者尊性而贱情之一故。然如实言之，则由情无善不善或有恶，以证性非善之说，实皆不能成立。表面看来，由情之所接为特殊之具体物，故有使心易昏昧而蔽理性之过。此过似只当由情负之。实则人之所以有不善之情，乃由一种心中所固执之观念，依欲而起，并对吾人本有之情之全量加以限制，于是"欲""观念"及"情"，乃互相胶结而成不善之情。今请试论之。

夫人之情，固一方有恻隐、羞恶等善情，亦有似无善不善之饮食男女之情，与淫乱、夺取、嫉妒、瞋恨之恶情。夫饮食男女之情，自其本身言，固无善不善，然若隶属于人之仁义礼智之心言，则为善；而自其为自然之生化，而又满足吾人好生之心言，亦只得谓为善。所谓隶属于仁义礼智之心，则为善者，因此二欲隶属于此心，则人将由自己之求饮食，而知人之求饮食；自己之求配偶，而望一切人之内无怨女，外无旷夫，是即王道之本，其为善固可无异辞也。所谓自其为自然之生化言为善者，因饮食为生命与物之感通，以成就自己之生命；男女之欲，为生命与生命之感通，以成就新生命，此二者皆表示一宇宙生命世界之自求充实拓展。吾人本吾人仁心而普遍的好生，则亦当好宇宙生命世界之自求充实拓展，而视之为一种自然之善。人纵只视仁义礼智之心为本身之善，谓饮食男女，非本身之善，然人仍可由饮食男女之使生命得存在，并使他人之满足"其普遍的好生之心"，并"使有仁义礼智之心之人得存在或继续生出"，则可谓其为一工具之善也。夫然，故告子之由食色之情，以言性无善不善，唯是将人之食色之情孤立而论之说。若将人之食色之情，统于人之仁义礼智之心，或自天地之化而观之，则告子之言，固不足以难孟子也。

至于淫乱、夺取、嫉妒、瞋恨之情，固人皆有之情；然人皆知其不善，而有恶之之心，即见人有此恶情，并不足证人心之性为恶。阳明所谓知得不善，即见善善而恶恶之良知之说是也。又人如由人之有诸恶情，以证性恶者，吾人试当面猝然谓彼之性恶，彼仍必不受。此亦证人之自信其性之善。至于问此恶情所自生，则吾人可谓此乃依于吾人之原有好声色及饮食男女诸自然欲望，而吾人之生命又为与其他物相对之个体。人自然欲望如食色等之生起，固原亦为一种求感通，亦依于性而有，其中亦包含一自然之善；唯在自然欲望中，吾人生命个体向一对象物求感通，恒即与"排开其他对象物，排开其他生命个体"之活动相连。此感通为我欲摄物而把住之，物对我亦若有吸引力，而若摄住我而把住我。此种自然的生理之环连勾结，使一"具体的有爱着之自然生命活动"成立，而"排开其他对象、其他生命个体之活动"之厌恶愤怒之自然生命活动，亦成立。然此二者，在自然世界中，皆无所谓恶。因此中之环连勾结与排斥，依自然而形成，亦依自然而解消。唯在吾人一往纵吾人之诸欲之发展，以求诸欲之满足，并对他人加以压抑，而只肯定吾之自我与吾之欲望之满足，乃真有所谓恶。然吾人之所以有一往之纵欲及压抑他人之意识，实一方原于吾人之对他人之情，全无所感而漠然，或则是欲由他人之被压制，以凸显自己。而此只凸显自己之私心，则一方仍由与他人不能真通情；兼对吾人之具无限性、超越性之心或自我，有一自觉的执着，故欲由压下他人，以使之凸显；另一方则原于吾人之有一"足欲之物"之观念，或"欲足之乐"之观念，导引吾人心意倾注于一类物之追求，与一类活动之发展。而此一类物、一类活动之观念，正为一概念，亦即依吾人抽象理性活动所成者。如吾人无此抽象理性活动，以形成一类物或一类活动之概念，引导吾人心意偏向一方尽量追求发展，而限制此心于此一类物之追求此一类活动之继续中，则一往纵欲亦将不可能。自然欲望之求满足，亦即有其自然之限度。夫然，故此种情之不善，实非只原于情之为接触具体特殊事物者，而是原于吾人之情之限制，及吾人"能形成概念与能自觉自我"之理性活动本身，又限制于"所接之物之类与情之类"之中，而成一对自我之执着；转以限制情之充拓与开辟。唯此有限制之情理之相结合，而后有恶情之生。夫理性活动由限制于"情所接之物之类与情之类"而生恶，固可反证理性活动自身之非恶。然情以限制于理性所成之概念，对自我之执着，乃成恶情，亦证情本身之非恶。故恶情之为恶情，如分别溯源于心之纯智的理性或自觉力，与情之本身，皆不可得。自情所自生之性，或纯智的理性，或自觉力所自生之心之本身上看，皆不可说恶。恶情唯是依善性而生之情，为心所形成之观念所限制，而横流于狭道之产物。恶情生后，可以积而成习，然终在性上无根。此义极深微。常所谓性，实皆习，而非性也。此恶情、恶习之生，可以责情，亦可以责心之观念、概念，而不能责心之虚灵明觉之能之本身；亦不可以责性。恶情之生，乃由此心未能显其虚灵明觉，自所执之观念解脱，并使性得充量的显于情。人以心性之未显而有恶，正以证心性本身之善。唯心之未显其虚灵明觉，或性之未显，可谓由人之未尽其心。故吾人亦可于一义上责心。而性则无可责，而只为一纯粹之至善无恶者。知此则知由情恶以推性恶，或于情之恶者，徒归罪于情之本身者，皆无当于理者也，吾之此言，在综合中国诸先哲之说，而去其葛藤，读者宜察之。

吾人上文论恶情之起源，一方在显性之善，虚灵明觉之心之非恶，情之本身亦非恶。吾人论恶情之原乃在心对概念、对自我之执着，与"情之限制"之结合。此即同于谓：形成概念之具普遍性的理性能力，与情所接之物之为有具体的特殊性者，乃合以共负胶结以成恶情之责任。而分别二者观之，又皆各不负恶之责任。由是而人之表现其善性，固可赖吾人运用其理性，以自具体的特殊事物中解脱，由类推而开拓其心量，范围同类之事物，以如理生情。亦可

赖对其他具体特殊事物之直觉，与具体事物之交感；而自吾人所执
定之观念解脱，而亦开拓其心量，以感通异类而各有特殊性之事物，
而由情显性。故西方理想主义、理性主义者之尚自觉的理性，固所
以实现善意志、善性，然彼等恒只知自觉的理性活动，为理性之活
动，彼等不免忽人在与具体特殊之事物相接，而以情通之时，此中
自其使吾人自执着之概念与自我解脱而言，亦为表现心之超限制性、
涵盖性与普遍理性者。夫然，而吾人之情随处与物相接而相感通，
无所窒碍执着，即表现吾人性情之全量，而亦表示吾人之理性之全
量者。而此义，唯中国正统儒者盖体之最深（唯言之未详），故不以
绝情为教，亦不只以自觉之理性活动说心之最高活动。而以心之随
处遍致其情，情顺万物，就所接之万物之特殊性，而依仁心以对之
有一特殊之感通，即为所以显吾人之有超越性、涵盖性、普遍性之
仁心仁性。此性即理，而其为理，则可为随顺特殊之物，而有特殊
之情之表现方式之理。故为真正具体而随处显现于与物感应之际之
生动活泼之理。吾人之自觉的理智的理性活动，则所以辅助吾人之
依类而推致其情，以及于直接所接之具体事物以外之其他同类具体
事物者。因而此所推致之情，仍在一一之具体事物上，得其安顿与
归宿。于是使吾人之心之始与终，皆显其主宰自己与事物之实在性
与实效性于存在之世界。此即中国儒者之融性理、融普遍者于特殊
者之教之密意也。

（七）中国儒家所谓心性之直道而行，及心与其所对之自然之本性，皆超矛盾辩证历程者

中国儒者之以性理言心，与西哲之以理性言心之不同，在性理

之必表现于情，而自始为实践的。西哲所尚之理性，其初乃纯知的，因而亦不必为实践的。纯知的理性之运用，最后恒不免于产生矛盾辩证之历程。中国儒家所谓性理之流行，则可直道而行，而不产生西哲所指之矛盾辩证之历程，或使此矛盾辩证之历程亦成为一致中和之地。而中国先哲之以虚灵明觉言心，亦可销解西哲由纯知的理性之运用而产生之矛盾辩证之一部。今试分别加以说明，以见中国先哲所论心性之为直道而行者。

西哲论纯知的理性之运用，所以不免产生矛盾辩证，其本原，在运用纯知的理性以作判断。当纯知的理性，唯以知普遍之理以形成概念世界为事（如柏拉图及今世超越实在论者之所为），或作第一原理之探索（如近代理性主义者所为），而不从事判断实际现实之世界或形上实在时，固可不见有矛盾辩证之产生。然当吾人以所形成之概念以至范畴，向一对象施用而作判断时，则此对象无论为现实事物或形上实在，皆罕能免于发生矛盾辩证。此在齐诺及柏拉图《巴门尼德斯篇》，近世由康德至黑格尔以及今勃拉得雷，皆有极精采之讨论。勃拉得雷之论此问题，更纯自"判断之本性即为一主观客观之对立的矛盾"以论之。盖判断必有主宾辞，宾辞为一概念，判断之主辞必属于一全体实在。而判断之真正主辞，最后必指全体实在。故吾人持以判断之宾辞之概念内容，如与主辞所指全体实在之内容为一，则同于无所判断。如有所判断，主辞所指全体实在之内容，必有溢出于宾辞所指之外者。宾辞概念之内容，无论如何改变增加，其所判断之全体实在，亦终超越于吾人之概念。吾人之判断知识，遂永不能真达把握全体实在之目的。当吾悬此目的于前，以求达到此目的时，吾之概念知识，必须在此超越的目的之前，感与实在之矛盾，不断扬弃其自身，而发生矛盾辩证历程。此义亦可改如下说：

即吾人之概念必于"全体实在"有所合，有所不合。而吾人一对吾人之概念生一执着，谓全体实在内容之所是，必如吾人概念之内容之所是，则吾人终将见全体实在内容，与概念内容相矛盾，而知此概念之虚幻，不能不自加以否定。康德之辩证论，则在指出吾人之以最普遍之知识范畴，如一、多、必然、自由等，对形上实在作判断时，必然产生矛盾。黑格尔之逻辑，遂进而指出一切范畴与存在事物，皆无不涵其反面，而必须转至反面，以超越其自身，由是而有范畴与存在事物之自己销融之辩证历程。关于运用范畴以判断形上实在之所以产生矛盾，归原而论，不外：全体之形上实在乃原则上容吾人对之作任何可能规定者。吾人可能加于其上之诸相对范畴，康德既已指出其皆为吾人之心自身所创发，而统摄于吾人之超越自我。则吾人自可以诸相对范畴之任一个加于其上，而同为可能。当吾人执定其唯一为可能时，则与相反之另一范畴相矛盾。亦与同时统摄二者之心或自我自身相矛盾。于是吾人之心或自我，必将再涌出另一相反之范畴，而否定初之所执，而产生相对范畴互相更迭转易之辩证历程。黑格尔由更迭转易之不可免，与诸相对范畴同统摄于一心一自我之义，以论一切相对范畴在本质上之同一性，而各涵其反对者于其自身，而互相过渡。由此诸组范畴间之可互相过渡，即见一切范畴，皆为其表面与其里面相矛盾，亦自相矛盾者。唯有涵摄一切范畴之超越自我或超越意识或绝对理性，乃包含一切矛盾，与其间之过渡，于其自身，而无矛盾之可言。因而可谓为真正之形上实在。形上实在既以此而包含一切范畴，故一切"表现一特定范畴之现实存在事物"，亦无不包于此形上实在中；同时亦必须在其自身实显此范畴之互相过渡之辩证历程，而由自相矛盾，以显为变化发展之实事。然此诸西哲之言一切知识现象之矛盾辩证所由生，最初实只是纯知的理性之执概念与范畴一念下来。执概念与范畴 A，而谓实在只是 A，实在又显其非 A，则生矛盾辩证。然吾人之所以执实在只是 A，又惟因吾人之心之陷溺于 A，而有一蔽、一无明，即心之失其超越性、虚灵明觉性与涵盖性、真普遍性。吾人既失心之涵盖性、真普遍性，而执 A，转以 A 为涵盖一切，以之普遍地判断一切者，A 可能乃错误之原（罗以斯在《哲学之宗教方面》及《世界与个体》中论此甚好）。此以 A 普遍地判断一切，可由吾人之心只望 A 之存在，或有实现 A 于非 A 之场合之理想，而普遍化之于各非 A 之特殊场合中。吾人之所以能感实在之非 A，由思 A 至思非 A，由 A 真之判断转至 A 假之判断（或由肯定 A 而否定 A，或由肯定 A 而肯定非 A），唯由吾人之欲自最初所执之 A 解脱，而去此无明（此可参考本书第一章评黑格尔处）。夫然，所谓 A 与实在之矛盾，实即有超越性之虚灵明觉心，与"此心之执着陷溺或无明"之矛盾；而一切知识现象中之辩证，实非必然产生者。其所以可不产生，一方是吾人可有诸概念，依概念以形成命题，而不以之判断实在。此即纯逻辑家所为。另一方是吾人可以概念判断实在，而不执概念之一直有普遍的实效性，或执实在之内容之所是，只如"此概念之内容之所是"。由是以保吾人之有超越性的虚灵明觉于"为对象之实在"及"一切概念范畴"之上。如是，则当对象是 A 时，吾可以 A 之概念遇之。而当其由 A 至 B 时，吾即以 B 概念遇之。则唯见 A 之是 A，B 之是 B，而不见 A 之由真而假，由正而反。而在 B 前，吾人之可以说一 A 假，而谓其非 A 者，此判断活动本身，亦唯所以表示吾人在 B 前"对于 A 之执着陷溺"之一破除之活动而已。由是而吾人如纯坐在此虚灵明觉心上观一切实在，便当只见一切如是者之如是，一切是 A 者之是 A，只有正而无反。此即《庄子·齐物论》之言"一切因是"。中国哲人凡知心之为一超越的虚灵明觉者，皆不言纯知活动本身之辩证，或心觉自身之包含矛盾。此义与黑格尔之绝对理性、超越意识本身不包含矛盾之义可相通，而与其"必通过观念范畴之自相矛盾之辩证思维，乃见绝对之理性，乃知超越意识之说"则不同。盖吾人如真知矛盾由于执着陷溺，则执着陷溺不产生，即无矛盾之感与辩证思维之必要。西哲尚纯知之理性活动，尚概念之认识，其求知恒重以概念预断事物，规定形上实在，故不能不有矛盾辩证论。而依中国先哲之见，则于人之纯知之理性活动，则虽未尝主张其能不用概念，然中国先哲盖从不以概念为可自存，亦不徒以纯知概念规定形上实在。中国先哲所重，唯在使人直下悟得有超越性、主宰性之虚灵明觉心，而保任之，故哲学上论人之纯知之理性活动，亦未尝有如西方式之矛盾辩证论也。

西方矛盾辩证论之问题，一关于知识现象，一关于存在现象。康德之辩证问题只属于前一类，黑格尔之辩证问题则兼属于后一类。自存在现象言矛盾辩证，即谓存在现象在变化发展中，乃恒否定其自己，或自己与自己相矛盾，而自己与自己冲突斗争者。自己又与反对自己之他物，互相斗争、冲突而互相否定、矛盾者。此乃西方赫雷克利塔氏、黑格尔、马克思所喜言。此种辩证宇宙观，可说为"吾人主观心理、主观生活中矛盾冲突感之普遍化"，及"以概念规定实在时，概念与实在相矛盾之知识现象之客观化"，二者混合之产物。此种辩证的宇宙观，亦非中国儒道二家之所取。其关键亦皆在对心性之诠释上。依中国老、庄、《易传》，及汉、宋诸儒，固无不言一切存在事物之正反、刚柔、动静、往复、去来、死生、新故之更迭。然中国先哲，盖素罕视此为表示一内在或外在之斗争冲突矛盾者。此种事物之变化，固常使人或得或失，或苦或乐。人当失望苦痛之际，便不免觉我与物之冲突矛盾之存于内心。然依道家义，则吾人此中之所以感失望苦痛，唯由吾人之不能与变化同流，与变化为常，而不免有执。人诚无所执，而随气之化，使心常保其虚灵之明觉，则此失望苦痛之感，亦可不生。我与物相冲突矛盾之感，皆真得道者原则上所可化除。于是由道家之眼光以观一切事物之变化，皆可只视之为如是如是之"事之变、命之行"之虚灵的审美境界。然庄子之学，唯是一求自得以安心之学；实际之世界，固不如庄子世界观之美，世界之人物，实有种种之不满足、失望与苦痛，为庄子之精神所未能真加以顾及者。此即由于庄子之心，虽虚灵超脱，而其情未能充实而扩大。唯儒家能本于仁心而对万物有情。然儒家亦不由万物之有不满足与失望苦痛等，而视世界为一冲突斗争之场所。其故除吾人上章所论外，复由于儒者之情，依于仁心仁性。此心此性，为普万物而无私，此情亦为普万物而博施。万物在此一往平铺之性情所涵盖之下，人乃对一切万物之存在，皆平等加以置定，而望其并育而不相害。此亦即足使吾人不先自万物之相斗争矛盾上措思，而不致以斗争矛盾为宇宙之本相。依此性情，吾人望万物之并育，亦即望其分别成就其自身，而各成就其向上发展生化之历程。此历程之全体，为吾人所整个欲加以成就。因而亦将不自此历程之前一段为后一段所否定代替上着想，而不以万物之发展，为一自己否定自己、自己与自己相矛盾之表现。至于人物之失望痛苦，虽实为人物之发展生化之历程受一种阻碍，若被否定；此时可谓必有一种内在之矛盾冲突感存于其生命或意识中。然以吾人自仁心发出之情之注入，即于其他人物之苦痛失望，必有所不安与不忍；则此其他人物矛盾冲突感，即成为吾所原则上欲加以化除，而使其发展生化之历程，一直畅遂，而归于内在的和谐者。由是而吾人诚

透过吾之仁心所发出之情，以观万物之矛盾冲突感，亦为吾心之求
致中和于其上之场所。因而此矛盾冲突感，亦非其他人物所必然的
须具有者，亦非其他人物之本质的属性。夫然，而依中国儒者之性
理之概念而依性生情以观物，便当唯见一切人物之平铺自在的，各
求通过其一时之阻碍，以一直成就其自己。盖以吾人自己依性而生
之情，原是一往平铺的，超越涵盖于万物，直上直下，以成就人物
为事者也。此中国先哲之依性理言心者之所以不言宇宙之冲突矛盾，
而略异于西方以理性言心者之恒不免归于宇宙之矛盾冲突之辩证论
之故也。

（八）罪恶之起源与道德生活中之辩证的发展

　　循上所言，吾人所知依道家之虚灵明觉以言心，依儒家之性
理言心，吾人皆可不谓吾人之纯知的理性与存在世界之以矛盾辩证
为本性。然在吾人之内心的道德生活之发展中，仍有一辩证发展之
现象为儒家所重视。夫吾人之实践的道德理性，恒与吾人之私欲相
矛盾冲突，所谓天人交战，此乃中西哲人所公认。此种矛盾冲突之
所以形成，乃由吾人心之陷溺于自然之欲望，而求欲望之无限的满
足。亦可谓由吾心之失其超越性、涵盖性、普遍性、无限性于其自
身，而欲使其某一类之欲望活动本身普遍化、无限化，或某一类足
物之欲或足欲之乐，无限地、普遍地为其所得。此即形成私欲或恶
情，如吾人前之所论。此形成私欲恶情之几，亦实即吾人之有概念
上、知识上之执着之所本。吾人既有私欲恶情，而又欲自其中解脱，
于是吾人之全幅性情之表现，乃不得不表现为一自觉的实践理性之
活动；欲化除吾人之私欲恶情，以形成吾人之高一阶段之自觉的道

德生活与自觉的人格，此即为一种内心的道德生活中辩证发展之现象。自广泛意义言，人之恶情私欲，乃吾人所绝不能免者。其所以不能免，在吾人既原有自然生命之欲望，而心觉之初表现，即在自然生命与物感通之际。则此心觉之表现其无限性、普遍性，必首即表现于将此当下之自然欲望，普遍化、无限化。此心觉在此亦宛若为自然欲望所吸注，而向之旋绕，以陷于此中"我与物之勾结环连"中，并转而曳引此自然欲望以前进。通常，人唯在当此私欲受外物之阻碍，不能进行时，或此无限心觉，因感如此之活动实非真无限而与本性相违时，人乃可自私欲中，自我与物的勾结环连中拔出，并自觉其自身之超越性、涵盖性、无限性；由是而有改过及推恕扩充，保任此心之虚灵明觉之工夫。故此中之私欲与恶情之生，不特其本身为一精神现象，实亦人之超越心觉初步不能免之表现。亦唯有此初步之表现，乃有第二步之自觉的道德生活。吾人之言超越心觉之初步表现，必然与自然欲望俱，而曳引自然欲望，以成私欲恶情；亦犹如西方《旧约》中之言人之犯罪，始于天真之亚当之吞吃智慧果之神话。天真之亚当，可喻自然生命之欲望，吞吃智慧果，则超越心觉之初步表现恒与自然欲望俱行也。亚当不犯罪，后人不知求上帝，亦犹此所言，人无私欲恶情，亦无自觉的改过迁善之自觉的道德生活也。人在求上帝时，必须忘自己，故人在自觉改过迁善时，必须自情欲拔出，而求明心与复性。因而贱情贵性，又是此后一阶段必当产生之一道德意识。亦唯经此自觉的贱情贵性，自觉的求明心复性之阶段，而后真能强恕而行，以推扩充拓此情。由复性充情，吾之超越心觉，乃继此一阶段之降落复返于自身，而完成其辩证的发展，以逐渐建立吾人之内在的道德生活，形成吾人之道德人格。唯此整个之道德生活历程，虽为辩证的，然实则自后一阶段之迁善改过、明心复性充情之工夫本身上说，则只为一直自私欲恶情拔出，或依推恕而将我之情欲普遍化，平铺为公情公欲之工夫。因而亦只是一求依性以直道而行，以致中和之工夫，而所谓迁善改过，实非移此而致彼之一转动历程，而唯是一充拓推开，以展露全幅性情之历程。夫然，所谓道德实践，虽表面是实现自己在一时所自觉规定之律则或命令，一若实践之工夫，位居此律则命令下；实则此实践之工夫，即全幅性情之通过自己规定之律则命令而展露显发。此之谓由仁义行，非行仁义。此中顺性之情，乃恒自自己之个体超拔，而及于所感之天地万物，以遍致其情。故道德实践之实事，遂不如康德所言，纯为抽象的立法行法之事，而为具体的成己成物之事。又此性情之展露显发，而充内形外，乃处处显其为实在的。故最高之道德之生活，亦非永停于当然之命令与实际行为之永远相对之中，或永远之勉强而行之情调中。当是于心所觉为当然者，皆直觉为心之所不容已者；亦即心依其性情而实然地安之而为、乐之而为者。于是道德上之理想境，皆当说之为性情中所本有之现实境。道德生活中所要求之上帝与天心，亦当说之为即吾人之本心。此本心亦即在真性正显于真情之际呈露。一切超越的道德理想，皆当视为内在于吾心之性理，此性理即天理。而性之显为情，以遍接万物，即天理之流行于吾人之日常生活，天心帝德之显于吾人日常生活。吾人之道德生活，至此境界，则吾人之道德生活，又由自觉而超自觉。至自觉实践道德理性之事，皆化为超自觉地顺性理之流行，随天机之自运，不复见有所安排与思虑。此即人所以体天心帝德而立人极，是即中国自孟子、《中庸》以至宋明理学所言之最高道德智慧，亦即人心性情之最高智慧也。（以上一段，可与康德之《道德哲学》对较了解。）

（九）中国儒道二家之心性观之体会

吾人以上论中国先哲之心性论，大皆以先秦儒道之思想为根据。然实则后代儒道之思想，在大体之规模上，亦无大改变。吾人以上论儒道之心性论所重者在说明儒道之言心性，均重其无对性，而多以虚灵明觉说心之本身。故心具超越性、无限性、涵盖性。而儒道之说心、知、神思、志气，亦自其为无对上言。至于中国儒者之言性情，则为有实在之内容（有体）与实效性者（有用）。儒者言性善，而情非必不善。恶情乃心与自然生命欲望纠结之产物，在心性本身皆无根。由是见性可真为主宰乎心，亦使心有主宰作用者。性即普遍之理，而情运于特殊之事。故真依性生情，则普遍特殊交融，而见全量之情之为成就具体之世界者，亦见人之性之为生动活泼之具体之理。此皆所以说明"性"之无限性、涵盖性、主宰性，而复为无对。因心性之同为无对，而不同于西方哲学有纯知的理性之矛盾辩证之问题。于是中国儒道之视知识现象、存在现象，皆是直观其变化发展，而不视为宇宙之矛盾冲突之表现。人在道德生活中，固明有一"经矛盾以发展"之辩证历程。然克就人真用功处而言，亦只为一直道而行之致中和之事。由此以见中国先哲之言心性之活动，在本原上乃视为直道而行，一往平顺之活动；而非一上一下，跌宕起伏之活动。此即人之尽心知性之所以能安顿世界，裁成万物，使之各得其所之最后根据。凡此所言，实大体为中国儒道二家所共许。而吾人若欲全会其意，必须扣紧心性之无对性之观念上措思。此无对性，即表现于心性之无限性、涵盖性等之上。因而此心性与所接物之关系，吾人绝不能视为一"为观念或印象所间隔"之关系。亦不能如常识之见，以心之情感意志，为与外物相对峙抗争者。如吾人能破除此二观点，即可逐渐凑泊心性之无对性。既能凑泊此义，则知道家之偏重心之虚灵性，与先秦儒者之偏重心之充实性，何以可和会于宋明理学中之故。而汉儒之言性善情恶，宋儒之贱情，与孟子、《易传》、《中庸》之兼重性情，及清儒戴东原、焦循等之重充拓人之情，何以各有所当，亦易于得其解矣。故吾谓中国先哲之人心观之根本精神，唯在明心性之无对性。而吾人所当直接契悟者，亦唯此一义。今姑引中国先哲所言若干则于下，以供体会，不另解释。

甲、心之涵盖性

孔子《论语》："吾有知乎哉，无知也。有鄙夫问于我，空空如也。我叩其两端而竭焉。"

又曰："子绝四：毋意，毋必，毋固，毋我。"

《孟子》："君子所过者化，所存者神，上下与天地同流。"

陆象山《语录》："宇宙即吾心，吾心即宇宙，宇宙内事，即己分内事，己分内事，即宇宙内事。"

乙、心之虚灵性

张横渠《正蒙》："由象识心，徇象丧心。存象之心，亦象而已，谓之心可乎？"

陈白沙《与谢元吉书》："人心上容留一物不得，才著一物则有碍。……圣贤之心，廓然若无，感而后应，不感则不应。又不特圣贤如此，人心之本体皆一般。"

陈白沙《与何时矩书》："才觉便我大而物小，物尽而我无尽，夫无尽者,微尘六合,瞬息千古。"

丙、心之感通性

王阳明《传习录》:"心……只是一个灵明。……充天塞地中间,只有这个灵明。……天没有我的灵明,谁去仰他高?地没有我的灵明,谁去俯他深。天地鬼神万物,离却我的灵明,便没有天地鬼神万物了;我的灵明,离却天地鬼神万物,亦没有我的灵明。如此,便是一气流通的,如何与他间隔得。"

又曰:"目无体,以万物之色为体。耳无体,以万物之声为体。……心无体,以天地万物感应之是非为体。"

《明儒学案》原序:"盈天地皆心也。变化不测,不能不万殊。心无本体,工夫所至,即其本体。故穷理者,究此心之万殊,非穷万物之万殊也。"

《伊川语录》:"圣人之心,未尝有在,亦无不在,盖其道合内外,体万物。"《明道语录》:"心,一也,有指体而言者,寂然不动者是也;有指用而言者,感而遂通天下之故是也。"

《管子·心术》:"心之中又有心,意以先言,意然后形(呈形,犹表象也)。形然后思,思然后知。……是故内聚以为原泉之不竭,表里遂通。……上察于天,下察于地。"

刘蕺山《体认亲切法》:"身在天地万物之中,非有我之得私。心在天地万物之外,非一膜之能囿。通天地万物为一心,更无中外可言。体天地万物为一本,更无本心可觅。"

唐一庵《礼元剩语》:"人气质之凝,似有住际。然神通在心,故其气也无涯。其有涯,惟有生耳。舍其有住而能自主。其所为气,总是浩浩一物,乘不间之体而尸本全之化。"

丁、心之性

陈安卿《心说》（此文经朱子印可）："体虽具于方寸之间，而其所以为体，则实与天地同其大。万理盖无所不备，而无一物出乎是理之外。用虽发乎方寸之间，而其所以为用，则实与天地相流通。万事盖无所不贯，而无一理不行乎事之中。……凡理之所至，其思随之，无所不至，大极于无际而无不通，细入于无伦而无不贯。前乎上古，后乎万古，而无不彻。……虽至于位天地、育万物，亦不过充吾心体之本然，而非外为者。"

王阳明《传习录》："天地万物，俱在我良知发用流行中，何尝又有一物超于良知之外，能作得障碍。"

戊、心之神

《孟子》："君子所过者化，所存者神，上下与天地同流。"

扬雄《法言》："或问神，曰心。请问之，曰潜天而天，潜地而地。……天神天明，照知四方，……人心其神矣乎！"

己、心之志气

《孟子》："其为气也，至大至刚，以直养而无害，则塞于天地之间。"

《礼记·乐记》："情深而文明，气盛而化神。和顺积中而英华发外。"

《易传》："六爻发挥，旁通情也。"

庚、心之情

程明道《定性书》："天地之常，以其心普万物而无心。圣人之常，以其情顺万物而无情。"

辛、尽性

《中庸》："喜怒哀乐之未发，谓之中（平静之性在中）。发而皆中节，谓之和。中也者，天下之大本也；和也者，天下之达道也。致中和，天地位焉，万物育焉。"

又云："唯天下至诚，为能尽其性。能尽其性，则能尽人之性……能尽物之性，则可以赞天地之化育。可以赞天地之化育，则可以与天地参矣。"

陈安卿论心与理："天道无外，此心之理（性理仁理）亦无外。天道无限量，此心之理亦无限量。天道无一物之不体，而万物无一之非天。此心之理亦无一物之不体，而万物无一之非吾心。……盖是理在天地间，流行圆转，无一息之停；凡万物万事，小大精粗，无一非天理流行。吾心之全得是理，而是理之在吾心，亦本无一息不生生，而不与天地相流行。"

王阳明《大学问》："大人之能以天地万物为一体者，非意之也。其心之仁本若是。其与天地万物而为一也，岂惟大人，虽小人之心亦莫不然。彼顾自小之耳。是故见孺子之入井，而必有怵惕恻隐之心焉，是其仁之与孺子而为一体也。孺子犹同类者也。见鸟兽之哀鸣觳觫，而必有不忍之心焉，是其仁之与鸟兽而为一体也。鸟兽犹有知觉者也。见草木之摧折，而必有悯恤之心焉，是其仁之与草木而为一体也。草木犹有生意者也。见瓦石之毁坏，而必有顾惜之心焉，是其仁之与瓦石而为一体也。是其一体之仁也，虽小人之心亦必有之，……是乃根于天命之性，而自然灵昭不昧者也，是故谓之明德。……明明德者，立其天地万物一体之体也；亲民者，达其天地万物一体之用也。"

罗念庵《答蒋道林书》："当极静时，恍然觉吾此心，中虚无物，旁通无穷。有如长空，云气流行，无有止极；有如大海，鱼龙变化，无有间隔。无内外可指，无动静可分。上下四方，往古来今，浑成一片。所谓无在而无不在，吾之一身，乃其发窍，固非形质所能限也。是故纵吾之目，而天地不满于吾视；倾吾之耳，而天地不出于吾听；冥吾之心，而天地不逃于吾思。古人往矣，其精神所极，即吾之精神，未尝往也；否则闻其行事，而能憬然愤然矣乎？四海远矣，其疾痛相关，即吾之疾痛，未尝远也；否则闻其患难，而能恻然蠹然矣乎？是故感于亲而为亲焉，吾无分于亲也；有分于吾与亲，斯不亲矣。感于民而为仁焉，吾无分于民也；有分于吾与民，斯不仁矣。感于物而为爱焉，吾无分于物也；有分于吾与物，斯不爱矣。是乃得之于天者，固然，如是而后可以配天也。故曰仁者浑然与物同体。同体也者，谓在我者亦即在物，合吾与物而同为一体，则前所谓虚寂而能贯通，浑上下四方、往古来今、内外动静而一之者也。"

第七章　中国先哲之人生道德理想论（上）

（一）西方人生道德理想之类型与中国人生道德理想相比较

西方人生之道德理想，吾人今可姑分为六种型类。第一种型类，为由毕达哥拉斯之宗教思想，至柏拉图之形上学，新柏拉图派之思想，至近世之叔本华、哈特曼之厌世主义中之人生理想。此乃表现一往之超越现实世界，以求达"死后之世界"（毕达哥拉斯），或"理念世界"（柏拉图），或"还归于灵魂所自流出之神"（新柏拉图派），或使"生存意志之寂灭"（叔本华），或使"现实世界化为虚无"（哈特曼）之精神者。第二型类为希腊斯多噶派、伊辟鸠鲁派，及近世斯宾诺萨之理想。此乃以尽量求安定于当前所遭遇之境遇，而外无所求或少所求，而以"恬然有以自乐自足"或"内心之自由"为目的之人生思想。此型之思想，在西方大皆多少带必然论之宇宙观色彩，恒以吾人在环境之一切遭遇，非吾所能自主。伊辟鸠鲁、斯多噶派，尤带唯物论之思想，遂更觉人之支配外境之力之弱。彼等谓吾人之欲求"自乐"或"自足"或"自由"，唯赖吾人肯定事物变化之自然或必然。乃视一般世俗之富贵名利等，皆为可有可无；唯以保心之宁静，以自制情欲，而过一种外无所待之生活为事。第三型类，为由希腊之快乐主义者，近代欲建天国于人间之培根，至边沁、穆勒之功利主义之理想。此乃直接肯定人生之目的在求自己或大多数人之快乐与现实幸福，而主张由物质之享受或对自然之征服改造，对社会、经济、政治制度之改建革新，以达此目的者。第四型类，为着眼点不在当前现实世界，而主张人当为"宇宙之进化、遥远之人类之远景，或未来之黄金世界、极乐社会"而奋斗，或为"超人人种"之出现而奋斗之人生理想，此即为斯宾塞、尼采、马克思、克鲁泡特金等之人生理想。此型类之人生理想，乃代表西方近代精神之一端。第五型类之人生理想为耶稣、虔敬的基督徒之人生理想。此种人生理想之最后归宿，为自尘世上升天国。其求一彼界，与第一类同。然此种人生理想，不以人可一往超越现实世界而入一彼界。人之入天国，乃赖其在世间所表现之道德活动。据原始基督教之精神，人在世间最重要之德行，纯在其人格中所表现"谦卑""信望""宽恕他人之罪恶"而"忍受一切苦难"之精神。宽恕罪恶而代人赎罪，则有一愿承担此罪恶之世界，为人受苦而加以拯救之悲愿。在西方人生思想中，前数派皆只知求一种善或乐，而于苦痛罪恶之问题，无真交代。唯基督教能予此二问题，以一交代。前数派皆或只着眼在超时空之理想世界，或只着眼在时空中之现实世界；唯基督教思想，知人须通过对现实世界中苦痛与罪恶之担负，乃能达于超时空之理想世界。此理想世界之天国，亦为将实现于耶稣再来审判时之未来世界者。故上所言第四型类之人生理想，一方言之，亦正由基督教思想而来也。

至西方第六型类之人生理想，为历希腊之亚里士多德、中世纪之多玛斯，至近代由康德、菲希特、黑格尔以下之人文的理想主义之思想。此型类之人生理想，乃一方建基于一超越之形上实在之信仰，推崇宗教生活，而同时肯定人生之各种现实的政治、艺术、学术、道德之人文活动之价值。此诸人文活动之价值，主要不在个人的自乐自足，亦不在个人的或社会的、现实的快乐，或幸福功利之获得，而在人之有普遍性之理性或理想之实现，人之通于客观社会文化之"精神要求"之满足。此实现与满足，又非必俟诸未来之一时间，人乃能求得，而是人于当下之道德实践及文化生活中，即随处随时可多少获得者。此型类之人生思想，一方肯定人所实际参与之各方面之文化生活与社会生活之价值，而赋与一理想的意义。一方使人求精神之上升与灵魂之得救者，知其上升与得救之道，即在积极的成就此人文世界（菲希特《人之天职论》言此点尤精）。至于快乐幸福与功利，对此派理想言，虽非最高之善，然亦可为最高之善所包含。因而此派亦多少肯定快乐幸福功利等之附从的价值。遂与原始基督教之向往唯在天国，忽略一般人文，并鄙弃世界之快乐幸福态度不同。与原始基督教及近代之进化主义者，只向往未来之世界，以过去及现实之世界为当被否定被代替者之态度，亦不同。此派由对现实人文价值之肯定，遂对人类整个文化历史之价值，亦最能与以肯定。此在康德、黑格尔之思想中，尤为明显。

此六种型类之西方人生道德理想中，二、三、四型，在根本上为自然主义的。而一、五、六型在根本上为超自然主义或理想主义的。又一、二、三、四四种，则皆各表一偏至精神，在原则上实不易相容。至于五、六两种人生理想则较圆融，而表现一对人生问题之求综合的解决者。吾人可以此六种型类及其混合，概括西方之人生理想。

吾人如反观中国之人生道德理想，则第一型类者最少。后世之学仙学佛者，近第一型类，而实不同。因中国之仙佛，仍顾念人间世界者也。墨家为中国之功利主义者。其信天志，于一切人皆主兼爱，又以自苦为极，均近乎西方之基督教精神。然墨子不教人入天国，不以死后之生活为人生之归宿，亦无对于未来世界之预言。其自苦非所以自己赎罪，亦非代人赎罪，而唯是为求社会一般人民之现实生活上之幸福。故墨家之功利主义，只依于一牺牲自己之道德精神。其宗教上之建立"天志"，则唯所以使人积极的学天而行兼爱之道，以避天罚，邀天赏。此乃多少以宗教信仰为手段，而以他人之现实生活之幸福为目的。故墨家之精神，可谓西方人生思想中第三、五两型之综合。道家中老、庄、杨朱等之重自得自足，与西方伊辟鸠鲁派、斯多噶派，及近世斯宾诺萨之神，有相类处。然庄子与天地精神相往来，逍遥自得，老子能澹然独与神明居，而深不可识。伊辟鸠鲁及斯多噶与斯宾诺萨之徒，则皆拘谨而不免于硁硁自守。二者之人格之风度气象之差别，即由后者或太重自然事物之必然律，或唯物之色彩较重。庄子、老子，则皆知心之以虚静为体，以宇宙为阴阳之气之流行，而不视为有形质之原子之集合体（如伊辟鸠鲁），或"有形状亦有思维之实体"（如斯宾诺萨）。道家于事之变、命之行，虽加以肯定。然此事之变、命之行，并无一定之主宰之之物质或实体。故老子谓"大道泛兮其可左右"，《庄子·天下》篇谓："芴漠无形，变化无常，死与生与，天地并与，神明往与，芒乎何之，忽乎何适，万物毕罗，莫足以归。古之道术有在于是者，庄周闻其风而悦之。"道家于事之变、命之行，能虚其心以应之，静其心以观之，而不测之以理智，以预断其未来。故老子谓："前识者道之华，而愚之始。"庄子以事之变本身即命之行，故事之变若外有命而又实无命。《庄子·寓言》篇曰："莫知其所终，若之何其无命也。莫知其所始，若之何其有命也。"《天运》篇曰："天其运乎？地其处乎？日月其争于所乎？孰主张是？孰维纲是？……推而行是？意者有其机缄而不得已耶？意者其运转而不能自止耶？"庄子自问而无答。老、庄此种种不尚理智以追求一固定观念之态度，则使人打破未来已注定之思想，而必然观念亦不立。由是而其随遇而安之心境，即为开展的、逍遥自得的，与天地精神相往来的、与神明居的。如庄子之说：人与人之间，能虚怀相与，则有鱼相忘于江湖、人相忘于道术之感。如老子之说：人能各抱朴守真，则"邻国相望，鸡犬之声相闻，民至老死不相往来"，而可各"安其居，乐其俗"。然由斯多噶、斯宾诺萨之尚理智以先置定一必然之世界，再求安于所遇之境，则其安命之精神中有一种强迫之感在。此其所以不免拘谨而硁硁自守之气味重也。夫然故由老子之道，可以转而为兼容天下，以百姓之心为心之帝道。庄子之学，可以为后世中国文学、艺术之精神之本源，而斯多噶之哲学，只能转为罗马之法律精神。此中之故，即以老子之学，本于知心之虚灵之用，可涵盖一切。而庄子之学，本于知心之虚灵之用，可以使人游心万化，观天地之大美，而物我双忘。斯多噶之崇尚理智、崇尚必然律，故亦不免归于一条分缕析、整齐平列之法律精神也。

中国人生思想中，最缺乏者为西方第四型中，从进化观点着眼，而一往寄情于未来之世界、未来之人类之思想。唯战国秦汉之际，阴阳家言天地开辟以来之事、五德终始之说，与儒家之言混合，而有谶纬之预言未来。公羊家亦言孔子作《春秋》，为汉制法，明据乱、升平、太平三世之递进。近人康有为承之，而发挥之于《大同书》，庶几与西方第四型类人生思想有相近处。然五德终始之说，仍本于阴阳之循环往复之观念，而非一直向前进化之观念。谶纬之预言，盖始于在秦之暴政下，唯预言可告人以所希望而使之得慰藉。汉公羊家之张三世，正所以明升平世、太平世之可以实现于当时之汉。至康有为之说，则纯受西方思想之影响之产物。然康氏一生所着意者，仍是当下可实行之小康之治。故一往向未来世界看，以至以现代纯为当被否定鄙弃，如尼采、马克思及无政府主义主张推倒过去之历史与现代之一切之人生思想，乃中国古所未有也。

吾人由上列中西人生思想之同异之比较，已可知中国人生思想中最堪注意者，亦即不一往超越现实，以离此世界或入天国或慕遥远之未来世界，而始终肯定现实世界之精神。中国人生思想之此种精神，或表现于如墨家之依于天志，以兼爱天下，或表现于如道家之以虚灵而能涵盖之心，兼容天下而游心万化。然此二种人生思想之精神，皆为中国儒家人生思想中所具有。唯儒家能在其人生思想之各方面，充量的表现此二种精神。同时复兼能在另一方面表现一超越现实之精神，并与西方基督教人文的理想主义者最相近似，而义可相通者。

儒家之人生思想与基督教相似之处，在基督教尚爱，而儒家尚仁。二者皆以人必须在现实世界尽其责任，乃能知上帝之意旨，或知天。儒家与西方理想主义者相似之处，则在二者皆肯定人类全般文化生活之价值，皆非功利主义快乐主义，而亦不否定功利快乐幸福之价值。二者亦皆非个人主义，而肯定人生之最高价值在人之有普遍性的理性与理想，通于客观社会之精神要求之满足。而此满足，皆可在现实之社会文化生活下求得。因而二者，皆在原则上肯定人类过去历史文化之价值。然西方基督教之思想，根本为宗教的。西方理想主义者，由亚里士多德至康德、黑格尔，皆为纯粹之学者。

彼等复多是先由哲学上认识论、逻辑中之反省，至形上学之反省，而后得此人生文化上之思想方向。故此人生文化思想方向虽大致不差，然对彼等之哲学系统言，已为其尾闾，因而未能发挥尽致。且其人生理想之提出，因受种种其他纯理论问题之间隔，而失去其生动活泼之力量。因而其影响于西方社会文化之形成者之大，实远不及中国儒家思想影响于中国社会文化之形成者。且彼等所赖以为此人生思想基础之知识论、形上学上之理论，亦有少数之缺点；复使其人生思想，不能极其圆满无憾，而流弊亦不免。故吾人以下不再将此二种人生思想作机械的并列之比较，唯试以一综合之态度，述中国儒家人生思想规模之阔大庄严，可以补世界各种人生思想之短者。至于其缺点或不如西哲者，今暂不论。

（二）中国儒家人生思想对自然实在之敬意及惜物贵物

中国儒家人生思想较西方人生思想更阔大庄严之处，吾人当于以下陆续论列。吾人首欲论者，为中国儒家人生思想对自然世界之敬意与惜物贵物之精神。此精神即原于儒家之人生思想，不先自认识论、形上学上反省下手，以论人生；而直接肯定人之存于自然世界，肯定自然世界之客观实在，以论人生。儒家之直接肯定自然世界为客观实在，可谓为常识之信仰，而非哲学。西方哲学中怀疑自然世界之实在之怀疑论，于常识无疑处生疑，而有否定其实在之主观观念论，诚表示一思想之深入。近世西方理想主义之潮流，再由主观观念论中打出，而至客观的唯心的理想主义以建立人生思想，更表示一思想之深入。然自另一面言之，则吾人不经此对常识之信仰之怀疑，亦表示一生命之健康与精神之一直向前的伸展。吾于另一书曾论认识论中"观念论之思想"之所以发生，其最初一点，亦可说由于吾人对观念之一执着，或欲求观念中之对象为我有，或"欲毁灭我以外之世界之一杀机"之萌动。现代之美哲桑他耶那，责近代西方唯心论者，缺乏一对自然之虔敬。罗素责西方唯心论者之有我慢狂，固言之而过。然亦至少可证吾人之肯定自然世界之实在，可出于一忘我而对自然有一敬意之心境。而儒家之自然世界之实在观，正可谓依于一对自然之敬意及忘我之仁心。盖儒家之自然世界观，乃直承原始宗教思想中天神遍在万物之思想而来。由敬神之实在，而有对自然世界之敬意。此敬意即可阻止一切怀疑自然世界之实在，及"纳自然世界于我之认识活动之中"之怀疑论、观念论的思想。盖当吾人依吾人之仁心，以与他人通情、与万物通情之际，吾人决不至思及：他人与万物皆如吾梦中所见之虚影，或只为吾之观念。此情之恒运行而不息，亦即可以自然杜绝怀疑论、观念论思想之发生者。一切观念论哲学主要价值之所在，唯在其能自觉此心之重要。然自觉心之重要，而由泯绝自然世界之实在下手者，则其所以尊心，似甚广而实甚狭。最高之尊心之道，正当唯是伸展此心之虚灵明觉，以达于自然世界之实在之全，而以仁心加以涵盖护持，以敬意加以尊重。此即成就一人与自然世界俱生之实在论思想，与常识之实在论相呼应，而又为一表现道德价值之思想也。此正为中国儒者之所持。故中国儒者不言人为万物之主宰，亦不言人为宇宙生命进化之顶点，更不言一切万物自始皆为人而创造而存在。先哲只言人为万物之灵。灵者通也，心之虚灵明觉，无所不通，而后情可无所不运，以涵盖护持自然万物，而以敬意遇之也。故中国儒者言人与自然世界之关系，恒只视之为主宾关系（西文 Object，原为对象之意，然在逻辑上中文则曰宾辞也），自然为主，则我为宾，我为主，则自然为宾。曹洞宗所谓《五位君臣颂》，主看宾，宾看主，犹是敌体之说。儒者之言我与自然，互为主宾，则主宾可相遇以礼，相尚以仁，此即见中国儒家人生思想之开始之立脚点，已有一庄严阔大之气象矣。

儒家之肯定自然世界之实在，依于心之虚灵明觉之涵盖性，与对自然世界之仁心与敬意。故中国儒家视人与自然之关系，先纯为情上之一直接感通之关系。人之由自然以得养其生，自情上观之，此亦即自然对人之恩。由是人亦可直接继以一报天地之恩之心。人对自然之态度，在开始点遂既非一征服之态度，亦非以理智加以了解之态度，此亦即智德只能为末德之一故。西方哲学恒以智德在先，而先对自然取一理智上求加以了解之态度。近世之认识论者，更多以吾人与自然之关系，为一"通过吾人之印象观念，而与之相连结"之间接关系。彼等恒误以"在吾人之自觉的反省中之印象观念"，为吾人之心灵之最初所直接接触，而不知此乃智性活动之产物。此智性之活动，乃后于吾人与自然直接感通之情者。在此直接感通之情中，首先所有者，唯是对所感自然之一统体的觉摄。人之有此觉摄，初实为不夹杂任何自觉的欲望（人之自觉的欲望，乃依自觉的观念而后起者），亦无我物之辨，而浑然不二者。此是一纯情、纯感通，亦即纯性纯仁之实现。第二步则为依吾人超越的心觉之能力之继续流露伸展，推开此"统体之觉摄与其内容"而客观化之；此时吾人之心觉，复支持此所客观化者，而奉承之，此即主宾之展开。吾人之心觉之主体，奉承此所客观化者，即可谓心觉之遇之以礼。第三步，则为对此整全之觉摄与内容有一选择，而加以剖判，此选择与剖判，则根于吾人自己之生命活动或精神活动之兴趣，此兴趣由吾人生命活动、精神活动有特定之要求而来。此要求，又常为吾人之过去生命活动、精神活动所向往之形式所规定。由此选择与剖判，吾人于此整全之觉摄之内容，或取或舍。所取者与所舍者，乃分二半，以各当其位，此即认识活动中之义。吾人取吾人感兴趣与注意之所在，而排除所舍者，乃重置定所欲取者，吾人之心觉遂回绕于所取者而把握之，以与其外截断，吾人遂有一自觉之观念，或完成一贞定之心觉，此乃真为认识活动中之智。夫然，故吾人一切自觉中之观念，皆为智性活动之产物，亦为心觉之流露而向客观伸展后，受一定之规定，再回到自身之产物。然吾人之心既有观念后，若不以此观念判断以后所感通之物，再客观化之于判断所对之客观实在中，吾人之心觉，即可由回绕此观念后，而生一执着，并以为此观念即其自己。凡为智性活动之产物之观念，依于上所谓智性活动之回绕作用，必然为一分别并立者。于是当吾人之执观念为自己也，遂以吾人之心，即为此一群观念之拼合体；或以心觉所直接接触者，唯此分别并立之原子式之观念群，人此时遂以心之产物，为心所直接接触者。此即西方洛克、巴克来、休谟之所持，而实则此乃以心之智性活动之产物为心，而颠倒本末之论也。

　　吾人知智性活动之为后起，观念之为后起，则知吾人与自然世界之关系，初实为一直接之关系，而非为观念所间隔之间接关系。此直接关系，初即为一对所感觉自然之一统体的觉摄，或我与自然在情上直接感通之关系。次则为对客观化之自然而奉承之以礼之关系。唯先有此关系，智性上之加以了解之活动乃可能。知此则知吾人对自然，何以在开始点，非取征服之态度，亦可不取冷静的理智加以了解之西方科学之态度矣。

　　由人与自然之关系，在开始一点，为我与自然在情上之直接感通之关系，于是中国儒者对自然之态度，第一为自情上看自然之养人，觉自然对人有恩德，而生一报恩之心之自然宗教意识。此前文所已提及。第二即为自情上与物感通，而观天地万物之美之艺术意识。第三即为直接由自然万物接触天地之生机，而觉与之无间之哲学意识。第四为一面用物，而一面惜物、贵物之经济意识。第五为对于我之自然生命本源之父母祖宗，以一更高之虔敬心、报恩心与之相感通之孝之意识。第六为对一切有生之伦之同情仁爱，不只限同情仁爱于人类之道德意识。此六者中第三项，吾于第五章已论。第二项吾于论艺术之章再论之。第一项则于论悠久世界、中国宗教精神中论之。此下唯当述第四、五、六三者，以见儒家人生思想中，对自然之态度之异于西方人生思想者。

吾人观西方人生思想，人对自然物之态度恒不免陷于下列数者：其一为鄙弃自然物，以物质为引人堕落，此为中世纪中宗教思想中所常有。一为以物质为一限制性或材料，一物体所表现之内容，全是理或形式，因而物质世界重要之价值，唯在能表现理或形式，而启示理或形式之世界于人心之前，此为柏拉图、亚里士多德之所持。一则主：人于物质之需要愈少愈好，因而人当对物取一情感上隔离之态度者，此即伊辟鸠鲁、斯多噶之态度。一则主：人当征服自然，改造物质，尽量利用物质以制造享用之器物，而满足人之欲望者，此即培根以下功利主义者之态度。一则主：物质之用，唯所以表现人之文化活动、客观化人之精神者，此即近代理想主义者之说。此诸种人对自然物态度，不外鄙弃、隔离、利用三者，而此三者皆同不免于一傲视于物质之上，以凸显人之自我之态度，而非以一种平顺之心以应物。在中国儒家之惜物贵物之精神下，则一方未尝不视人为万物之灵，为天地中至贵之存在，一方亦贵物而惜物。盖人之所以为万物之灵者，在其心之性之至仁，而情之可无所不通，而有种种精神文化之生活。故人之用物以养其生，以表现精神，而蔚成文化，乃人之为其所当为，无所慊愧于万物者。然亦正以人之性之至仁，其情之无所不通，则人亦未尝不望物之各成就其变化生长之历程，而自然不忍对之轻加伤害，故又不能不惜物而贵物。亦唯人能惜物贵物，乃见有"心"之人之为至贵，故能洋溢其贵，以施于万物，使万物亦贵也。夫然，故人之用物，必一方为不忍轻易毁物之心所限制，一方为用物时人之精神文化之目的所规定。此即为一种惜物而贵物的意识。由此意识，而人之用物，如唯以满足私欲，而不以促进人之精神文化生活，完成人格为归，皆非真有价值者。如人徒为足欲而用物，其视物则至多可谓之一自然现象而无善无恶者。至于为满足欲望而浪费物，或为满足私欲而用物，即为一种罪过。唯用物而知惜物贵物，当用则用，不用物时，则于物皆若有情，乃为一合理之道德生活。于是，人于物之正当态度，一方非弃绝之而不用，或求超越之、脱离之之态度。一方亦非只以之为手段工具，而卑视之、鄙弃之之态度。在西方人生思想中，对物之态度，正常陷于此数者之一。而在儒家人生思想中，则一方极重利用厚生之事，欲由黼黻之盛、器物之繁，以成人文之蕫蕫。而一方则利用厚生，必依于正德。此即为完成人之精神文化生活，求人之德行之圆满，而用物。此乃其异于西方功利主义之用物观者。另一方，则儒家主用物以成就文化，又非只以之为文化之手段、工具或材料，而仍对物有情。故于自然万物之变化生长之本身，仍视之有其独立存在之价值，亦不须视一切万物皆为人之文化目的而存在。用物而不求竭物，使之恒有余不尽，复乐观自然万物之离人而独立，此即成就人文，而兼求少伤自然之至仁之心也。

唯中国儒家人生思想有此惜物而贵物之义，既不绝物弃物，亦不浪费物。故中国人一方戒奢侈而尚俭约与节欲，另一方，则亦能为精神文化生活之目的，用物而不吝，故能俭约而未尝不能求丰盛与华美。独罕有以生产财物、聚敛财富本身为目的之人生态度。西方人则恒不免一方尽量求征服自然，使物皆成为制造之原料。然在另一面，如工业家、资本家，则若以生产财物，累积资本，增加财富本身为目的。由无尽之再生产，至超过消费之所需，形成生产之恐慌而不悔。故德哲席默耳（Simmel）论西方近世资本家之从事生产，以求无尽之利润，乃依于一"追求抽象之财富数字"之精神。斯宾格勒亦谓：西方近人之征服自然，以创造物质文明，乃以表现人之权力本身为目的。中国之人生思想，则于自然之物，不必求尽化之为人造之财物。人造之财物，唯所以供消费，必求其得用，并力求用之于精神文化、社会人伦生活之目标。故中国过去风习，皆平日处家尚俭，而待客之筵席，则重丰盛有余。为婚丧等大事，常不惜数十年之贮积。因此乃用之于社会人伦之间也。中国印刷事业，发明最早。中国之印书，素极讲究，线装书皆字大而天地甚宽，人从未有以为浪费者。敬惜字纸之风，遍于民间，从未有融字纸以作造纸原料之事。为祭祀，而焚楮化帛，亦民间之所不惜。此皆一种为精神文化生活之目的则绝不吝啬之精神。中国最早之生产事业家或商人，见于司马迁之《货殖列传》。其中之子贡，乃以其财富贡献于孔子之讲学者。陶朱公之为一理想之生产事业家与商人，正在其一方善聚积财富，而又能用之而不吝。其求财富也辛勤，得之之后，则视之为可有可无。故中国后世之商人，恒喜附庸风雅。豪侠之士，挥金如土，亦为世所称。皆见中国人生思想，未尝以生产财物、累积资本为本身目的，而力求财物之消费，用于精神文化生活之目标之精神。既能惜物，而用之于社会人伦、精神文化之生活之目标则不吝。斯乃见其贵物也。

（三）爱物之道德问题

惜物贵物与爱物之意相连，而又不同。惜物贵物之意识，乃己对物有情，而以之消极的规范吾人之利用厚生之生产经济活动者。吾所谓爱物之意识，则由对物有情，而依于一积极的参赞化育之存心，自觉的以爱物为吾人至高道德生活之一端，而加以相当重视之意识。西方人言道德意识，恒只限于人类。此点西哲 Schweitzer 于其 *Civilization and Ethics* 曾详加举证，谓为西方道德思想之一特征。西方近世初之大哲笛卡儿，以动物植物本身，实为一自动机械，因其无能思想之心也。来布尼兹、康德之论道德，亦均以为只有在有理性之人与人之间，乃可言共建道德之王国。二十世纪之美国唯心论者之巨擘罗以斯（Royce）于其《世界与个体》中，仍主生物个体非真正独立存在之个体之论（大意如此）。罗素前著《赞闲》及近著《不通俗的论文》（即其近得诺贝尔奖金者）二书，亦言近世禁止虐杀畜牲运动初起时，即为教会所反对，因《圣经》言畜牲无灵魂云。近世生物学家 Wallace 于其《生物之世界》，亦论生物无真正苦痛之感觉，故人之杀害生物非不仁。克鲁泡特金言生物亦有互助之事而彼此有情，然其互助大皆限于同类之间；则人类之互助，亦宜当限于人与人间矣。此外生物学家之言道德者，更多只以种族之保存为言。夫人之道德意识，固当首及于同类，亦唯有人类能互相了解、肯定对方之道德之价值，而互相护持道德世界之存在。此固为一种极高之真理。西哲之必限道德于人类之中，亦自有其竖立道德世界之尊严，而别人禽之苦心。然由此以谓人于物，便不当有爱之之意识，则大成问题。如依生物学之种族界限观念以立论，谓生物皆只各爱其类，故人亦当如此，此乃为以人类同于一般生物之论。如人类可只爱其类而残害生物，则生物亦可为其类而伤人。人类与生物之间，遂只有一斗争关系。在此一斗争关系中，便只有力之强弱之比赛，而不能言人类之本身价值之高于物。纵人类得永存于宇宙间，并战胜一切生物而君临其上，亦只有人类主观上之价值意义，而无在客观宇宙上之价值意义。故此种依生物学以立之论，实甚浅薄。然吾人如欲肯定人在客观宇宙上之价值意义，则吾人绝不能限其情爱于人类之自身。依人之本性，人亦不能自限其情爱于人类之自身。吾人不能由只有人乃有理性，以证明人只当对人有仁爱之情。果依人之理性，则当吾人怀生畏死时，即当推知生物之怀生畏死。吾与生物之在有无理性上虽不同，然在怀生畏死上，实无不同。则顺吾人之理性，吾人若自己肯定其当生，吾人亦当肯定一切生物之当生。由是而爱其他生物之情，即油然不能自已而生，又何能谓为无道德价值乎？夫然，则孟子所谓"君子之于禽兽也，见其生，不忍见其死；闻其声，不忍食其肉"之意识、诗人之"爱鼠常留饭，怜蛾不点灯""蜻蜓倒挂蜂儿窘，催唤山童为解围"之意识，亦不能不为人所当有之道德意识；而参赞化育，曲成万物而不遗之心，诚为人之圆满道德生活中所理当包含者矣。且吾人复可谓：唯以人有此超越自己之种类，而情无所不运，爱无所不普之仁心，然后见人类之贵，乃不只贵于其自身，而且直接对万物本身而有其贵。盖万物唯求生求存耳，人之此心此情，则生其生而存其存，以护持其生其存，而同于天地生物之心者也。万物之生也，必生不徒生，而有生生，存不徒存，而有存存。若宇宙无生生存存之化几或天理，则万物毁而生命断。是生生存存之几与理，即一切生存之所根据，而为万物之良贵。人之参赞化育之仁心，即具此几此理，则亦通于天心而为万物之得生存之根据，是乃直接对万物而有其贵者矣。唯人类之有此无私之仁心，及其他无私之精神文化之生活，而后人之存在于宇宙，方可言真有客观价值意义。亦唯人之存在有客观价值意义，然后人之当求其存在，非只站在人之立场为应当，亦站在宇宙立场上为应当之事也。

关于人应否爱人外之物之问题之困难点，似在人欲求其存在于世界，则人在实际生活中，恒不免伤物以自养。如罗汉之委身饲虎，菩萨之不践生草，不仅非常人所能作到，且似悖乎人自然爱其类之良知，而使蔚成人文之事为不可能。然实则此唯是爱之差等之问题，而非爱之有无之问题。吾人对动植物之爱，诚不能如吾人之爱人类。此孔子于厩焚之际，唯先问"伤人乎"而"不问马"之故也。如爱人而同于爱马，此乃情之所不可，亦理之所不可。此一方因人本贵于万物，一方因人之仁爱之流行自然之序，原只能先及与我相类似多者，而次及于相类似之较少者。夫个体与个体之类似，乃依于理之同。故由此类似之差等而形成人物之序，亦依于理之差等。依此自然之序之仁爱之流行，亦即依乎天理之流行，而非吾人私意之安排。然人与人或动物之类似，有差等而非无所类，则爱有差等而非无所爱，充爱之量固必及于一切万物。当其冲突之际，人之不能免于伤物以养人，即非意在伤物，而实在养人，则此中似有所忍而有所不仁，实非真有所忍、有不仁，而唯是顺乎天理而行。至当其未尝冲突之际，则人固可以此仁心兼涵万物。仁人之存心，固当志于天地万物之参赞，而不能自限其道德意识于人类也。知此则知人之以物自养，利用厚生以求人类之存在，与人之爱物，固同为人之道德生活所当包涵。惟人有此无所不爱之仁，然后人心通于天心，为宇宙之至贵而当存在。人之利用厚生以求人类之存在，亦必须是为立仁道于人伦社会，以蔚成人文，完成人之人格；使其依自然之序而生之差等之爱，可无所不及，而后其利用厚生，可免于残忍之罪恶。此中人有以物自养之道德与否，纯在存心上而不在事上。西哲或世人盖不知此义，故以为人在世上不能免于伤物，遂以爱物不在道德生活中。佛家则以爱物在道德生活中，遂表现之于素食或委身饲虎之事，则皆失之矣。此义可引中国王阳明先生之言为证。其言曰：

比如身是一体，把手足捍头目，岂是偏要薄手足？其道理合如此。禽兽与草木同是爱的，把草木去养禽兽又忍得。人与禽兽同是爱的，宰兽以养亲与供祭祀、燕宾客，心又忍得。至亲与路上人同是爱的，如箪食豆羹，得则生，不得则死，不能两全，宁救至亲，不救路人，心又忍得，这道理合该如此。及至吾身与至亲，更不得分别彼此厚薄，盖以仁民爱物，皆从此出，此处可忍，更无所不忍矣。（《传习录》卷三）

（四）家庭之尊重——孝友之意义

中国儒家人生思想中对自然之尊重，除表现于惜物、贵物、爱物之意识者外，兼表现于对自然的生理关系之尊重，而于其中发现至高之精神文化上、社会人伦上之价值。此即儒家之所以重视家庭中之父子兄弟及亲戚之情谊之故。家庭之成立，最初实依于一自然生理上之关系。而非直接原于人之精神上之要求而有者。故西哲中，柏拉图即主废止家庭。希腊悲剧中，有杀父娶母之悲剧。耶稣虽教人孝父母，然亦尝谓人不忘其父母妻子者，不能真从其游。西方大哲、大科学家、文学家，亦皆多不婚。唯亚里士多德、黑格尔等，较重视家庭之地位。黑格尔以家庭为伦理的客观精神之第一阶段。然其在《精神现象学》中，曾解释希腊莎福克《安特宫》悲剧，谓为表示家庭意识与国家意识之冲突。彼于此仍谓家庭意识势须屈服于国家意识前，故有此家庭破灭之悲剧云。近世十九世纪之社会问题小说家，如易卜生述挪拉之出走，亦即表示家庭与社会之冲突，而暗示社会重于家庭者。然在中国先哲则大皆尊重家庭。故《礼》首冠、昏；《易》下经首咸、恒；《诗》首《关雎》。仁者人也，亲亲为大。中国思想且以家庭与国家社会，在本质上可不生冲突。当其冲突之际，如忠孝不能两全时，唯当视情形而移孝作忠或移忠作孝，乃原则上无一定者。人皆知家庭之伦理，为中国人之道德生活之核心，罗近溪所谓"家家户户皆赖孝弟慈过日子"是也。家庭伦理之所以当中国人之道德生活之核心，其初固是由若干客观之社会条件，如农业生活等所养成。然家庭伦理之意义与价值，则是由中国儒家思想所发现，或所建立。家庭之成立，初固依于男女生理的本能。然中国儒家思想所发现、所建立之家庭之意义与价值，则纯为社会的、文化的，以至形上的、宗教的。西方如亚里士多德、黑格尔等，固亦知家庭情谊含社会文化意义，知人由家庭中所培养之亲和感，即为社会所以能凝结之基础，然彼等只知重视家庭之横的社会文化意义，而不知家庭之纵的社会文化意义，更忽其形上的宗教的意义。由中国人在家庭伦理之特重孝，而后见家庭之纵的社会文化意义。孝父母而及于祖宗，及于同宗之昆弟，中国宗法家族之意识以成。孝父母祖宗，而以继父母之志、承往圣绝学为心，历史文化之意识以成。此孝之纵的社会文化意义，则为西哲所未见者也。黑格尔以家庭生活之关系为直接的，因而不离感性的。唯由家庭过渡至社会国家，人乃有依理性而集合之人群生活。然在中国人，由孝敬父母而及祖宗，及于一切同宗之人，则此中已有一依理性而生之推恩，而超乎直接的感性的人与人之亲和感矣。

至于孝之所以有形上的宗教的意义，则依于孝之为人类精神之一种反本而回抱祖宗之生命精神，以上达于天之意识。此点吾人于第三章论周代文化之精神，已有所申述。后儒如董仲舒之言天为人之曾祖父，张横渠之言乾坤为父母，而践形尽性，皆所以为天地之孝子，亦表示人之孝心之可透过父母，至于吾人生命所自生之宇宙生命。夫人之爱其妻子，可出自生物之保存种族之本能。人之能孝，则不能谓其出自生物之保存种族之本能。保存种族之本能，唯一往下流，孝则为逆此流而上达。父母年纪日就衰老，行将归于黄土，而吾人之孝，正当以父母之衰老而日增。孟子之言孝也，又曰："养生不足以当大事，唯送死足以当大事。"荀子曰："人之于亲也至死无穷。"父母没而葬、葬而祭，事亲之心，随亲之逝，而与之俱往，以入于幽冥，而未尝相离，此即人之所以超越其现实之自我，以入于形上的宗教的境界一最直接之道也。至于人之哀毁过情，以身殉亲，所以为中国儒者所不许者，亦以此将违亲之爱己之意也。大孝终身慕父母，于是其结婚，亦可非为其本身，而唯是念己身无后，祖宗坟墓将无人祭扫。则生物性之男女之本能，与爱子孙之本能，皆纳之于孝思之下，一一超化其自然的形下之意义，而具备一纯精神的形上意义。至于中国家庭道德重兄弟之友爱，则以父母之生出兄弟，乃一本之生命之分流，以成分立个体之始。成分立个体，而即以友爱联系之，即所以复其"一本"于诸个体之中。友爱者，人之呈现一超个体之意识于与我并生而与我最接近之个体之前之道也。而此即呈现吾人之仁心于我与一切其他个体之人间情谊中之开始。此皆详见拙著《文化道德理性基础》论家庭一章中，今不多论。

原彼西方思想之所以不特重家庭伦理，亦不特重孝者，盖由于彼等以家庭伦理只是限于一特殊之有血族关系之人，而非通于一切有理性之人之思想，为之作梗。夫人固当超越其个人之个体性，而参与有普遍性之社会文化生活，以达于超个人之形上与宗教之境界。然彼等盖恒不知人之欲超越其个体性也，正可只赖忘身于其他个体之前之意识。忘身于其他个体之前，即以吾人对其他个体之情，消融其自己之个体性，而可直下破除其个体性之限制，以达于无限，而有一超越自我之直接呈现。而此超越自我，即为具无限性、涵盖性、普遍性于其自身者也。夫然，则人能在家庭中为孝子，亦即可以在社会中为仁人，而参与有普遍性之文化生活。人纵不参与社会文化生活，而只在一家庭中为一孝子贤妻，亦未尝不能达于一超越自我之呈现，或精神生活之至高境界。夫人之参与社会文化之生活，有待于外缘。若干社会文化生活，皆非个人所必然参与者。人之有父母，则为必然者。因而人之尽孝于父母之前，乃任何人所可为者。由孝以成就其精神生活，亦任何人之所可能，而为一普遍之达道。原父母之生命，即与我之生命最早相连系之生命，我之生命乃首与父母生命相感通。因而对父母之自然之孝，亦为我与一切生命相感通之开始点，或对一切人尽责任之开始点，一切仁心之流行之泉源与根本。仁心之流行，固为可普遍于一切人，然其开始点，必自一人始。此人则只能为吾人之父母，其次为同出自一父母之兄弟。故孝弟纵非仁之本，亦为行仁之本（程子说）。人之道德生活，必自孝弟始，乃天秩之必然，而不可乱者，此固与中国社会之为农业社会或封建社会等问题，可毫不相干者也。

（五）道德责任之范围

在中国儒家人生思想中，固以人之道德始自家庭，并以人在家庭生活中，亦可完成其极高之精神生活。然又非谓人与人之社会生活，当自限于家庭，亦非谓人之道德只限于家庭道德。依仁心之充量，人固当扩其情以及于一切所遇之人。然我在与人之不同之亲疏远近关系下，则我对人之道德亦各有不同。故子对父曰孝，父对子曰慈。兄对弟曰友，弟对兄曰恭。夫对妇重和，妇对夫重顺。而家庭之外，则朋友相尚以信，君臣相结以义，师生相责以善，邻里相恤以情，路人相遇以礼，于老者当求安之，于少者当求怀之，视四海之内当如兄弟，而求以中国为一人、天下为一家。其行远自迩之道，则直接在自己与人发生关系处、自己所居位分上，及当前情境之所需与所许可下，为其所当为。因而我与人之关系，万变不同，所遇之情境，万变不同，而吾之道德责任，亦万变不同。礼仪三百，威仪三千，各有其当。人在人伦关系中，其道德责任，已极为繁重。而除个人对其他个人之道德外，又有个人对集体之家庭、宗族、国家、整个世界人类，及对天地万物之一切责任；此外人又有对于整个社会文化之责任：如存学术上之大义微言、正人心、善风俗、端礼乐等。至凡宇宙内有一人、一物、一事，吾皆当依仁心，以求一当如何应之之正道，而对之有一道德责任。故曾子谓"仁以为己任，不亦重乎"。孟子谓"万物皆备于我"。陆象山谓"道遍满天下，无些少空阙"，"宇宙内事，即己分内事，己分内事，即宇宙内事"。则在儒家人生思想中，人实当对一切无所舍弃，无所逃避，而所负之责，实为一至重而无限之责任，而永无息肩之日，唯有死而后已者也。

　　上述之对一切事物之道德责任，固在吾人性分之内。然此一切事物，实不能同时呈现于吾人之前，因而诸道德责任，亦不能同时而呈于吾人之前。果皆同时而呈于吾人之前，则吾人亦将无一人能负。吾人之得有道德责任可负，以践形尽性，而成就吾人之人格，正在一切事物非同时呈现于吾人之前。在一时一地，呈于吾人之前者，唯是一特殊之事物，而只启示吾人以一特殊之道德责任，为吾人所当先负。故吾人之心量虽无限，性德虽无限，而吾之所以达情尽心之地，则只限于当下或当机所遇之事物。当机者为父母，吾即应之以孝。当机者为朋友，吾即应之以信。当机者为国家之公事，吾即应之以忠。当机者为讨论学术，吾即"以仁心说，以学心听，以公心辩"。吾心本有负无尽道德责任之志，亦有此能力。然在于当下，则吾人惟须为当下所当为。在吾为当下所当为之时，吾心既内在于当前所为之事中，而又依于其能负无尽道德责任之志愿与能力，以超临而涵盖于其上。吾依能负无尽道德责任之心，以负此当下极有限之责任，则当下之责任复对我成为至轻，而吾之力又为至宽裕有余者矣。

第八章　中国先哲之人生道德理想论（下）

（六）道德意识中之平等慧与差别慧

儒家之此种教人以无限责任感，为其当下所当为之道德观，产生一种道德生活中之一极高之平等慧与差别慧。盖人为其当下所当为时，以当下所遇，恒为一特殊之情境，所接之人物，为一特殊之人物；于是吾人对之之道德责任意识，遂亦必特殊化其表现方式。此表现方式之必须特殊化，亦即转而使此道德责任意识本身之具体内容，亦特殊化。由此而一切抽象之道德品目，落到实践上，皆必俟吾人之心之斟酌权衡，以求一至当之道以实践之，更无现成之可袭取。凡执一定之方式，以应当下之特殊情境，皆恒不免有所不合。勉强执着而不舍，则恒使吾人对当下情境之特殊性，有所忽、有所舍，而有所忍。故孔子谓"君子之于天下也，无适也、无莫也，义之与比"。诚必义之与比，而后吾人任何真正之道德行为，乃皆成为当下精神上之一创辟，无所袭取，无所雷同，乃有唯一无二之特殊价值。然自另一面言之，则正因吾人当下所遇之情境，与适合之而当有之道德行为，为特殊者唯一无二者，故一切当有之道德行为，皆不能相凌驾，不能相代替，而为平等的分别表现吾人之仁心之流行，昭露吾人之性德于世界者。由是而人与人之各种关系，人与集体、社会、家庭、国家、天下之各种关系，人与各种文化活动之各种关系，亦皆各为一绝对，不能相代替，而平等的辐辏于个人之人格者。诚然，以吾人所遇之事物之大小相较而言，固是天地万物大而人类小，人类大而国家小，国家大而家庭小。吾与一个人之关系，如与父母之关系、与朋友之关系，又小于吾与一集体社会或整个家庭之关系。吾对一抽象价值或文化活动之关系，如吾之对吾所思真理之关系，吾之对吾所从事之学问之活动之关系等，又小于吾对一整个他人人格之关系，因他人人格可从事各类之文化活动也。然克就吾对此上一切事物之关系而言，则吾之对整个家庭是一关系，对整个国家或人类或宇宙，亦各只是一关系。其与吾之对父母、对朋友、对真理等之各为一关系，并无不同。自各关系之不能相代替，同为一绝对而言，则无一能在原则上凌驾其他。夫然，故吾人不当无条件的自易其学问上所信之真理，以徇人群；亦不当以爱国、爱人类、爱宇宙而忘其亲。此王船山所以言"乾坤大而父母亦不小"，孟子之所以言"君子不以天下俭其亲"。此皆似有所私，而实则本于对一切事物之关系，加以平等观之公心。至于黑格尔在《精神现象学》中论希腊悲剧时，谓家庭意识宜当在国家意识前被破灭，马克思之以国家意识必当在世界无产阶级之意识前被否定，及一切言个人对个人之德性，必当在个人对组织或集体社会之道德前牺牲者，则皆似无私，而实对多种人间关系，加以忽略、加以斩伐之论，乃不足为训，而与中国之伦理思想相违者也。至于在各种道德责任相冲突之际，人唯有视其时际或时势之所需，视其所在之分位而权衡轻重，以定当下应尽之责任。而不能在原则上，以一责任否定其他。夫然，故孟子谓瞽瞍杀人，皋陶固当执法。然舜果弃其君位以化为平民，亦可窃负而逃。子思负守土之责，固当爱国忘身，敌至宜以身殉。而曾子为师，则寇来可以先逃。孟子于二者同加称许。盖以家庭与国家之责任，武士与师儒之责任，在原则上实未尝有高下，而唯以吾人所居时位，以定何者为先。此盖亦古中国之所以无公德私德之分之一故也。

此种中国儒家道德思想中之差别慧与平等慧之根原，乃在人之具涵盖性、普遍性之仁心、仁性，必须当机以表现其情，以与特殊情境中之人物相遇。特殊情境之人物如何来感，吾即有如何之应，感应浑成为一体，吾之应之差别，当随来感者之差别而差别。此不以同等之应，对差别之感，正见吾人之能不滞于一特定之应之方式，而心恒能自超越涵盖于应之之方式，以过而不留，乃常能以新新之应，付新新之感也。是吾人之特殊化吾人之心，以差别还差别，正所以使吾之具涵盖性、普遍性之心，常保其本性之纯一不二，而恒平等自如也。夫然，故为"差别之应"之道德行为，虽一一各为一绝对，而实各为同一之绝对平等心之所显，亦同属一绝对平等心，并平等的为此绝对平等心上之绝对。知其为一绝对平等心之各种绝对，则知其可表现真正相同之价值，而在原则上，皆不可互否定其价值，惟当任其差别以俱成。是平等慧与差别慧，实相依以立，二慧亦互为平等，又宛然差别，此中国人人生思想之大平等慧也。中国诗人有云"千江有水千江月，万里无云万里天"，知此二句之义，即知此段之所言矣。

吾人观西方之人生思想，恒不免人与神不相平等，人与物亦不相平等。其不愿神高居人上者，则恒否定神之存在；其欲人与物平等者，则恒主视人如物之唯物论。在人间社会中，言集体者，恒不免抹杀个人，视个人为社会之一齿轮、一细胞；尊个人者，不免视集体为个人之桎梏。在个人与个人之间，则利己主义反利他主义，利他主义反利己主义。其善言个人与个人之平等者，莫尚于康德之由人同此心、心同此理，以言一切人平等。而善言个人与集体之相涵者，莫尚于黑格尔、菲希特之以个人心，即通于普遍客观心，而普遍客观之心即在个人之心中。彼等亦知个人之心之普遍性，当表现于特殊情境下，而后能具体化，而后有实在性。然彼等仍谓此具体化于特殊情境之心，隶属于个人之整个心；而个人之心，则与他人之心交涵互摄，以隶属于一绝对之普遍客观心，即上帝。唯此普遍客观心真能涵盖一切而真无限，彼等仍未能真看重或真知绝对普遍客观心，即全部内在于个人心，以与之为一；而个人之心，即全部内在于当下与物感通之心中，而无歉无余。依中国儒家思想，则匪特统体一太极，且一人一太极。匪特一人一太极，而是一事一太极。不特人可与上帝平等，个人与一切人平等，而个人一切道德行为之价值，个人与其他事物分别构成之各种关系下之各种事，亦可互为平等。个人与他人或集体社会或宇宙之关系，可分别的只为统率于个人之各种关系之一。由是乃真觉宇宙万物与社会之包含个人，而个人之心亦包含宇宙万物与社会。宇宙万物与社会之大，亦无权使个人牺牲当机所应尽，个人对自己之表面至小之责任，或强使个人乱其尽责时之先后之序。唯个人可以为社会而成仁取义，为天地立心，此乃成物兼成己，然此非个人作牺牲之谓。而由人当有成己成物之志，人固不能自限于其任何之责任，冀有所息肩；以任何事物皆在其性分之内，人不当绝其所以感通之道于任一事物之前也。斯乃中国儒者，以大平等心言道德生活而立人极、致广大而尽精微、极高明而道中庸之教也。

　　吾人之所谓大平等心之道德，即中国古所谓终始为一贯之仁义礼智之德。仁义礼智之德为性德，人性即天性，而人心即天心，此为天人之不二而平等。而仁性仁心之廓然大公，普遍而无私，能与一切所接之事物相感通，而恒自一如，是仁之平等运也。此一切所接之事物，皆一一各为一具体之特殊。吾人于是一一肯定其为特殊，而不以其一慢其他，而同承之以敬意，此礼之平等运也。顺一一之为特殊，而应之以特殊至当不易之道，而各不相乱，同得其正位：父慈、子孝、兄良、弟悌、夫义、妇顺、长惠、幼顺、君仁、臣忠，使事物皆得其所，此人之以义制事之平等运也。人以义制事，而事物各得于其正位上成就，此事之干，而此仁心之流行之终。此吾心之理之实现于客观事物，而再反照复归于吾人之自心，为吾人所自觉而成智。由此心之复归于其自己，终始条理，而后此仁复继有所感通，以流行不息。一切不同之智，皆由心之复归于自己，而无所滞留。一切智之如如，亦不相害，此智之平等运也。而在当机，则具体事物之陈于吾前者，恒为一特殊。于是吾心之仁义礼智，亦只有一特殊之表现方式。至于当诸具体事物，散陈于吾人之前者，为多种之时，则吾初固须同与之有所感通，而分别加以肯定，而承之以礼，唯当此诸事物之差别见，吾又不能在吾人所居之特殊之分位上，同时加以成就时，则吾人不能不权衡其轻重，知所先后，而有所选择，有所裁制，使吾人当前所当应之事物，只为一确定之特殊具体之事物；吾之仁与礼，乃专注于此事物而集中，而吾之义与智，乃只归于使此一事物之得正位而成就。故在当机，吾人之仁义礼智之心，必然归于一特殊之表现方式，使吾人之仁义礼智之心，在此特殊表现方式中，充于内而形于外，而感通于事物。而此充内形外之心，亦即统体是一肫肫其仁。此中诚敬之意，是礼。自制其私欲，是义。昭然明白之自觉，即智。此又常内在于吾心之仁礼义智之全貌，所以使吾人真能在一特殊之表现方式下，成就此当机之特殊具体事物，而合乎仁义礼智者也。

（七）良知与当然之理之内在性

然吾人道德生活中最大之问题，盖在吾人如何知一至当不易的表现仁义礼智之特殊方式。具体特殊之事物，万变不穷，吾人所以应之之或是或非之方式，亦万变不穷。吾将何自而尽知之？具体特殊之事物之散陈于吾前者，吾又将如何权衡其轻重，而知所先后以作断制？故人恒欲求知一普遍之道德规律或行为之法则，以御万变不穷之事物。然实则克就具体特殊事物之具体特殊性而言，吾人乃永不能有一固定之规律法则，可以先知之而一劳永逸，以之应事，即永无错误者。世之言道德规律者，亦如吾人上所言之仁义礼智。仁义礼智或其他道德规律之为普遍，皆在其只规定吾人之存心，而不规定吾人在当机之如何表现吾人存心之道德行为方式。此吾人上所以言实际之道德生活，必为吾人精神上之一新新不已之创辟也。然吾人不能先知此当机而应之至当不易之道德行为方式，并不碍吾人之能行道德。而吾人既有仁义礼智之心，能以仁义礼智存心，吾人自能当机而知所当为，并择其所当为，此即为吾人之良知。西方人言良心，多只自其具备各种道德原理或道德情操言。中国先哲如王阳明言良知，则重在言人之本来能知如何应当下之具体事物之当然之道，而依之以行。自中国儒家人生思想以观，人如原不能知"如何应当下之具体事物之当然之道"而依之以行，则人亦将无处而求得此道。人如不能自信其能知善，能行善，则人将唯以奉行他人之命令，袭取世俗之陈言，或仿效他人之行为，以定其行为之方式。则一切道德行为，皆为向外袭取而非自发，亦即失其道德性。故人必须先自信其性之本善，心本来能知善，本来能知在当下之特殊具体之事物前，如何应之之当然之道也。

吾人之所以能当机而有良知，以知吾人当如何应物之当然之道者，其证在吾人之接物时，凡有感无不能有应。而一切之随感而应，凡非出于习气与私欲者，初皆无不善而合当然之道者。即自然之饮食男女之欲，声色货利之好，与真理之寻求，神秘奇妙者之赞叹，其初皆本于人与物感通之良知良能，而未尝有不善也。此中吾人所以应所感者之道，似皆为所感者之所直接规定，不待思虑安排而发出。吾人固不于此忧吾人之不能得一应之之道也。至于当吾人与他人相接之际，或所欲望者关涉他人之际，吾人此时只须此心不陷溺于自然之欲望，而常呈此心之虚灵性、涵盖性、主宰性，或以仁义礼智存心，吾人之心亦即可与他人之心相感通，而以成就或不违他人之心情之所愿欲，为吾人之一道德责任。他人对我所愿欲者不同，其与我之位分上之关系不同，吾人之心即可随此种种不同处之被感，而有一不同之应。吾人亦不须忧吾人于此无应之之道也。吾人所接之不同人物，皆似在外。外之有如此如此之人物之在吾之前，亦可谓为我之心当下所遭遇之命运。然我之所以能随其不同，而有不同之应，则纯为我之所自发，而唯表现我之心性者。故我之心性中，亦不仅具普遍之仁义礼智之性理，亦具"所以应不同事物而表现此心性"之不同方式，以为其理。此理之内在而不能先知，不特不碍吾人当机能随所感所接者之特殊性而有一特殊之应。而亦正以吾人之在事物未感之时，不能先有一合理之应之之方式，先行呈现，横梗于心，吾人之心乃能不受阻碍，而能分别应万变以不同之方式，而皆可合理。故此方式之不能先知，亦正所以使吾人当机而应之事，得直发而无阻者。诚然，吾人所遭遇之特殊情境中，恒有各种疑难之问题，如情境中之事物之真相或本质之毕竟如何，此为属于纯知者。如道德责任之轻重先后之当如何权衡，此为属于道德生活本身者。此皆有待于吾人之自觉的运用理性上之反省，或行为上之尝试错误，以为最后之决定。然吾人若不求决定则已，吾人若求一决定，即先肯定此一种决定之能有而必有。亦即谓吾人在此时，必肯定此"至当不易之应之之理"原具于吾人之超越自我之中，或具于吾人整个心性之全体大用中。吾人之求此决定，亦所以显吾心中原具之此理。夫然故其表面之向外向前寻求此理，即所以向内反显吾此心之理。因而此中之自觉运用理性之反省与行为上之尝试，以辅助吾人之作一决定之工夫，皆一方为积极的用心，一方即为消极的去除吾人对此理之无明。自此自觉的运用理性，以作反省与行为上之尝试本身上看，吾人之用心，诚必超越于直接呈现之情境，而根据过去之经验，以解释情境中之事物未知之性质，思辨事物之属于何类，或济以试验，以定其性质与种类；再根据反省，思吾人过去对同类之事物，曾以何道应之；若此事物因其特殊性，而又兼属于他类；则吾又将根据反省，而知吾人当兼取如何如何之道应之。由是而综合各方面依理性而生之反省，与最初自己之直接反应，方可决定一"特殊具体而较最合理之当机而应之"之道，以付诸行为。而由行为之结果，又可反以转证吾之应之之道，与事物之情，能否相孚应而相感通，以见其是否真至当不易。

吾人如上所言，依自觉的理性之运用而作之思辨反省，可极之复杂而牵涉至广。然其目的终不外使吾人当前之应之之道，可一方与当前事物相孚应，一方与吾人如何应其他相关事物之道互相和谐，不相矛盾；而求吾人人格内部各种应物之行为，互不相碍，而皆各有所当。故此中思辨反省之活动，固为向内，其所通过者，亦为各种普遍之类概念，并以综合贯通为事者。然其所欲成就者，及所归宿之处，仍为各当其位之特殊行为。由此行为，以显此心之理之分殊，而与当机特殊事物相感通。夫然，吾人之自觉的实践理性之大用，仍不在乎成就平等，而在成就差异；亦不在乎解决矛盾以直接形成综合和谐之思想，而在于差异之一一成就上，见中和之情之致于万物。此理性大用之所自生，则依于理性活动中之普遍概念，可唯是理性活动所通过，而非理性活动所留驻。理性活动之本质，可唯在能超越一特定之观念而及于其他。故不仅特定之观念为一特定之观念，而心中所执之普遍概念，亦为一特定之观念，而不堪留驻者。吾人由一特定之观念至另一特定之观念，固常不能不赖二者间普遍共通之理，以为理性活动之所通过。然吾人之理性活动，既可不在此中之二较特殊之观念上，亦可不在共通普遍之理之概念本身，而可在两者之具体的统一上。此具体的统一为一全体。然其本身可不被自觉为一全体。吾人之生动活泼之理性活动，亦可不留驻于此全体之观念；可唯是赖其间之普遍者以为通路，而恒超越一特殊者以及于其他一特殊者。吾人之实践的理性活动，则在顺应一特殊者之特殊性，而付与一特殊之反应。当一特殊之事物，依一定之理，而改易变化，为另一特殊事物时，吾人即当自然超越原来之特殊反应之方式，而易以另一特殊之反应方式。由是而实践理性活动所显之理，唯是以差别应差别之理，亦即于每一事显一理之理。此于每一事显一理之可以成为实践理性活动最高表现者，正以理性活动之本质，可唯在其能处处超越特定观念之执着。人或以一事一理之理，只为特殊事之特殊理，便无普遍性，故不能为理性活动所寄托。然自一方观之，则理性活动之寄托于普遍者也，可唯在其为理性活动之由一观念至另一观念之通路。普遍概念之价值，亦可只在其可以资理性活动求通之用。然任一普遍概念之本身，皆有所通，亦有所不通，即不足以显理性活动之全体大用。唯当吾人知一事一理，而不执任何普遍概念，以观事物之理，以定应事之方时，吾人之心，乃一无执着。吾人之理性活动，乃真运行不滞。夫然，故道德之法则之为理性活动之表现，正不须自其实际上可普遍的应用之范围上说。而可只须自其与其他法则之不相碍上说。由是而对一特殊之事之特殊之应之之道，虽永不能重复的得同样应用之所；然吾人仍可依于一如在同一特殊情境下，则吾人当以如此如此之特殊之道应之之自觉，而视之为一普遍之法则。此普遍之法则之普遍性，则唯由此法则之与其他当然之法则皆不相碍而成立，或直接由其表现理性活动自身之超越性、涵盖性，或理性活动自身之普遍性（理性活动自身原是求普遍的，即原自具普遍性的。可参考前章）而成立者也。

（八）恕道与过失罪恶之拔除

吾人以上所言，唯在说明吾人之良知，原能知一切如何应特殊具体之事物之特殊具体之理。而人之实践理性活动之归宿，亦唯在顺差别而差别之，于一一之事，应之以一一之理。故事无穷，理亦无穷。事理相孚而不相冒，此之谓理事无碍，事事无碍。而由事理或事事之无碍，即以见人之理性活动本身之超越性与涵盖性、普遍性。然此非吾人能念念皆直达一理事相孚之境，而无错误或过失之谓。如实言之，在吾人之自觉的道德生活中，吾人必发现吾人之恒在犯错误过失。如不经错误与过失，吾人即不能真应物而皆当。错误过失之原，在吾人之心之陷于私欲，亦即在吾人恒有执着而求其普遍化。此普遍化恒只表现吾人理性之抽象的普遍性，不表现其具体的普遍性，或真普遍性。此过失之必不能免，吾人于上章已言其故。而此过失之改悔，则赖吾人自陷溺执着超拔，而明心复性，而依性以生情。然此种明心复性之工夫，可一方是由吾人所自发，一方亦正待吾人过失之行或善行之受阻碍于他人或环境，以促进吾之反省。吾人有过失行为所以恒受阻碍于他人，由于吾人之此种行为，恒与他人之情不相孚应，而拂人之情。人之情被拂，必再求伸展，即还对吾人之行为之表现，予以报复，而吾人之行即将受阻碍于对方。至于善行之可以受阻碍于他人者，则由他人之有过失，可反而视吾之善行为彼阻碍，如盗之憎主人。然人在求自觉的道德生活时，则吾以有过失而受困折阻碍，固可以使吾人自觉其过失，而反求善行。即吾以吾之善行而受困折阻碍，亦可以使吾人之自觉其善行，而更求所以保存或扩大此善行；并求改易人之过失，以同归于好善。由是而吾人之受阻碍于他人或环境，遂皆可为使我更从事自觉的迁善改过，求明心复性，以依性生情之工夫者。吾人欲免于过失之道，最好即是吾人能先设身处地，居于他人之位，以设想吾对之之行为，是否彼所堪受愿受。同时由他人对我之某一行为，乃我所不堪受不愿受，而恶之之处，念吾之不当再以同样之行为施诸他人。此之谓"己所不欲，勿施于人"，"我不欲人之加诸我也，吾亦欲毋加诸人"之恕道，亦"所恶于上，毋以使下，所恶于下，毋以事上，所恶于前，毋以先后，所恶于后，毋以从前，所恶于右，毋以交于左，所恶于左，毋以交于右"之絜矩之道。由恕道或絜矩之道，吾人之存心即一方直接超越我之自己，而透入对方；以人之情勘定自己之情，以己之情度人之情，以自拔于罪恶过失之外。同时亦即对社会上他人之罪恶过失之流行及于我者，一一加以截断，而转化之，为我行善之资。故此恕道，即成为人之求明心复性之切实下手工夫，亦人之求拔除人类社会罪恶，最切近而人人可行之道。至于人之行善，而受阻碍于他人之罪恶过失之行为，则依儒家之人生思想，亦不以他人之罪恶过失之责任，当由我代为担负。儒家并以恶恶之心，为人所当有。以直报怨，固无私愤，而亦有义愤。由此义愤之心，则人亦可自然更坚其好善，而保存扩大其善行。人真能扩大善行，即见善之日增而见恶之日减，义愤乃可不趋于偏激，而可化为"助人之改过以去其罪恶，同归于好善"之志。此皆见吾人可于此充满过失罪恶之自己与他人中，无往而不可得其为善之胜缘。人己之过失，及其所致于人己之阻碍，吾人一朝能加以反省，则见其皆所以促进我之为善，以日进无疆；亦促进我之与人共勉于迁善改过之圣贤之道者。此亦即儒家之所以肯定此有过失罪恶与阻碍苦痛之世界，而超渡之之道。此与耶稣之所以肯定此有过失罪恶之世界，求超渡之之道不同。耶稣原谅他人之罪恶，而自己身受苦痛，以求他人之罪恶之拔除。其人格固极伟大，而使人感动。然此非人人之所行，而亦不能绝对阻止罪恶之流行。因耶稣之自我牺牲，使其立脚点在天国而不在世间。即在世间无一阻碍罪恶之流行之立脚点。儒家之忠恕之道，以直报怨，则可以使人人皆在世间有一立脚点，以阻碍自己与他人之过失与罪恶之流行。义愤及与人为善之心，亦皆可以直接使善之在世间得其自然生长之道路。此儒家人生思想之极高明而道中庸之又一端也。

（九）修养重建本教始之工夫

中国儒家人生思想，固重在使吾人应特殊之事事物物各得其当；而待人接物，随处求以忠恕存心。然中国儒家人生思想之言道德修养，则并非只重在于临事时，考察何者之应为，或徒在过恶已发生处用功。尤重要者，乃在与事物未接而过恶未生时，绝过恶之机于未发之前。西方中世宗教徒，在道德生活中之奋斗，恒表现于已犯罪恶后之愧悔并交，涕泗横流，而祈神相助；或于私欲大作后，强为压制，自施苦刑。哲学家言道德，亦多重建立道德规律，规定一一之义务与当然命令，而依之以实践。如康德之说是也。故西哲恒以道德纯为行为上之事，唯赖吾人之自觉的努力与奋斗，以成就道德人格。中国儒者，则除一方知道德为行为上之事，重悔改过恶，严于自律以外，尤重在使人之性情之流露，行为之表现，自然合于道德。最高之道德境界，则为如圣人之"不勉而中，不思而得"，纯是一片天机之流行。西哲凯萨林（Keyserling）于其《哲学家旅行记》，谓东方人生最高理想，重在其人之"是什么"，而不重人之"作什么"。人恒由作什么而是什么，然人亦恒先是什么而作什么。西方人言道德生活，恒重在要人之自觉的作什么，以成为是什么。而中国人之言道德修养，则除此以外，尤重在赖人之各种文化之陶冶、内心之涵养等，以使其气质习惯之日益迁化于不自觉，自然能随处流露性情，表现善行。故在中国之道德教育中，首重礼乐。实则中国古所谓礼本身，即含艺术之意味，而有乐意。中国古所谓礼乐之教，重在于人最平常之日常生活，人之饮食、衣服、宫室、男女居室、父子、夫妇、兄弟之相处，宾客应对之际，冠、婚、丧、祭、射、乡、朝、聘之事中，皆养成一种顺乎中和之性情。礼乐之教之精义，与其说注重人之如何行为之合规则，不如说重在求人行为时之颜色、声音、态度、仪表、气象之可敬爱。故礼乐之教育乃自然的陶养人之道德性情之教育。礼乐之教育，始于人未能有自觉的理性思维之幼年。人在能有自觉的理性思维之后，人仍当在明显之行为所自发之态度、仪表、颜色、气象上加意。圣人之德必须睟面盎背，施于四体。故孔子言君子有九思："视思明，听思聪，色思温，貌思恭，言思忠，事思敬，疑思问，忿思难，见得思义。"皆关涉于吾人纯粹之态度者。礼乐之生活，乃超乎自觉的理性之运用者。亦可谓礼乐之生活，为吾人用自觉理性于超理性生活之感性生活，而使之美化，以合乎善者。此非直接用理性于抽象道德标准之思维，亦非用理性于有目的之行为之各种规画上。夫然，故礼乐能陶养人德性于明显道德行为之先。《礼记》谓："礼之教化也微，其止邪也于未形，使人日徙善远罪而不自知也。……《易》曰，君子慎始，差若毫厘，谬以千里，此之谓也。"以中国言道德，重平日生活之礼乐陶养，与西方人言道德之重立规律，尚在神前忏悔，求其原恕救度者相较，则西方人言道德犹不免近乎法律上之立法与审判，一方含一种事前猜防之意味，一方又为求补救于事后。盖未及以礼乐言道德修养者，事先无猜防人之犯罪之心，而恒能自然绝人过恶于几先也。

中国儒者言道德修养重礼乐，意即谓人之能有合道德之行事，必须立于无明显之内心冲突之地，赖各种文化生活，以培养人之德性。物有本末，事有终始，中国儒者言人生问题之最高智慧，即知一切事在本上、始上下工夫则易，在末上、终上谋补救则难。所谓重建本教始是也。礼乐陶养人之德性于人之幼年、于未感明显之道德上疑难问题之先、于个人或家庭之平常生活中，是培养人之道德之本原至简易之道也。而即在人之有自觉理性之运用时，中国先哲言内心之道德修养，亦重在于过恶之机初动时，即加觉察，不俟其发出而泛滥，再加以阻遏。此重省察之工夫，亦在本始上用工夫之一端。故《论语》中曾子日三省其身。《易传》贵研几以成天下之务。又谓"颜氏之子，其殆庶几乎！有不善未尝不知，知之未尝复行也"。"几者动之微，吉之先见者也。"《大学》所谓诚意、正心。《中庸》所谓慎独，所谓"君子内省不疚，无恶于志，君子之所不可及者，其唯人之所不见乎"。及以后宋儒之言省察，言涵养，皆无不是从此心地之隐微处下手，阳明所谓"杀人当在咽喉上著刀"。此种鞭辟近里工夫，构成宋明二代之道学、理学，或心学。而其中如程明道之《识仁》，直言"仁者与物无对"。陆象山所谓"先立乎其大者"，直自"宇宙即吾心，吾心即宇宙"之超越而涵盖之胸襟度量开始。王阳明之直自至善而无善无恶，与天地同体之良知灵明上指点。王龙溪之直自先天正心之学中立根，所谓在混沌中立根基。罗近溪之自"性体平常处"之乾知坤能上提撕。皆所以使人先立于一至善无过之心地。一直顺此流行，则可不以机械之道德规律自束。所谓"不须防检，不须穷索"，"不须安排"于善恶之念，"才动即觉，才觉即化"；更能备极高明，而致易简。人诚依此用功，真有自得，则性情之自然流露，亦恒能合理，以几于圣人之不勉而中，不思而得之境界矣。以此视人之唯在过恶之发出上，与之辛苦奋斗，立于冲突之地，以求和协，则本末之道迥殊，而为效之难易，如天渊之别矣。

（十）一切人生活动皆可为一目的

儒家人生思想根本精神，吾人亦可谓在肯定全幅之人生。于人生之一切活动、一切遭遇，皆能发现其价值，体验其价值。依儒家之随所感之差别而应以差别之人生态度，则人人皆为一太极，事事皆为一太极，而皆有其绝对唯一之本身价值。不特无人可被视为他人之手段与工具，亦无一事可被视为另一事之手段与工具。凡当人之利用他人为手段工具时，吾人恒视他人为无本身价值。此时，吾人之心即冒过他人，而不真见其为人。由是他人对我，遂非真实之存在，而为一空虚之存在。故如吾人能直达某目的，或已达某目的，他人即显为可有可无者。又凡为手段工具者之价值，唯在其对结果之效用。如其他物有可致同一结果之效用，吾亦可以他物代之。因而手段工具之物，乃只表现一抽象的普遍效用性，而不表现具体的特殊性或个性者。故人而一朝真认识，一切人同有超越之自我，同有自发之理性，而一切人又同为一有真实的具体的特殊性或个性时，人即知"视人人各为一目的"，为吾人对人之根本道德。然吾人如知吾人每一具体之活动，皆有其不可代替之特殊之价值，且皆为依于吾人自发之理性活动，或超越自我而有；则一种具体活动，不能只为另一活动之手段，正当与一人不能为另一人手段同。如吾人以前一具体活动，为后一具体活动之手段，亦即同于以"前一活动之我"为"后一活动之我"之手段。如今日之我可为明日之我之手段，则他人之我又何不可为我之手段？故最高之尊重人生之态度，必不特不当使此一人之我为另一人之我之手段，抑且不当以作一时活动之我，为作另一时活动之我之手段。吾人如以一时之活动为另一时活动之手段，则吾人即使此时之活动为失其本身之价值，而使吾人人生之此一段活动为空虚。吾人如能直达后一段之活动，此一段之我之活动，亦为非必须有而可有可无者。而此一段之我之任何活动，只须能达某目的，吾人亦将无所别择。由是而此一段之我之活动，亦只对以后之目的有一抽象之普遍效用，而无具体的特殊性或个性者。夫然，故吾人人生中，如为手段之活动愈多，或本身堪为目的之活动愈少，吾人一朝加以反省时，必愈感吾人生命空虚，觉吾人之生命为可存在可不存在者，或在存在与不存在间摇摆者，而将生一无所依之感。同时愈觉自我之存在，非一具体而有特殊性、个性之存在矣。

大率吾人在日常生活中，通常只觉某一类之活动，只可为一手段。而另一类之活动，则可本身为一目的。其所视为手段或目的者，则以人而异。通常人恒谓，吾人以较低之活动为手段，以较高之活动为目的，斯为足贵。如为求真理而谋生存，为人类而求真理是也。反之，如以较低之活动为目的，而以较高之活动为手段，则不足贵。如为名利而求学问，以人类之幸福作试验，而求证一主义之真伪是也。通常，人当有一目的在前时，于手段之事，虽本不感趣味；亦可由对目的之希望，而或增加作手段之活动之趣味，忍耐作手段之活动之苦痛，而赋手段之活动以意义与价值。似亦未尝由此手段之活动无本身价值，便于从事之时，生空虚感。故在西哲之中如功利主义、快乐主义者，恒以快乐为唯一有本身价值，以人生一切活动皆人之求快乐之手段。亚里士多德亦以一切道德活动皆为术，所以达幸福之目的者。康德则以道德意志为本身之善，而其他之日常经验中之活动，则多只可为求快乐之手段；而不识道德、唯乐是求之人，则其一切活动，皆为一手段。西方宗教家又不免以上达天国为人生之目的，人在世间之一切事，皆若为人上升天国之手段。西方大哲中，唯斯宾诺萨重废除目的之观念，而深论自然之无目的。自然万物，乃无一物可为他物之手段，人心灵之活动与身体之活动，亦并行而不能互为手段。道德即幸福，非幸福之手段。真智慧真观念即真理，亦非显真理之手段。现实生活上之求生存等，亦非得智慧之手段，因得智慧即得生存也。西方自然主义者，则虽知自然本身无目的，又恒视人之生命精神活动为自然达其目的之手段。至西方黑格尔之理想主义，则使人有一印象，即人生之一切手段活动在一阶段皆可为目的，而在另一阶段则又为手段。手段之活动与目的之活动恒互相转化，互相依赖，而在本质上为一。即绝对精神自身，亦是一方为目的，一方以其自身为手段——客观化为自然，再返于其自身，即复现为精神，而完成其目的。黑格尔之哲学所注重者为对一切"过渡"（Transitions）之思维。凡被过渡者皆一时之手段，而所过渡及者则可谓为一时之目的。宇宙人生如是而为一辨证之历程，以使一存在、一切人生活动，则皆在目的与手段内轮转。自形上学言之，黑氏智慧固甚高。然自人生哲学言之，则其说使人觉整个人生历程无真正之贞定处。黑氏整个之历史哲学，尤使人不免有一切文化之事变、英雄人物，皆若只为绝对精神表现其自身之手段，而不见人之一一文化活动、一一个体人格之可贞定为一具内在之目的者也。

　　然依究极之义言之，则上列诸说，至少在文字上看，皆有病在。如实言之，宇宙一切存在与一切人，实当先直接视其本身为一目的。人生一切活动，亦皆当一一本身各视为一目的，无一自然物可只视为人类之手段。人生活动亦非自然达其目的之手段。无一人可为他人之手段，亦无一个人可为自然、国家，或集体社会之手段，亦无一人生活动，真可视为其他人生活动之手段。孟子谓：行一不义、杀一不辜而得天下不为。非只谓人当选择手段，不可视他人为手段而已；手段须选择，则手段之选择，可为一目的明矣。手段选择可为目的，则手段本身即亦可为目的。吾人试观，人生有何活动不曾被人视其本身即目的者乎？既知任何一活动皆可被人视之为目的，即知人之精神可贞定于当下一事，而不须以此事为他事手段矣。孟子曰："哭死而哀，非为生者也。经德不回，非以干禄也。言语必信，非以正行也。"其辨义利者，正以凡当为者本身即为一目的，而不可以之为求得其他利益、获得任何效果之手段之谓也。诚然，人之行为不能不讲方法，则似不能不有手段。然实则当吾人讲方法，而表面自觉是以作一事为手段之时；吾人在肯定此手段为必须有而应当有时；吾人当下即须扩大原先之目的，而包括作此手段事为我之一当下之目的。且转移吾人之原先之目的，而以作此手段事，为直接而切近之目的。吾人之所以由有一目的在前，而对吾人原不感兴趣而为手段之事有兴趣，而若将目的之意义与价值赋与手段，似不觉有空虚感者；正以手段于不自觉间已半转为一当下目的之故也。若吾人进而真知此手段为必须有，非先经此手段之间接，不能达目的。吾人依此真知，以自己规定吾人之行为；谓此手段，为当前之我所唯一能采取、当采取，而非可任意变换者；或者于每一变换，亦视为对当前之我为唯一能采取者、当采取者；则当前之手段，即为一不可代替之具体特殊之活动。吾人之精神即可全贞定于其中，无摇摆之余地，而得所止息。而此时，此手段之活动，亦即成非有不可，而不可无之"充实的存在"，为吾人之精神当集中意念以从事，而不当冒之而过者。果此手段之活动，成为必有而当有之具体特殊之活动，为吾人精神意念集中之所，则此手段之活动，即全转成吾人当下之一目的。而吾人之从事于此，为有本身之意义与价值者矣。若吾人不能依此措思，以使最初视为手段之活动全化为当下之目的，则所谓不觉空虚者，仍实有一半为空虚。唯吾人疏于反省，或未能觉察耳。

至于人之以低下之活动，作达较高尚之目的之手段，虽为世所嘉许。然其所以较堪嘉许，唯在由此而可提升增大低下活动之价值意义，而非谓此手段之活动本身，决不可视为一目的，而无其本身之价值意义之谓。吾在一甚长之时间，皆以为人之男女、饮食之活动，社会工农业、经济、法律等事业，皆无本身价值，而唯是人过较高之精神文化生活之手段。然吾今乃知此意之偏颇。如实言之，人诚必须志于精神文化之生活。人亦因有精神文化之生活，人乃配利用万物以养其生。然吾人亦不能谓人之生存、一切生命之生存，及一切物之变化历程中，无其本身价值之存在。谓价值有高下，为高者之实现而牺牲低者则可，然以低者毫无其本身价值，则不可。饮食男女之生活，乃人与物、人与异性生命之感通，亦未尝非显人之性情之德者也。故吾人虽不能以饮食男女之生活，为人生之最高目的，然亦不能不谓之亦为一种可以独立存在之目的。夫然，而当下之见色闻声、一饮一啄、一呼一吸之活动，亦莫不本身可为目的，皆未尝不可任天而动，不必随处以思虑安排，而亦不须如自然主义者之以身体之保存、种族生命之延长，达自然之目的为说。若如此说，则又是今日之生命为明日生命之手段，父母为子女之手段，今人为未来人之手段，人为自然之手段之说，而使人之此种活动，成为空虚无实者矣。

（十一）人生一切活动与苦乐之遭遇皆充满价值意义

吾人诚知人生之一切活动本身，皆可为当下之目的，而不须视之为手段；则通常所谓一活动之可以为另一活动之手段云者，实即一活动之价值意义可贯注于另一活动之谓。人生之一切活动之价值，实只当有互相贯通、互相照映、互相促进增益其意义之关系，而无所谓此只为彼之一手段，而其本身毫无价值之说。孝也者所以事长，慈也者所以使众，齐家而能治国，治国而能平天下。此非齐家为治国之手段，治国为平天下之手段之说也。通常所谓由一手段过渡至一目的之活动，或由一目的之活动过渡至更高之目的活动；亦只当视为吾人之活动之不断升进，以成一层层上达之历程，而非一活动之价值之被否定而扬弃。吾人再由此人生活动之各具本身价值，以旷观人类社会文化历史之历程，与宇宙之根本原理，便真见其亦即一价值之继续不断实现，而日益充盈于事事物物之历程。此即为一"善"之周遍的流行也。

儒家人生思想之肯定人生一切活动，皆具备本身价值，皆当视为一目的之说，亦不同于西方快乐主义、功利主义者之以"人生之一切活动满足时之快乐，皆为一善，人生应以快乐为目的"之说。儒家之人生思想，于苦乐之问题之主张，乃既不主张人生唯应以苦行自励，亦非以人生之目的唯在快乐。西方人生思想，则恒摇曳于此二端。希腊人之生活喜求乐，中世纪基督教则鄙弃一切世俗活动之快乐，唯求神加被吾人以道福（Blessing）。希腊斯多噶派及后来一切理性主义者、理想主义者均轻快乐。快乐主义、功利主义者乃起而矫其弊，谓快乐为自明之善，人生当以快乐为目的。夫快乐之自身，不足为人生之最高目的，西方人评之者已多。今世摩耳（G. E. Moore）于其《伦理学原理》中驳快乐论曰：吾人试思一种境界，其中一切皆无有，唯有一无尽之快乐，再问其是否可为人生最高目的；又思一幸灾乐祸者，于他人愈苦痛时愈感快乐，试想此心境是否有道德；人便皆知快乐本身为唯一有价值说之妄。西方理想主义者如格林，更直就人生所求，乃一目的之实现，而非目的实现后之快乐，快乐唯是一附带情感以为说。康德尤严责求快乐之非道德。今西方快乐主义者，又以绝对不产生快乐之行为，不能为善，故乐为善之必须条件以为说。西方伦理学对此问题之辩论，乃迄今未有定论者。然在中国先哲，除伪《列子·杨朱》篇外，盖无以人生目的惟在快乐之论。道家教人为天人，儒家教人求仁义礼智、明善诚身，皆未言人唯以求快乐为目的。然儒、道、墨又皆未尝绝对鄙弃快乐。墨家自尚苦行，乃以求他人之乐。庄子言游心于万化者，则乐不可胜计，而主以恬养知，以知养恬。恬愉亦乐也。孔子之人格，一方"发愤忘食"，一方亦"乐以忘忧"。《论语》第一句即"学而时习之，不亦悦乎"。孟子自道其三乐，言"理义之悦我心，犹刍豢之悦我口"。宋代理学始于周濂溪之教二程寻孔颜乐处。张横渠谓"和乐，道之端乎！和则可大，乐则可久"。阳明又有"乐为心之本体"之言。其弟子王心斋作《乐学歌》曰："乐是乐此学，学是学此乐，不乐不是学，不学不是乐。……天下之乐何如此学，天下之学何如此乐。"是皆见儒、道二家不鄙弃快乐。而吾人试考中国儒、道二家所言之乐之所自来，则又见其与西方快乐主义、功利主义之言不同。西方快乐主义者言快乐之原，或谓在所欲物之获得而感满足，如近世之快乐主义者；或谓在心灵不为外物所干扰，而无所贪求与恐怖，如伊辟鸠鲁。前者之乐，由于得物，后者之乐，由于绝物，彼等盖皆由畏苦痛而求乐。然道家、儒家言快乐，则既皆不由于得物，亦不由于绝物，亦非以畏苦而求乐。庄子之乐在游心于万物，则非绝物。儒家更主与物感通，尤非绝物。庄子言无待，而超越于一切死生、得失、贫富、利害、祸福、贵贱之计较外，其乐亦不由于外物而得。其乐唯生于心灵之解脱而无所执，游于万化而未始有极，以官天地而府万物。故此乐亦由心灵自身之积极活动来。儒家所言之乐与庄子异。此乃生机不息、生趣盎然之乐。然其不由外物来而来自内心，与庄子同。故颜渊一箪食，一瓢饮，在陋巷，而不改其乐。曾子"捉襟而肘见，纳履而踵决，曳踵而歌《商颂》"。孟子谓"天将降大任于是人也，必先苦其心志，劳其筋骨，饿其体肤，空乏其身，行拂乱其所为……"皆生于忧患之环境，死于内心之安乐者也。

大率凡人之情，皆畏苦而求乐。英人狄肯生（Dickinson）《希腊人之人生观》一书，论希腊人之乐生，亦原于其初极怕死，以死为灭尽无余，乃寻乐以自遣云。故快乐主义、功利主义之哲学，实是顺俗情之哲学。然人生精神生活之进一步，即当不求世俗之乐，而表现一不畏苦而愿受苦之精神。故西方中世宗教家之精神，及西哲中理性主义、理想主义者贱视快乐，诚较一般快乐主义、功利主义者，与希腊人之求欢乐者为高。西方近世文学家、艺术家有理想主义、浪漫主义精神者，亦恒表示鄙弃世俗快乐之趋向，而宁追求苦痛。如卡来耳谓"能受苦即伟大"（To be capable of suffering is to be great）。哥德之一生经无数恋爱，而当其将成功，即自行逃走。尝谓"我经验一切人生之享受，只所以为经其最后之空虚"。晚年又尝谓"一生快乐之日，不过四礼拜"。托尔斯泰晚年逃出其安乐之家庭，而死于风雪途中，亦正以不愿享乐之一念。罗曼罗兰著《米西尔朗格罗传》引米氏言："愈使我苦痛的，我愈欢喜。我的欢乐是悲哀。千万的欢乐，不及一单独的悲哀。"均可表示西方近代有理想主义、浪漫主义精神之文学家、艺术家，宁肯受苦之精神，而堪矜贵者。然人能知受苦之为伟大，惟在其不惧苦，而能安于苦，而以苦为乐。西方尼采之《欢乐的智慧》一书，亦发此义。然西方文学家、艺术家求苦痛者，恒不免出于精神之立意亢举，或谋以苦痛开拓人生经验。中世基督教徒之不畏苦，则由鄙弃世俗之观念。故其心皆未必能放平，而真安乐于困厄拂逆与死生之际。中国儒、道二家，则以于一切贫贱忧患之境，皆能安乐，为德之符验。故慷慨就义者遂不如从容就义者。其中儒家之所以高于道家及西方之宗教家，与斯多噶、伊辟鸠鲁学派与理性主义者，则在儒家之充量肯定人生之一切活动与一切遭遇之价值之精神。于是儒者不仅能安于贫贱与世俗之忧患，亦能安乐于富贵与世俗之幸福。故《洪范》之五福中，富、寿、康宁，亦为儒家所认为人当求者。是乃肯定一切世俗之幸福，对己对人之本身价值。孔子所谓"素富贵行乎富贵，素贫贱行乎贫贱，素夷狄行乎夷狄，素患难行乎患难，君子无入而不自得焉"。张横渠所谓"富贵福泽，将厚吾之生也，贫贱忧戚，容玉女于成也"。此乃兼安于幸福与忧患，而肯定一切世俗之忧患与幸福之价值之精神也。西方宗教家之自苦精神，恒出自畏世俗之乐引诱之动机。道家之徒，遁迹山林，轻富贵，骄王公，弃天子而不为，亦恒由于其不能发现此世俗幸福之积极价值。斯多噶派以名誉、金钱、健康、寿命等为可有可无之物。而亚里士多德《伦理学》则谓此乃"无之不可，而有之不足"之物。然中国之儒者，则以此一切世俗之幸福之有无，对己皆不碍吾人精神生活道德生活之成就，亦皆可为进德之资。一切世俗之幸福，如肥马轻裘、宫室之美、妻子好合，如鼓琴瑟之乐、令闻广誉之施身，儒者亦认为未尝不可得之于己，而与人同乐。尤未尝不望贵为天子，富有四海，行其道于天下。然当富贵而"不以其道得之"，则不处；贫贱虽所恶，"不以其道"，亦在所不去。程伊川所谓"今日万钟，明日饿死，唯义所在"。此孔孟所以今日栖栖皇皇，明日得为卿相，亦不动心也。孟子言"舜之居深山之中，与木石居，与鹿豕游。……饭糗茹草也，若将终身焉。及其为天子也，被袗衣，鼓琴，二女果，若固有之"。善哉，此固有之之言也。夫然，故瞽瞍杀人，皋陶为士，舜即当弃天下如敝屣，"窃负而逃，遵海滨而处，终身䜣然，乐而忘天下"。后人如文天祥未起兵勤王时，其生活之豪华，固无殊一般之富贵人家。而当其一朝决心许国，则历艰难，万死而无悔；"鼎镬甘如饴，求之不可得"。夫人诚心安理得，则可以当天下之至苦而无怨；悲愿宏深，则可以堪受世俗之洪福而不溺。能贫贱忧患，亦能富贵安乐，能乐生亦能不畏死。故曰"富贵不能淫，贫贱不能移，威武不能屈，此之谓大丈夫"。

第九章　中国人间世界

——日常生活社会政治与教育及讲学之精神

（一）日常生活与文化生活

吾人于上章论中国儒家人生思想时，谓人之道德修养，即赖人在日常生活中礼乐之陶养等。儒家所抱之理想，虽不能谓已实现于中国过去社会历史，然中国过去社会，在儒家兴起以前及以后，皆可谓颇能融摄礼乐文化生活于人民日常生活者。今日西方人及西化之中国都市中人之文化生活，恒与其个人之私生活分开。此亦即西方人及今人恒分私德及公德之实际的原因。西方人过宗教生活，则赴教堂。欣赏自然之美或过艺术生活，则至美术馆、博物馆、剧院、电影场、音乐厅、跳舞院。求真理，则至图书馆、学校或学术团体。练习身体，则至体育场、游泳场。此种社会文化生活之与个人日常之私生活之分开，自亦表现一种精神价值，今暂不论。然西方人之此种生活态度，并非原由工业文明与都市发达而生，实在希腊时已然。希腊人之文化生活，即已表现离个人私生活而独立之性质。希腊人之体育游艺之文化生活，即由每年奥林匹克之大会而培养。文学艺术中，首出现史诗与戏剧二者，皆人之集体行动歌唱之产物。希腊最早戏剧，原是于祭神时或神庙前演唱。故希腊戏剧与神庙，乃希腊人宗教精神寄托之所。希腊学术教育之盛，又始于哲人学派之以专门传授知识为职业。继后有苏格拉底之街头讲学，柏拉图、亚里士多德及伊辟鸠鲁之组织学园，及斯多噶派之在廊前讲学。亚力山大城及罗马，亦皆有演讲厅，为社会讲学之所。中世基督教团体，亦为纯粹社会宗教团体。耶稣亦谓，人不能离去其父母妻子，则不能从我游。故西方人之社会文化生活，与个人私生活之分开，乃其文化传统如此。此亦即西方文化分途的多端发展之一因缘。然在中国，则吾人前已言，中国古代之文化，乃直接自中国古代人之实际的劳动经验、政治生活中，逐渐生长而出。儒家并主张人之为圣为贤之道德修养，不离人之日常之生活，并力求人之礼乐等文化生活，融摄于人之日常生活中。儒家之所以重视日常生活，乃原于儒家之自觉的肯定全幅人生活动之价值，而教人之贯注其精神于当下与我感通之一切自然人生事物。此即使一切人生活动皆可自身为一目的。夫然，而饮食、衣服、男女居室、劳动生产之活动本身亦皆可自具备一价值而非可鄙贱，亦不只视为一谋身体保存、种族保存之手段工具。西方人生思想之最大缺点，即恒不免视此一切日常生活，为人从事第二步精神文化生活之工具手段。杜威《哲学之改造》一书，尝深论此西方传统人生态度之弊。又或以饮食男女等，为满足生物性本能欲望，以保存自己生命、种族生命，完成自然进化之工具手段，如近代西方若干自然主义者所持。实则此二种态度，皆生于吾人精神不能充满于当下生活，而自陷于空虚之故。吾人精神，诚充满于当下之生活，则吾人所当求者，可唯是使此平凡之日常生活，与吾人未来之生活，未来更高的精神文化之生活，相配合和谐。此乃吾人在前章所已言。然吾人复须知，求吾人日常之生活与吾人未来之生活，或更高之精神文化生活相配合，尚不如直接贯注更高精神文化生活之意义于吾人最平凡之生活，以使其当下即极其丰富充实圆满，而无待未来更高生活之意想以为补充者。抑且吾人之能有精神文化生活中之创造，亦常须赖于吾人之先有一能贯注精神于当下最平凡之生活而不陷溺之态度，正可不须赖吾人抹过当下之日常生活，而求精神之一往向上之超越。实则，人之精神之求一往向上之超越，唯对吾人之已有之陷溺而有意义。人若无所陷溺，而言一往向上之超越，则此超越精神，虽一方可极其伟大——如上达于神，而一方亦可为精神之有所跨过而有所泄漏。由此泄漏，而有所鄙贱。则阻滞其情之生动活泼，而有一自虐虐物之念潜滋暗长。反之，如吾人之精神，果能充满于日常生活中之事物而不陷溺；则吾人之有超越性、涵盖性之精神，即充满于所接之事物，并以情趣加以护持，而更无所泄漏。情之所至，一方为吾人之仁义礼智之德性之所至，一方亦即为吾人之想象力或神思之所周流默运。吾人之神思或想象，真流连于所接之事物，而不有所陷溺，则吾人自然要求事物之美化艺术化，以适合吾人神思或想象中所显之美的意象。同时，吾人之求美的神思想象之活动，亦将自然的贯注于吾人当前之活动，以使吾人之活动本身美化而艺术化。人在自然生活，原有种种为达某一目的而有之习惯性动作，或由刺激而生之特定感觉。然只须吾人之精神，一凝注于此习惯性动作或感觉之感相，宛若只以如是如是之动作与感相本身为念，兼外绝其他目的之想时，吾人即自然依于神思想象力之环绕此感相动作，而表现一美的意象于前，或生一美化此动作之要求。如吾人试凝目于墙上之斑烂，或天上之浮云，吾人便能在顷刻间，幻化出种种美的意象；又如吾人操练一体育上习惯动作既久，吾人亦必变出种种姿态花样来。由是可证，吾人愈能以吾人当下之活动本身为目的，先使精神凝注其上而生情，吾人之神思与想象，即愈能流连于吾人之生活中，而使生活中之事物，美化艺术化。夫然，故中国人虽较缺超越日常生活，以求精神文化生活之精神；然亦特善于使日常生活之美化艺术化，使之含文化意味。中国所谓文化者，人文之化成于天下也。文必附乎质，质必显乎文。日常生活为质，精神文化生活为文。文质相丽而不相离，即中国文化之精神之一端。故中国之艺术精神，初表现于器物、舆服、宫室，而不表现于庙宇之建筑。中国文学不始于史诗戏剧，而始于《诗经》中之民间劳动之歌咏。中国之学术，亦始于政治社会之实际生活之反省（此可复览吾人前论中国文化之起源一章）。自儒家思想自觉肯定礼乐文化之生活，当无所不运，以之垂为教化；而中国数千年之民间之日常生活，遂皆颇含礼乐文化之意义，并与其劳动生产之生活相结合者矣。

（二）中国人在自然界之农业生活与其精神涵义

人类精神文化之形态，直接间接固不免受其在自然中如何劳动谋生之经济活动之影响，此点吾人殊无意否认。然吾人复须知，人之精神意识、文化活动，实直接自人之自我所发出。此发出之精神意识、文化活动之价值，亦可只在其自身，而不须在其可助吾人之生存。吾今将本此观点，以论中国人之农业生活之精神涵义之异于游牧业商者。游牧为驯养动物之事，故重以人力服牛马之力。游牧之人，喜迁徙以奔逐水草，故游牧使人精神豪爽而壮阔。昔蒙古之征服世界，如飘风骤雨，即表现一豪爽壮阔之气象也。回教兴于游牧，回教徒精神尚独立自尊，亦尝席卷欧亚。亦表现一豪爽壮阔之气象也。商业之事，则重货财盈亏之计算，而又恒须有一冒险投机，远适异域，以逐来日之利之精神。故商业使人增强抽象之理智力，与牺牲现在以为将来之精神。犹太人以商业谋生，故特表现抽象理智力之强，而善为未来打算也。游牧与商业，皆使人精神趋于超越现实所在之环境，而向外追求，以有所取得与征服。并使人精神易于向上凸冒，信一超越性之神。工业之生活，则重依理智以运用材料，从事制造，以期成制造品。故易培养征服自然，与组织安排事物之能力，使人精神趋于凝固而坚实，并使人易信其智之能把稳未来。西方民族夙为游牧兼业商，近世由崇商而尚工。古代西方人之精神，恒为游牧与商业精神之集合，故尚超越现实以向外追求。近代西方人之精神，则为商工精神之集合，而重理智之推算，以把稳未来。吾以前第二章唯就商业以说，不过举其要者言之耳。中国数千年民间生活，则为以农业为主。农业之生活，一方使人须尽人事以俟天，一方则以得具体之稻粱等实物为目的。人业农则须定着而安居，故自然易养成安于现实之"向内的求自尽其力之精神"，并易有一天人相应之意识，而对具体事物有情。农业之生产，可计量而不可计数，尤重质之美。故不易发达抽象之理智，而使人富审美性，增其艺术性之趣味。此亦吾人于第二章中所已言。然农业生活，对人最大之启示，则使人生在世界更有一实在感，并时有一无生物上升于生命之世界之意识。游牧中之动物为流动者，商业中盈亏不可必，财物尤飘忽。皆使人精神难得一当下之安定。惟工业使人可有计画的制造，而把稳未来。故近代工业文明，乃使西方人有实在感，而真能肯定此现实的物质世界者。然工业之意识，只为一制造者之意识。昔耶和华造天地，近代工业家亦造天地。然自造之意识本身而言，乃一自无出有之意识，故耶和华自无中造万物。工业之意识表面非自无出有，然工业品在未制造出之先，毕竟无有。此时只有物质材料，此物质材料本身，乃待改造者，亦即其原来之形态，必须被否定者。故工业制造之意识，乃改造否定已成事物，使之成无，而自无中出工业品之意识。此意识为纯精神的，然却非对物有情的，亦非真肯定此精神以外之世界之实在者。如上帝为一大工业家，则整个世界，皆为一将来之世界之材料。若将来世界未存在，现在世界又为须加以改造者，则此上帝不能真有世界之实在感。且工业家只能使无生物成为另一无生物，商人只能转移货物，游牧只能使生物食生物、毁生物，以成生物。在农业中，则植物一方为定着，而非流动者。植物亦非以人外之物为材料而制造的，乃是自然生长的，人取其种子加以培植成的。故此时人只是赞天地之化育。人对天地，遂真有一实在感。其信神，亦易觉神内在于天地，而非自无中造天地。同时唯在农业中，乃见无生物直接为生物所摄收，而入于生命之世界。由植物养动物，动植物之养人，则为植物动物所摄收之无生物，亦间接表现精神之价值。其中见一气连绵之上升历程。动物之尸骨与人之粪，皆生物体所化成之无生物，又皆再为植物所摄收，以还至生命世界。由是而农业意识所肯定之客观世界，虽为实在的，而非唯物的，至少是生命的，并间接表现精神价值的。由工业家之精神，至工业品之造出，乃一精神之下降于物质器具之世界。由游牧者之精神至牛马成群长出，是一精神之向生命世界之横拓。至于业商者之精神，盘算于买卖二方之心理需要以求利，则是人之精神，落入于人与人之心理相互关系之夹缝中，以求满足我之所需要而得利益。此是一精神被精神限制规定之一意识。此三者中，皆不能直接启示人"以无生物上升于生命之世界，间接表现精神价值"之意识。此意识唯由农业中得之。夫然，故唯农业为一客观的培养人之向上精神之劳动生产事业。而工业、游牧、商业，则只表现人之精神之高于动物与无生物，与人之精神之能被他人精神所限制规定而已。

农业生活使人有真正之世界实在感，并见此世界之为由物质而上升于生命精神之世界者。故农业之生活，乃直接使人觉此自然世界，与其心之向上要求相应，而堪寄托者。由此而人真可对天地万物有情。同时，人对日往月来、星辰出没、天体运行之秩序中所见之理，亦将不十分重视，而特重寄情于其上。人之情一安住于日月星辰之具象中，即使吾人纯理智的求知心，不易一往透过此诸具象，以探求其抽象之理则；而可于日月星辰本身之光明，与往复周行上，感无尽趣味。乃转而求吾人之日常生活，亦顺天体运行之秩序，加以安排。故中国早即有《夏小正》《月令》之书，说明一年各月，节气如何，主神如何，此时自然之动植物如何，人应如何行为与之配合。每年十二月节气之运行，又皆可与音律配合。于是天体之运行，时序之运行，皆若有一审美的价值。以音律与运动及数相配，在希腊之毕达哥拉斯思想中有之。近世凯蒲勒亦以天体之运动中有谐乐。然唯在中国，乃自觉的一直以律历合论。历书之普遍，使人易有天体之运动、时序之运行，乃宇宙在奏唱无声之乐之情调，兼促进人生之行为事业，当与此天乐天运相配合和谐之思想；由是而使人求其行为事业中之精神意义、文化意义，与自然节气之意义，交相融摄。中国之历书，兼顾及日月之运行，实表示一对昼之日、夜之月，同加以尊重之精神。此乃原则上较阳历之不重夜月，为更能爱戴自然之光明者。故中国民间生活中，一日之晨昏，或一月之初一、十五，皆须祀神。过年过节，尤为民间之大事，吾尝与友人谈论，今民间习俗中，清明扫墓到郊野，乃不忘其亲之意。五月五日纪念屈原，到水边，划龙舟，乃忠君爱国之意。七月乞巧，望天星，所以培养人天长地久之爱情意识，牛郎织女又皆辛勤之劳动者也。七月秋祭，乃在家中，夜焚楮化帛，此与清明之扫墓相对者也。八月中秋赏月，所以使人神志清明，月又象征人生之圆满团圆。清明为慧，团圆为福，则福慧双修之意也。九月九日上山，意在避人间之灾害，使人有高临超越而阔大之胸襟。过年守岁，则以人之精神之清醒，支持至一年终，迎新年之万象更新。人除于天地日月，终朝相接，举头便见之外，于上列诸节令，分别至郊野，至水边，望星、望月、登山、守岁，盖所以对重要之自然物，一一表示亲情，而同时于其中培养表现吾人之爱祖宗、爱国家，与悠久的儿女之情，与慧福之合一，心境之扩大，及成始成终之意识者。是中国民间之过节，实表示人之精神文化之活动与时节之运行、宇宙之音乐相应而并展者。与西方节日，如父亲节、母亲节、妇女节等，多随意任定一日者，迥不同矣。

（三）中国之家庭生活日常生活之精神涵义

中国之重家庭道德，吾人前已有所论。中国先哲之重孝弟，固主要是自人生责任感出发。然除吾人上之所论孝之意义外，孝弟之德，又皆一方为直接增加人生之意味与享受者。孝父母而及于祖宗，即使吾人觉吾人自己之生命，为无限生命之流之所汇流，而觉其若有一无限之内容。吾人之致孝于父母之前，亦即使吾人之精神，若长有父母祖宗之精神之覆育于上，而有一依托感。舜大孝终身慕父母，老莱子七十岁犹着采衣以娱亲，古人以父母在不敢言老为训，又皆所以使人长保其赤子之心。中国之儒家，欲人之长保其赤子之心或童心，非谓赤子之心、童心本身为足贵。然人已长大，思虑营营，犹能保赤子之心或童心，即人之由思虑而超思虑，此人之所以上达天德。基督教要人思创造天地前之上帝，佛家欲人思父母未生前面目，道家欲人返于婴儿，此亦是欲人上达天德。唯此诸语，皆易使人一往超越现实世界。儒家之教人由孝父母而常保赤子之心，则无此弊。因赤子之心一方浑沦，一方亦有良知良能之彰露也。至于兄弟之友爱，乃吾人之礼敬其他与我并立之个体之道德之开始，此亦吾在上章所已论。然父母之生出我与我兄弟，为父母生命之分流以向横面开展；故兄弟之友爱，亦即使吾人自己之生命向横面开展而扩大，以趋于充实之第一步。由是而孝弟之生活，皆一方为一责任，一方为一增加人生之意味与享受者。故孟子以父母俱存、兄弟无故，为人生之一乐。唯人类先视孝弟为责任者，乃能知其为一享受耳。

通常言人生之享受者，恒就男女之爱，及对子女之爱言，因此中有一源远流长之自然的生物本能之满足。然中国人对男女之爱，及对子女之爱，恒与一种节制，而尤重夫妇母子之爱与孝弟之配合。故曰："妻子好合，如鼓瑟琴，兄弟既翕，和乐且耽，……父母其顺矣乎。"中国婚姻制度，周代贵族中，即重父母之命，媒妁之言。唯其时，尚多淫奔之事，平民间，更有恋爱自由。汉以后，礼教日严，而人益以自媒为丑行。西方人视人生而缺恋爱，即毁灭人生无限趣味。西方人恒以恋爱与初婚之蜜月，为人生之至乐，故或于宗教家之天堂，亦喻之为永远的蜜月，文人诗人，尤无不恋爱。哥德恒经一次恋爱，即有一好诗，佛洛特竟以恋爱之欲，为人生之一切行为之动力，并谓人之恋爱之对象，乃以一切异性——包括父母兄弟姊妹——为对象者，可谓极怪诞之论。夫西方人所以尚恋爱者，由于在恋爱中，异性对我即为一超越境之存在，亦可谓之形上境界之存在，乃引动吾人无限的企慕向往之超越精神，与各种风起水涌之情思，及忘我之道德感等。恋爱之价值，吾人亦不得而否认。然中国人生思想之不尚恋爱，而主依父母之命、媒妁之言以定婚姻，溯其初起，亦非无一形上情调及价值意识为之支持。夫西方人由恋爱而结婚，依于尊重自由意志之观念。然依自由意志而合，亦依之而离，此即使人在婚姻中缺悠久之感。西方人又或重视不断追求爱人之趣味。故柏拉图《筵话篇》，谓爱神为富有之神与贫乏之神结婚所生之子。贫恒求富，故爱神常在追求之中也。然中国人则真知天长地久之婚姻之意味。求天长地久，即一形上之感情也。中国夫妇之原不相识，由结婚以生爱情，此乃先有生理关系而后建立精神关系。夫妇愈久，而精神上之关系愈深。此即为一由自然生活以至精神生活之上升历程。而西方之由恋爱而结婚，先有精神关系，而降至生理关系，则反为一原则上之下降历程，故结婚或成为爱情之坟墓。复次，中国昔日男女不相识而订婚，订婚后虽未结婚，然亦可有情。中国女子之过门守节，吾人今后诚当加以反对，因其害太大。然吾人如追溯此事之所以产生，初亦依于订婚而可有情。盖由人既已订婚，人之心目中，即有一异性为对象。然此异性，复可不相识，于是吾人之情，遂为一对"一纯粹之异性"之纯粹爱情。此爱情亦未尝非一形而上之纯情。恋爱时之觉对方为彼界一天国，对方犹是有形，而此则全无形矣。复次，中国之婚姻爱情观念之异于西方者，即西方之男女夫妇重爱而恋，中国古人则重爱而敬。爱而恋，则紧密相依，易成私欲之相执持。爱而有敬，则爱之境界乃随之开拓。西方人对英雄或特殊人物或上帝，能敬佩之、崇拜之，对朋友家人，则主亲爱。父子兄弟夫妇，皆相抱吻。朋友相遇，以握手为礼。请客以上客坐主人侧，亦示亲爱也。中国人则于任何人与人之关系，皆爱中济以敬。敬非只使人与人间有一距离，亦是开拓爱之境界。握手示爱，则二人紧接；拱手，则二人间若有一天地。请客，贵客坐主人侧，则全宴会场面向主人集中，以主人为焦点。中国宴会客上坐，主人下陪，宾主相照，则宴会场面亦开拓扩大矣。中国夫妇间有敬以开拓扩大其爱之境界，故夫妇之爱与兄弟之爱相通，盖兄弟姊妹之爱原主敬也。《诗经》谓："宴尔新婚，如兄如弟。"今之中国夫妇，仍以兄妹相呼，西方则无此。中国古之夫妇，又以君卿相呼，则敬之意更浓。中国古又喻夫妇之关系，如天地之关系。妇视其夫，可敬之如天。夫视其妇，可爱之如地。则夫妇之关系天地化。夫妇之生子，如天地之生人与万物。人之事父母，又可如人之事天地。则家庭夫妇父子之关系，即成天地与万物之关系之缩影。天地万物之关系，亦不外父子夫妇关系之扩大。孝慈之道，又通于政治上、社会上人与人之关系。君王之爱其民，当如父母之爱子。臣子之事君，当如子之事其父。天下人之相友，皆当如兄弟。则社会政治上人与人之关系，不外家庭关系之扩大。则夫妇与子之关系，即涵摄天地与万物之关系、社会中人与人之关系于其中。此非只是扩大家庭之意识，以涵摄社会与宇宙；而亦是以人对社会宇宙之意识，贯于家庭之意识中，使家庭之意识为之扩大。远者化为近而增其亲爱，近者化为远而长其敬意。《中庸》谓"君子之道，造端乎夫妇。及其至也，察乎天地"。其此之谓乎。

（四）日常生活中之礼乐意味

中国社会中一般人之日常生活之富于礼乐之意味，不仅可由中国人随节气而生活，与其家庭伦理生活中见之；中国人之饮食与嗜好游戏中，自一方言之，亦可较西方人富礼乐之意味。吾人实无妨即小见大。譬如西方人之饮食重营养，不如中国之重调味之美。《中庸》言："人莫不饮食也，鲜能知味也。"人之能知味，实赖一种直接体验味之美之精神。西方美学家于味觉嗅觉之美，恒不肯承认，谓此只为快感而非美感。然实则当味有变化调和时，吾人又能客观化此味之变化调和于意识中，亦可谓之一美感。人能于味觉中生美感，正须一较高之客观化感觉内容之能力。世界唯中国人最能知饮食之味，故烹调技术之高、食物种类之多，世界无能相匹。复次西方人饮食时，多用刀叉及铁器之壶等，中国则只用木筷、牙筷与瓷器。饮食用刀叉，即使饮食带兵气与杀机，不如用箸与瓷器之雍容和平也。又中国古无西洋工业文明，中国人日常所用器物为手工业品。凡中西之论劳动艺术者，皆知手工业品，乃手直接制成，故有个性，有制成者心血内在其中。机器产品则求标准化而千篇一律，有普遍性而缺特殊性、个性，不见制者之心血。故中国古人多用手工业品，即可增加人与所用物之情谊，因其有个性、特殊性，有制者之心血直接内在其中也。机器产品节省人之劳力甚大，机器生产之价值，无人得而否认。然如何使机器产品有个性、特殊性，见制者心血精神，使器物更富艺术性与人情味，乃今中西文化中同有之问题。《礼运》谓礼起于饮食。今中国人饮食，合桌而食，非分物而食，故易以通同食者间之情。中国之饮，酒外有茶，几二千年。茶味隽永，清人神智，非酒所及。自周公作《酒诰》后，中国古人之饮酒，重在以之成礼。今人饮酒，仍必坐定而后饮。朋友宴会，或豁拳行酒令，胜者不饮而败者饮，皆较有艺术意味与礼貌存焉。中国过去一般游戏中，除骑马游猎外，比拳必先作揖，既胜亦须拱手致歉，更无西方式角力。比射乃各正己而后发，揖而升，让而饮，其争也君子，更无西方中世动辄比剑之俗也。西方近世之足球运动，颇培植西方人游戏道德与团体合作精神，此当别论。下棋，则西方之棋皆如中国之象棋，重在败对方。未有如中国之围棋，重在自己如何先求活者。围棋除变化多，而意味长之外，如非平手又可让子，胜败可只在数子之间，败无绝对之败，胜亦无绝对之胜，而只有程度之分，斯乃胜固欣然，败亦可喜矣。此皆见中国过去之饮食游戏，富礼乐意味，与西方人之饮酒或倚案立饮，唯以买醉，饮咖啡以提神，击剑比拳重在角胜显勇武，骑马游猎重在激动生命力，固显然不同之文化生活矣。

中国人由素重业农，善于过日常生活之故，故恒不似西方人之喜旅行，远适异国，创辟新环境，以寻求生命之新意义。游历名山大川，读万卷书，行万里路，固中国哲人文人所乐，然亦非必视为不可少者。盖人之所以恒欲旅行游历他地，远适异国，开辟新环境等，一方固由于实际生活之需要，或欲多见多闻，一方亦由于欲自习惯之生活环境拔出，而在一新妍之境，感一生命之解放，呈现一新的生机。然吾人如真知人之所以欲旅行远适，开辟新境，其目的在欲自习惯生活之环境拔出，以求生命之解放，感一新的生机；则吾人亦可不待摆脱吾人之习惯生活之环境，而仍可有一生命之解放，而时时有新的生机之呈现。因习惯生活之环境，所以使人欲摆脱之，唯由于其每日如此，重复少变化，即使吾人之生命如受其桎梏，心之虚灵为所滞塞，性情失其活泼。然吾人纵生于斯、食于斯，所接之环境至狭，其中亦非决无变化。吾人如只就其变化处而观，则当前之环境，固无时不在新新之中也。吾人之所以不能时有新新之感，此困难，实多在吾人之自身。即在吾人唯重观今日所见与昨日所见之同处，而不重其变化之处。吾人之所以重观今日所见与昔日所见之同处者，则由吾人精神陷溺于过去之所见。故于今日有所见时，即以今日之见与过去所见相黏附，而增加吾人之精神上之陷溺。陷溺深而积习不能自拔，环境即成吾人自身之桎梏，故唯有摆脱环境以趋于一新境，以求精神自积习解放，冀开一新的生机矣。然吾人能如道家之于境之来，过而不留；如儒家之感而遂通，情无所溺；则于最平凡环境中，亦将唯见物之新新化化不穷。如渊明诗所谓"即事多所欣"，生机洋溢，生趣盎然，自不须远适异国开辟新境，以启生机矣。此孔子之所以言"曲肱而枕之，乐在其中矣"，于诸弟子欲作此事、欲作彼事，而出自外慕之心者，孔子皆不许，而独称曾点之浴乎沂、风乎舞雩也。吾人如知此理，则知中国人之安土重迁，善过日常生活，使日常生活充满礼乐之意味，非只由于农业之生活之束缚人于土地，使人多保守性之故；实兼由于中国人之受儒、道二家思想之陶冶，而于境少所陷溺之故。罗素著《中国问题》，极称中国人之善过生活，谓此由于中国生命中无"预定之成型"（Prepared Pattern），故能观照领略一切生活而不厌。林语堂以西文著《吾国与吾民》及《生活之艺术》，特重发挥中国人最平凡之日常生活中之艺术性之趣味，而其书因以畅销西土。彼等所言与吾虽不必同，然中国文化固有此一方面，以为其特殊精神之表现也。

（五）致广大之社会精神

四川刘咸炘先生于其《外书·动与植》一文，论中国社会与农业之关系，谓农业生活对人之一启示，即为植物之生长，皆自地中之种子长出，其根生于地中，而各居其位，自然不相乱。人之家庭，亦各安其土，以聚为宗族。而各家族各个人之在社会，乃成一分散并存之势。此言甚善。然中国社会有最大量之自由而又不趋于分崩离析者，则全赖中国古人之致广大之社会精神、平天下法天地之政治理念，与贯古今重会通之教育及讲学精神，而不能只归功于农业。

所谓致广大之社会精神，即超阶级之对立之精神，反党同伐异之朋党，而重和而不同之友道精神。今试分论之。

甲、超阶级之对立之精神

马克思谓西方社会发展史，只为阶级斗争史。其言虽未是，然西方社会充满阶级之对峙，盖无疑义。如希腊时之自由市民或奴隶主与奴隶之对峙，中世纪之封建领主与农民之对峙，僧侣阶级与一般人民之对峙，近代资本家与工人阶级之对峙，皆彰明较著者。阶级之所以成，恩格斯、马克思以为原于私有财产制度下，一部分人之握有生产工具，而另一部分人则只贡献或卖劳动以为生。由此经济意义上阶级之分，即有政治上统治阶级与被统治阶级之分。然政治上之阶级与经济上之阶级，可相应或不相应。二者意义，毕竟不同。政治上之阶级之分，即握政权之人群与不能握者之对峙。如此乃可说中世之执政权之僧侣，亦为一阶级。今俄国只有一共产党。共党虽志在消灭经济上之阶级，然彼等不许异党执政权，亦即为一政治上特殊阶级。自此以观，则西方社会谓之自始有阶级对峙可也。然在中国过去，僧侣未尝为一特殊阶级甚明。中国僧侣素未握政权。周代贵族初为一阶级，然春秋后即崩坏。自春秋战国学者崛起，秦废封建，汉高祖以平民为天子，中国原始封建贵族阶级即解体。后只有家族意识为维持中国伦理之一要素。魏晋六朝之门第，由天下大乱，人民托庇大族，逐渐形成。隋唐后，门第即渐衰。唯唐宋以后，元代与清代社会中之蒙古人、旗人之依种族而享有一定政治之特权者，可姑称之为政治上之特殊阶级。而此则满蒙之族对汉族歧视之故，非中国固有社会文化之产物。故中国社会历史，不如西方社会历史充满阶级对峙，固一彰明较著之事实，而人所共认者也（此可参考梁漱溟《中国文化要义》、钱穆《中国社会演变》等书）。

西方社会之所以充满阶级对峙，而中国社会则缺阶级对峙之故，此实由于中西文化精神之不同。夫阶级之成立，吾人决不能只就人之主观心理之私欲上言。诚然，个人在主观心理上之欲独占权益，或欲居他人上之心理，恒即为特殊阶级之人不肯放弃其阶级地位，为其阶级利益而斗争之动机。然只有此主观心理上自私自利之动机，既不能构成一阶级内部之集体意识，亦不能使其他阶级甘居于服从之地位。且一有阶级之社会，亦可因婚姻关系，或人与人自然的情谊之增长，或上层阶级之生齿日繁，自然降为下层阶级，与下层阶级中优秀者升为上层阶级等原因，遂自然冲淡阶级对峙之意识。故顺人之自然心理，与社会自然之发展，亦可说一有阶级之社会，原有一向无阶级之社会而趋之趋向，如高山之年代日久，而自然趋于平者。故吾人诚欲论西洋社会历史所以继续有新的阶级之对峙之故，实当由其整个社会文化之发展，分别说明其阶级对峙所自起。吾人向此用心，即可见希腊自由民与奴隶之阶级对峙、罗马平民与贵族之对峙、封建领主与农奴之对峙，初皆由一民族不断征服他民族，或战争，或自他地买卖奴隶而起。中世僧侣阶级，由基督教信仰，形成教徒集体意识，及社会崇敬宗教而起。近代西洋资产阶级所由生，则由近代文化中尊重私有财产，尊重个人自由企业，与歌颂改造自然之工业文明，崇敬商业上、工业上成功者之精神而来。至于贯乎西洋社会历史，而支持西洋阶级对峙之道德意识，即为一种人当超越现实之上，以求精神凸起之意识。吾人今日虽主废除阶级，然吾人亦不能以为西洋过去社会之充满阶级之对峙，无其对人之精神上之价值。盖阶级虽为一种人与人的不平等，然当人自觉其生而居于他人之上，人即可生而有一种超越凡俗感。此意德哲凯萨林曾详论之（唯忘其书名）。由此超越凡俗感，即可引起人之一种求超越现实，而追求一种纯精神文化之生活，或拔乎流俗以上之德性。柏拉图又以为社会必须有奴隶之存在，以使哲人与治者有闲，能探求纯粹之真理，并专心从政。亚里士多德亦以人最高之德，为高卓伟大（Magnanimity）之德性，此德性亦正由人之自觉在凡人之上，乃能培养出云（见其《伦理学》中。罗素近著《西洋哲学史》，曾特引出而加以评论）。彼等之人生思想，亦即可视作支持希腊之阶级社会之道德意识之说明。中世基督教思想，以人类中必有专与神交通之僧侣，乃能救度人类；一般人亦以为人之灵魂欲得最后归宿，必须受僧侣之指导，此即支持僧侣阶级存在之社会意识道德。而尼采之论贵族道德，则又为支持贵族之当存在之道德意识之说明。尼采之思想，亦正表现一超越凡俗之精神者也。至于人当以人力制自然，以精神宰物质，而创造未来之世界，以促进世界之进化，亦为一种求超越现实之精神，而使近代人尊重工业文明，崇敬企业家，而支持近代之资产阶级之存在者也。

　　吾人如真知西方之有社会上之阶级之对峙，乃由种种文化背景及道德意识为之支持，则知中国社会之所以缺阶级之对峙，亦正由于中国人之素有一超阶级之道德意识，与使社会阶级对峙不能继续发生之文化背景。此即合以形成一超阶级对峙之社会意识。如与西方比较而论，中国超阶级之对峙之社会意识之所自起，第一由于在中国哲人之人生道德思想，根本不如希腊哲人之重有闲以求得知识；亦不似中世纪人之尚信仰一超越之神；亦不如近代之歌颂工业文明而重现实上之成功。第二由于中国各地民族，自汉以后，益趋于和融。中国宗教徒又皆分散于山林，而无集体之组织。农村中土地固不断有集中于少数人之现象，然历代有均田限田政策之施行，中国民间之长子继承制早废除；唐宋以后，门第势力又衰，无论如何大之地主，传数代以后，皆化为平民。则凡在西洋社会文化中所以使阶级对峙存在之条件皆无有矣。

　　然中国社会，所以缺西方之阶级对峙，不仅由中国缺西方之产生阶级对峙之社会文化背景与人生道德思想；尤重要者乃第三点，即中国人之"自觉的肯定一切个人之平等，并求其实际生活上能平等"之思想。印度本无西方式之超越精神，其宗教哲学思想，皆以梵天为遍在万物，人人之自我即梵。其道德观念，并不特别崇尚异乎庸俗之高贵伟大之德性，而崇尚慈悲与爱，理当先绝阶级之对峙。而印度之原始社会之阶级，竟久不真被废除者，则由其宗教哲学之只肯定一切人之来源上之平等（如同原于梵天）、在本质上之平等（如同具佛性），而不肯定一切个人之各为一"个体"上之平等，亦不真求实际生活上之平等之故。于是印度之统治阶级，遂得本其自私之心，与民间之迷信相结合，以保存其严格之阶级制度，至数千年之久，及今乃以西方文化之输入而渐解体。故中国原始社会所留下之阶级对峙，早得化除，与以后魏晋门阀，及元清贵族之不能长久存在之故，非只赖一社会发展自然趋于平等之趋向；而是由中国道家、儒家之积极肯定一切个人之平等，并求其实际生活上能平等之思想之传布与实践。道家、儒家之此种思想，依于彼等对于宇宙人生之大慧，即知"天人不相胜，通彼是物我"之大慧，"天人合德，以仁义存心，而知人同此心，心同此理"之大慧。唯由此大慧，而知人生之有无上价值与尊严，并知一切人同有此无上之价值与尊严。唯如此，而后中国文化思想乃不以上帝高临于个人之上。中国之道士僧侣，皆可赖其一人之修养，以与太虚合一而成仙，或证菩提而成佛，遂不重宗教之组织，僧侣乃不成一特殊之阶级。亦唯如此，而后有长子与诸兄弟既同出于父母，即应平等分财之意识。长子继承制因而早得取消。亦唯如此，而后民族与民族间之歧见，易于化除，而民族早趋于和融。故中国社会之所以缺西方之阶级对峙，根本理由，唯在中国儒、道二家之大平等之思想耳（中国过去虽缺阶级之对峙，但近百年来西方之资本主义者、帝国主义者与其买办，则对中国人压迫。中国共产党之产生，即由于反抗此压迫而生。然其所以向往无阶级之社会，正由于中国社会文化精神，原是要超阶级而重平等之故。唯彼等不自觉此点，不以中国传统精神为师，而以俄为师，皆由学之不明故也）。

由中国之无固定之阶级，故社会政治之领导人才，可自不同之职业而出。中国古代虽有贵族，然政治上之人物，非定出于当权之贵族。孟子所谓"舜发于畎亩之中，傅说举于版筑之间，胶鬲举于鱼盐之中，……孙叔敖举于海，百里奚举于市"是也。汉儒尤喜论古代帝王，自民间拔取人才之故事，此虽皆可谓另有作用，亦不能谓其全无所依据，至少可证古代人才之不必出于当权之贵族。《管子》

书虽仍抱"士之子恒为士，农之子恒为农，工之子恒为工，商之子恒为商"之社会思想，然战国以后，职业阶级之画分，即日益不严，战国诸子中，即多一面劳动谋生一面从政讲学之学者，如许行及墨子之徒。汉以后以察举选拔人才，皆从民之秀者出。魏晋之大门第，虽近封建制，然唐以后科举制行，工商业之家恒不得应考，官吏更皆出自农民。将相本无种，白屋出公卿，耕读传家，实为以后中国人士之一贯之习俗。故一家之人，一子读书，一子务农，一子业商，盖唐宋以后中国社会之常道。中国社会所以尊士，亦唯以士所负之学术文化之使命较大，非士之自成阶级之谓。近人以唯士能在官执政，即谓为一官僚阶级。此乃不合阶级本义者。盖所谓阶级，唯以指社会上一部分人独占特殊之政治上、经济上之权益而立名。中国之士，无论由选举、科举、荐举、学校出身而为官者，皆分别来自各地方或社会之各部，并各以其个人之才德学问而成为从政者，其非独占政治权益可知。为官之俸禄所以代耕，为官亦可说为士之一职业，此即非独占经济权益之说。一家之人或为士，或为农、为工、为商，尤不得称一家之有数阶级也。故今日吾人执乡里之农人、工人、商人而问其祖宗，皆不难发现，其数代祖宗之曾为官或有科名，其同族之人或兄弟，更不乏任不同之社会政治上之职业或职务者。中国社会中各种职业，可依个人之能力兴趣而自由选择。家族之关系，互相交织于政治社会上之官吏、士，及农、工、商之职业间；即使中国社会组织趋于凝固，而人与人之关系趋于和融之道。此即中国人民之分散于广土，而终能形成一大国之一故也。罗马不能如此，此其大帝国之终崩裂也。

乙、重友道而轻朋党之精神

中国过去社会生活之特色，一方是无明显之阶级对峙，一方即为重友道之扩大，而轻朋党之结合。我此处所谓朋党之结合，即以抽象目的之共同或利害之共同，而造成之人与人社会组织而具排他性者。依此义言，则凡西方之政党依一抽象之主义之共同、政见之共同，集合同志而成。而欲独占政权者，如法西斯之政党，固可称为一朋党，而宗教徒之以一抽象之宗教信仰，成立教会而排斥异教或其他教会者，或以一抽象之经济上、商业上之共同利益而成立经济组织，而具排他性者，亦是一朋党。中国人之社会生活之所重者，则只是扩大友道，而不重社会文化团体之组织，故尤轻视朋党之组织。朋党意识与友道意识之不同，在朋党意识不特有排他性，且恒不免要求分子舍弃其他人生目的，以专事于此朋党中抽象的公共目的之达到。俄共党则为西方朋党中之最富排他性，而最要求其分子牺牲一切目的，以为其主义之实现者。西方中世之基督教会，过去亦要求一切信教者之一切人生行为皆隶于教会，然后乃有教皇干涉政治之事。西方近代资本主义制度下之企业联合成托辣斯、卡特尔后，亦欲垄断社会之经济，并进而要求控制政治文化；而资本家亦恒以金钱衡量一切，以致富为最高理想，更舍弃其他之人生目的，而专从事此企业之扩张。故此朋党精神，亦可谓乃促进或成就西方文化之分途，趋向极端之发展者。而中国过去之社会，最缺各种分立之社会文化团体，以充实社会之内容，为民治之基础。然亦因缺此种朋党意识，故中国政治上无西方式之独裁的政党，无以一宗教组织排斥其他宗教，而残杀异端之事。经济上之垄断的商业组织，亦素为中国人所反对。中国社会性之组织，近世有所谓帮会。近世帮会之初发起者，虽亦或有秘密之政治动机，如反清复明，然其所以号召，并非一抽象之政治目的，而只是急难中之扶持等。因而帮会，亦可说是一依于求扩大友谊而成之团体。中国之帮会，因恒归于一群人之互相包庇，结党营私，作危害社会之事，以至盗贼流氓，皆有帮会组织，此即成为纯以利害结合之朋党中之最下流者。帮会之流弊诚不可胜言，然盗亦有道，而贯乎于帮会之中之道，就其本质而论，仍是一人与人之整个人格相互信托之结合。中国帮会不要求帮会中之个人牺牲其他之人生文化活动，违反人之一般道德，以求帮会之发展。帮会所要求于其分子者，唯是同属一会者，各依其财力能力，以相扶持，共负帮会赋与之责任。然未有如西方中古基督教会之希望教徒奉献全部精神于教会，或如共党之要其同志为共党而牺牲一切，以致牺牲其素有之宗教、道德、伦理之观念者。帮会必肯定人之孝父母、敬兄嫂之家庭责任，守国法之国家责任，同时不干涉帮会中人之一切宗教信仰，或其所从事之一切其他人生文化之活动。帮会之精神，只是一信义上之互相要对得住，彼此交代得过。其中之严格规约，均是所以维持一信义之纽带。此纽带至多如在人之腰部，将彼此联系，而非在头上使彼此同套入一铁的纪律之中。故帮会既成，虽亦常有排他性，然亦未必过于西方式社会组织，如中世教会与共党组织之排他性也。

中国之友道意识，乃中国儒家所特看重。朋友之相交，赖志同道合。然中国古所谓友道，决非今日中国所谓同志。今所谓同志及西方之所谓同党，唯是一抽象政治目的理想之共同而生之一集合，如同信某一主义，即为一同志矣。然中国古所谓志同道合，则恒不是一抽象的目的理想之同。"同志于道"之道之内容，恒是指具体的人生文化理想之全体。同志于道，只是说，同有担负道之全体之向往。然各人对此道之全体中之所认识、所偏重，则不必同，而在一时一地，各人所志之事，亦不必同。孔子谓："君子和而不同，小人同而不和。""君子周而不比，小人比而不周。"孟子亦谓："君子亦仁而已矣，何必同。"朋友相交，与其言重同，不如言重和。孔子言："友直，友谅，友多闻，益矣；友便辟，友善柔，友便佞，损矣。"直者，自陈其异见；谅者，谅人之异于我者；多闻者，由友而知我所不知，而知异乎我之所闻者。便佞善柔，则为一往与己相同，以顺适己意之谓也。夫然故中国之求友，乃取友以相攻错。西方主义之创造者之求同志，则恒求与己意相同，而能奉行我之主义之人。此与中国古人求友之精神，正不必相同。中国古所谓朋字即凤字，《说文》释凤曰"凤飞，群鸟从以万数"，亦即异类相从之意。故所谓求志同道合之友，实只是于异中求同、异中求和。《易经》谓："同声相应，同气相求，水流湿，火就燥，云从龙，风从虎，圣人作而万物睹。"然水之与湿，火之与燥，云之与龙，风之与虎，皆非同一之同，而为异中之同，睽而相通相类者也。由是而中国之友道意识，遂纯为向外开拓之心量，以友天下之善士之精神。此向外开拓之心量，乃依于一对我以外友人之敬意，以与友人之精神相感通。故朋友间之情谊，亦可谓之同于康德所谓超越的亲和感。朋友有相规以善之义，然无数谏之义。朋友之关系，永为一主一宾而相遇以礼敬之关系。纵我是而彼非，亦不能强其与我同。因而朋友之间，学问之见解，不必同；政治上之行径，不必同；宗教上之信仰，不必同；贫富穷通，贵贱尊卑，与经济上之利害关系不必同。人无论在学问上、政治上、宗教上之见解、行径、信仰、贫富，在社会上之贵贱地位、利害之关系，如何与我异，吾但敬其为人，而皆可与之为朋友，或与之神交。由神交则吾人复可外友万里之遥，上友千载之前，下友百世之后。夫然，而后人之求友之精神，乃可无所不运。而只以一抽象之目的理想之共同，如纯政治之理想之同，学问派别之同，宗教信仰之同，及利害之共同等（如同属一经济上之组织，或同属一经济上之阶级）结合人者，则在开始点已不免狭隘。由此画分敌我，更非所以养德。中国之自古即尊友道而贱朋党者，非只以世之朋党之结合，多本于利害之共同，乃以党同伐异之精神，原非所以开拓心量，而显吾心之仁德者也。吾人知中国社会之尚友道而反朋党之精神，即知中国过去之社会，所以不倡自由，而实有最多之社会生活之自由，与宗教学术上之自由、政治上之自由之真正理由所在。今人皆谓个人生活之缺乏自由，由于集体社会之权力太大。故有中世纪之教会之控制社会文化，乃有近代文艺复兴、宗教改革之争自由。有资本主义之控制社会，乃有共产主义之欲打破资本主义之组织。今又有共产主义之顺我者生、逆我者亡之态度，与其铁的政党组织，乃有今日自由世界之反共。然实则集体社会之力量所以太大，而虐杀社会文化中之自由，唯以此一切集体社会所有分子，乃只依一抽象之理想，或相同之利害，互结纳为同志以形成。而凡一过分被重视之抽象之理想，皆恒能吸住其分子之全部精力，以求其实现，遂使依之而成之团体组织，具强烈之排他性，而害及他人之自由。反之，若吾人对凡依抽象理想或共同利害而形成之社会组织，皆自觉的规定其功能，限制其权力之所及，而兼以一"扩大的友道之意识"，通贯于个体人格之关系间，则人与人间，虽所属之社团组织不同，而亦能互敬其所以异，以相涵容，于异中见其同，睽中见其类；知人生之一切不同文化活动、文化事业、社会组织皆可并行不悖，以生发成就，自不须日争自由而个人皆自易得其自由，天下定而社会宁矣。

（六）平天下法天地之政治理念

中国之政治，吾人可名之曰平天下之政治，此种平天下之政治精神，在周代以前，即为一承天以爱民治民之精神。儒家之政治思想，为依人之仁义之心，以正天下之民，而致天下于太平。墨子之政治思想，为教在上者法天，以兼爱万民，而人民则当尚同于在上之贤者。道家政治思想则教人君仰体天地无为之德，以兼容万物，均调天下，而任人民之自适其性，自得其得。此诸家之思想，均不尽同。然其以为君者之心，当为一无所不涵盖而与天地合德之一点，则无异辞。儒、道二家之政治思想，对后世之影响尤大。吾人不能谓儒、道二家之政治思想，同于西方民主政治之思想。儒、道二家亦未尝明确的建立一民主的政治制度，然儒、道二家，同亦非主君主专制，或主贵族政治者。在周代之政治尚不脱封建贵族政治时，儒家已主依贤不肖，以定卿大夫及诸侯与天子之位，公羊家尤讥世卿。秦为专制政治。汉兴，而黄老之家皆以人君当无为。董仲舒则谓帝王应法天、缓刑、尚德、求贤良共治。儒家、道家尊重人民，固无疑义。儒、道二家之所以未尝主张选天子，人民积极参加立法司法之事，以争政权之民主，而唯教天子无为，自下拔取人才与共治天下者，固以中国过去广土众民，普选实难。自吾观之，尤重要者，乃在依儒、道思想，实皆不以人为必需参加政治活动而过问政治者。中国政治思想，唯法家不许人脱离政治，故韩非必以天子不得臣，诸侯不得友之狂矞、华士为当诛。道家则贵身甚于贵天下，多薄天子不为。儒家孔子言"孝乎惟孝，友于兄弟，施于有政，是亦为政，奚其为为政"。儒家之教人，唯重各尽性以成德。尽性成德之志，必期于修己以安人、安百姓，而其事则非必见乎为政。孟子谓："广土众民，君子欲之，所乐不存焉。中天下而立，定四海之民，君子乐之，所性不存焉。君子所性，虽大行不加焉，虽穷居不损焉，分定故也。君子所性，仁义礼智根于心。其生色也，睟然见于面，盎于背，施于四体，四体不言而喻。"夫然故儒者从事政治，而栖栖皇皇，席不暇暖，实唯以天下未治，而非以从政之生活，为人必不可免者。此孔子之言"天下有道，丘不与易"，而于长沮、桀溺、荷蓧丈人，亦未尝不致敬意之故。儒家所理想之天下既治之局面，乃人人皆以礼乐自治其心身，而"兵革不试，五刑不用"。经济上之利用厚生之事，则当赖人民自为，更无特重政府之管制之意。儒家之太平之世之政治，亦近乎无为之治，故孔子亦谓"无为而治者，其舜也欤"。儒、道二家之理想政治社会，实皆同为使人民不感有政治权力之存在，觉"帝力于我何有哉"。至于儒家之理想的无为之治，与道家之不同者，在道家之理想帝王之德，唯是一充量显其心之虚灵以涵盖万民者，而儒家之理想的帝王，则为一圣王，具"其仁如天"之道德的人格，恭己以居南面。故牟宗三先生谓儒、道二家之帝王，皆期其一绝对的普遍之道之体现者。如君而德不足以为君，则理应禅让其位于贤者，否则如孟子所谓独夫之纣，人人皆得而诛之。荀子亦谓："夺然后义，杀然后仁，上下易位然后贞。"（唯人君无德不禅让如何，人民如何夺君位，如何使用政权，孟、荀皆未能提出一办法，此则其缺点。）儒家之所以尊君者，要在尊君之位，尊君所代表之君道，而非尊君之个人，亦非自君有至高无上之主权而言。此则与西洋君权神授说之尊君，霍布士之尊君，及近世法西斯及共产党之拥护领袖之为一行动之领导者，其意味迥然不同。儒、道二家之帝王须以德显，故皆为不须躬亲事务者。其唯一之事务，

则在知人而信人用人，以为百官。百官则为负种种之政治上事务之
责，如人身五官之分负视听之职务然，而非今所谓统治者之谓。帝
王与百官，只为社会中之少数人。由是而儒、道二家虽贵民，而实
则不免以政治之事务，只为帝王与百官之事。此乃由于自儒、道二
家观之，人本不必参加实际政治生活，亦能尽性成德，而自乐其乐，
自得其得。故宁将政治之事，付诸少数人中之帝王与百官。今人盖
以为政治为获得权力之事，而以政治活动为人人必需参加，故疑儒
家之私政权于少数君主与百官。而不知儒、道二家，本皆不以政治
为争权之事，亦本不以人为必需参加实际政治活动者也。中国过去
之政治理想中，以人民可信托君主与百官之治，亦可谓缺今日西方
民主政治中，人人积极干涉政治，过问政治之精神。然在中国过去
政治中，由儒、道二家之主张，君当无为，并求贤共治，实际上亦
可说是力求使政权成为非任何一个人或一群人所得而私有，而公于
天下者。道家之帝王，当功盖天下，而不自以为功。儒家之帝王，
亦为不当有任何予智自雄之心者；换言之，即当为无任何权力欲或
任意之意志者。则其位虽尊，而只是以人民之尊之而尊，非以其自
尊而尊。夫然，故帝王所唯一当以之存心者，即为扩大其胸襟，开
展其心量，勿蔽于情欲，勿纵于逸乐，而以天下之苍生为念，再本
此心以任百官。儒、道二家同以此教帝王。秦汉以后中国政治制度
上之改进，即为如何求依察举、荐举、科举，以自民间提拔人才至
朝廷，并提高御史、谏官之地位，在政府内部求以限制百官与天子
越其分而妄为。中国过去政治中所表现之一理念，可谓为一种法天
地之政治理念。帝王之德，法天之虚与仁，而无所不涵盖。心无所
稽留，法天之圆也。百官之各有其职务而不相乱，法地之方也。（《吕
览》、《淮南子》、董仲舒《春秋繁露》，及《周礼》，皆分别于此法天

地之理念，有所发挥，今不及详。）而朝廷对社会而言，则人民如地，而朝廷君主如天。人民对朝廷与君主，主于敬。君主与朝廷对人民，主于爱。君主与朝廷之求才于人民，则如天之功之施于地。人民之由荐举、察举、科举以登于朝廷，则如地之升于天。中国政治制度之改进，则皆表现于君主、朝廷之为政以德，使治权日益公诸天下等处。此即如天之日高，而地气之日以升。此与西方政治上之改革，常见于原居下层阶级者之革上之命，而自下翻上，如近世君王之打倒握政权之僧侣教皇，布尔乔亚之夺贵族之权，无产阶级之革资产阶级之命者，固迥然表现二者不同政治发展之精神者也。

中国汉唐之政，较重有为，近世之治术多重不扰民。地方官吏之事务，恒不外收粮税、治盗贼，与理人民之讼事。如无盗贼，人民不讼，"花落讼庭闲"，"太平无一事"，则官吏可以余力治学问。人民亦尽量求与官府少作交涉，人民纳粮以外，可一生不入衙门。社会之秩序维持，主要赖人民之安土守分，乡里之能自治，与文化道德意识之普遍。由是而中国社会，能异于西方之赖武力与警察以为统治。（辜鸿铭英文《春秋大义》，又名《中国文化精神》，初言及此。）此实可谓为一种最能与社会相忘，任社会自由生长之政治。天高皇帝远，人民可与之毫无关系，则皇帝一方只为一天下一统之一象征，一方由皇帝之为至尊，亦可使吾人之精神中之一切权力意志与我慢，及吾人之超越精神，只能达于君位之理念即回转。而君之理念，即为具无限之涵盖性与仁爱之理念。故吾人之权力意志、超越精神，达于君而回转，亦所以使忠君者必然爱国，回头护念世间而涵盖之者也。历代皇帝之世系相传，不以德而以血统者，则因血统纯由天定，而不由人定。则人于此得免于思虑之安排，亦所以绝纷争，而使社会易长治久安。在长治久安之中，有一由天然血统所定之万世一系之皇室，以为天下在时间空间上之一统之客观象征，人乃可更有一悠久无疆之太平之感。此盖为中国过去儒者承认有皇帝世袭之理由，皇帝在今日固不存在，中国将来亦不能有皇帝，今后中国之政治，亦当大异于往昔，然谓中国过去之政治全无价值，及中国数千年儒者皆甘作皇帝之奴隶，则悖于事实者也。

（七）贯古今重会通之教育与讲学精神

中国社会文化生活中，人之精神统摄于四统。其在自然者为天地，在家庭者为父母，在社会政治者为君，在教育文化者为师。在宇宙，则天地为至尊，在家庭则父母为至尊。在政治上则君主为至尊。在教育文化上，则圣贤与师为至尊。故《学记》谓臣而"当其为师则弗臣也，当其为尸，则弗臣也"。《大学》之礼，为师者虽诏于天子，无北面。君之地位，在家庭中则位逊于尸与父母。父母即家君，故《易》曰："家人有严君焉，父母之谓也。"在教育文化中，君之位逊于师与圣贤。至于在宇宙中，君之位逊于天地，君须礼天，更无论矣。故中国文化中，对君虽未能自政权上，与以确定之限制，而表之于成文宪法中；而在整个社会文化意识中，则君所受之限制仍甚明。师与圣贤，尤代表中国社会文化中之至尊。天地君亲师之所以终于师者，正以唯师乃能成终而成始。使人类之历史文化相续，教孝教忠，教法天地，皆师之任，无师则天地君亲，皆失所凭依，而人道几乎息矣。天地之于人也，或利或害。君之于臣民也，或赏或罚。亲之于子也，爱无穷而皆出于天。而师之设教，则纯为传人之文化于万世。师生唯以传道求道之心相接，而自然不容希利避害、慕赏畏罚之念，夹杂于其中。师生之关系，乃纯粹人与人之精神，求相遇于客观之道，以使道不绝于天壤之间者也。道有大小，故师有大小。然师之恩于我也，则皆可谓之无限而无穷。故中国文化中特尊师，匪特士有亲教之师、有先师（孔子也），一切手艺之人，亦莫不从师，而后能之，亦各有其所不忘之先师。故工人以鲁班为先师，农人以后稷为先师，裁缝以黄帝、嫘祖为先师。岁时过节，过去中国士农工商百业之人，皆未有不先敬其先师者。此中国社会文化中之一伟大精神也。

中国人之尊师，即亦中国文化统绪所以形成之故。盖中国学者之从师，乃在一时只从一师游。学技艺固可转益多师，学道则最后必归于一师。一师精神，贯注于若干学生徒弟，若干学生徒弟之精神，则凝聚集中于一师。此与西方之学校，乃由众师教诸学生，一学生兼采众师之长，以形成自己之学问之方式，大不相同。盖希腊自哲人学派出，而社会讲学之风盛。由柏拉图《对话》，即可见其师苏格拉底与人聚会论学之风，乃一人讲一套之后，他人再来一套。柏拉图创设学园，虽由其一人主教，然学园中之教育，乃先自几何等知识入。亚里士多德来西昂（Lyceum）学校，更重知识之分门别类之研究。纪元前二百年已渐有雅典大学之设。耶稣人格虽可佩，然其精神为超人文的。中世大学之兴，原于与阿拉伯文化、希腊文化之接触。中世学校所分门讲授者：七艺、哲学原自希腊，宗教、神学原自希伯来，法律原自罗马，医学之一部原自阿拉伯。由中世学校之分科演变成今日欧美之学校之分科。然在中国，则自孔孟设教以后，学者从师，乃一方为其侍从服役，一方依于敬仰其人格，而愿与之同游。秦汉之际，老师宿儒独抱遗经，亦分别聚徒传授，重师法家法之相承。魏晋隋唐，佛学东来，寺院说法，更为一大德各据一狮子座之势。宋明儒讲学于书院，正承此风，直至西学东来而后改。此种中西教育方式之不同，乃各有其价值。在西方之教育方式下，学者可综合诸师分别所授，以自成其学，而所摄取之方面较广。然综合之功，全赖自己；如不能综合，则易陷于杂乱支离。又因学者乃居于综合者之地位，故恒自以为智过其师，并期于有所创获，而敬师之心，亦自然较少。吾所学于师者，恒是其一方面智识技能，故师之整个人格，恒非我所接触，而爱师之情亦轻。然在中国之过去教育方式下，则吾人之精神先集中于师，直接与师之整个生活、整个人格相接触。同时直接接触其"学问之综合方式"，而无意间引发吾人自身之综合能力。师之人格学问若真伟大，则学者沐浴于其春风化雨之下者，同为其师之为学作人之风度所感召，即皆可分别了解其师之学问人格之全体，而亦可为一具体而微之人物。于是师之精神，乃得如月之映于万川，而世代相传，以及于广大之社会。此中学者之学问道德，无论如何过于其师，然饮水思源，则不能泯其爱敬。夫然，而中国学术文化之由师师相传，以日趋进步，后人仍可终不忘其宗师与祖师。学术文化之统绪，遂因以成。于是学术文化无论如何演变，而终有通古今之文化精神，一直贯注。如万脉之同出昆仑，百川之朝宗于海矣。夫然后中国每一人精神，乃可上通千古而下开百世，不如西方哲人恒不免"前无古人，后无来者"，有无人相知之感也。

中国学者治学之重师法、家法者，诚有一缺点。此即使学者所取资者较少，易有门户之见。然世以中国学术风气，纯为一西方所谓传统主义、权威主义则未是。盖中国学术风气，虽尊传统，而教者施教，恒必俟学者之问而后告。孔子所谓"不愤不启，不悱不发"，荀子所谓"不问而告谓之傲，问一而告二谓之囋，……君子如向矣"，《学记》所谓"叩之以小则小鸣，叩之以大则大鸣"。此种待问而告之施教法，即所以使一切知识言说，皆应学者之自发之要求以施设，而免于学者之盲信传统者。中国学者治学，亦重心得，不尚多闻。重心得，而于心之所不安，则不当轻信。无论先秦魏晋宋明之学风，盖皆如此。汉儒、清儒，较重师法、家法，则目的在存古代学术之真。西方所谓传统主义、权威主义，恒一方一往尊信传统权威之言，而一方以之组成独断之教义，而抹杀一切相异之学术理论，以为邪说异端，而不许其讲说。此乃由中世纪之过信启示之风来。今日之苏俄之学术风气，则可谓崇尚权威之极。然在中国学者之讲学，皆重循循善诱，而常随机问答。孔子答弟子之问仁、问孝，已各不相同，此即使学者知"言非一端，各有所当"之理。中国学者最重知言。章实斋谓知言者，"知其所以为言"，即知其言时，所对之特殊之事、特殊之人，与自何方面入手以说以一道理等。人能知言，则能知言之不同，不碍其理之可相通。由是而于表面不同之学术理论，亦善于观其会通。因而在辩论之中，亦易于相悦以解。至若庄子之教人，通观言之各有所是，则可根本不辩。故曰："辩也者，有不见也。"中国先秦诸子中，诚大多好辩。如墨子谓"以其言非吾言者，是犹以卵投石也。尽天下之卵，其石犹是也"。乃明重谈辩者。孟子之辟杨墨亦好辩。荀子明主"君子必辩"，并谓于邪说可"临之以势，禁之以刑"（《正名》篇）。传至韩非、李斯，而主统制学术思想，秦始皇主焚书坑儒，而汉武帝罢黜百家，韩愈于佛家主"人其人，火其书，庐其居"，似皆表现中国学术精神缺乏宽容一面。然墨子所重者，纯在行为。孟子、荀子之尚辩，唯在大关节上。孟、荀之所斥者，正在他人蔽于一端之理，而以之抹杀一切者。故谓"凡人之患，偏伤之也"。孟子谓"所恶于智者，为其凿也"，其反异端，皆反其"执一而废百"也。荀子之斥诸子，亦以其有见于此，而无见于彼，蔽于一曲，暗于大理，未明全尽之道。故孟子、荀子之好辩，正所以维护人之观其会通之学术精神。而"临之以势，禁之以刑"之言，亦只对存心诡辩以乱世道者说。至于韩非、李斯与秦始皇焚书坑儒，诚是独断的权威主义。然秦以后，即无此事。汉武罢黜百家而尊孔，亦未尝禁百家流行社会。韩愈之辟佛，乃由当时天下僧尼之众，足摧毁国家之经济。中国佛教固有三武之厄，然与西方宗教战争，及虐杀异端之事相比，则不能相提并论矣。宋儒辟佛，莫如二程。然《二程遗书》记：人问佛当敬否，伊川谓"佛亦是胡人之贤智者，安可慢也"。（《二程遗书》十八）自佛教东来，中国儒者之主三教一原、三教一家，以为融摄者，更远较视之为不两立，而断断相争辩者为多。知此则知中国学术风气，虽尊传统，而实最远于西方所谓独断的权威主义、传统主义者。至如中国之魏晋之学术风气，及后来禅宗之学术风气，更见一阔大之胸襟。人恒能即其言之异，以见理之同。如禅师之或即心即佛，或言非心非佛；或言心外无境，或言心内无境；或言礼佛，或呵佛骂祖；并可相反而相通。吾人读《世说新语》，见在魏晋之学术风气下，人之辩论皆如弈棋。一方互相辩论，一方互相称美。曰"如悬河之水，注而不竭"，曰"宛转关生，无所不入"。夫然而视百家之异论为"异唱"（《肇论》用此二字），而立言皆如天籁之流行，辩论皆所以见此心如"明镜不疲于屡照，清流不惮于惠风"。由此而人与人思想之相通、精神之相通，乃常在语言之筌蹄迹相之外，而讲论皆成艺术，此尤可谓达学术辩论中之极高境界矣。

第十章　中国艺术精神

吾人以上论中国之人生理想在生活之礼乐化，礼之义偏于道德，乐即可以统艺术。故吾人欲知中国文化之精神之具体表现，除知中国社会文化生活之形态外，即须知中国之艺术文学精神。中国之艺术文学之精神，皆与吾人上述之中国先哲之自然宇宙观、人生观，及社会文化生活之形态，密切相连者。艺术文学之精神，乃人之内心之情调，直接客观化于自然与感觉性之声色及文字之符号之中。故由中国文学、艺术见中国文化之精神尤易。吾人当于此章先一论中国艺术精神下之自然观，次论中国文学、艺术精神与西方之不同，次略分论中国艺术精神，而于下章专论中国文学精神。

（一）中国艺术精神下之自然观

所谓中国艺术精神下之自然观，亦即中国哲学中之自然观表现于中国人对自然之审美的感情者。吾人以前已论中国先哲之自然观，为视自然万物皆含德性（第五章），人与自然又直接感通，且人当对自然有情（第七章），人在日常生活亦重在顺自然而生活（第八章）诸义。故中国人恒能直接于自然中识其美善，而见物之德，若与人德相孚应。中国学者最能乐自然中之生活。"知者乐水，仁者乐山"之语，早发于孔子之口。曾点之言"暮春者，春服既成，冠者五六人，童子六七人，浴乎沂，风乎舞雩，咏而归"亦为孔子所特加称许。庄子游心万化，更重观天地之大美。西方中古奥古斯丁尝忏悔其好美术。有中世僧人，见瑞士山水之美，至不敢仰视，亦视山水为物界之诱惑，此乃一明显之对照。中国哲人之观自然，乃一方观其美，一方即于物皆见人心之德性寓于其中。此实至少为一种不私人心之德，以奉献于自然，而充量的客观化之于自然万物之大礼。故依中国先哲之教，君子观乎天，则于其运转不穷，见自强不息之德焉；观乎地，而于其广大无疆，见博厚载物之德焉；见泽而思水之润泽万物之德；见火而思其光明普照之德——此《易》教也。中国古以农立国，川原交错于野，于水观柔谦善下之德者，老子也；于水观其虚明如镜之德者，庄子也；于水观其源泉混混，不舍昼夜，放乎四海，如性德之流行者，孟子也；于水观其明察须眉，平中准之德者，荀子也；而法家之言法，亦取乎水平之义。《荀子》载孔子尝答子贡君子何以喜观大水之言曰："夫水，大遍与诸生而无为也，似德。其流也埤下裾拘，必循其理，似义。其洸洸乎不淈尽，似道。若有决行之，其应佚若声响。其赴百仞之谷不惧，似勇。主量必平，似法。盈不求概，似正。绰约微达，似察。以出以入，以就鲜洁，似善化。其万折也必东，似志。"此中国艺术精神下，先哲之所以观无生物之德也。

至于有生之物，则中国传统之言曰，马有武德，牛有负重之德，羊有善美之德，犬有忠德，鸡以五德闻。六畜之中，豕唯知眠食，独为缺德。植物之中，松柏有后凋之德，梅有清贞之德。自屈原以兰桂比君子，依其洁志以广称芳物，诗人之咏花卉之德者，不可胜数。中国园艺之闻名于世界，皆以其乐观花卉之载德也。中国动植之学之不尚解剖，皆以其于动植皆有情也。情之至也，念人中有圣人焉，充艺术性之想象，乃不私圣人为人中所独有，于是乃谓非人之禽兽中，亦有圣兽、圣禽。麒麟之不践生草，兽之圣也；"凤飞群鸟从以万数"，禽之圣也。西洋人言兽，恒称狐狸之狡与狮虎之猛，而中土小说，则化狐狸为多情之美人，中国之麒麟则传能击狮子。孔子作《春秋》止于获麟，悲人之仁道之穷，亦悲兽中之失仁兽也。乐彼仁兽之在于兽，此人之大仁之心，不忍人中独有仁人也。西洋诗人咏鸟，多咏百灵鸟、夜莺，凤盖即孔雀与雕之和，而西洋人言孔雀，恒止于其羽毛之美，而不取其朋友之德。中国以麟凤龙龟，为走飞鳞介四类动物中之四灵。介壳之物中，西人恒称甲壳虫之能御侮杀敌，而中国人独称龟之悠久无疆，含和抱德。龙即蛇也，西方人于蛇，只观其蜿蜒而行，居于阴暗，故以之为引诱亚当堕落之媒。中国则化蛇为龙，龙之为物，冬而潜渊，春而升天，自上而下，周行海陆空三界，《易经》以比君子之与时变化，不忍蛇之长居阴暗，故升蛇为龙以比君子。人为万物之灵，而物类亦各有其灵而具人之德，此在科学无可征信，然为依人之仁心，以观万物之审美精神所必至也。

　　夫仁者之心，必乐观万物之并育、并行而不悖，故中国人之视天地万物之关系，恒重其"连而不相及，动而不相害"一面，故其于自然界之动植物与无生物，亦喜其无争强斗胜之心者。动物中上言之麟凤龙龟，固皆与世无争。于草木中，中国人之特爱松竹梅，一方诚是爱其为岁寒之三友，一方亦爱其不与万卉百花争荣。故菊之独荣于秋，亦见赏于君子。松柏与竹，直上直下，乃象征一无求于外，而通天地之精神。松柏之叶如针，上凌长空而生长极慢；如依其自然之性，以伸展上达，而无凌驾他物，或傲慢争雄之心者。西式公园，修剪树木，使不相犯，而迫柏树以如球、如角锥、如队队之人马，皆以人力制自然。而中国人则乐观松竹梅柏之疏朗萧散、朴素无华、与世无争。西方人恒喜赴荒郊蛮地以探险开荒，接触自然之原始生命力，爱高山峻岭，与瀑布之奔流，大海之波涛无既。康德、叔本华论美极于壮美。叔本华以为在狂风暴雨雷鸣电闪下，心无所动，见最高自然之壮美。康德谓壮美由伟大而显示。其论自然之伟大有数量性之伟大，有动力性之伟大。动力性之伟大，即由自然之无尽力之显示，而人之内心有对此无尽自然力之体验及精神之超拔感无限，遂有壮美感。然一切只表现力量之自然，恒不免是相迫胁、相凌驾而相争之自然。此中人心灵之感一无限，亦即心灵赖自然力之推荡，而冒起于自然之上之高卓感。而中国古人对自然之审美意识，不向此而发展。中国文学哲学中，几从未有单纯赞颂自然力、自然生命力者。西方所谓自然生命力，中国名之为天地之"生机"或"生意""生德"。谓之曰"命"、曰"力"，则用字已嫌粗放迫促，谓之曰"生机""生意""生德"，则舒徐而有情味。观天地万物之无限生机、生德，并不须自物之表现强大之力量者上看。故周濂溪从窗前草不除，而见天地生意，程明道畜小鱼数尾，而见万物自得意。荒郊蛮地之中，唯见自然生命力之"争"，实与中国古代文人哲人之情调不合。中国人固未尝不能爱大海瀑布与高山峻岭，而尤能爱泉石与烟霞。中国人固未尝不善游名山大川，而亦能爱盆景。泉石烟霞盆景，皆不以力显，而与物无争。中国诗人视茂林丰草之可爱，亦在其与长空广漠相配，若无长空广漠，则茂林丰草不如疏林春草矣。盘根错节之树，枝干互相凌驾，常必俟其成老树，乃入诗人之笔。老则力弱，而其夭矫非相争之势矣。牡丹之为花王，固可谓之生命力丰盈。然其花瓣团团围绕，富厚而无所凌压，故亦为中国人之所喜也。

中国诗人哲人之观自然，原不视自然为诸力争衡之场所，故亦不注重自表现自然力、自然生命力之景物观天地之大美。中国人所喜之自然与艺术美，皆期其物质材料最少者，故波西尔著《中国美术》，曾特称美中国雕刻之精致。中国雕刻中，恒于小方金铜、玉石、象牙、犀角上雕精美之字画。而所谓神镌者，能于径寸之面积内，刻数百字或赤壁泛舟图。中国之书画，恒以寥寥之数种点线，表层出不穷之意境。中国音乐多以微弱之振动，达深厚之情。推而极之，遂有陶渊明之"但识琴中意，何劳弦上音"之音乐观。中国诗文，尤善于以文约义丰见长，绝诗二三十字，恒能出神而入化，故多以一字而为人师之故事。而人或以为崇尚此类之美，始于宋元以后，且表示中国民族精神力量、心力之衰弱，故不能摄受表现无尽生命力之自然美、艺术美。斯言非无理据，而不必尽然。盖艺术中之纳大于小，亦依于一至高度之精神力量与心力。即就自然之审美言，吾人亦可谓于最少物质，见更多之美，表现更丰富之精神活动或心之活动。魏晋人所谓"会心处不必在远，翳然林水，便自有濠濮间想"，乃一善于移情于物，使"小者亦大"之言。心力富而善移情者，故能视盆景如长林丰草，观流泉即瀑布长江，于一丘一壑，见泰山沧海。太虚之中，烟霞之里，皆为精神之所运，乃见山川灵气之往来，天地化机之流行。则谓此类美之崇尚，见中国人精神力、心力之衰弱，未必是也。依先秦哲人之教，儒者固言万物并育并行之道，庄子亦言彼是双成，万物一体之意。循乎此教，则其表现于审美意识者，自当于人物之间，别之以理，亦通之以情。艺术精神之下，寄情万物，皆以养德。乐于观物之并育并行，而不喜观其相凌驾以相争。不重单纯之自然力、自然生命力之表现，而能于至小以观至大，于一物见一太极。于是于自然界无往而不见此心仁德之流行，而未尝见万物之相碍而相忍，此即中国古人对自然之审美之最重要精神所在，而亦遥通于中国政教礼乐之大原者。

（二）泛论中国文艺精神与西方之不同

言西方文化之高卓一面，必言其宗教精神。其宗教精神之高卓性，表现于其"上帝自无中创造天地万物"之信仰。上帝是否自无中创造世界，今非论究之所在。而上帝自无中创造世界之信仰，固足以使人精神凸显以高临，而若超越于天地万物之上。其引人上达之价值，乃不得否认。而西方哲学精神之伟大处，亦皆表现于其能追踪上帝之高卓性，而与之俱往，其运思乃能上际于天，下蟠于地。故西方文学、艺术家之最伟大之精神，亦在依一宛若从天而降之灵感，而使人超有限以达无限，而通接于上所论之宗教哲学精神。其未能直接通接于无限之神者，亦必其所示之理想，可使人精神扬升而高举，其想象之新奇、意境之浪漫，足诱引人对一生疏者、遥远者之向往，而其表现之生命力量，又足以撼动人心者，乃为真能代表西方文化特有之向上精神之第一流文艺作品。悖此者，谓之不足代表西方文化之特殊精神，唯表现人性所同然者可也。故艺术中，如中古时期高耸云际之教堂，上达神听之赞美诗；文学中，如写人依层级而历地狱天堂之但丁之《神曲》，写人之循序而行天路入天城之本仁（J. Bunyan）之《天路历程》，固为西方宗教性的文艺精神之代表作。近代之罗丹、米西尔朗格罗之雕刻，大力盘旋，赋顽石以生命。贝多芬、瓦格纳等之交响乐，宛若万马奔腾，波涛澎湃。今曰西方，有数十百层之高楼，及一切激发理想，开辟想象，而一往震撼人心，引生超越感之文学，皆可为西方文艺精神之代表。而西方之悲剧，则为此类文学中，世界无能相匹者。西方之悲剧，吾尝括而论之：或为表现神定之命运之无可逃之希腊悲剧；或为表现内心之矛盾冲突、性格决定命运之莎士比亚之悲剧；或为表现一无限的自我肯定、自我否定之精神奋斗历程之哥德之《浮士德》悲剧；或为表现良心与私欲之罪恶之交战之托尔斯泰之悲剧；或为表现冷酷之自然、盲目之意志与机遇播弄人生之哈代之悲剧；或为表现个人之自由与社会之冲突之易卜生之悲剧；或为表现一神秘梦寐凄凉之感之梅特林克之悲剧。其悲剧之气魄之雄厚、想象之丰富、命意之高远，皆可引动人之深情；使人或觉一不可知之力之伟大，或觉此心若向四方分裂而奔驰，或觉登彼人生之历程，以上升霄汉而下沉地狱，恒归于引出一宗教精神中之解脱感、神秘感、人生道德价值之尊严感，吾皆尝读之而爱之，感佩作者之能引发吾之超越精神，而叹其为中国、印度之所未有也。

西方文艺表现之精神伟大，诚不可企及。然不能使人无憾。所憾者何？即吾人欣赏之时，不能无自己渺小之感是也。高耸云霄之教堂，与埃及之金字塔，数十百层之高楼，万马奔腾之交响乐，及西方之悲剧，伟大诚伟大矣，然皆震撼人之心灵，夺人之神志，而使人自感卑微渺小，而无以为怀者也。西方之论美学者之言曰，当吾人立于伟大之物旁，而自感渺小卑微，则吾此心已连系于伟大之物，而分享其伟大，故立于奔流瀑布之旁，则吾心亦具千军万马之势，入于高耸云霄之教堂，吾心亦上与天齐。斯言是也，然此与彼俱伟大之心，仍依于吾人最初之自觉渺小之感。若渺小之感与伟大之感，不能相容而俱存，此中内在之矛盾不能自为解消，将不免或失此自觉渺小之感，而伟大之感亦失所依以俱泯，或则重归于渺小之感。彼伟大之物以其自身伟大，而锡人以渺小之感，是未尝真洋溢其伟大，以使人分享之，则非充实圆满之伟大。吾于是感西方文艺之伟大，多英雄豪杰式之伟大，而罕圣贤式、仙佛式之伟大。英雄豪杰式之伟大，使人唯有崇敬之、膜拜之。舍崇敬膜拜，则我心无交代处，亦终不能无自己渺小，甘心为其臣仆之感。而圣贤式、仙佛式之伟大，乃可使人敬之而亲之，而涵育于其春风化雨、慈悲为怀之德性之下，使吾人自身之精神，得生长而成就。夫然，故圣贤仙佛之伟大，乃不特其自身伟大，且若以其伟大赐与他人。他人之受其感召，日趋伟大，则反若见圣贤仙佛之未尝伟大，而只平凡。此乃圣贤仙佛之所以为真伟大。西方之文艺之伟大，盖罕至乎圣贤仙佛之化境，而中国文学艺术之伟大，则庶几近之矣。

吾人谓中国文学艺术之境界，较西方有更进一层处，首可由西方之美学名词（注意：非指理论内容）以取证。西方美学之论美，柏拉图、亚里士多德皆以模仿为根本观念。康德则以超实际利害之观照为言。黑格尔、席勒以理性之表现于感性为言。叔本华以意志情绪之客观化或表现为言。利蒲斯以移情于物为言。现代之克罗齐则以直观表现之合一为言。吾昔亦尝综括艺术之精神于欣赏（观照）表现，以通物我之情，以为可以尽美学之蕴。夫通物我之情是矣，然言欣赏、观照，则有客观之物相对。言表现或表达，则有我在。言移情于物，将此注彼，直观表现合一，终未必能表物我绝对之境界。真正物我绝对之境界，必我与物俱往，而游心于物之中。心物两泯，而唯见气韵与丰神。孔子所谓游于艺之游，与中国后代诗文书画批评中所谓神与气，在西方皆无适当之名词足资翻译。谓游为游戏，神为想象力，气为表现力，皆落入主观，于其义犹未尽。此诸字之义，盖皆只可意会而不易言传。然要为完全泯除物我主观客观对待分别，不似模仿、欣赏、观照、表现之辞不免物我对峙之意味，此乃人皆可读中国古代文艺批评之论神气者而知之者也。

（三）建筑

中国美学中神与气之观念，言不易传，今暂不论。然孔子所谓游于艺之游，则可姑试说之。中国文学艺术之精神，其异于西洋文学艺术之精神者，即在中国文学艺术之可供人之游。凡可游者之伟大与高卓，皆可亲近之伟大与高卓、似平凡卑近之伟大与高卓，亦即"可使人之精神，涵育于其中，以自然生长而向上"之伟大与高卓。凡可游者，皆必待人精神真入乎其内，而藏焉、息焉、修焉、游焉（借《礼记·学记》语），乃真知其美之所在。既知其美之所在，即与之合一，而忘其美之所在，非只供人之在外欣赏，于其美加以赞叹崇拜而止者。故西方之高耸云霄之教堂，使入于其中者，可仰望而叹其高卓，然人不能游于其顶下之半空，是高卓之不可游者也。横亘大漠之金字塔，可远观而赞其伟大，而人不能游于塔外，是伟大而不可游者也。中国之塔传自印度，而遍立于中国之城郊。塔非不高卓也，然人可拾级而登，以远望四方，则其高卓，乃可游之高卓也。中国之宫殿，未尝无上达霄汉者，然高大者必求宽阔，如阿房宫、未央宫、建章宫之千门万户，四通八达，则建筑之伟大而可游者也。胡兰成先生论中国文明之前身与现身，谓西洋封建时代之建筑，有教堂，有堡垒，而无闾阎廛闬。今按教堂堡垒对外面观者言，皆自成界限，非外人可任意游息之所。而中国之闾阎廛闬，则虽一连数百家，而一望乃横铺地面。洛阳城东路，桃李生路旁，花花自相对，叶叶自相当；长安道上，户户皆种垂杨，垂杨迎风摇曳，即若向人招手，不似堡垒之与人相阻隔。中国古之人家多重门深院，"庭院深深深几许……帘幕无重数"，则堪人之游息。西式之洋房，恒重高大，缺平顺与深曲。洋房开窗，直见外面之世界，如人之张目而视，终日寻求，使人不能安息。诚然，西洋住家之屋，亦外有林木花卉，而内部之陈设，亦因物质文明之发达，而日趋精致。然洋房有卧室、客厅、书房，而无堂屋；洋房多瓦与墙齐，无檐下；有过道而无回廊，有窗户而不讲究窗棂，有屋顶而无飞檐飞角；材料则用石与士敏土，而少用木与茅；道途之中有旅舍，而无十里长亭；有纪念碑而无牌坊楼阙。此皆西方建筑，原则上不如中国者。桑代克《世界文化史》，亦谓方亭、楼阙、塔，为中国之特殊建筑，唯彼未论其意义耳。

中国住家房屋之堂屋，正如中国古代之明堂，天地君亲师之神位在焉，婚丧之礼在焉，老人之教子孙在焉。中国人有堂屋，而行婚丧之礼，不须赴教堂与殡仪馆。生于家，婚于家，乃终身不离家庭之温暖。家庭真可以为人生安息之所。吾曾谓天地君亲师之神位中，天地为自然、上帝，君代表政治，亲为父母祖宗，代表社会生命之延续，而师则代表教育与学术文化之延续。夫妇交拜而行婚礼于其前，则夫妇之道通于天地之道、政治社会、教育文化之道，其意味可胜于只在代表上帝之牧师之前宣誓矣。死而停柩在堂，则死而未尝与天地君亲师之人间文化相离矣。晨昏礼敬于神位之前，则堂屋之中，皆人类政治、社会、教育、文化之精神所流行，为人之责任之感、向上之心所藏修息游之地。吾人前又曾谓西方人赴教堂学校，而有文化生活，退休于家，则为私生活，故宗教家与哲人，多不屑于有家，而寄情高远。中国之堂屋，与其中之神位，则庄严家庭而神圣化之，以融文化生活之精神于私生活之中，纳高远于卑近，其义深矣。

至于中国房屋之有檐下之回廊，亦所以使人之精神随处有藏修息游之地。夫瓦与墙齐，则内外自成界限；有檐下之空间，则虚实相涵，内外相通；徘徊檐下，漫步回廊，皆所以息游。而房屋材料之用木与茅等有生命之物，亦较用石与土敏土者，更觉生意相通。窗棂之用，亦所以通内外。飞檐飞角之飘逸，宛若与虚空同流，亭子聚集四面八方风景。故杜工部有"乾坤一草亭"之句。而楼阙使两方行人相望，牌坊壁立涂中，使两头之风景，交流聚合，亦皆以其能以虚涵实，而通内外。然凡虚实相涵之处，皆心灵可优游往来之处。而此中美感之所自生，亦即在此心之无所滞碍，玲珑自在，以优游往来。故吾谓中国建筑之美，在其表现一可游之精神。斯宾格勒于《西方之衰落》（卷一，第二八七页）中，曾称道中国园林之曲径回环，花木幽深，较西式公园之便于游息，而未真知此乃遍于中国建筑之精神者也。

（四）书画

凡虚实相涵者皆可游，而凡可游者必有实有虚。一往质实或一往表现无尽力量者，皆不可游者。瀑布大海、高山峻岭、高耸之教堂与金字塔，皆美之可观、可赏、可赞美，而不可游者，以其皆缺虚灵处也。故吾人谓中国艺术之精神在可游，亦可改谓中国艺术之精神在虚实相涵。虚实相涵而可游，可游之美，乃回环往复悠扬之美。此皆似属于西方所谓优美而非壮美。西方哲人论美之最高境界，恒归于壮美。如康德、叔本华，皆持此论。而中国人论美则尚优美，凡壮美皆期其不悖优美。叔本华以意志之无尽表现而客观化，与意志之屈于悲剧之下，见最高之壮美。康德以内在力量之无限，见最高之壮美。彼等皆不长于论优美。席勒美学论文中，独谓希腊美神佩飘带，而由飘带精神论风韵（Grace）之优美。然飘带精神，则实非西方文学艺术之所长。飘带之美点，在其能游、能飘，即能似虚似实而回环自在。印度传飘带至中国，中国女子早知佩飘带。西方女子古装，有百折裙，亦有长裙曳地者，而无长袖。百折裙可极华丽，而装造得机械。曳地长裙，多少有地上之飘带之意味。然中国古代女子衣服，则兼有长袖。长袖善舞，长裙曳地，身游于衣中，而衣服通体如一飘带，则不仅如希腊美神之只佩一飘带而已。吾为此言，亦所以喻中国艺术中所崇尚之优美之极致，在能尽飘带精神。极优游回环、虚实相生之妙，而亦可通于壮美。此除可由中国之建筑以取证外，兼可由中国之书法、绘画、音乐等以证之。

中国之绘画，本与中国之书法同源。中国古代之书法，虽用刀刻，然不似巴比伦楔形文字之尖锐。钟鼎文之笔锋，已求其近乎浑圆。秦以后发明毛笔，由是而开出重纯粹之形式美、韵味美之书法世界。西方古代以鹅翎管写字，而不知发明毛笔。今用钢笔，乃复返而近似古代以刀刻字之风。西洋纸只有平面光滑之洋纸，而无绢纸与宣纸。毛笔之妙，在其毫可任意加以铺开，而回环运转。于是作书者，可顺其意之所之，而游心于笔墨之中，轻之重之，左之右之，上之下之，横斜曲直，阴阳虚实之变化遂无穷。绢纸宣纸之妙，在可供浸润，纸与墨乃可互相渗透，融摄不二。由是书法之中，笔力乃可透纸背，而有人所谓如"锥划沙""印印泥""屋漏痕"之"立体美""深度美"。洋纸病质实而不虚，故字形皆浮于纸面。绢纸宣纸，可供浸润渗透，有虚处以涵实，故能有沉着苍劲之美也。中国书法，用笔能回环运转，游意自如，又有立体美深度美，故可开出一纯粹之形式美韵味美之书法世界，为人之精神所藏修息游之所矣。中国之画与书法同源，故亦重用线条。用线条则有书法美。有虚白处，而能有疏朗空灵之美。西方油画，必需以颜料涂满，则质实而只可远观。中国之画，由汉与魏晋之人物画，而隋唐壁画之故事画，李思训之金碧山水画，王维之水墨画，至宋元以降，所谓文人画，而达画中最空灵之境界。文人画之高，即全在善于用画中之虚白处，元人所谓虚白中有灵气往来是也。

又中国画与西洋画之别，今人皆知在西洋画，重光色之明暗，重远近大小之不同。此乃假定观者有一定之观景。然在中国之画，则恒远近不分，阴影不辨。若不识有所谓观景者。西方画家，有一定之观景，由于其站立于一定之地位。宗白华先生，尝论中国画家之无一定之观景，由于其作画之时，即游心于物之中，随时易其观景。故其所作之画，亦必俟观者之心随画景逶迤，与之俱游，而后识其妙。故远近之物之大小，皆若相同而无阴影之存在也。而中国山水画，重远水近流，瀁洄不尽，遥峰近岭，掩映回环，烟云绵邈，缥缈空灵之景，亦皆所以表现虚实相涵，可往来优游之艺术精神也。

（五）音乐

中国音乐最明显之缺点，人谓不重西洋所谓和声，故不能有如西洋之伟大之交响乐。然中国古人言音乐，或谓"丝不如竹，竹不如肉"。今暂先舍器乐而论声乐。西洋之独唱如唱高音，其步步升高，恒响入云霄，其壮美之音，善表发扬蹈厉之精神，亦能表现悲壮慷慨之情绪。优美之音，亦能极婉转凄颤之致。然其壮美之音，不同京剧中老生之沉郁顿挫。其优美之音，无昆曲之悠扬安和者。夫高唱入云，发扬蹈厉，悲壮慷慨，皆精神一往向上，发露无余者也。而沉郁顿挫，则回肠荡气之所出。婉转凄颤之音，未尝无往复之趣，而不如悠扬安和之音，其往复之顺适也。中国古人言歌声之美者曰"朱弦而疏越，壹唱而三叹。有遗音者矣"。曰"余音绕梁，三日不绝"。余音之回绕，盖中国音乐之所特重。沉郁顿挫之音，即盘旋回绕之余音所凝结。而悠扬安和之音，即回旋之音舒展疏达者也。故吾闻京剧中沉郁顿挫之音，宛然声音之凝结而成立体。吾闻昆曲中悠扬安和之音，则宛然声音之环开平面。故皆可为吾精神藏修息游之所，若将终身焉。而闻西洋之歌唱之表现壮美如悲壮慷慨者，则使吾之精神奋发而提起耳；其表现优美而婉转凄颤者，使吾之精神柔嫩而富情耳，而不觉吾之精神得藏修息游之所也。世固多有兼能欣赏中西之歌唱者，请自验之。

至于器乐之中，吾人上已言，中国音乐不重和声，缺伟大交响乐，确为中国音乐之不及西洋者。然西方交响乐之伟大，多是英雄豪杰式之伟大。西方宗教音乐，非英雄豪杰式，而颇有庄严神圣之美，足表现西方之圣贤情调。然富祈望之情，而非中国式圣贤情调。吾尝于成都参加孔子祭典，闻奏古乐，其音浑沦而肃穆，使人心广大和平。古乐多不传，读古人乐论，意者皆类是，而表现中国式之圣贤心情之伟大者也。至于七弦琴之谱及洞箫之曲调，则山林之音，引人于清幽悠远之境，而表现仙佛式之心情之伟大者也。至于就乐器而论，西方之乐器，主要为钢琴与提琴。钢琴音脆响，而提琴音劲急，皆欠优和之致。中国之胡琴来自异域，亦不免劲急。中国七弦琴之音，则本身即有舒徐淡宕之致。洞箫之音，则本身即有清幽优和之致。盖七弦琴之弦长而振幅大。焦桐之质，疏而不密。洞箫之构造，洞达而中空。振幅大而质疏，洞达而中空，远离紧密，故虚无之用彰，其声能舒徐淡宕，清幽优和也。辅助之乐器中，中国古代八音齐奏，钟鼓磬击之地位皆重要。西洋之教堂有钟，而无鼓与磬。钟声使人警策而激动。中国之寺庙，独兼有暮鼓，使人反虚入浑而发深省。磬声则使人沉抑而意远。西方一般音乐中之鼓，只所以增大音响，军乐中之鼓，只所以激动情志，中国亦有之。然鼓之此二用，皆不能尽鼓之性。鼓之声依于鼓中之有空，故振动之声音四散，而还入于空气之中，乃尽鼓之性。唯在深山旷野之中，寺鼓之音，扩散渐远而沉入虚无，乃意味无穷，而尽鼓之性。西方教堂之钟声，可以提起人之宗教情绪，可谓之有壮美。深山闻暮鼓，则使吾人之宗教情绪，随鼓声扩散，而弥漫于全心灵与全宇宙，则极壮美而同于优美。忆吾尝于成都青羊宫畔，闻寺鼓声、磬声而嗒然丧我，因叹发明鼓磬之人，乃人中之大圣。而鼓磬之伟大，正在其中为虚空，其声之浑沦清远，足以泯人之意念而"藏"之，使人之精神"游"于无何有之"乡"，而"息"焉"修"焉者也。

（六）雕刻

中国艺术以书画为主。中国书画之妙，在纯以线条为主，以最少之物质性，表极高之形式美与精神意味。故画中不重彩色。王维《山水诀》第一句，即谓"画道之中，以水墨为上"。中国画家，恒有惜墨如金之语。故画家之中，恒有画数笔水墨之兰竹，而名闻一世者。即或设色，亦重在"取气而不在取色"（王麓台《自题仿大痴山水》），而期于淡雅。读《佩文斋书画谱》，见中国之品评书画者，盖皆以逸品神品为最高。神品逸品之高，正由其胸襟廓然，毫无渣滓，故落笔点墨，化机在手，气色微茫，而风神超越，逸韵横生。夫艺术之原则，原是表现精神于物质界，则以愈少之物界形色，表现愈多之精神意境，而堪为人之精神藏修息游之所，其价值宜为最高。故以中国书画与西方之绘画较，中国书画，至少在此点上，实居于较高境界。至于中国音乐与西洋音乐相较，中国音乐不重积累众音以成和声，建立高一层之音乐世界乃其短。然今所存昆曲、京剧，其长处亦在其能尽悠扬或顿挫之致，而堪为人之精神所藏修息游。至于中国之雕刻，在中国艺术中之地位，则远不如其在西洋艺术中地位之高。在中国艺术中，代替西方之雕刻之地位者，乃瓷器，故西方人以中国为瓷器之国。斯宾格勒尝以瓷器与图画为中国人之代表艺术。瓷器所赖以成者乃柔软之土，雕刻所处置者，为顽硬之石。石乃物质性最重者，故人欲表现其征服及重造自然界之生命力者，乃在艺术中特重雕刻。此盖即西洋艺术中，自希腊、罗马及近代皆特重雕刻之故。西洋雕刻之一特征，即除刻于建筑物如教堂上之所谓浮雕者外，人物之雕像，恒期其为一独立之个体，与其外立空间，虚实分明、界限划别。或剥去衣服以成裸体，卓尔而立，更无依恃。如罗丹、米西尔朗格罗之雕像，更因其重表现宗教精神与生命力量，恒不免舒筋露骨，剑拔弩张。西洋之英雄或纪念人物之雕像，或独立于街头之石柱上，任人瞻仰，亦任其风吹雨打。然在中国之雕刻，则其始源为商周之鼎彝上所刻之花纹与鸟兽，钟鼎文盖由之出。后之汉代石刻，亦在石上。至于自外传来之佛像雕刻，大皆倚山岩而雕，或位于山洞之中。即近似雕刻之塑像，亦多笼之一龛，且皆不重使其生命力量之表现于外。故法力无边之佛，亦唯以有限之圆满丰硕之形像状之。德哲凯萨林在其《哲学家旅行日记》中，亦曾特提此一点，深致赞叹。彼因此谓中国文化精神，为西人所最难解者，即于精致中见深厚。中国圣贤仙佛及英雄人物之雕像塑像，必有衣可服，有山岩可倚，有山洞可居，有神龛可坐。亦即外有护持掩蔽之者，而绝不单独成立一个体以暴露于外。瞻礼之者亦觉其有隐约之致，觉其物质性亦因而减少。夫暴露与隐约之别，即有所藏与无所藏之别。有所藏，则瞻礼之心亦得而藏焉修焉。故入中国寺庙及山洞瞻礼圣贤仙佛及豪侠之士，恒使人怀先生之风，若山高而水长，低徊流连，不忍遽去。观西方英雄像巍然仁立于街头之石柱，更无掩映，以销蚀其独立性与物质性，则至多使人仰望而崇拜耳。

（七）中国各艺术精神之相通

吾昔年尝论中国艺术精神，尚有一种极堪注意之点，即重各种艺术精神相互为用，以相互贯通。西洋之艺术家，恒各献身于所从事之艺术，以成专门之音乐家、画家、雕刻家、建筑家。而不同之艺术，多表现不同之精神。然中国之艺术家，则恒兼擅数技。中国各种艺术精神，实较能相通共契。中国书画皆重线条，书画相通，最为明显。如唐寅谓"工画如楷书，写意如草圣"。王世贞谓"画石如飞白，木如籀，画竹干如篆，枝如草，叶如真，节如隶"。故郭熙之画树，文与可之画竹，温日观之画葡萄，皆自草法中得来。中国之图画，又与中国之建筑雕刻相通。中国雕刻之倚山岩而雕，中国房屋建筑，不重高耸云霄，多围以树，恒使屋顶掩映于积翠重阴之下，皆所以含若隐若现似虚似实之画意。故中国古代宫殿庙宇，恒遍绘以各种花纹及其他图画于梁柱及屋檐。冯文潜先生昔年尝著文论中国建筑之重门深院、阶梯之上下、回廊之曲折，乃最能表现音乐精神者（此文颇为人之所注意，惜忘所载刊物）。叔本华尝以"西方建筑为凝固的音乐"，乃与音乐精神本身相反者。而中国之建筑则为舒展的音乐，与音乐精神最相通也。中国人又力求文学与书画、音乐、建筑之相通。故人论王维之诗画曰："味摩诘之诗，诗中有画；观摩诘之画，画中有诗。"宋赵孟頫以画为无声之诗，邓椿以画为文极，此中国之画之所以恒题以诗也。中国文字原为象形，则近画。而单音易于合音律，故中国诗文又为最重音律者。诗之韵律之严整，固无论矣，而中国之文亦以声韵铿锵为主。故文之美者，古人谓之掷地作金石声。过去中国之学人，即以读文时之高声朗诵、恬吟密咏，代替今人之唱歌。故姚姬传谓中国诗文皆须自声音证入。西方歌剧之盛，乃瓦格纳（Wagner）以后事。以前之戏剧，皆以对白为主。而中国戏剧，则所唱者素为诗词。戏中之行为动作，多以象征的手势代之，使人心知其意，而疑真疑幻，若虚若实。戏之精彩全在唱上，故不曰看戏，而曰听戏，是中国之诗文戏剧皆最能通于音乐也。中国之庙宇宫殿，及大家大户之房屋，恒悬匾与对联，则见中国人求建筑与诗文之意相通之精神。此种中国各种艺术、文学精神之交流互贯，可溯源于中国文学家、艺术家恒不以文学艺术之目的在表现客观之真美，或通接于上帝，亦不在尽量表现自己之生命力与精神，恒以文学、艺术为人生之余事（余乃充余之义），为人之性情胸襟之自然流露。然人之性情胸襟，原为整个者，则其流露于书画诗文，皆无所不可，而皆可表现同一之精神，亦自当求各种艺术精神之贯通综合，使各种文学、艺术之精神不相对峙并立，而相涵摄。然此各种艺术精神之互相涵摄，亦即可谓每种艺术之精神，能超越于此种艺术之自身，而融于他种艺术之中。每种艺术之本身，皆有虚以容受其他艺术之精神，以自充实其自身之表现，而使每一种艺术，皆可为吾人整个心灵藏修息游所在者也。

第十一章　中国文学精神

（一）中国文学重视诗歌散文及中国文字文法之特性

吾于"中国艺术精神"中，曾论中国艺术之精神，不重在表现强烈之生命力、精神力。中国艺术之价值，亦不重在引起人一往向上向外之企慕向往之情。中国艺术之伟大，非只显高卓性之英雄式的伟大，而为平顺宽阔之圣贤式、仙佛式之伟大，故伟大而若平凡；并期其物质性之减少，富虚实相涵及回环悠扬之美，可使吾人精神藏修息游于其中，当下得其安顿，以陶养其性情。本文即当论此精神亦表现于中国文学中，由此以论中国文学之特色所在。

吾所首欲论者，即在西方文学中小说与戏剧之重要性，过于诗歌与散文。在中国文学中，则诗歌与散文之地位，重于小说与戏剧。西方之文学远源于希腊、罗马，希腊之文学即以史诗与戏剧为主。亚里士多德之《诗学》，亦只论此二者。希腊最初之历史家赫罗多塔、苏塞底息斯之历史，皆重叙战争。布鲁塔克（Plutarch）之《希腊罗马名人传》，则多叙英雄。二者皆颇近小说，而为西方后代小说之远源。希腊、罗马虽有抒情诗，而其流未畅。西方近代之抒情诗，始于文艺复兴时之辟特拉克（Petrarch）。十八、九世纪以后，抒情诗乃盛。故整个而言，西方以小说戏剧名之文学家，实远多于专以诗文名之文学家。而在中国，则汉魏丛书、唐代丛书，虽已有极佳之短篇小说，而剧本与长篇小说，皆始于宋元以后。宋元之长篇小说，亦分章回、加标题，使近于短篇。盖中国古代之历史乃《尚书》，《尚书》为史官之国家大事纪，非战史、非史诗，则小说不能直接由历史而出。中国古有颂神之舞踊，后有优伶，而唐宋以前未闻有剧本。故以纯文学言，中国最早出现者，乃为写自然与日常生活之抒情诗，如见于《诗经》与《楚辞》中者。《尚书》《左传》之史，则中国散文之本也。由是而中国文学之二大柱石，为诗与散文。魏晋隋唐之短篇小说，皆含有诗意之美与散文之美者。宋元以后中国之剧曲，亦诗词之流也。

中国文学之重诗与散文，与西方文学之重戏剧与小说，其本身即表现中西文艺精神之不同。夫小说之叙述故事之发展，必须穷原竟委，戏剧表人之行为动作，必须原始要终。故小说与戏剧之内容，在本质上有一紧密钩连性，读者精神一提起，即如被驱迫，非至结局，难放下而休息。戏剧表现人之行为动作，亦即表现人之意志力、生命力。而最便表现人之意志力、生命力者，亦莫善于戏剧。西方小说、戏剧，其好者，亦恒在其布局谋篇之大开大合，使人之精神振幅，随之扩大，而生激荡。然中国散文一名之本意，即取其疏散豁朗，而非紧密钩连。诗主写景言情。二者皆不注重表现意志性之行为动作，因而皆不能以表现生命力见长，而重在表现理趣、情致、神韵等。诗文之好者，其价值正在使人必须随时停下，加以玩味吟咏，因而随处可使人藏焉、修焉、息焉、游焉，而精神得一安顿归宿之所。则西方文学之重小说、戏剧，与中国文学之重诗与散文，正表现吾人前所谓中西艺术精神之不同者也。

分别而言，西方有极好之诗歌与散文，中国亦有极好之小说与戏剧。然吾人上文所言中西文学精神之差别，尚可自中国文学之文字、文法，及文体内容与风格诸方面论之。中国文字为单音，故一音一字一义，字合而成词，词分又为字。因其便于分合，故行文之际，易于增减诸字，以适合句之长短与音节。由是而中国之诗、词、曲、散文等皆特富音乐性，此上文已论。然复须知，由中国文字每一字每一音，皆可代表独立之意义或观念，故每一字每一音，皆可为吾人游心寄意之所。章太炎于《齐物论释》尝谓："西人多音一字，故成念迟，华人一字一音，故成念速。"成念速，故念易寄于字，而凝注其中也。复次，由中国文字便于分合，以适合句之长短与音节，文字对吾人之外在性与阻碍性，因以较少。人对文字亲切感，因以增加。又诗歌骈文等字数音韵，均有一定，即使吾人更须以一定之形式，纳诸内容。此形式为吾人依对称韵律等美之原理，而内在的定立者。吾人愈以内在地定立之形式，纳诸内容，亦即愈须对内容中之诸意境情绪等，表现一融铸之功夫，以凝固之于如是内在的定立之形式中。由是而在中国诗文中，以单个文字，分别向外指示意义之事又不甚重要；而互相凝摄渗透，以向内烘托出意义之事，则极为重要。夫然，中国文学中之重形式，对创作者言，即为收敛其情绪与想象，而使之趋于含蓄蕴藉者。而对欣赏者言，则为使读者之心必须凹进于文字之中，反复涵泳吟味而藏修息游其中，乃能心知其意者。中国词类之特多助词，如矣、也、焉、哉之类，皆所以助人之涵泳吟味。助词之字，殊无意义，纯为表语气。然如将中国之唐宋散文中之助词删去，即立见质实滞碍，而不可诵读。有此类字，则韵致跃然。故知此类之字，正如中国画中之虚白。画中虚白，乃画中灵气往来之所；此类表语气之字，则文中之虚白，心之停留涵泳处，即语文中之灵气往来处也。骈文诗歌中无此类词，因其本身音节，已有抑扬高下之美，又多对仗成文，一抑一扬，一高一下，即是一阴一阳，一虚一实，已足资咏叹。成对偶之二句之义，又恒虚于此句者实于彼，虚于彼句者实于此，虚实交资，潜气内转，即诗与骈文之对偶之句之所以美也。

复次，中国之文法尚有数特色，为世所共认者，即中国词之品类不严。形容词、名词、动词常互用，而无语尾之变化。句子可无分明之主辞、动辞、宾辞三者，更多无主辞者。有主辞者亦无第一、二、三人称之别。动词亦不随人称而有语尾之变化。一代名词、名词，亦不必以居主辞或宾辞之位格而变化。此类特色，依吾人之解释，则将见其皆所以助成中国文学之特色，表现吾人上文所谓中国文艺之精神者。动词、形容词者，中国所谓虚字也；名词者，中国所谓实字也。西洋文法中，严分动词、形容词与名词。由动词、形容词变名词，恒须变语尾。则虚字是虚字，实字是实字，虚实分明，不相涵摄。而中国之字，如曾国藩谓："虚字可实用，实字可虚用。"如"解衣衣我，推食食我"。上之"衣""食"是名词，下之"衣""食"是动词。是实字虚用也。"花落水流红""古之遗爱也"，"红"为形容词，"遗爱"为动词，今皆作名词用，是虚字实用也。中国之字，大皆可虚实两用而不须变语尾，至多略变其音而已。字可虚实两用，则实者虚，而虚者实。虚实相涵，名词、动词不须分明，则实物当下活起来，而动态本身亦当下即成审美之对象。故一句之中，可只有名词，如"星河秋一雁，砧杵夜千家"。亦可只有形容词、名词，如"枯藤老树昏鸦，小桥流水人家，古道西风瘦马"，"春风又绿江南岸"。

亦可只有形容词与动词，或纯动词，如"游绿飞红""饮恨含悲"。西方文法，一句无名词或动词，则意不完全；他动词恒须及于一宾词。故吾人了解一句之时，吾人之心，亦必须由主词经动辞至宾辞，而成一外射历程。宾辞、动辞皆所以形容主辞，则主辞所指之物，又被吾人投置于外。此在科学、哲学之文章中，盖为必须，而在文学中，则恒不自觉间阻碍吾人达内外两忘、主客冥会之境，不如中国诗文句无严格主、动、宾之别者矣。故吾意中国文句之恒无主辞，有主辞者，亦恒无第一、二、三人称之别，名词不以位格不同而变语尾，其价值乃在于表示：文中所言之真理与美之境界，乃为能普遍于你我他之间者。"学而时习之，不亦悦乎？"乃普遍真理。欲显其为普遍真理，正不须说你我他中，谁学谁说也。如"曲终人不见，江上数峰青"，不须谓唱曲者为他，闻曲者为我，见此诗者为你也。东坡词"冰肌玉骨，自清凉无汗。……绣帘开，一点明月窥人。人未寝，欹枕钗横鬓乱。起来携素手，庭户无声，时见疏星渡河汉。试问夜如何，夜已三更"，其美点正在几全无主辞，无人称之别，不知是谁无汗，谁携素手，谁见疏星，谁问谁答也。一、二、三人称之别，唯在相对谈话之中必须用之，故在记谈话之戏剧小说中可重视之，在一般文学艺术境界中，此分别可不必有。动词之随主辞而变化，及名词之随主宾之位格而变语尾，皆不必有。而去此诸分别，正所以助成物我主客对待之超越，而使吾人之精神，更得藏修息游于文艺境界中者矣。

（二）中国自然文学中所表现之自然观——生德、仙境化境——虚实一如、无我之实境——忘我忘神之解脱感

吾人以上所论中国文学精神，犹只是自外表论。以下吾人即将自中国文学之关于自然及人生二方面者之内容风格，与西方文学对照，而分别论其所表现之特殊精神。西方文学之涉及自然，而能代表西方文化最高精神者，吾人以为是带浪漫主义色彩之诗人，如华兹斯、古律芮己、雪莱、哥德、席勒等之自然诗。大体而言，此类自然诗，除状自然之美外，皆重视自然中所启示之无限的宇宙生命或神之意旨，使人不胜向往企慕之情。然中国之自然文学，则所重视者，在观天地之化机、生德、生意。夫天地之化机、生德、生意，与宇宙生命或神之意旨，在哲学道体上，亦可谓之同一物。然言其为宇宙生命或神之意旨，则偏重其力量之伟大一面，言其为天地之生机、生德、生意，则舒徐而富情味，此吾人前所已论。宇宙生命与神之意旨，洋洋乎如在人之上，而不能真如在人之左右、如在人之下，故虽可引生向往企慕之情，使人求透过自然之形色，以与之接触，而不能使人当下与之相遇而精神有所安顿，放下一切于自然之前。盖西洋近代浪漫主义之自然诗之精神，远源于其宗教精神。中国自然诗之精神，远源于道家、儒家之精神。老子乐至德之世，鸡犬之声相闻。庄子言："山林欤，皋壤欤，使我欣欣然而乐欤。""君其涉于江而浮于海，望之不见其崖，愈往而不知所穷，送君者皆自崖而返，君自此远矣。"此正是后世诗人返于自然之先声。刘彦和《文心雕龙》谓："庄老告退，而山水方滋。"后代诗人亦无不悦老庄，皆可证中国自然文学之原于道家者。至于其原于儒家者，

则在儒家之素以洋洋乎发育万物，四时行百物生，为天地之心。"观天地生物气象"，自昔儒者已然。中国最早以自然诗名之陶渊明，即兼宗儒、道二家者。其诗中最普通者，如："采菊东篱下，悠然见南山，山气日夕佳，飞鸟相与还，此中有真意，欲辨已忘言。"此忘言之真意，非特庄子"吾丧我"之真意，亦《中庸》"鸢飞鱼跃"之真意也。又如："孟夏草木长，绕屋树扶疏，众鸟欣有托，吾亦爱吾庐。"鸟托于树，树绕吾庐，而吾居庐中，草木之长，鸟之欣，吾之爱，相孚而同情，此即宇宙生意，流通而环抱之象，即儒者之襟怀。后代自然诗人之精神，大皆非儒即道。儒家、道家之"道"与"天"，皆在上，亦在下。庄子以道在蝼蚁、在稊稗、在屎溺。老子以水喻道，水善下而流遍于万物。儒家之鸢飞鱼跃，亦上下俱察之意。儒者观"天降膏露，地出醴泉"，"天不爱道，地不爱宝"，"天道下济而光明，地道卑而上行"，天地生生之德，正在天地之间。二家皆主神运无方，帝无常处，则上帝即下帝，妙万物之生者，即神也。"乐意相关禽对语，生香不断树交花"，"野色更无山隔断，天光常与水相连"，此"对"与"交"之所在、"无隔"与"连"之所在，即天心所在也。故以中国人观西洋自然诗人之透过自然之形色，以通宇宙生命与神之意旨，皆"尽日寻春不见春，芒鞋踏破陇头云"者；而中国之自然诗人，则真"归来笑捻梅花嗅"，而知"春在枝头已十分"，当下于自然之形色，即见宇宙生机之洋溢，生意之流行者也。故庐中之人可与草木之长，鸟之欣，相孚而同情，生意相流通而相环抱也。渊明诗"悠然见南山"一语，后人有讨论及何不用望南山者。望之不同于见者，因望是得于有意，而见乃得之无心。见则当下精神得一安顿，而放下一切于自然，望则有所企慕向往，不能相看两不厌。由此观之，则西方自然诗人欲于自然中接触宇宙生命，与神之意旨者，皆望自然而非见自然者也。

吾人谓中国文学之精神，不求透过自然之形色，以接触宇宙生命或神之意旨，非谓中国自然文学中，无宗教情调，然此宗教情调，另是一种。中国自然文学之精神，以宇宙之生机、生意，即流行洋溢于目之所遇、耳之所闻，则自然之形色之后，可更无物之本体与神。于是当其透过自然之形色而超越之时，所得之境界，遂为一忘我、忘物，亦忘神之解脱境。此解脱亦为宗教的。唯此解脱境，乃得之于自然，故不如佛家之归于证四大皆空；乃仍返而游心于自然，此之谓仙境。黑格尔论艺术精神，必过渡至宗教精神，其言深有理趣。故西方自然文学之赞美自然，恒引人进而赞美上帝。然在中国之自然文学，则其高者，恒与游仙之文学合流。吾尝思西方有上帝、有天使。印度有梵天，有佛、菩萨，皆不尊仙。上帝、天使皆有使命、有任务。印度梵天，不必如西方上帝之责任感之强，印度神话中有谓彼乃以游戏而造世界者，然梵天本身仍常住而不动。佛、菩萨悲天悯人，精进无少懈。中国之神，亦有任务、有责任。仙则无任务、无责任。在道德境界中，仙不如上帝、天使、佛、菩萨与神。而在艺术境界及宗教境界中，则中国人之尊仙，亦表示一特殊之精神。中国人以仙之地位高于神。《封神传》以神死而后成仙，其尊仙可谓至矣。中国之仙无所事事，亦可谓之大解脱。其唯乘云气、骑日月、遨于四海为事，乃游心万化之艺术精神之极致。仙亦不似上帝、梵天之为纯精神之存在，彼有身而其身在虚无缥缈之间。上帝创造天地万物，全知、全能、全善、全在，而不与万物为侣，仙则可与人为侣，故仙非只表现高卓性。上帝无身、不与万物为侣，亦可谓能伟大不能平凡，而有所不全。仙则能平凡矣。西方言上帝全知全能全善，而不能言其全美。希腊神话中之神能恋爱能喜怒哀乐，乃最人情化，而形状亦甚美者。希腊有美神，其神话多极美丽凄艳，然阿灵普斯山之神，情多嫉妒，常相斗争，故其神境不如中国诗人之仙境，有空灵自在之美。仙之游心万化，则可得自然之全美。中国之山水田园之诗文，与游仙诗文合流，而有仙意或仙人之化境，即中国文学艺术精神，与中国宗教精神之相通也。

吾所谓有仙意有化境之中国自然诗，即表虚实一如之理趣之自然诗。此实中国自然诗之所独造。吾昨问精研西方文学之任东伯先生，中国诗中何种诗为西方之所无。彼举例谓，如王维之"下马饮君酒，问君何所之。君言不得意，归卧南山陲。但去不复问，白云无尽时"。此后二句即西方文学之所无。此二句之妙，人皆知其在使人悠然意远。悠然意远，即融实入虚，成虚实一如之化境。中国自然诗具虚实相涵之化境者，多不可胜数。如人所诵读之《唐诗三百首》中，五言绝句之第一首，即为王维之"空山不见人，但闻人语响，返景入深林，复照青苔上"。七言诗之第一首非自然诗，第二首为："隐隐飞桥隔野烟，石矶西畔问渔船。桃花尽日随流水，洞在清溪何处边。"此二诗，前者有空灵之致，后者有幽远之致，皆由其远离质实，而有仙意或化境。严羽《沧浪诗话》所谓诗中兴趣，"其妙处，透彻玲珑，不可凑泊。如空中之音、相中之色、水中之月、镜中之象"。王渔洋《渔洋诗话》所谓之神韵，皆指诗文中之若虚若实，使人无以为怀处，而具仙意化境者也。今人王国维《人间词话》，拈出境界二字，论中国诗词，谓中国诗词中之境界，有有我之境，有无我之境，而无我之境为最高；有我之境，西方人所谓移情于物者也。夫移情于物，非能自情解脱者也。自情解脱而后有无我之境。无我之境中，只有境界之如是如是，情之牵累尽去，乃达空灵之致。薛道衡诗有"空梁落燕泥"，王胄诗有"庭草无人随意绿"之句，隋炀帝欲盗其诗，而设罪杀之。何以因欲盗一二句诗而杀人，吾初不可解，继乃知此二句诗，真皆表达忘我而无我之最高境界，隋炀帝欲盗之而杀其人，固证明其我执未破，而亦证明有我者之最大欲望，亦唯是达无我之境也。西方宗教精神之所以欲人提起、超越其精神，以归命于神，其本意亦所以冥合于神而达无我之境。然神为大我，小我去而执大我，我执仍未必去。而真同一于神者，正可忘神忘我而大解脱，唯有当下之如是如是之一空灵境界。则"空梁落燕泥""庭草无人随意绿"之诗句，皆人之解脱之精神之所流露。中国凡表无我之境界之诗文，盖皆可作如是观。忆吾少时读唐诗，曾特注意中国诗句之用"无""空""自""不知""何处""谁家"等字处，且特感趣味，尝集之成册。如"芳树无人花自落，春山一路鸟空啼"，"雁声远过潇湘去，十二楼中月自明"，"只在此山中，云深不知处"，"春草明年绿，王孙归不归"，"落叶满空山，何处寻行迹"，"谁家今夜扁舟子，何处相思明月楼"，"借问酒家何处有，牧童遥指杏花村"等是。后习西洋美学，以为"无""自"诸字，皆所以表示间隔化、孤立绝缘化之作用，使人能直接观照而有移情作用。如朱光潜先生《文艺心理学》，似亦偏重以此二观念讲中国诗文之境界，今乃知其不能尽。盖观照移情，皆实不免似无我而实有我，皆域于狭义之艺术精神以为言。中国艺术文学中此类之境界，皆涵摄宗教性之解脱精神。大解脱而忘我忘神，境界直接呈现，心与天游，亦无心无物。东坡诗："人生到处知何似，应似飞鸿踏雪泥。泥上偶然留爪指，鸿飞那复计东西。"鸿飞冥冥，则所接之物，至实而亦至虚。观照静而非动，移情则动而非静，未能达动静一如之妙，亦不能表虚实一如之妙。无字以遮为表，自字以表为遮。何处、谁家，皆所以表有处而无定处，有家而无定家。中国诗文中此类之字之多，亦所以表现中国艺术文学之此精神。西文中之"虚无"即 Nothing,Void。英文此二字，空虚而无实。"自"即 Only, Itself，西文此二字，又质实而不虚。西文 Where, Who, What, How 皆要求或暗示一答案，或表惊奇赞美之意，不如中国诗中之何处、阿谁之字，则可有答可无答，而不答即答，无惊奇赞美之意，而只有亲切相依、飘逸若仙之解脱感也。西方人言宗教上之解脱精神，必由接触上帝而得。而实则人于一切当下一念，真有所超拔，皆可有一解脱感。东坡词有"夜饮东坡醒复醉，归来仿佛三更。家僮鼻息已雷鸣。敲门都不应，倚杖听江声"。忆二十余年前先父曾为我讲此词后二句，依依如在目前。敲门不应而听江声，即当下一念之解脱感。知此解脱感之无往而不在，可以论中国自然文学之真精神矣。

（三）中国文学不长于英雄之歌颂、社会之写实，而尚豪侠以代英雄

中国之自然文学能表现中国文学之特殊精神，而非中国文学之正宗。中西文学之正宗，皆在表现人生社会之文学。西方文学在希腊、罗马时代，以荷马史诗、希腊悲剧、布鲁塔克《希腊罗马名人传》最有名，此前文已言。荷马史诗、布鲁塔克传，皆重述战争与英雄之性格与事业。希腊悲剧，则述个人与社会或宇宙命运之冲突。

《圣经》之文学与宗教性之文学，如但丁之《神曲》，则以引人向往企慕之情为主。塞万提斯（Cervantes）之唐·吉诃德，则中世骑士精神下之新英雄也。近代浪漫主义之文学，根本精神是宗教的、理想主义的，恒欲由有限以趋无限，而重灵境之追求、爱情之礼赞。写实主义、自然主义之文学，则根本精神近乎科学之观察。新现实主义则重社会之写实、社会问题之提出、心理之分析。俄国近所谓新现实主义之文学，则重社会主义之宣传。然在中国文学中，则西方式之英雄之歌颂、爱情之礼赞、社会之写实，与社会问题之提出，及心理之分析、主义之宣传，皆非其所长。西方人歌颂英雄，多述其波澜起伏之行事、予智自雄之魄力，或一往直前、死而无悔之意志，热爱理想、如醉如狂之情感。西方人素崇拜英雄，故亚力山大、拿破仑为人所膜拜，其英雄一字之意义，亦较中国为广，故卡来耳之《英雄与崇拜》一书，以耶稣亦是英雄，以其殉道无悔也。依中国人之标准观之，则亚力山大、拿破仑，皆善战者，宜服上刑。中国人所崇拜之人物，乃圣贤豪杰侠义之士，而非英雄，此吾当于另章详论。英雄向上而向外，圣贤豪杰侠义之士，则向上而向内；英雄志锐而一往希高，圣贤豪杰则皆胸襟阔大，侠义之士则宅心公正，其磊落不平之气，皆只由报不平一念而生。高而锐者，西方精神，宽阔而平顺者，中国精神，故中国文学无英雄小说之名，圣贤之行径不便入小说，于是中国小说中独重侠义小说一类。中国小说中所写英雄亦皆重其豪杰侠义之精神，而不重其热情与魄力。西方中世骑士之风，固亦涵侠义精神，然中国人之尚豪侠精神，则远始于战国。太史公《史记·游侠列传》《刺客列传》中人，如豫让、聂政、荆轲及四公子列传中之侯生、毛遂等，同有豪侠精神。读梁任公《中国之武士道》所纂集，可知此乃中国人传统道德精神极重要

之一面。汉之朱家、郭解而后，侠以武犯禁，班固、荀悦等贬游侠，
《后汉书》更无《游侠列传》。然游侠精神仍相传，今犹多少保存于
江湖帮会。后人所崇敬之英雄，亦皆多少带侠义精神。《三国演义》，
中国最流行之历史小说也，然刘备、关羽、诸葛亮皆以义气相感召，
故为世所称，而关羽尤代表义气，故后称为武圣，与孔子之文圣比。
中国其他历史小说中所歌颂之武将，大皆以其平生有几段侠义之事，
乃为人所称道，非只以其能战三百回合也。《儿女英雄传》中之十三
妹，亦侠义女子，非只其武艺如生龙活虎也。中国圣贤豪杰侠义之
士，异于西方英雄者，在西方英雄出手总是不凡。而中国之圣贤豪
杰侠义之士，则虽能杀身成仁，舍生取义，然当其平日，则和气平
心，与常人不异。故文天祥作《正气歌》，咏浩然之正气曰："天地
有正气……于人曰浩然……皇路当清夷，含和吐明庭。时穷节乃见，
一一垂丹青。"当时未穷时，唯是含和，当时既穷，则为严将军头、
为嵇侍中血、为张睢阳齿、为颜常山舌，惊天地，泣鬼神，或慷慨
就义，或从容就义矣。知中国之圣贤豪杰侠义之士，在平时即平常
人，即知《儿女英雄传》中生龙活虎之十三妹，亦可为贤妻良母。
五四时代之胡适之先生，尝以此事为不可解，由其不知中国文学之
精神也。《三国演义》中关羽之过五关、斩六将，至败走麦城之一生
之事，与诸葛亮之鞠躬尽瘁，死而后已，不过成全一个极平常之朋
友兄弟之情。此中国之豪杰侠义精神之所以为伟大，亦中国精神之
所以为伟大，乃平顺宽阔之伟大，而非向上冒起而凸显如西方式英
雄之伟大也。

（四）中国小说戏剧，不重烘托一主角之性格与理想，而重绘出整幅之人间

西方小说戏剧，盖由重视英雄人物及重视个性之伸展与表现之故，而重视一小说戏剧中之主角之地位。西方之小说戏剧，多篇幅极巨，人物极多，事迹极繁复，恒皆所以烘托出一主角之性格与理想，与其性格及理想在环境中之发展历程者。然在中国则著名之小说戏剧，殆皆不只一主角。如《三国演义》中，刘、关、张、诸葛亮，皆是主角。《水浒传》则武松、李逵、林冲、鲁智深，皆是主角。《红楼梦》则宝玉、黛玉而外之宝钗、王熙凤，皆可谓主角。《西游记》则唐僧与其三徒弟皆主角。中国之小说除短篇者外，戏剧中《桃花扇》《琵琶记》《长生殿》《牡丹亭》《西厢记》皆非一主角。中国长篇小说戏曲，盖无只以烘托一主角之性格与理想为目的者，然亦复罕自觉以描述社会，或提示一社会问题，宣扬一主义为目的。西方小说戏剧，则多有以描述社会为目的，如莫泊桑等写实主义之小说；或以提示社会问题为目的，如易卜生之戏剧；或以宣扬一改造社会之主义为目的，如辛克来及近年之俄国小说。而凡此类之小说戏剧，必须将社会现实或社会问题客观化为一对象，亦恒有其焦点之人物或焦点之故事、焦点之目的。在中国之较长之小说戏剧，皆甚难得其焦点之人物或故事，与焦点之目的之所在。近人谓《水浒传》之目的，在反映官迫民反，反映中国社会之阶级问题，《红楼梦》之目的，在言恋爱不自由之害，此纯为近人以西洋观点看中国文学，所发之可笑之论。王国维先生以叔本华之哲学论《红楼梦》，谓其所表现者乃意志之虚幻，示人以求解脱之道，亦不尽然。因作者自言

"满纸荒唐言，一把辛酸泪，都云作者痴，谁解其中味"，是作者未必抱使人解脱之目的，至其书有助人解脱之效，又当别论。近人又谓中国戏剧小说，都在褒扬忠孝节义，只以文学为道德上劝善惩恶之工具，亦未必然。中国之戏剧小说，必求不违忠孝节义之道德则有之，然所谓纯以文学为道德之工具则不是。如《红楼梦》《水浒传》《西游记》等，吾人皆难言其道德目的何在也。严格言之，中国之小说戏剧，实最无特定之目的者。如有目的可说，则既非描述单一个人格之性格与理想之发展，亦非为描写客观对象化之社会，提示社会问题、宣扬主义、教训人生，而唯是绘出一整幅之人间。人间者，人与人之间也（其中亦可包括人与自然之间，人与其历史文化之间，唯以人与人间为主耳）。社会一名与人间一名，涵义似同而略异。社会之名涵义较紧密，而人间之名涵义显宽舒。社会恒指为一个人之上之组织，人间则可只在个人与个人间。社会之组织，必赖诸个人有一公共目的，而人与人间则可有公共目的，而亦可无有。如人入山，路上逢僧，宜称人间关系，而不宜称一社会关系。故社会可客观化为一对象，而人间则因可只指人与人间各种相与关系，而甚难客观化为一对象。人间必包括一切社会，而社会不必包括人间。中国小说戏剧，诚亦多少反映社会，其中之人物亦各有个性，然非如西方写实主义者之学科学家之精神，以描述客观社会之现实为一自觉之目的，而重在抒写各种人与人之相与之间之故事。西方近代小说写人物之个性、性格，恒有一详尽之心理描写、心理分析、心理解剖〔英人约德（Joad）著《近代思想导论》，末章论西方近代小说此种倾向，谓其源于近代之科学精神与解心学〕。中国之小说戏剧，则只由人物之相互之间之行为与言语，以将各人物之性情与德性烘托出。中国小说戏剧之好者，皆在所描写之诸人物，所构成之交互之人间关系之全体中，能烘托出一情调、意味，或境界。如《红楼梦》之情调、意味或境界，即由大观园中之男男女女全部性情之表现和合而成。《水浒传》之情调、意味与境界，即由李逵、武松、鲁智深等之性情全部和合而成。《红楼梦》中，花团锦簇之一群多情儿女，与《水浒》中，寂天寞地下一群惊天动地之好汉，《三国演义》中一群肝胆相照之英雄，与《桃花扇》中，一群乱离之世之美人名士，《西游记》中几个求道者，《金瓶梅》中一群市井小人，自是各表现一种人间世界。此每一人间世界如一建筑，由各人物为纵横之梁柱以撑起。无中心之焦点，而经之纬之，以成文章。如阔大之宫殿，其中自有千门万户，故可以使人藏修息游于其中。而不似西洋小说戏剧，以表现特定人格之性格理想之发展为重，抱一特定之"描述社会、提示社会问题、宣扬改造社会之主义"之目的者，有其特定之焦点，有如角锥体之西方教堂矣。

（五）中国人间文学中之爱情文学重回环婉转之情与婚后之爱

吾人上谓中国之小说戏剧不重表现个人之性格理想，亦非重表现社会而重表现人间。人间者，人与人之间也。人与人间之关系，最易入文人之笔者，为男女之关系。然人与人间之关系，不限于此种。而男女之关系，非必恋爱之关系。恋爱之关系，亦不必如西方式之恋爱。西方人表现个人与个人关系者，最喜表现男女恋爱之关系。去恋爱之礼赞，则西方之抒个人与个人之情之诗，去大半矣。西方文学中，表现男女恋爱之情者，盖皆重婚前之恋爱，似只有婚前之恋爱，乃为恋爱者。西方人之所以重婚前之恋爱者，盖唯在婚前，对方乃对我为一超越境中之对象，视对方在一超越境，于是可寄托吾人无尽之理想，并加以神圣化，可引出吾人无尽之追求意志与愿力，而表现吾人之生命精神，吾人前已论之。故在西洋文学，恒喜赞女性为一人格之补足者、灵魂赖以上升者。故或状女子之眼，如苍空之星，足以传递彼岸之消息；或视女子之爱，如日如月，可以照耀人生之行程。恋爱之意义，重在生命精神之表现，亦不必与爱者有身体之结合，此亦即西方人恒恋爱而不结婚之故。如哥德之恒由恋爱以生灵感，即行逃走，最后与之结婚者，乃一最平凡之女性，但丁遇彼特斯（Beatrice）于天国是也。此可见西方文学中恋爱之礼赞，乃代表西方精神者。然在中国，则婚前之恋爱已不尚追求，不将所爱者过度理想化、神圣化，而推之高远。中国人言恋爱，尤重婚后之爱。故中国诗文之表男女之情者，皆重婉约蕴藉，即在古代有自由恋爱之时，其异性之相求，亦非一往向上追求，乃宛转以起相思。《诗经·国风》之第一首，即可为证。诗曰："关关雎鸠，在河之洲。窈窕淑女，君子好逑。参差荇菜，左右流之。窈窕淑女，寤寐求之。求之不得，寤寐思服。悠哉悠哉，辗转反侧。参差荇菜，左右采之。窈窕淑女，瑟琴友之。参差荇菜，左右芼之。窈窕淑女，钟鼓乐之。"又如《蒹葭》之诗曰："蒹葭苍苍，白露为霜，所谓伊人，在水一方，溯洄从之，道阻且长，溯游从之，宛在水中央。"左之右之，溯洄溯游，乃回环往复之爱情，而非驰求企慕之爱情也。国风之诗，乃中国最早之北方民歌，《楚辞·九歌》，据云为屈原改正之民歌，乃中国最早之南方文学代表，其中之句如"沅有芷兮澧有兰，思公子兮未敢言。恍惚兮远望，观流水兮潺湲"，"美要眇兮宜修，沛吾乘兮桂舟，令沅湘兮无波，使江水兮安流，望夫君兮归来，吹参差兮谁思"。亦欲进还止之回环婉转之情也。周秦以降，吾尝谓梁武帝《西州曲》，与张若虚《春江花月夜》二诗，乃中国文学中，最能极回环婉转之致之代表作。《西州曲》纯表思妇之情，《春江花月夜》，亦归于相思，此二诗之情调，盖西方所未见，今无妨录《西州曲》中间一段，以证上之所说。"……开门郎不见，出门采红莲。采莲南塘秋，莲花过人头。低头弄莲子，莲子清如水。忆郎郎不至，仰首望飞鸿。飞鸿满西州，望郎上青楼。楼高望不见，尽日阑干头。阑干十二曲，垂手明如玉。卷帘天自高，海水摇空绿。海水梦悠悠，君愁我亦愁。……"其念郎于门、于水中、于天、于阑干、于帘下、于海，回环婉转，相思无极，真是中国式之爱情。中国人表示儿女之情者，盖多少有此类情。宋玉《神女赋》、曹子建《洛神赋》，极状彼女之艳丽与光彩，然托诸梦境，巫山之女，洛水之神，"神光凝合，乍阴乍阳"，则隐约而情归蕴蓄矣。中国咏爱情之汉赋，如张衡《定情赋》、蔡邕《静情赋》，皆"始则荡以思虑，而终归闲正"。此陶渊明之《闲情序》之所言也。渊明仿之作《闲情赋》，昭明太子谓乃渊明白璧微瑕，或谓为伪作，皆未必然。《闲情赋》中之"愿在衣而为领，承华首之余芳。悲罗襟之宵离，怨秋夜之未央。愿在裳而为带，束窈窕之纤身。嗟温凉之异气，或脱故而服新。……"反复数十句，此诸句中，读者如只析前二句以成诗，可谓全同于西方爱情诗，一往表企慕之情者。然如连后二句及全文以观，则情皆内转，"归于闲正"，只见回环委婉之中国精神矣。

抑中国爱情文学之好者，实非述男女相求之情，而是述婚后或情定后之生离死别之情者。西方文人重爱情不重结婚，而中国儒者则以君子之道，造端乎夫妇，"宴尔新婚，如兄如弟"，"妻子好合，如鼓瑟琴"，结婚乃真爱情之开始。《西厢记》，中国爱情文学之巨擘也，然其前段述张生之见莺莺而求之之事，多可笑。见彼美而"魂灵飞在半天儿外"，销魂而魂无着处，又非解脱，不如西方诗人之见女性而销魂，如魂着于神，使人精神上升也。然酬简以后，已同夫妇。而《西厢》之最好者，则在酬简后之别宴与惊梦。其中所表现之男女间之爱情，则至深挚而可感矣。相传王实甫作别宴前数句，即昏倒于地。"碧云天，黄花地，西风紧，北雁南飞。晓来谁染霜林醉？总是离人泪。恨相见得迟，怨归去得疾。柳丝长，玉骢难系，恨不得，倩疏林挂住斜晖"一段，金圣叹之极致赞叹，非无故也。莺莺叮咛张生曰："荒村雨露眠宜早，野店风霜起要迟。鞍马秋风里，无人调护，自去扶持。"此种体恤之情，唯婚后有之也。中国夫妇之相处，恒重其情之能天长地久，历万难而不变。而唯在离别患难之际，其情之深厚处乃见。如前所言之浩然之气，平日只是含和吐明庭，非时穷不见也。故中国言夫妇之情之最好者，莫如处乱离之世如杜甫、处伦常之变如陆放翁等之所作。剧曲中《琵琶记》《长生殿》《牡丹亭》之佳处，皆在状历离别患难而情之贞处。故中国人言男女之欢爱之最好者，名曰古欢。古欢者，历悠久之时间，于离别患难之后乃见者也。

（六）中国人间文学范围，包含人与人之各种关系，及人与历史文化之关系

然自整个之中国之人间文学而言，言志之诗文，实居首位。言志之诗文，恒言自己之性情与抱负，使自己对自己之愿望表现于文学。言志之文学，其所言者，非人我间之事，而为我与我间之事。我与我间之事，亦一种人与人间之事也。至于言人与我间之事者，咏爱情之诗亦非居首位。中国诗文表面咏爱情者，多为以喻君臣与

朋友，《楚辞》中美人、芳草，昔皆以为思君王、怀故国之作。《毛诗序》言《关雎》之义，以哀窈窕、思贤才并举。五言诗或谓始于《古诗十九首》及苏李赠答。苏武《赠李陵诗》一首，曰："结发为夫妻，恩爱两不疑。"古人即以为喻朋友之谊也。《古诗十九首》第一首，"行行重行行，与君生别离"之情，亦在夫妇朋友间。中国表人与人间之情谊之文学，有表男女夫妇之情，有表朋友之情，有表君臣之情，有表兄弟之情，有表师弟之情，有表对一般人之同情者（可读《诗义会通》一书），有表对贤哲仰慕之情而作颂赞，有对后辈奖掖而作赠序者。而文学之范围，在中国人视之亦不限于抒情言志、说理叙事、人与人间一切相互之告语，及对典章文物之纪载，但其文可观，均可属于文学。而所谓人间之本义，实当包括人与自然之间、人与人之间，及人与其文化之间。因若无人与自然、人与文化间之事，亦无人与人之间之事也。中国文学之分类，唯曾国藩《经史百家杂钞》之分类为晚出而最佳。其文分为三大门，著述门中包括说理文、著作之序跋、抒情之辞赋。告语门包括一切人与人之告语，如书札、奏议、训诰。记载门包括人类之制度文化。此范围诚太广。然除专以说理记载为目的之文，属于旧所谓子史二类（今所谓哲学、科学、历史）者外，固皆当属于文学。文学之范围，实应包括人对自然、人对人，与人对文化之情志之三方面。由此以观，则西方之文学之分为小说、诗歌、戏剧、散文四类，犹是外形之分法。吾人依曾氏之意，以观中国文学之内容，则至少应加一种"人对于历史文化之情者"于文学之范围中，与人对自然、人对人之情，鼎足为三。中国文学多咏史怀古之作，即所以表人对其历史文化之情。颂赞亦多对古哲。而哀祭之文，或以碑叙德，或以诔陈哀，乃对死者之作，亦即对过去历史中存在之人之所作。叙记而带情味者，乃表现自己对自己所经历之事情，亦可属于此类之中。箴铭之励己示后，亦表现己当对社会道德、古圣先贤、历史文化应尽之责任。吾人以此标准衡量西方之文学之范围，则西方文学中除表男女之爱情者外，表父子之情、兄弟之情之诗文，则均极少。而中国表父子兄弟之诗，则与表夫妇之诗并列，而为诗之一门类矣。西方文学中朋友间之书札，情蕴深厚而传于后世者，亦不多，不如中国书札之特成一门类矣。至于君臣之间，则西方臣之于君，皆尊而不亲。如三国魏晋君臣之间，皆有深厚之朋友之情谊，则西洋盖未之见也。中国人之恒以男女爱情喻君臣之际，亦相亲之意也。至于颂赞赠序，在西方亦不成专类。西方颂赞，大皆赞神与英雄。以奖掖后进之名赠序，在西方文学中，不成一类也。至于表达一般平民之感情之文学，则西方在基督教，及近代人道主义、社会主义精神感召下乃多有之。而《诗经》以来中国文学，几无不表现对平民之感情。杜甫、白居易、陆放翁等，其著者耳。哀祭之诗文，表生者对死者之情，更为中国人所特重视，故人死皆有祭文或挽诗、挽联，此表示中国人之情之特重情之通于过去。怀古咏史以对历史人物文化致其情意之诗文，实皆可谓由哀祭之精神发展而出，为中国文学之所最富，而表现中国人之情感之深厚之度者。西方人对现实多存反抗批判之心，理想不投射于彼界，即多投射于未来。小说传记中，可以古人为主人翁而描述之，然未必能如中国哀祭之文、咏史怀古之文之重发思古之幽情，以融凝今古死生之感情也。

（七）中国文学之表情，重两面关系中一往一复之情，并重超越境之内在化

吾人上谓以中国之人间文学与西方文学之内容相较，则知西方文学中，无论启发宗教意识之宗教文学，引人超越有限以达无限之灵境之浪漫主义文学，或崇拜英雄、礼赞爱情之文学，及刻画社会、提示社会问题，或宣传一改造社会之主义之文学，其用心多不免迫向一焦点。此即谓其用心恒为一往的，而所表之情，均可谓主要见于一面之关系中。如宗教文学只表现我对神之企慕祈求。浪漫主义文学只表我对无限境界之向往、英雄之崇拜、婚前之爱情之追求，皆重在表现我对英雄、对彼美之崇拜与追求。提示社会问题，依一理想以改造社会，为我欲实现一理想于社会。由是而言，吾人所企慕向往者，在此中只成为一对象、一动我者。在宗教文学中，表现我求上帝，而不表现上帝之求我。英雄之礼赞、爱情之追求中，我崇拜英雄，追求彼美，而英雄不崇拜我，彼美亦未必追求我也。在浪漫主义文学中，表现我向往无限之灵境。在宣传主义之文学中，表现我之欲实现理想，仍不能表现灵境与理想之欲实现于我。因灵境理想本身非有情之物也。然在中国之人间文学中，则所表现之情，恒为两面关系的。故其用情、用心，皆为一往一复的，而非只一往的。婚前之恋爱追求恒为一面关系，而婚后夫妇之情谊，则为两面关系。凡确定之人与人之关系，或伦理关系，皆为必然之两面关系。两面关系与一面关系情之不同处，在此中两方皆为自动的用情者，两方皆确知对方对我有情谊。于是其间之情谊，遂如两镜交光而传辉互照。其情因以婉曲蕴藉，宜由说对方之情以说我之情。如杜甫

思其妻子之诗曰："今夜鄜州月，闺中只独看。遥怜小儿女，未解忆长安。香雾云鬟湿，清辉玉臂寒，何时倚虚幌，双照泪痕干。"全首诗只言对方之思彼耳，以此一例，可概其他。中国古人言："温柔敦厚，《诗》教也。"温柔敦厚，非强为抑制其情，使归中和也，乃其用情之际，即知对方亦为一自动之用情者。充我情之量，而设身处地于对方，遂以彼我之情交渗，而使自己之情因以敦厚温柔，婉曲蕴藉。温柔敦厚，情之充实之至。此充实之情所自生，正由情之交渗，而情中有情。情若无虚处，何能与他人之情交渗。温柔敦厚为情之至实，亦即含情之至虚于其中。吾人能由温柔敦厚之情为至实而至虚，以读中国一切表夫妇、父子、兄弟、君臣之人间伦理关系之诗文，则可以思过半矣。

西方文学中，崇尚一面关系中之企慕向往、往而不返之情，其好处在使精神易于提起，而短处则在由情之坚执不舍，而强劲之气外露，此中国文学之所最忌。由中国文学中之重两面关系中之情，于是中国文学之表情，即一方重婉曲、蕴藉、温柔、敦厚，如上所述；一方即重情之平正、通达，笔法之老练、苍劲、典雅。盖凡物有两端或两面关系，自然易归平正。通其两端，即成通达。坚执不舍之情，蕴之于内，强劲之气，反而内敛，自相回荡以凝摄，即成老练苍劲。平正而练达，即成典雅。平正典雅，乃优美壮美之结合。王国维先生文集中，尝以典雅为在优美壮美以上之第二形式美，为中国文学所独有。惜彼未详其义，吾尝欲引申发挥之而力未逮也。

西方文学之所以多不胜企慕向往、往而不返之情，由于其所崇拜之上帝或英雄，所追求之美人，所寄托精神之灵境，与所欲实现之主义，皆为理想超越境中之对象。中国之人间则为现实内在境。以今人而观死者与古人及历史文化，以人观自然，宜若彼无情之自然，彼死者、古人，及过去历史文化，皆为超越境而非内在境。然在中国，如吾人上之所论，则视自然为有情，以天地之生机生德见于当下之自然，并将自然虚灵化，以减少其物质性。则人与自然间之关系，可更近于人与人间之关系。而其对死者哀祭之文，皆重"思其居处，思其笑语，思其志意"，使人"肃然如闻其声，僾然如见其形"，于是死者亦如生。怀古咏史之作，则重在"遥遥沮溺心，千载乃相关"，"其人虽已没，千载有余情"。故中国哀祭之文，常能极致亲切之怀念，显深厚之情蕴。其中尤以怀古咏史之作，常能极老成练达、苍劲典雅之致，为中国文学之所独造也。

（八）中国无西方式悲剧之理由

中国文学之缺点之一，常言为缺西方之悲剧。莎士比亚之悲剧中，罗密欧与朱丽叶只相遇于坟墓。在中国之《牡丹亭》中，则必有杜丽娘之还魂。在哥德之《浮士德》中，马甘泪被焚，即魂飞天国，一去不还。而中国之《长生殿》中，则必求杨贵妃之重返人间。一般中国小说剧曲，大皆归于大团圆。七十回本《水浒》之终于一梦，与王实甫之《西厢》终于惊梦，《红楼梦》之终于悲剧，皆为人所不满足。故有《后水浒》之使《水浒》中人物立功，《续西厢》之使张生、莺莺结婚，及《续红楼梦》者之使黛玉、宝玉之恨海填平，以化似悲剧者皆为喜剧。此皆似足证中国人之不真了解悲剧之美者也。西方悲剧美之论者至多，今不及一一详。霍布士谓悲剧之美由于其能满足人之幸灾乐祸心者，固为浅薄之论。而谓西洋悲剧之美，只在其表现一极端强烈复杂之感情，或曲折之心理、遭遇之离奇，可见作者气魄之雄伟、想象之丰富，如吾人以前说，亦为次要。唯叔本华以意志之解脱论悲剧之说，吾尝极称道之，然亦义只一面。吾今以为论西方悲剧，应兼采叔本华与黑格尔、克罗齐之美学之说，而会通之。吾意西洋人之欣赏悲剧，乃由西方人之生命精神，多剧烈之矛盾，恒须由悲剧以得一客观化。西方悲剧之价值，则一面在使人对人之善，有一直觉之观照；一面在使人得一意志之解脱。西洋悲剧中之主角，其悲剧结果来临之原因，或为外在之自然、社会之命运，如希腊悲剧与近代哈代、易卜生之悲剧；或为内心之性格之矛盾、良心与罪恶之交战，如莎士比亚、托尔斯泰之悲剧。然凡为悲剧之主角之人物，恒必多少有某一可爱之处，亦即其人格多少表现一善。此可爱之处与善，或表现于其向慕种种之人生文化理想，如浮士德；或表现于其天真无邪，如黛丝姑娘；或表现于其不忍之性情，如哈孟雷特；或表现于其事前存心之善，如李尔王；或表现于其事后之忏悔，如托尔斯泰之《复活》之主角；或表现于其犯罪时之战栗，如麦克伯斯；或表现于本有避罪之心，如阿狄蒲斯。然此"善"，终以未真被自觉地促进，或因其性格中具其他更小之一缺点，与善相夹杂，使其善不纯，兼受盲目不可知之外在的自然、社会命运之驱迫，而犯不可挽救之罪戾，遂入于一凄凉惨苦之境地，以至于死，于是形成悲剧。自中国人之心情言，人不以小眚而掩大德，则人犯小过而受巨大之惩罚为不平。若无罪之人，以外在之命运而就死地，尤非人心之所堪。然西方悲剧之使人之犯小过或无罪者，得最悲惨之结果，则一方所以显"善"之必须绝对完全、绝对纯粹，而不可稍违，一方所以显人之自觉未尝有罪者，实亦有罪，以致谓人之生存意志本身即含罪，如基督教及叔本华氏之说是也。至于西方悲剧之恒终极于死者，则以人死而后人之生存意志，与一切罪恶之根，乃皆无所依。物质之身体死于人之前，然后其心灵精神之价值，昭露于人之上。黑格尔论西方历史上之英雄，皆必登台二次，第一次以喜剧出现，第二次以悲剧出现。又尝论"不得其死"之死，为伟大人物所必须，苏格拉底之死与耶稣之死，皆为必须。"死"者，人之销毁其物质身体而自物质身体之世界解脱，以使其人格之精神价值凸陈人前之唯一道路也。夫然，故悲剧主角之罪与生存意志，唯以死而得解脱涮洗。人在其死后，其所表现之善，无论如何微小，乃皆可净化成纯粹之善，为吾人所直觉观照之超越境理想中之善。悲剧之所以使人流泪而感乐者，亦即在悲剧之能一面使人生感解脱，一面使人生感净化，而直接观照精神世界之纯价值或纯善。二者实一事之二面，故叔本华与黑格尔、克罗齐之说可会通而说之也。

关于西洋悲剧之价值，果如上文所论，则中国无西方式之悲剧的小说、戏剧，其为一缺点，盖无容得而否认。西方悲剧之使人有解脱感，并使人对纯粹精神价值或纯善，有一直觉的观照，乃西方文学之最能提高人类精神境界之处。至于西方悲剧恒不免过于激荡人之情志之流弊，亦不足以掩其提高人类精神境界之功。唯中国文学之未有此种悲剧，其故亦可得而言。即依中国文化精神，恒不愿纯粹精神价值之不得现实化，亦不忍纯精神世界不得现实世界之支持是也。欲使精神世界得现实世界之支持，则人之德性宜与福俱。百备之谓福。则人之行善而犯小过，终于悲剧，即不能使人无憾。康德尝谓善在此生，恒不与乐俱，唯在死后，乃必归于与乐俱。叔本华于其《道德之基础》一书，讥其非笃信善之绝对性，而不免于求报，如侍者之殷勤招待于前，而不免于索酒钱于后。依此观点以看，中国小说戏剧之必使善人得善报于今生，使悲剧皆归于团圆，诚又康德之不若，而至为庸俗。然自己为善而意在求乐求福，固非真纯之求善者。若对他人之为善者，皆使之终于得乐得福于现世，则亦可谓出自吾人使福乐随德行以俱往，以使现实世界隶属于精神世界之大愿与深情，所以免精神世界之寂寞虚悬于上者也。若中国文人之作小说与戏剧者，出于前一动机，以使悲剧之终于喜剧，吾人固当斥之为庸俗，若出于后一动机，以使悲剧归于喜剧，归于团圆，又可以表现百备无憾之人生要求。夫然，《西厢记》之"愿天下有情人皆成眷属"，亦无私之至仁精神之表现。而《续红楼梦》《续西厢》《续水浒》之意，亦未可厚非者也。

（九）中国之悲剧意识

复次，中国小说戏剧中，虽少西方式悲剧，然亦非全无中国式之悲剧意识。《红楼梦》、七十回本之《水浒》之本身、王实甫之《西厢》与孔尚任之《桃花扇》等，皆表现一种中国式的悲剧之意识。中西悲剧意识之不同，吾意为西方之悲剧，皆直接关涉个体人物或人格之悲剧。中国之悲剧意识，则为"人间文化"之悲剧意识。故《红楼梦》之悲剧，非只宝玉、黛玉二人之悲剧，乃花团锦簇之整个荣、宁二国府之悲剧。七十回本《水浒传》，收束于一梦，实亦使整个《水浒》，笼罩于一中国式之悲剧情调中。吾意《水浒》乃中国文学中之悲剧而又超悲剧之一作品。人谓《水浒》只表现官迫民反，语固太粗，然宋江之望招安，则是事实。于望招安之宋江之下，乃有此一群至性至情之汉子。此即使全书表现一深厚之悲凉背景。诚然，《水浒》中人物，如李逵、武松、鲁智深诸人，皆顶天立地，直上直下，固不知人间有所谓感慨，亦绝无悲凉之感者也。然正以诸人皆顶天立地，直上直下，故上不在天，下不在地，中不在人，而在天地之滨，在水之浒，在望招安之宋江之下，即可悲也。施耐庵著《水浒》在元时，元之时代，乃中国文化精神上不能通于政治，下不能显为教化，而如梦如烟，以稀疏四散于文人、书家、画家，及僧道之心灵中之时代也。此时代中人，皆有悲凉之感焉，唯如烟云之缭绕，而归于冲淡。倪云林之画与《水浒》，乃表现同一精神境界。吾读《水浒》序，而知悲之至极，上无所蒂，下无所根，而唯有荒漠之感，再浑而化之于是寂天寞地之中，谈笑如平日，盖《水浒》著者之心也。《水浒》中，李逵往迎母，而虎杀其母，彼抵梁山泊言其事而大哭，诸人乃大笑。笑之与哭，乐之与悲，相去亦近矣。庄子曰："山林欤，皋壤欤，使我欣欣然而乐欤。乐未毕也，哀又继之。哀乐之来，吾不能御，其去不能止。悲夫。"哀乐之来若无端，而其去又不能止，无迹而不知所在，此真人间之至悲。庄子之言，深远之至也。《水浒》之悲之所在，人皆不得而见之，唯见其人物之龙腾虎跃、惊天动地，而《水浒》之悲剧境界，亦深远之至矣，非复可以西洋悲剧名之，谓之由悲深而悲乐两忘，悲乐两皆解脱，庶几近之矣。《水浒传》序言："其事在性情之际，世人多忙，未曾尝闻也。"故罕能喻之者矣。

吾意中国之小说戏剧中，《水浒》之境界为最高，《红楼梦》次之，其他小说戏剧，如《西厢》《桃花扇》《三国演义》等又次之。《水浒》之境界决非喜剧，亦非悲剧，只能谓之悲剧而超悲剧。《红楼梦》则明显之悲剧。《水浒传》之高于《红楼梦》者，在其中之一切人，除宋江外，皆只有现在，不思前，不想后，生死患难，一切直下承担。然《红楼梦》中人，则多思前而想后。不思前想后，则一切现成，无聚无散，或一聚而无散。思前想后，则一切皆有聚散。七十回本《水浒》，记至梁山泊豪杰聚会，而以一梦收束百八个豪杰于天星，乃一聚而入永恒，而不知有散也。林黛玉常念一切人生之事，聚了又散，觉无意思，思前想后之所必至也。《红楼梦》中，不思前想后，只在现在者，为宝玉。宝玉之憨态，《红楼梦》之禅机也。人思前想后，必慕纯任现在者。叔本华于其论文中，尝谓人之喜动物与小孩，即因人之思前想后之心，求在"不思前想后之动物与小孩"前得休息，亦可作一浅近之注解。大率男女之中，青年男子多幻想，喜思过去未来，少女则多纯任现在。少年维特之慕绿蒂，即因维特欲于绿蒂之前，求得安住于现在也。圣母之使浮士德之得救，《浮士德》一剧之终于"永恒的女性，使吾人上升"一语，皆言女性之"停息男性之无尽追求"，而使之宁息也。然《红楼梦》中，则不免思前想后者为黛玉，而真能安住现在者乃男性之宝玉。西方之男子，须待女子之宁息乃入天国，因西方男子本其生命冲动，以思前想后，向外、向上之企慕向往之情，不能自止也。中国之宝玉，则宿根中有内在之女性，故常吞胭脂而消化之，以去其色彩。彼有内在之女性，而有内在之宁息，故终能自求解脱以出家矣。吾尝谓宝玉之爱黛玉，乃以超思虑之心爱之。而黛玉之爱宝玉，则以有思虑之心爱之。爱而超思虑，则爱中蕴蓄有解脱。爱而有思虑，则宛转不能自已，不免于忧伤憔悴。《红楼梦》作者心中，有宝玉为著者之理想境，而作者之精神则是黛玉式。黛玉式之思前想后之精神，与浮士德、维特之思前想后之精神不同，在彼为男性的，而此为女性的。男性之用情，恒为意志欲望所驱率，其思前想后，必求成功。女性之用情，则恒以用情本身为目的，因而其思前想后，亦常唯出于情不自已，而不必求成功。黛玉之爱宝玉，未尝必求其成功，亦早知其不能成功，且不当求其成功。（以一般人间婚姻标准言，宝钗之健美而贤，自更为宝玉之适当配偶，黛玉非不知其蒲柳之质，不克永年也。）黛玉自知不能成功、不当求成功而爱宝玉。其情乃为超意欲、超行动之纯情，其忧伤憔悴，为纯忧伤憔悴。其可悲不在其求成功而不得，如西方之悲剧人物；其可悲，在不敢作成功想，不能有以表现其求，亦不敢以其求为应当。则西方之悲剧人物，其最后绝望之悲浅，而黛玉之悲深。悲之深也，超意欲，超行动，则转为纯粹之身世飘零感、人生之梦幻感、一切之聚散无常感。此黛玉之心情，亦《红楼梦》作者之心情，所表现于此书者也。而作者之所以表现此心情，则又非只托之于黛玉之事，或宝、黛二人之事，乃托之整个荣、宁二国府之兴衰成败，以状一切来自太虚幻境，而归于太虚幻境之历程。人生在世，热闹一场，思其前，不知所自来；思其后，则知世间无不散的筵席。荣、宁二国府之人物，乃合演此中间热闹一场、聚而复散之悲剧。故悲剧虽表现黛玉之精神，而不可只说为黛玉之悲剧，或宝、黛二人之悲剧。因而非西方式之人物悲剧，而是一"人间世界在无常宇宙中之地位"之悲剧。此悲剧中有得解脱者，如宝玉，有未得解脱者，如其余诸人。然得解脱也罢，不得解脱也罢，同在红楼一梦中，同在前后之太虚幻境所包裹之中。太虚幻境以外如何，有上帝乎？无上帝乎？有精神世界乎？无精神世界乎？悲剧之形成，由生存意志乎？由人之罪恶乎？由宇宙之盲目命运乎？由客观社会势力之胁迫乎？盖皆作者所未尝真措思，此其所以与西方悲剧之不同。王国维先生以叔本华之思想讲《红楼梦》，尚有一间未达也。夫《红楼梦》中所显示"人间一切之来自太虚而归于太虚"之情调，亦即同于《水浒》之"纳惊天动地于寂天寞地之中"之情调，而皆可使读之者，心无所住，而证即实而空，即实而虚之妙道，而得一当下之解脱，此中国悲剧之精神价值之所在。然谓《红楼梦》《水浒》著者，皆自觉此理，而著二书以教人以此理，则又误矣，彼等只是如吾人前所谓写如是如是之人间悲剧境界耳。

（十）中国悲剧意识之虚与实、悲与壮

吾人读西洋之悲剧性之小说戏剧，恒见其悲剧之所以形成，一方由悲剧主角之沉酣于其理想或幻想，力求所以达之，而坚执其行动与事业，终以其性格缺点之暴露、客观宇宙社会之力量与内心要求之冲突，而形成悲剧。故西方式之悲剧，实即主观之力与客观之力二者相抗相争之矛盾之所成，而悲剧之结局，则归于自我意志之解脱，与精神之价值之凸显，如吾人上之所论。然在中国，则根本缺乏此种形态之悲剧意识。若《水浒》之境界为超悲剧，则吾人可谓中国之悲剧意识，主要者殆皆如《红楼梦》式之人生无常感。人生无常感，即包含人间社会之一切人物，与其事业，及人间文化本身之无常感。中国之历史小说戏剧，常皆具有此感。如中国最有名之历史小说《三国演义》，开首之《临江仙》词，吾尚忆及之。其词曰："滚滚长江东逝水，浪花淘尽英雄，是非成败转头空，青山依旧在，几度夕阳红。白发渔樵江渚上，惯看秋月春风。一壶浊酒喜相逢，古今多少事，都付笑谈中。"此外如《桃花扇》末之《哀江南》，即可代表剧曲中之此种悲剧意识。而熊开元（世传为归元恭）之《万古愁曲》，由混沌初开，历唐、虞、夏、商、周、秦、汉、唐、宋之兴亡，直述至明之亡，感慨万端，苍凉悲壮，尤代表中国人之此种悲剧意识之最高者。文长不及录。忆中共将至南京之时，吾不叹息于政府之更迭，唯不胜杞忧中国历史文化将由唯物论之流行而渐灭，一切书卷，皆藏之箧中，只留《万古愁》一卷，一灯荧荧，琅

琅独诵。此情此景，如昨日事，而吾所深有会于中国人之此种悲剧意识者，即此悲剧意识非如西洋人之先视人生世界为无数主客力量冲击之场合，人本其主观之意志欲望，以向外追求，复幻灭于客观之力量前而生。中国之悲剧意识，唯是先依于一自儒家精神而来之爱人间世及其历史文化之深情，继依于由道家、佛教之精神而来之忘我的空灵心境、超越智慧，直下悟得一切人间之人物与事业，在广宇悠宙下之"缘生性""实中之虚幻性"而生。此种"虚幻性"，乃直接自人间一切人物与事业所悟得。于是此"虚幻性"之悟得，亦可不碍吾人最初于人间世所具之深情。既叹其无常而生感慨，亦由此感慨而更增益深情，更肯定人间之实在，于是成一种人生虚幻感与人生实在感之交融。独立苍茫，而愤悱之情不已，是名苍凉悲壮之感。林木翁郁而不枯之谓苍，天风吹过而不寒之谓凉。生意蕴蓄，而温情内在之谓苍凉。于是悲而可不失其壮，如陈子昂《登幽州台歌》之"前不见古人，后不见来者。念天地之悠悠，独怆然而涕下"。屈原之"唯天地之无穷兮，哀人生之长勤。往者吾弗及，来者吾不闻"。皆为此种之苍凉悲壮之情。此苍凉悲壮之心灵，悬于霄壤，而上下无依，往者已往，而来者未来，可谓绝对之孤独空虚而至悲。然上下古今皆在吾人感念中，即又为绝对之充实。夫然而可再返虚入实，由悲至壮，即可转出更高之对人间之爱与人生责任感。如杜甫之为诗圣、诗史，即常依于一种由苍凉悲壮之感而来之对人间之爱与人生责任感者也。是知中国最高之悲剧意识即超悲剧意识，诚可称为中国文学之一最高境界矣。

第十二章　与中国人格世界对照之
西方人格世界

中国社会文化生活，与中国艺术、中国文学，固可表现中国人生，然中国社会文化中所表现之中国人生，乃平面的、现实的；中国文学、艺术中所表现之中国人生，则大多只为欣赏的、想象的，或内在于心灵境界中的。真能在具体现实之世界而表现中国人所向往之人生理想者，仍当求之于在中国历史中实际上曾出现，而为人所崇敬之人格。唯由中国社会所崇敬之人格，可见中国人生之理想的超越性，与现实的存在性之结合，而显示中国之人生之真价值意义所在。故今别论中国之人格世界为一章。唯吾人论中国人格世界，拟将先论西洋之人格世界中一般人所崇敬之人物之精神，以资对照。

吾尝综括西方人所崇敬之人物，主要者为五类型：

一、为社会事业家、发明家型。

二、为学者型。

三、为文学家、艺术家型。

四、为军事家、政治家、社会改造家型。

五、为宗教人格型。

（一）西方之社会事业家、发明家型

我所谓社会的事业家型、发明家型，即如爱迪生、瓦特，与美国此数十年一般社会所崇敬之事业家或成功者，如钢铁大王、煤油大王之类。吾人必须承认，在近代工商业文明下，此种人物实乃一般社会所崇敬者。如马腾所著《励志哲学》《成功哲学》等书，所以销行最众，即由其以此种成功者为典型之人物之故。此种人物，亦不能谓其无一种精神生活，而唯是一好名好利之徒。中国人之恒看不起此类人物，正表示中国文化精神与人生理想之为另一种。此种人物之精神生活，吾以为乃一种纯理智与意志力之结合。西洋儿童所读之《鲁滨孙飘流记》中之鲁滨孙，即以一人而表现此种精神于荒岛之中。西方近代之社会事业家，即移此精神于社会，以创发社会之事业。此种人物在社会之目标，实至为简单，即求一种事业之成功。事业之成功，即人之理想之实现于现实世界，并不断扩充其实现之范围。此中赖一种意志，即于一切违此理想之事物，皆如水来土掩，兵至将迎，求有以克服之。于一切事物，凡可作实现此理想之材料条件者，均求所以利用之。于一切与此理想不相干之事物，均漠视之，视若不存在，而不以扰心，并处处警觉事业上一切可能的伤害之来，加以预防。此之谓一种纯理智与意志力之集合。此种人物，乃本质上求断绝一切情感者。故能不畏失败之痛苦，于一切失败，均只视若一种待应付之事实，不生任何之感慨，亦不抱任何意外幸运之幻想。当幸运来临时，亦不动特别之欣喜感情，只视之为求进一步成功之凭借。此种人物之一切活动，均自觉的凭一手段，以达一目的。一切理智，均用于"求知手段与目的间"的或顺或逆

的因果关系。然当其用手段，亦能全部精神注在手段上。故其全部
人生中，亦能处处感充实而无空虚。当彼死时，在其遗嘱中，亦可
将其事业财产全部捐献他人或社会，而不必留之于其子孙。然当其
在未死以前，彼必须以其意志，贯彻于其事业，不容任何人之侵犯
其权限。此种人物之人格之本质如是，读者可多读此类人物之传记
以知之。此种人物，即西洋近代之工业精神，或征服自然以制造生
产事物、增加财富之精神之体现者。此种人物，实是为制造而制造、
为生产而生产、为增加财富而增加财富。其极端功利之追求中，亦
有一超功利之精神，此为西方功利主义哲学家所不了解者。此种精
神为求开展的、创造的，而非收摄的、享受的。此精神亦可谓远源
于犹太人之商业精神。然犹太人之商业精神，犹偏于聚敛财富方面。
此种精神，则为前进的、追求的，而表示一更高之精神者。人由此
种精神，可以使其生命之精力、心灵中之理智与意志力，均全部用
于事业，而客观化于事业之中。由此而使其人生有一安顿交代。此
种精神，直接不属于利他或利己、博爱或自私之范畴，因其可不照
顾他人之情感，而只以他人之需要为促进其事业开展之手段。故非
真是利他的、博爱的。然有此精神者，亦视其自己之精力、时间、
精神，同为其事业之一手段。只向前看事业之可能开展之前途，而
不回顾自己之所得，而于其中感一矜喜或满足。故亦不能说之为利
己的、自私的。唯此种精神所成之事业，可满足他人之需要，故有
其利他或利社会的价值。由此精神，可使其全部自我客观化于事业，
使人生有一安顿或交代，故又有对己之价值。

（二）西方之学者型

第二种西方所崇敬之人格之形态，吾称之为学者型。西方学者型，异于社会事业家型者，在其恒趋向于纯粹理智、理性之生活。不仅淡忘一般人所共有之情感生活，且常根本缺乏对环境之意志性的活动。一般人之情感生活，主要在家庭。而西方之过去之大哲学家、大科学家，则多不结婚。德人赫兹保格（Herzberg）著《哲学家心理》，统计西方三十个大哲学家，不婚者占其半，婚而不满意者，又约占其半之一半。如希腊大哲柏拉图即未婚，苏格拉底则婚而同于未婚者。伊辟鸠鲁派并言智者必不可婚。近世大哲如笛卡儿、来布尼兹、斯宾诺萨、洛克、康德、尼采、叔本华，亦不结婚。赫氏又谓西方大哲之友谊生活亦缺乏。西方大科学家如牛顿、盖律雷亦不结婚。一般科学家之友谊，亦多只为学问上的，而非生活上的或感情上的。而西方之大哲与大科学家，皆不特同缺乏应付环境之现实能力，亦且皆不善于处理其财物与日常生活之事务，故多有种种日常生活中之笑话。如希腊最早之一科学家兼哲学家 Thales，即曾仰视天象而身落井中，以致见讥。传说又谓当时人讥哲学无用，Thales 乃根据天象，预测来年之荒歉，大购谷物，至明年大获利，以证明哲学未尝无用，哲学家未尝不能处理日常生活云。然此故事，仍反映西洋人最初对哲学家之观感，即以之为不能处理日常生活之事务者。希腊几何学家亚基米德之一故事，即为当罗马人兵临城下，直入其屋，彼犹在画图，见兵来乃曰："你们不要弄坏我的图画。"致见杀。此外关于牛顿的故事，则有以表为鸡蛋而煮之，及造大小两洞，以容二猫出入之故事。今之爱因斯坦，尝以银行支票作便条。

凡此类西方学者之故事，多不胜举。其成为美谈，皆表示西方人以为大哲学家、科学家，理当不能处理现实事务，与日常生活者。西方之大哲学家、科学家亦确能冥心孤往，以虚怀探求无限之真理，如苏格拉底之自认一无所知，牛顿之至晚年犹曰吾之一生只为真理大海边拾蚌壳之小孩。西方学者之以一生之全部精力，置于研究室、实验室、图书室。其一生之事业，即在其著作与研究报告之中。其全部人格之精神，亦客观化于其著作研究报告之中。故有人约见斯宾塞，而斯宾塞即答之曰，吾心灵之最高产物，皆在著作之中，唯留渣滓以为日常交谈之用，遂不赴约。西方大哲如康德，虽生活尚属严肃，如舍其著作，则其精神之伟大处，亦不可见。如黑格尔、培根，则生活尤似庸俗。叔本华平生处处是计较，其生命之精采，亦皆唯表现于著作。此种将人格精采全客观化于著作中，而生活成渣滓，亦非中国人之所能欣赏，亦常不能加以理解者。唯平心而论，此处吾人正当取黑格尔之言，谓一人之所是，即当自其一切表现中见。著作为人精神之表现，则著作中之伟大，至少亦即见其人精神之伟大。人之精采表现于著作者多，则生活上之缺精采，亦可得失互相补偿，不能徒悬言行不一之标准以责之。说零碎之言不须精神，必行之乃见精神。至于系统之学术著作，则其成就本身，即赖一持续之精神。人无伟大之精神生活之体验，如黑格尔，亦决不能有黑格尔之著作，不能只以其外表生活之庸俗，而以著作为其人以外之事也。夫然，故吾人必须肯定西方学者之穷老尽气，而一生惟以著作为事，亦即所以成就其人格。此种客观化其精神于著作之精神本身，亦自有其价值，而未可厚非。当吾人从事以文字客观化吾人之思想，或将观察实验后之研究，写成著作或研究报告时，吾人所用之文字，乃一客观公共之表意符号，此符号与其运用之规则，乃人类客观文化之一内容，亦即人类之客观精神之表现。故吾人用此文字，以达吾人思想时，吾人之精神即参与一客观精神之表现，而受其规定。吾用一文字以表意，不能随意乱用。吾之增加或引申一文字之新意，亦须依此字之原意为一基础，使人可以逐渐了解。是吾之用文字以表现吾人之思想，显吾人之主观精神，吾即自愿受一客观精神之规定，吾即显一"尊重客观精神"之精神，与"自己主宰自己精神之如何表现，以求成就自己主观精神或人格于超越于我之客观精神或客观文化世界中"之精神也。

（三）西方之文学家、艺术家型

西方之典型文学、艺术家，异于学者型者，在不尚理智或理性，而宗尚情感与想象。艺术家以色声相貌，表现其想象情感。文学家以文字符号，表现其想象情感。吾人早已言，西方文学艺术皆喜表现一超越现实而一往向上企慕向往之情。此同时亦即是西方艺术家、文学家之人格之反映。吾人读西方近代大音乐家，如贝多芬、萧邦、莫扎特、舒伯特，大雕刻家如罗丹、米西尔朗格罗，文学家中如意之但丁，英之拜伦、约翰生，法之卢梭，德之哥德，俄之托尔斯泰等之传记，皆可知彼等之一生行为，恒充满跌宕起伏之波澜，充满各种激荡、鼓动、追求、幻灭、冒险、愤恨、哀怨、悲壮、狂欢、忏悔、祈求，各种之情感。其精神之在世间，或如惊涛之拍岸，或如鹰隼之搏击，或如奔驰于峻岭悬崖，或如挣扎于网罟陷阱，忽而青天霹雳，忽而四望阴霾，忽而上摩霄汉，忽而下沉地狱。彼等人格，或为音乐家，或为画家，或为诗人、散文家、小说家、戏剧家。然其一生行为与生活，皆只宜谱于一音乐，而不宜绘为一画面。有小说之趣味，而缺散文之疏朗。可以戏剧加以表现，而不宜只以一诗歌加以咏叹。故其人格之价值，皆表现于其能超拔现实，而不断企慕向往一前面之理想之历程。吾尝试分西方文学家、艺术家所超越之现实，与所企慕理想之型类，盖有多类。大约西方文学、艺术家之人生理想，最初几无不寄托于爱情。为爱情而不顾社会之非笑，不顾家庭之阻止，不问自己之是否有被爱于彼美之条件，与其事之是否可能。而凡此所不顾忌而不问之处，亦可谓其所超越之现实。而文学家与艺术家之人生理想，所以寄托于爱情者，盖以异性非只可满足人之生物本能，且可使人之向外驰求追逐之精神，得一安息平静或和谐。异性之身体，表现感觉的美，而其心灵与精神，即寓于此身体之后。故人之爱异性之事，亦即求人之透过感觉界，以接触对方心灵界、精神界之事。在恋爱中，对方之心，对我正如一彼界与天国，故吾人承认恋爱有引发人之精神上升之价值。唯恋爱中毕竟有对方之感觉界之身体，为吾人依生物本能所欲与之结合者。此即使恋爱之精神价值不纯粹。失恋则可使吾人之精神，知对方之现实身体不能与我有现实之接触。而超越现实接触之想念，便使吾人之精神提高，至一更高之境界，由是而有但丁式之爱情。此爱情之对象，纯为一种想象境、理想境。故此种爱彼美之心，即通于爱一切美之心，而可超越对异性之美之爱，以及于对一切美善神圣之爱，此即成柏拉图式之爱情。此爱情中包括纯净之爱美、爱艺术文学之情。而文学家、艺术家之一切创造，遂亦当直接自此精神而出，乃真正与美神为邻。故西方文学家、艺术家精神所表现之较高精神，即为一超一般爱情，而献身于文学、艺术之精神。故如贝多芬、舒伯特、尼采、缪塞、雪莱、哥德、卡来耳，均以失恋或绝意爱情，而在文艺上有更高之造诣，表现更高文学家、艺术家之人格。然艺术家之创作本身为感性的，文学之创作，亦须表现"诸具体感性意象"之想象。故文学、艺术亦须诉诸他人之感性生活或具体的感性想象，以被欣赏。于是文学家、艺术家，对他人于其创作所表现之感性的好恶，亦最难忘却。此即使艺术家、文学家多喜在交际场合中，被人当面恭维赞美。文学家、艺术家乐交游称誉而好名，皆为势所难免。故更伟大之文学家、艺术家之精神人格之表现，即在其受世俗之漠视、讥笑、鄙夷之后，犹能不随世俗俯仰，而独行其是，以献身艺术文学，以客观化其精神于艺术作品、文学作品中。夫好名之心，固人皆有之。然事业家之好名心，不如其功利心。学者之好名心，不如其好胜心。军人政治家之好名心，不如其好权心。宗教家之好名心，不如其好位心。文学家、艺术家之好名心，则过于其好功利、好胜、好权位之心。故文学家、艺术家之精神人格之表现，亦恒在其能超越好名心，以献身于文学艺术之创作也。而西方文学家、艺术家中古如塞万提斯（Cervantes）以犯人之身而在狱中写《唐·吉诃德》；又如罗曼罗兰之廿年中专志于办一无名之杂志，皆由其能战胜顺应世俗之好名心，以表现其人格精神者。故吾人可谓能不顾毁誉、超越好名之心，为西方大文学家、艺术家所届之一更高之精神。

然此上诸精神，犹非西方文艺家最高人格精神之表现。此上诸精神，乃一切为艺术而艺术，为文学而文学者之所能至。而更高之西方艺术家之人格精神，则在由艺术文学之境界，而达于社会文化问题之关切，与道德宗教之境界。此即或以文学表示一对社会之一般风俗习惯之反抗，对传统文化之批评，如易卜生、卢梭、伏尔特；或以文学表示一对一般人性及社会所崇尚之英雄人物之讽刺，如萧伯纳、史维夫特（J. Swift）；或自觉以文学宣扬激发人生社会之理想，如卡来耳、嚣俄。一般文学家、艺术家亦皆多少有此精神。或为如萧邦之纯为祖国之复兴而演奏音乐。或为如拜伦之崇拜希腊之文化而赴希腊作战。或为如哥德晚年之由艺术文学之尊重，转而尊重实际之事业，以为人生之寄托（哥德此精神，在《浮士德》后半已表示出）。或为如托尔斯泰之文学发挥人道主义，晚年之自觉的隶属艺术于宗教之下，此在托尔斯泰之《艺术论》中亦明白说出。托尔斯泰、哥德之人格，所以为西方人所特崇敬者，亦即因彼一生不特表现能超越恋爱名誉等，亦能超越文学艺术中之纯粹审美精神，而直追求人生之归宿、精神之最后安顿处也。至于西方文学家如莎士比亚之精神，则为一种超越人间以观照人生一切之悲剧喜剧，而自身若不动情感之精神（《理想与文化》第二期有友人周辅成先生《论莎士比亚之人格》一文，可资参证）。但丁之《神曲》、密尔顿之《失乐园》所表现之精神，则为超越人类以默想人与神圣之关系之精神。此二种文学家之精神，皆注目在人生文化之全面，此其所以高于一般文学家、艺术家者也。

　　吾人以上论西方文学家、艺术家之人格精神，皆表现于其能超越现实，以企慕向往一理想之人生一面。吾人即能知西方文学家、艺术家之天才，所以恒不免有若干离奇怪异之行径之故。柏拉图《筵话篇》对话，曾以文学、艺术为一种疯狂。莎士比亚亦以诗人、情人、疯人为一类。近世朗布罗梭（Lombroso）著《天才论》，广罗传记之材料，而偏重论西方哲学、文学、艺术上之天才，而彼所得之结论，亦谓疯狂与天才为邻。叔本华谓天才之特征为无意志力，因而与现实生活有脱节之现象。疯狂之本性，即以幻想为现实，故天才与现实生活必脱节云云。然疯狂之所以产生，实主要由于情感生活之冲突。吾人读西方文学、艺术家之传记，即见其一生恒在冲突

之中。"恋爱""贫困""社会之毁誉""文学艺术上之好恶""人道正
义之感情""宗教上之向往"与"摆脱一切之意志"皆恒互相冲突。
于是每一种情感,皆唯在冲突中成就。如其所成就之情感,为更高
之情感,则形成人格之上升。如所成就者为更低下之情感,则形成
人格之下降而犯罪。然犯罪与忏悔,又为一冲突,如冲突而无成就,
则怪异离奇之行径出,而或邻于疯狂矣。

(四)西方之军事家、政治家、社会改造家型

西方军事家、政治家与社会改造家之所以为人所崇敬,恒不在
其情感与理智表现之形态,而在其意志或才气表现之形态。然军事
家、政治家、社会改造家之精神,与上述之社会事业家不同。盖社
会事业家乃在社会已成之法律制度下,从事促进物质文明等事业。
而军事家、政治家、社会改造家,则为支配、领导,或改造社会、
决定社会政治之形态者。大率在西方近代政治家,最为人所崇敬者,
乃诸献身于民族、国家之独立富强之事业,建立民主政治制度,为
人民争人权、争平等,或表现民主风度,无贪位怙权之心之政治家。
如美之华盛顿、杰弗逊、林肯、罗斯福,英之克伦威尔、格拉斯顿、
路易乔治,意之建国三杰,德之俾斯麦、菲希特等。而社会改造家
或革命家,如奥文、圣西蒙、巴枯宁、马克思、克鲁泡特金所以为
人所崇敬,则在其改良或推翻不合理之制度。在中国历史中,固多
爱民而革新政治之政治家及开国君主。然如西方之所谓为人民争权
利,或社会革命家,则亦可谓为中国所少有。爱民之君相,乃身居
上位而以仁厚恻怛之意,见诸行事,及于下民之谓。而非为人民争
权利或推行社会革命,自下翻上,在对待争取中,谋政治社会理想

之实现之谓。在西方民主政治制度建立之后，政党政治下之政治家，在竞选时，恒尽力以争，而当其失败或退休，对敌党不生芥蒂之风度，中国今人恒未能学。而此风度中所表现之人格价值，亦即在其能于对待争取之中，肯定一在自己与对方之上之宪法或人民意志，加以尊重之故。至于自西方整个之历史观之，西方所崇敬之军事家、政治上之领袖人物，则多表现一坚强之意志，伟大之才气，能克服人所不能克服之阻碍，而能鼓舞掀动群众者。故东征波斯之亚力山大，渡阿尔卑斯山之凯撒，横扫欧洲之拿破仑，倡铁血主义之俾斯麦，以至如列宁、希特勒、墓沙里尼等，皆可为一时人所崇敬。而此种人物，即西方人所谓英雄之典型。英雄崇拜尤为西方人之一贯精神。夫人之所以崇拜此种之英雄，其情感极为复杂。大率言之，一为求托庇于英雄之下，以得自我保存之情感，此为直接出自生物本能的。第二为一种愿屈伏于强者意志下所生之情感。此种情感表面与人之自然之好权心相冲突，盖人既皆有好权心，宜不能有一种屈伏于强者之意志。然人之好权心，乃一向客观他人施展权力或支配他人之意识。当吾人支配他人时，吾人之意念可即集中于他人，而将吾人之力皆向外用，吾人内在之自我遂成空虚。于是，如他人之力将吾人之力加以战胜，而全然加以否定之时，吾人之内在自我之空虚，即使吾人自愿承他人之意志，以为其意志，甘屈伏于强者之意志下，以被其主宰。若此时无强者之意志以为吾人之主宰，反使吾人之精神，若觉无所安顿。第三由英雄之为许多人所崇敬服从，为无数人之精神所仰望集中，此即显为"复杂中之统一"，而可使人生一美感。人欲保存此美感，而自然愿保存英雄之地位，而增益崇敬之心。第四为由英雄之为人所共崇敬、精神所仰望集中，顺英雄之指挥而行动，可使吾人觉一客观的集体意志之存在，客观的公共精神之存在。而在道德上，自然愿保存此集体意志、公共精神之存在。然此等人之崇仰英雄之心理，虽可为英雄之地位增高、声势增大之理由，而并非英雄人格之真价值所在，亦非人初之所以被推戴为英雄之理由。大约英雄之人格真价值所在，与人最初所以推戴某人为英雄之主要理由，恒在其人有绝对坚强之意志，与百折不回之信心，表现于其决断与行动。其所以鼓舞人号召人者，则恒赖一种痛快淋漓之兴趣，与丰富充盈之生命力，表现于其辞色态度。英雄之求克服其阻碍也，又恒能不顾一切个人之利害得失与生死。于是英雄之人格，遂宛若使吾人感一自我之扩大，亦若使人觉无死生利害得失之存在，此乃英雄之人格之真价值之所在，亦即人之所以崇敬英雄之真理由。而一度成大功而失败之英雄，所以尤为人所崇敬者，则因英雄之所以为英雄，乃在其能不顾一切，以表现其一往直前之意志，而显一超越之风姿。若成功，则落到现实，唯其遭遇失败与死亡，归于一悲剧之命运。飘忽而来，飘忽而去，乃使英雄之超越之风姿，显出于其得失成败死生之外也。

（五）西方宗教人格型

西方之英雄，固能不顾生死，而由一悲剧之命运，如失败与死亡，以显出其超越之风姿。西方之英雄，非即能自觉自动的，求承担失败之苦痛与死亡者也。求不顾失败死亡，而自觉自动愿承担苦痛与死亡患难，西方之文学家、哲学家亦恒有此理想，而不必能之。能之者，唯西方之宗教家或圣徒也。西方宗教家或圣徒之希慕天国，即求超脱生死而入永恒。人真欲超脱生死而入永恒，必须一方有一真正自一切俗情摆脱之意志，一方愿承担一切苦痛，以至自觉死亡之来临而迎接之。真正之幸福与永生，乃由苦痛与死亡之被迎接而被吞咽、被消灭而呈现。此事唯愿舍身为人类赎罪，以显上帝之道、爱之道于世间之耶稣，能真作到。后来中世纪基督教徒即以耶稣为模范，以忍受种种苦难，并修习种种苦行。人不能战胜其情欲者，则恒一方战栗于情欲与罪恶之前，以祷告哀求上帝与耶稣之降临，而助其忏悔，如奥古斯丁，即此种宗教徒之典型。而近世之巴斯噶（Pascal）、杞克果（Kierkegaard），亦极追求上帝，渴慕神境，冀得安身立命之地，终不能得，乃彷徨战栗于人生之途者也。此种宗教性之人格，乃直接求与一纯粹之绝对精神存在相接触。其生命之安顿，不在此世间，而在一超越之世界。故社会事业家所从事之事业，学者所求之真理，文学艺术家所求之美，军事政治家所建之功勋，对彼皆无价值。世俗之人，好利、好胜、好色、好名、好权、好生恶死之欲望，皆为彼所欲加以克服者，因而彼等乃西方人格世界中，表现一最高之超越精神者。人只须有此种宗教性的超越精神，无论其是否真能获得上帝与耶稣之恩典，是否能心安理得，其人格皆在原则上较世间之一切人为高。世间之一切人，所求者皆较小，故其所感受之精神苦痛，亦恒皆不如此种人之深。然此种人格之价值，正当与其人能创生与能忍受而吞咽之苦痛成正比，固不能以快乐作为评判人格价值之标准。此种人之为求神求耶稣而受之苦痛愈多，人亦愈崇拜其人格。一般人唯由崇拜此种人格，乃接触一为“绝对之精神存在”所贯注之人格精神，而感其自身之精神之升高。此种人格之精神，初纯为一向内以求神与耶稣以探索其灵魂之无尽的深奥者。当其体现此深奥而显示之于人时，对人即有无限之摄引力，使人之灵魂如铁之被引于磁石，而向之致其崇敬皈依。于是，此种人亦自觉负有劝化世人皈依于彼或上帝或耶稣之使命。而人之如是崇敬之，或愿传达其使命之故，人亦常不知其所以然。唯人一朝能了解此种人格，或接触此种人格，未有不直觉其人格之高于世间之一切事业家、学者、诗人、画家、军人、政治家者。此种人物亦可同时为学者，如奥古斯丁、圣多玛；为诗人、文学家，如作赞美诗、记《圣经》者；为在社会作出轰烈之事者，如圣女贞德；为作各种社会事业者，如圣芳济。彼等能为世人之所为，而世人不能为彼等之所为。是亦即此种人之所以在西方人格世界中，恒居最高之位之故也。

第十三章　中国之人格世界

　　吾于上章论西方人格世界，分为"社会事业家、发明家型""学者型""文学家、艺术家型""军事家、政治家、社会改造家型""宗教人格型"。此各种人格型之精神虽不同，然皆表现一超凡俗或超现实，以向往企慕一理想之精神。而吾人亦可谓一切可敬可爱之人格，皆无不多少赖此精神以形成，此乃古今中外无二致者。如卡来耳《英雄崇拜》一书，谓一切人格之形成，皆赖一番真诚之向慕，亦通此义。唯吾意，人之超越现实之精神表现，可为一往直前之向慕理想，而亦可为超越此一往直前之态度本身，或此超越精神之本身，转而着重于现实或凡俗中实现超越的理想。前者为西方人格精神之所特表现者，而后者则为中国人格精神之所特表现者。此种中西人格精神不同之故，颇难言。大率在西方之文化历史上，不数百年即有一新民族进入文明之舞台。初进入文明之新民族，恒一方有较多之活力，表现更多之天真与率直，一方亦有更多之盲目的生命冲动，易于生执着。故其所表现之人格精神，更易显为一往超越凡俗与现实而直前孤往之形态。然中国民族，则或以文化历史较久之故，如西方人之活力与天真率直，盖久矣为中国人之所失。吾少时尝读哥德自传，见其青年时，与一群当时德国年青的浪漫主义、人文主义之哲学者、文学者之生活，宛如一群于混沌初开不久，在烂漫阳春下之孩子。吾深感中国人之灵魂中之缺此一情调。而西方人除拉丁民族外，今犹多少有之。然同时在中国人精神中，亦复不似西方人之多冲动，不似西方人之随处生执着。由是而其表现之人格精神，并非复一往直前之超越精神，而多为一方肯定现实，而同时于其中实现超越的理想之精神，复较少西方式之冲动或执着者。此为中西人格世界之大别。吾以下即将就中国人格世界之人格类型择其要者，分为十一种，一论其精神。至其与西方人格世界之人格精神相对照之处，读者幸览前文加以比较。吾文虽主分析，而未尝动情，然读者若能以意逆志，而闻风兴起者，吾愿馨香以祝之。

一、有功德于民生日用之人物。

二、学者。

三、文学家与艺术家。

四、儒将与圣君贤相。

五、豪杰之士。

六、侠义之士。

七、气节之士。（四、五、六、七为中国之社会政治性人格。）

八、高僧。

九、隐逸与仙道。（八、九为宗教性人格。）

十、独行人物。

十一、圣贤。（十、十一为道德性人格。）

（一）有功德于民生日用之人物

吾在本文上篇，论西方近代所崇敬之社会事业家，包含发明家、大资本家，与大实业家。此种人物之精神之所以被人崇敬，在其能由不断之努力奋斗，以求其个人之成功。此种人物，在中国过去实少有。中国人初不能了解此种人物何以被人尊重之故。吾人曾谓在中国过去之商人与生产家之模范，乃陶朱公。然陶朱公为人，据《史记》所载，乃纯表示一种能聚财，亦能散财之超脱精神者。此超脱精神，亦是一种超越精神。然此超越精神，不表现于求财富之无限的增积，而表现于当下意念之能洒落自在，无所拘碍。中国有陶朱公为人所崇拜之理想商人与生产家，即亦难有西方式之大资本家与大实业家。于是中国所崇敬之社会事业家，不同于西方近代所谓社会事业家，而只是对社会日用民生有功德之人。《礼记·祭法》谓："圣王之制祭祀也，法施于民，则祀之。以死勤事，则祀之。以劳定国，则祀之。能御大灾，则祀之。能捍大患，则祀之。"祀为崇德报功之事。崇敬之心至于其极，即表现于祀。吾意中国人之所以崇敬有功德之人，并非直接由于观有功德之人曾如何奋斗，如何经艰难困苦上出发。中国人敬大禹，或尚知其平水土之艰难，然中国人祀后稷之发明五谷，祀黄帝之垂衣裳，祀仓颉之造字，即几全不知其创造之如何艰难矣。中国乡里中人，凡对地方事业有功者，人亦皆崇敬之。恒不必问彼立功者之动机，与如何成此功德之经历。而中国人之从事或赞助社会事业者，亦恒多秘其名姓，如无名氏之捐款，几随处有之。中国之道德教训中，最重阴功之修积。而中国社会亦最尊重修阴功及无名氏之人。由此以观，中国人之对立功之观念，与西方近代所谓求成功之观念实大不相同，而毋宁说其与基督教所谓社会服务之观念为近。然基督教对社会文化有功之人，崇敬之而不祀之，其崇敬之乃念其曾经艰难与奋斗牺牲。而中国之祀有功德于社会文化之人，则视之如神，而可不必念其所经艰难、奋斗与牺牲。而自居无名氏之人之用心，即在使其所牺牲之处，不为人所知。故人或谓中国人之崇敬一有功德于社会之人，并非直接对其人格精神本身，有一崇敬，而只是重视其人格之间接的对社会之效用价值，或对我之利益而已。吾初亦以为如是，继乃知中国人之此种崇敬有功德之人之意识，乃依于一感谢之情，因而我与有功德之人格之关系，正是最直接的。盖在此感谢之情中，包含将吾所受之利益，视作彼有功德者之有意之施与。此实为一自吾人性情中，自然流露出之厚道心情。此厚道心情，哲学的说，乃原于吾人在获得一自他人而来之利益时，即能立刻客观化"我之满足本身"，为他人之施与，并客观化"吾之乐此满足"，为他人之"乐吾有此满足"，思他人原有将此满足施与于我之意，故感谢之也。人有此厚道之心情，故人念及禹曾平水土时，则必能念及禹乃为天下后世（包括我在内）而平水土。念及后稷发明五谷时，亦必然念及后稷乃为天下后世而发明五谷。吾人乃由感谢心而生崇敬心。至于大禹、后稷如何平水土、发明五谷，吾人在此可以根本不问。因而吾人亦不须先转念，以思彼平水土、发明五谷之艰难，而后始对之有一崇敬（若由此转念生崇敬，反为较间接的）。此意望读者细心识取。则知中国人之由感恩之意，以崇敬对社会有功德之人，与西方近代之自一社会事业家之如何努力、如何奋斗以成功处，兴崇敬者之心者不同矣。

（二）学者

至于中国过去所崇敬之学者，亦罕有如西方科学家、哲学家之尽量发展理性、理智，唯以求真理为事，竟不知如何处理日常事务，至绝弃情感生活、人伦生活，或其他文化生活者。此非谓中国无以终身精力贡献于著作者。然中国人之以终身精力贡献于著作者，非专门之科学家，亦非只务抽象原理之探索之哲学家，而是史学家与经学家，及一部分解经之佛学家。西方虽自希腊起已有史家，然至十八、九世纪史学乃发达。而中国学术，则皆原自经、史。史官之设置，与中国文化政治俱始，孔子即兼哲人与史家。至司马迁，而以其全部生命精力贡献于《史记》一书，以后以一生从事修史者至多。经学家中，则如郑康成、孔颖达，固遍注群经。而今所谓哲学家之朱子、王船山，亦尝遍注群经，而各可称为一大经学家。中国史学家之精神，必须弥纶于一时代之文化全体之各方面；经学家精神，亦须充满于中国古代文化大统之各方面。彼等精神之涵盖性，同于西方之大哲学家，其精神之重客观，则同于西方科学家。然其落脚点，则在具体的人文世界，文化大统中之诸史事之交互脉络，与道之如何表现于文物上，不似西方科学家之着重对分门别类之事物，分析研究其所以然之理；亦不似西方哲学家之着重建立一综合的说明宇宙人生之一切事物之真理系统。西方科学家、哲学家，即具体之事物而探求其抽象之真理，其精神乃先凌驾于事物之上，次则求透入具体事物，以直接与真理之世界相遇。故其治学之态度，为不断的化繁为简，不断的淘汰不相干之事实，批判不合逻辑之假设理论。由是而科学家、哲学家之精神，又皆为向上凸起，而随处表现思想上之创发性。然中国史学家之治学态度，则为承受事实，而加以叙述，文期简洁，而重要之事实必须赅备。拾遗补阙，乃史家之谦辞。经学家之治学态度，则为承受文字，而加以解释。其于经书中表面有矛盾之处，必须设法辗转训诂，觅出其言外之意，以见其实未矛盾。其实不能通者，亦恒归之于后人文字之掺入，章句之讹夺，及传写版本之误等。故中国经史学家精神，乃一卑以自牧、谦厚以下古人、随处表现思想上之摄受性者。中国经学家之重融合贯通，与西方哲学家同。然西方哲学家融合贯通之工夫，即表现为自己哲学系统之建立，以尊大自己。中国经学家之求对经书字句，得融合贯通之解释，则所以代古人立言，而尊大古人。此与中世之神学家同。故中国经学家，亦常以其自己之思想，融于注疏中，而让诸古人，自托庇于古人思想之下。此中之失，在中国之经学家之精神，恒不免蜷曲于古人之下，而不能显其主体之尊严性；其长处，则在使自己之意见，尽量放在一旁，而使思想主体之局度与德量扩大。西方科学家、哲学家之精神之长处，在能显思想主体之尊严性；其短处，则由于精神之时时向上凸起，而不知不觉间，喜好奇立异，向偏僻处、人所不用心处、异于古人处用心，步入小径崎岖，而自以为阳关大道，陷于断港绝潢，而自以为百川所朝宗。此即西方日向专门之科学家与喜独创之哲学家所时犯之弊。

无论中国式之经学家与西式之哲学家，皆重视语言文字。重视语言文字而客观化自己之思想与心得于语言文字以成著作，原皆为表现吾人对客观精神之尊重，使吾人之精神客观化于语言文字，而得所安顿者。此吾在上文已论及。然自另一方面言之，则人当客观化其思想于语言文字以后，于不自觉间，恒以语言文字为思想本身。由此，而人遂以著作为其自我，以著作之量之增加，为其自我之增大。此即成一种偏执，或精神自限于纯粹著作之生活。任何义理，吾人如不断自己生疑，不断自答，皆若可成一无止息之思想历程。于是每一语言文字，皆可以另一语言文字再加以说明。此即中国经学家说尧典二字，可至十余万言，而西方哲学家之讲任一义谛，皆可累卷不休之故。然学者之著作，如非与他人之问题相应，或唯出于借以增大自我，以求胜于人之心，则著作之无限，即为作无限之茧以自缚，而反与社会客观精神相隔离。言愈多而义愈歧，道术乃为天下裂。学者于此自救之道，唯有转而为教育家，以使自己所立之言，皆是为应人之需、答人之疑而立。立言之目的，唯所以使人自悟真理，并非教人记取我语。此即中国哲人风度，异于中国经学家及西哲者。故汉代皓首穷经之学者，是经学家。魏晋学者之直抒名理，则是中国式之哲人。隋唐佛学家吉藏、智𫖮、玄奘、贤首、窥基动辄著数百卷大疏，是佛学家之有经学家风度者。禅宗之单刀直入，以语言文字，皆当机施设，即佛学家之有中国哲人风度者。唐代《十三经注疏》之重名物训诂，是经学。宋明理学，重直求义理，而径反诸心，即哲学。魏晋之名理、佛学之禅宗与宋明之理学，皆重视思想主体之尊严，与思惟之创发性，同于西方哲学之精神。而又能知名言之用，要在应人之需、答人之疑，须有所至而止。故立言不重卷帙之浩繁，以使自己所历之思想，全客观化于其中；而重在明显此道。道显而名言与思想历程即皆可加以扫荡。故无言愈多而道愈歧之害，亦免除人以名言为道之执着，与以著作之量之多，自矜矜人之好胜心。此则中国哲人之精神境界之高处，而使中国哲人之心，恒得保其虚灵明觉，而慧觉更趋高明，胸襟器量，更空阔广大者也。

（三）文学家、艺术家

中国人所崇拜之文学家、艺术家，恒有所谓不羁之才。不羁之才，即不受一般世俗之道德所限制，不为一般人所崇尚之利禄富贵羁縻，而顺其自然之性格，不顾世俗之非笑，以发抒其才情之谓。夫文学家、艺术家之精神，恒不免与现实生活若有一脱节，而沉酣于一想象境、理想境，中西盖无二致。顾恺之之痴绝，米芾之癫，李白之狂，乃至捉月以死，此与西方文学家之疯狂亦相近。西方文学艺术家，尚情感，轻理性，喜恋爱。中国文学家、艺术家，亦难忘儿女之情，而与经学家、道学家不易相了解。中西文学家、艺术家之天性，固有所同然。然中国文学家、艺术家精神，毕竟有颇不同于西方文学家、艺术家者。此一在：中国第一流之文学、艺术家，皆自觉的了解最高之文学艺术为人格性情之流露，故皆以文学艺术之表现本身，为人生第二义以下之事，或人生之余事，而罕有以整个人生贡献于文学艺术者。一在中国文学家、艺术家之人格之形成，亦罕如西方文学家、艺术家之由于不断之精神奋斗，自种种现实的陷阱中超越拔起，以向上企慕而形成。今请分别论此二者于下：

吾人谓中国第一流之文学家、艺术家，皆自觉的了解：最高之文学艺术为人格性情之流露，以文学艺术之表现本身为人生第二义以下之事，此可由中国文学家、艺术家之皆信"诗言志""文以载道""文以贯道""德成而上，艺成而下""依于仁，游于艺"之言证之。屈原，中国最早之大文学家也，然屈原之著《离骚》，唯原于其思君王、怀故国之情，不能自已，其志固非在一文人也。陶渊明，中国最伟大之五言诗人也，然渊明《五柳先生传》，自言其著文章唯以自娱，其心之所系念，则由"羲农去我久，举世少复真"，"枝叶始欲茂，忽值山河改"诸诗观之，皆纯属世道人心之感也。李白、杜甫，中国之诗仙、诗圣也。李白虽狂，仍自谓"我志在删述，垂辉映千春，希圣如有立，绝笔于获麟"，此乃以孔子之著作事业自勉，亦非自安于诗人、文人者也。杜甫之志，则更明言在"致君尧舜上，再使风俗淳"，杜甫被称为诗圣，正以其精神之所顾念，唯在人伦政教之兴衰。李白言其著文如"咳唾落九天，随风生珠玉"，其文章，固是其人格性情之流露。杜甫虽苦吟以惊人，而"读书破万卷，下笔如有神"，亦文章当以自本心流露者为最高之意。扬雄、韩愈、柳宗元，中国之文豪也，然扬雄老而悔其少年所作纯文艺之辞赋曰："雕虫小技，壮夫不为。"韩愈文起八代之衰，而其志则在承孟子。柳宗元答韦中立之书，亦斤斤于文以明道。韩、柳言文，皆重养德、养气。韩愈谓德盛气充，则文自汩汩乎其来，此皆以文学为人生第二义以下之事，而以文学当为人格之流露之论也。至于中国之艺术家，如倪云林之自言其作画，乃抒写胸中逸气，亦以艺术为人格性情之流露，为人生余事。此类语多不胜举。夫以文学艺术不离人生，西方大文学家固多言之。西方文学批评家中，亦多持人生之道以评论文学者。西方之天才创作文学艺术时，灵感之来，亦"行乎其所不得不行，止乎其所不得不止"。哥德所谓"非我作诗，乃诗作我"，贝多芬之常忽闻天音，亦即艺术成人格之自然流露之谓。然西方文学家、艺术家，毕竟常不免以文学艺术之创作，为一贡献精力于客观之美之事。因而西方文学家、艺术家，多有为艺术而艺术之理论。持此论者，主文艺为一独立之文化领域，唯以求美为事，而不必问其真或善与否。文学家、艺术家之献身于创作者，亦恒不免有以文学艺术为至上之意。然在中国，则除昭明太子之选文，纯以"能文为本"，不以"立意为宗"以外，中国文学批评中，盖极少为文学而文学，为艺术而艺术之理论。文士之中，刻意求文之工者，恒被讥为玩物丧志。所谓一为文人，便无足观，士当先器识而后文艺也。中国文艺上尚言志者，主乎言性情之真，尚载道者，主乎言德性之善，与西方为艺术而艺术之纯重求美者不同，与西方正宗文学之表达神境与客观之宇宙人生真理者亦不同。中国文学家、艺术家精神，多能自求超越于文艺之美本身之外，而尚性情之真与德性之美，正中国文学家、艺术家之可爱处与伟大处，而表现中国文学家、艺术家之人格者也。

　　吾所谓中国文学家、艺术家人格之形成，不同于西方此类人格之由历不断之精神奋斗，不断自现实超越，以向上企慕而形成者，即谓中国文学家、艺术家之人格，多由自然与人文之薰陶，及内心之修养而形成。西方近代文学家、艺术家，恒借恋爱、饮酒、逃出家庭，或远离国土，以使自己之精神至一新境界，并与自己之情欲战，与世俗讥诽战，与环境各种挫折打击战，以产生精神之激荡。中国文学家、艺术家，则在重由游历名山大川，以开辟胸襟，发思古之幽情，读书破万卷，以尚友古人。盖胸襟开阔而情欲自减。古圣先贤恒在心目，而自能不顾世俗之讥诽。儒、道二家所言内心之修养，尤要在使人能即现实而超越现实，应事接物而心无所陷溺。夫然而日常生活中之现实境，皆易得空灵化、理想化，堪为吾心藏修息游之所，而显其新妍活泼之意味，成文学艺术之题材。此吾人以前所已言也。故中国文学家、艺术家人格之形成，遂可不经种种与现实冲突之精神激荡，亦非由激荡中之不断奋斗以形成。中国文学家、艺术家固亦喜饮酒，或狎妓、纳妾，以满足其恋爱之趣味。然中国诗人之饮酒，不期其必醉。其狎妓纳妾之趣味，亦不同于西方式之恋爱。盖西方式之恋爱在婚前，而中国古人狎妓纳妾在婚后。在西方式之恋爱中，人视其情人如在天上。恋爱纯为一精神向彼美集中，而向上高攀之历程。中国人之纳妾狎妓，则红袖添香，旗亭画壁，所谓风流倜傥之事。云之散，风之流，乃以喻精神之松散弛缓，以归于安息。纳妾狎妓，在本质上为精神之下降而俯就之行为。然因其为操之在我者，故能使人之精神松散弛缓。同时亦即为使人生命中之盲目冲动力量、好权、好名等私欲，亦随之而松散弛缓者。

李白诗云："美酒樽中置千斛，载妓随波任去留。"载妓之舟随波去，舟去而波亦平。此波之平，所以喻生命中其他之欲海波澜之平。中国文人狎妓纳妾之浪漫，盖若使浪之由漫而平者。而西方文人之浪漫之表现于其恋爱者，则若浪愈漫而愈升，恒归于波涛汹涌，此非浪之漫，乃浪之聚。故人亦唯有翻过浪头，而由恋爱之成功或失败，以超越恋爱，乃见恋爱对人之精神之陶冶怡养之价值。顾西方文人虽超越恋爱，而仍不必能超越其好名、好胜等心，故其人格如欲求上升，必须再经奋斗。中国过去浪漫文人，则恒一方面由自然及人文得陶养，一方借风流之事，以销减其功名心，及至年老，去其年少之风流，则亦可直达于人生甚高境界。如李白、辛稼轩、苏东坡是也。至于古典的文人，则纯由自然人文之薰陶，与内心道德之修养，以直达于一极高人格境界。如屈原、陶渊明、杜甫是也（此点人多知之，今不多论）。

吾人知中国文人人格之形成，主要在于自然与人文之薰陶，与内心之修养，即可知中国文人人格之伟大处，皆不在其表现一往向上之企慕向往精神，而在其学养之纯粹深厚，性情之敦笃真挚，或胸襟之超越高旷，意趣之洒落自在。大率受儒家陶养多之古典文人，即以前者见长。而受道家陶养多之浪漫文人，即以后者见长。前者之文学，善达真挚之性情，其文恒以气象胜、风骨胜。而后者之文学，则善达高旷之胸襟，而其文恒以神思胜、韵味胜。所谓文如其人者也。

（四）儒将与圣君贤相

中国所崇拜之社会政治军事上之人物，非西方式之英雄，而为中国式之儒将、圣君、贤相，与豪杰、侠义、气节之士。吾人上已谓西方人之所以崇拜英雄，在英雄之一往直前，求克服一切阻碍，不顾死生之坚强意志，与过人之鼓舞力、号召力。故英雄一出，人民即为所驱率，如风行水涌，当者披靡。此种人物，中国亦有之。如初起兵时之项羽及唐太宗是也。然中国人对纯粹军事上立战功，辟土地之英雄，恒不崇拜。就秦皇、汉武之拓边，与成吉思汗之横扫欧亚而论，其气魄未尝不甚伟大，而其事业亦显一壮阔之气象，王船山尤称汉武之广天地，而以冠带被遐荒之功。然中国人无崇拜成吉思汗者，又或责汉武以耗竭民力，穷兵黩武。中国人所崇敬之帝王，要视其能否开数百年之太平、崇教化、美风俗为定。秦始皇之一四海，筑长城，废封建，同文字，聚天下兵器于咸阳，铸为金人十二，不能不谓之有大气魄。然因其愚黔首，焚百家之言，偶语者弃市，以绝文化之慧命，即永为万世唾骂。汉武之高于秦皇，在兼奖励学术。而光武之高于汉武，则在兼能美风俗也。王莽之为当时数十万士人所歌颂，其依周礼，以废奴隶，去土地之兼并，行一中国之社会主义式的革命，未尝无一宏愿在。而后世仍不尊之者，则不特以其篡汉自立，乃其功业未见，天下已乱，未尝致太平也。此皆足证中国人不尊重单纯之英雄之帝王。至中国人所最崇拜之一般军事人物，恒为有兼儒将之风度者，此即班超之所以高于卫青、李广，而关壮缪、岳武穆之所以为武圣。中国人所最崇敬之臣相，亦至少必须人民受其实惠，或进而真有一番仁厚恻怛之心，公忠体国之意，与天下人共治天下之气度者。孔子称管仲之攘夷，在其使人得不被发左衽之功。孔子称郑子产为古之遗爱，亦在人民之曾受子产之实惠。后人之称诸葛亮、陆宣公、范文正公、李文靖公、欧阳文忠公，以至曾文正公，则皆以其有一番仁厚恻怛之心，及公忠体国之意。王安石之变法，张江陵之肃朝纲，皆雷厉风行，各有一番热诚，而其失败之后，人不哀安石罢相、江陵发冢之遇者，因彼等皆徒恃其"天命不足畏，祖宗不足法，人言不足恤"之英锐之气，以一往直前，缺蔼然仁厚之气象也。否则彼等所遇之反抗，亦未必至此。至于帝王中，如唐太宗、宋太祖之为后人所称，则在其皆有与天下人共治天下之气度，而局量宽宏。汉高祖、明太祖初亦未尝无涵盖天下士之气度，而晚德趋于残刻，此其所以不如唐太宗、宋太祖。唐太宗处人伦之变，杀其兄，以争帝位，又不如宋太祖之逊位于弟。而宋太祖之仁厚亦过于唐太宗。至周公恐惧流言，未尝效兄终弟及之事以自立。终身止于摄政，扶助成王，见让天子之美德，而其兴礼乐、立制度之功尤大，故尤为后世所推尊。若尧舜之为中国人之理想帝王，则在其不特能纯以天下为公，乐以天下与人，而又能为天下得人而禅让之。孟子曰："尧以不得舜为己忧，舜以不得禹、皋陶为己忧。……分人以财谓之惠，教人以善谓之忠，为天下得人者谓之仁。是故以天下与人易，为天下得人难。"孟子之言，深挚之至。此尧舜之所以为中国之理想帝王。知此则知中国人所崇敬之军事人物与政治人物，皆主要在德性，而非在其绝对坚强之意志与伟大之才气也。

（五）豪杰之士

除有德性之军事上、政治上之人物外，中国人尤尊重社会上之侠义、豪杰之士。中国政治上、军事上之人物，原亦多有豪杰之气象。豪杰之异于英雄者，在英雄以气势胜，而豪杰则以气度、气概胜。气势依于才情与魄力，气概、气度本于性情、胸襟与局量。才情与魄力，依于自然之生命力，而性情胸襟与局量，则依人之所以为人之心性，与精神生活之陶养。人之求克服困难而鼓舞群众，以使雷行物与，可只恃才情与魄力。而推心置腹，宏纳众流，使风云际会，则赖乎有豪杰之性情、胸襟，与局量。如刘邦、刘玄德、曹操、李世民早年之结纳贤俊，均有一番豪杰之气概，而非只可称为英雄也。然豪杰之士之所以为豪杰之士，在其心不在其迹。豪杰之精神，主要表现于其能自平地兴起，先有所不忍，而有所推倒，有所开宕上。故真豪杰之兴起，皆非先揣摩社会之风气，投人心之所好，而有所倡导以望人之附和；而恒是在晦盲否塞，天下滔滔之时代，因心有所不安与不忍，即挺身而出，以担当世运，或舍身而去，以自求其志。有豪杰精神之人物，当无人闻风兴起之时，恒黄泉道上，独来独往。豪杰性人物，不必是政治、军事上之人物，可只为一社会文化中之人物。在一切社会文化领域中，无论学术上、文学艺术上、宗教上，凡能依其真知灼见，排一世之所宗尚，以开辟人类精神，与社会文化之新生机者，皆赖一种豪杰之精神。豪杰之行迹，不必相同，而可相反。故伐纣之文王、武王是豪杰。而天下宗周之后，独愿饿死首阳山之伯夷、叔齐，亦是豪杰。推倒秦朝之项羽、刘邦，有豪杰之气概。张良之独得力士，以椎秦始皇于博浪沙，后辅刘邦称帝，功盖天下，乃独与赤松子游，悠然长往，亦是豪杰。酾酒临江，横槊赋诗，以"周公吐哺，天下归心"自况之桓桓曹孟德，有豪杰之气概。而当时"受任于败军之际，奉命于危难之间"，与刘玄德结肝胆，以抗曹操八十万大军之诸葛亮，亦是豪杰。未见《涅槃经》，而认定一切众生皆有佛性，与当时之僧徒相抗，不得已而向顽石说法之道生，是豪杰。西度流沙，历千辛万苦，以求佛法之真相，归来译经千余卷之玄奘，是豪杰。而不识一字，倡即心即佛，轮刀上阵，当下一念，见性成佛之慧能，亦是豪杰。在宋而反对数百年之禅学之朱子，在明反对"此亦一述朱，彼亦一述朱"之王阳明，在明末反对满天下之王学末流之王船山，皆在滔滔者天下皆是之环境，独求其心之所安，此皆学术界之圣贤而豪杰者。

吾人知中国人之尊尚豪杰，乃主要尊其自平地兴起，以拔乎流俗之上之精神。则知豪杰之人格之价值，不以其失败或成功而有所增减。当豪杰之士奋然而起之时，彼心中乃先自反而无所馁，故"虽千万人，吾往矣"。然亦正唯其能以一人之是，胜千万之非，故当他人闻风兴起之时，则其胸量亦足以涵盖千万人。故豪杰式之学者与豪杰式之政治家，虽一则恒独来独往，一则恒待风云际会，然其精神，则无二无别，盖皆能不以成功失败动其心者。西方人所崇尚之英雄，虽其坚执之意志，能为求成功而不顾生死，然恒不能忘情于失败，故亚力山大征印度不成，四顾茫茫，而怆然泣下。拿破仑囚于岛上，亦未能解缆放船，对海忘机。人亦必俟其失败，见其坚执之意志，毁于一悲剧之命运下，其所以为英雄之超越的风姿，乃显于人前，而堪为人所系念。中国所崇尚之豪杰，则可成功，亦可失败。其成功而有宏纳众流，功成不居之气概，则其超越的风姿，即冒溢乎其成功之上；其失败而踽踽凉凉，未尝有寂寞孤独之感，则其超越的风姿，即横逸其孤独寂寞之外。其生也荣，其死也哀，英雄如之何能及也。

（六）侠义之士

豪杰恒兼侠义之行，侠义之士亦恒兼豪杰之行。而豪杰、侠义二名，涵义固不同。豪杰之精神，重在由推宕以显阔大。而侠义之精神，则由宅心公平，欲报不平，以显正直，而归平顺。豪杰之士，涤荡一世之心胸，而使百世以下，闻风兴起。侠义之士，则伸展人间社会之委屈，而使千里之外，闻风慕悦。二者皆以其个人之精神，担当世运，而初无假借群众之意。此即与西方与中国今日之政党领袖，恒存心投群众之所好而利用之，乃截然不同者。中国侠义之精神，始于战国。太史公《游侠列传》谓，游侠舍生取义，急于为人而不为己，单身提剑入虎穴，身较鸿毛犹轻；不顾父母之恩，不幸妻子之爱，常欲为国士酬知己，一诺重于千金。然其酬知己者，皆所以伸知己所受之委屈，亦即所以显正直、归平顺，今所谓伸张社会之正义是也。以一人之身，而欲伸张社会之正义，故或单身提剑入虎穴，以与权势相抗，或则置身家性命于不顾，而不惜犯法之所禁。故荆轲之提一匕首，入不测之强秦，见侠义而豪杰之精神。鲁仲连之义不帝秦，宁蹈东海而死，见豪杰而侠义之精神。而《游侠列传》中，朱家、郭解之流，则纯侠义之精神。刘、关、张之意气相感召，以反曹操，是豪杰。而彼等之相与，则有侠义之精神寓乎其中。侠义之精神，宁自己经历困苦艰难，或受委屈，必不负信义，以使他人之委屈得伸。故关羽蒙曹操之厚恩，过五关，斩六将，终不忘以肝胆相结之刘备。而刘备宁兵败身亡于白帝城，不忍关羽之受委屈。朱家必护季布，宁冒危险而不悔。而豫让吞炭为哑，以委屈自己，而伸其君所受之委屈，亦表现同样之精神。故由中国之侠义之士，即转成后之帮会中人。中国帮会，后来虽流弊甚大，然其初亦依于各人之绝对之平等独立，各成一顶天立地之汉子之精神，互相帮助，使大家在社会同不受委屈，而本信义以互相连结以组织而成者也。

（七）气节之士

中国社会，除尊圣君、贤相、豪杰、侠义之士外，尤尊气节之士。东汉之末、明之末，气节之士，固多能以冷风热血，洗涤乾坤。而历朝衰乱之秋，亡国之际，亦有气节之士，或隐遁山林，或身死患难，彪炳史乘，流芳百世。气节之士，与豪杰、侠义之士，同表示一风骨，而为义不同。豪杰之精神，乃一身载道，平地兴起，以向上开拓之精神。侠义之精神，乃横面的主持社会正义之精神。气节之士，则为一以身守道，与道共存亡之精神。夫豪杰之起，必起于可起之时势。侠义之士，必先在社会有容身之地。而当人道、国家、民族、文化存亡绝续之秋，人命悬于呼吸之际，则豪杰、侠义之行，皆将无以自见于世，而唯有气节之士，愿与人道、国家、民族、文化共存亡绝续之命。患难之来，气节之士，或隐或死。死气节者，乃当绝无可奈何之时，而人所唯一可以奈何之道。死气节者，以身殉道，非消极的离开人间世，乃以身随道之往以俱往，抱道而入于永恒世界之谓也。烈女死夫，忠臣死国，君死社稷，义士死难，同为中国古所谓气节。夫人当死气节之际，其心中一念，唯是所以不负平生之志，匪特可不念及其当留名后世，抑且可不念及其死之是否有益于后世。此种精神似同于西方或今日所谓为理想而牺牲，而又不相同。其不同在理想必为人所向往，而昭陈于心目之前。人为理想牺牲时，心恒祈望于理想之实现于未来。而中国古人之死气节，其高者，乃唯是不负平生之志。其所以能有气节，皆由于过去之文化生活上、志愿上之陶养。当其死气节之时，明见天地之变色，日月之无光，知一切皆已无可挽回，因而其对未来，可全无所希望或企慕。其死也，所以酬国家文化之恩泽，而无愧于读圣贤书所学何事之问。故其全部精神，皆所以求自慊而自足。"浩气还太虚，丹心照千古，平生未报恩，留作忠魂补。"专诚所注，唯是不负平生之志。此中国气节之士，所以贞人道于永恒，呜呼至矣。

上四节所言之人物，如以《易经》元亨利贞言之，豪杰之士，突破屯艰而兴起，乃由贞下起元之精神。圣君贤相，则元而亨者。侠义之士，其利也。气节之士，其贞也。知元亨利贞，终始不二，则亡国时之气节之士，亦即开拓世界之豪杰；而社会中在下之侠义之士，亦即在政治上之圣君贤相。姑妄言之，以俟解人。

（八）高僧

中国人所崇敬之人物，尚有二种与西方宗教性人物相当者，即高僧与隐逸之士。吾人读中国之《高僧传》，则知中国高僧中之行谊，亦不乏与西方中世纪苦行者同类之人物。离尘绝俗，遁迹深山，古寺茅庵，青灯黄卷，木鱼钟磬之音，与虎啸猿啼相和答，固为一般僧徒之常。而其坚苦、勇猛、精进、慈悲之事迹，亦不烦一一举。当西方基督教，受迫害于罗马帝国之时，其徒或开会于墓穴，随鬼蜮以凄清；或从容以饲狮，望天国而唱诗。此精神诚中国僧徒之所未表现。然此乃由中国社会，对僧徒原未有甚大之迫害之故。至于如西方基督教徒之传教异域，远播福音，埋骨蛮荒，死而不悔之事，中国佛教徒之传教精神，亦似略逊。然当六朝隋唐之际，中国之西行求法者，流沙跋涉，风涛万里，死于道路者，不可胜数；而去者接踵，其精神亦复相类。所不同者，唯在基督教徒之传教，乃以其所信之坚，向外传播，以开拓教区之精神。而中国僧徒之求法，则是本于一廓然无我之大虚怀，以向外求法，摄受之为我有，而安顿我之身心性命。此皆表现吾上所谓中西精神之不同。然尤重要者，则在基督教与佛教精神之不同。基督教徒之上帝，原于犹太教之耶和华。耶和华曾创造天地，乃首表现一君临世界，为天下主之气象者。基督教兴，上帝虽与化身为人子之耶稣为一体，然上帝之超越性，仍过于其内在性。上帝高而人愈须卑以自牧。故原始基督教徒，恒富于谦卑祈望之情绪；而佛教则呵斥梵王，以人成佛而同神，故上天下地，唯我独尊。基督尚爱，佛尚慈悲，未尝不同依于仁。然基督教尚爱，乃以人自下承上帝之爱而爱人。而我佛之慈悲，则苦口婆心，悯念众生，乃自上而下之势。故基督教徒以佛徒为慢（如旧俄名哲 Lossky《价值与存在》一书，即本基督教义，而以佛教徒为最大之傲慢者），而佛徒则以基督教徒外自心而求神佑，疑若自卑自贱之行。故吾人观佛之言，六度万行之菩萨行，虽一方有似于矜夸，一方亦见一高卓与庄严之气概。中国传统思想，复素有人德齐天之思想，故佛学得见重于中土。佛学入中国后，复济以中国固有之性善论思想，融入其中，本我欲仁而仁至之训，遂有顿悟成佛之论。由道生至慧能，而开为中国之禅宗。中国禅宗之大德，其学道固未尝不历艰苦，持戒亦未尝不谨严，然其教人与说法之气概，则特以恢廓而亲切见长，而亦不失庄严与高卓。此实为一世界宗教徒之一特殊之典型。夫西方之基督教徒，以己身与一切人类皆有罪，必待上帝耶稣之救渡。故吾人立身处世，亦当忘人对我所加之伤害，而予以宽恕。吾人又必须能承担苦痛与死亡，乃能入天国，此固为一伟大精神。然禅宗则告人以本来无罪，即心即佛，而不须待在我之外者原恕我之罪，人所当直下承担者，唯是此本无一切罪恶、本无一切烦恼、不见有生死之心。能见此心，则人皆即于烦恼而证菩提，于生死中脱离生死。此正是一种直接使人先自登于佛位、神位，而提高其人格精神之道。禅宗之教，出自一既恢廓而亲切，亦庄严而高卓之精神，固无疑义。此精神中有一豪杰气概，而又包含一宗教徒之虔诚，与"无对之形上境界"之直接体现。禅宗不视一切人为真有罪，亦即表现一最伟大的"原恕一切人之罪恶"之精神。其所谓一切功德，皆自性具足，全不须自外假借。悟得时，千圣一心，更无高下之别，亦无永不能成佛之一阐提，更表现禅宗对一切人之平等心。西方基督教，以耶稣为人而神，其位高于一切人之上。圣徒之精神，略近于耶稣，而高于一般教徒。一般教徒又高于不信教者。不信教之人，又高于异教徒。中古基督教徒视异教徒乃必然入地狱者。此种人之差等观，虽亦可使人依层级而上升，不能谓其无理论之根据，然将不免过于执定人与人之地位分别，由是而不免过求人对之恭敬奉持，下沦而为求世俗之权力者。此即若干中世教皇精神下堕之关键。夫西方人之人生理想，求超越人之现实之私欲是也，然人之私欲实有八类：一曰怠惰，此乃依人体物质之惰性来。二曰好货利，此由生物性之物质欲望来。三曰好色，此由生物性之男女之欲来。四曰好胜，此由生物成为一特殊之个体，即有一凌驾于他个体之上之权力意志来。五曰好名，此由吾人权力意志，欲使他人之精神赞同拥护我个人之精神之活动来。六曰好权，此由吾欲以吾个人之精神，支配控制他人之精神来。七曰好位，此由吾人欲他人精神拱载支撑我个人精神来。八曰贪生怕死，此由生物本能及对于一切生命之享受之依恋不舍来。此八欲者，如有节制，亦可助人之向善，然皆不免有私在。人之精神欲求上升，终必视之为阻碍，而求超化之者。然一一加以超化，诚大难事。西方之社会实业家，能超越人之怠惰性，亦能不好色、好权等，而或不免于好利、好货。

文学家，恒能不好利、好权，而多不免好名、好色。学者能不好色、好名，而恒不免于好胜。军事家、政治家能不好利、好色，亦恒能自然的忘生死之计较，而不免好权。而西方宗教家，则能不好货、不好色、不好名、不好权，能自觉的求不贪生、不怕死，而恒不免于好位。其重谦卑原于所以去好位之心，然差等之人类观，或又增其好位之意识。佛家之自居于佛位，与禅宗之要人发心即自居于佛位，诚亦易生慢。然佛家视一切人与一切众生平等，禅宗以人人皆即心即佛，则正足以去人高自位置之私心，而归于谦逊者。此则禅宗之精神与基督教之精神似相反，而亦相成之一点也。

（九）隐逸与仙道

中国宗教性人物，除高僧以外，即为隐逸与仙道之徒。其精神远原于先秦之道家。先秦道家，如庄子、列子之徒，其人格之精神，皆在游心自然之万化，而超越人间世之政治上、礼教上、道德上种种观念之执着，然又未尝不与人为徒。大率佛家，重观一切法之空，以证心之如如不动。而道家则重观万物之自化而游心其中，以见无适而非我。故佛家终须出世，而道家则能游世。然道家精神之高处，正在其直下忘却一切人之位之差别，而去人之一切自高位置之心。《庄子·秋水》篇曰："是故大人之行，不出乎害人，不多仁恩，动不为利，不贱门隶，货财弗争，不多辞让，事焉不借人，不多食乎力，不贱贪污，行殊乎俗，不多辟异。"《大宗师》曰："与其誉尧而非桀也，不若两忘而化其道。"又曰："蔵万物而不为义，泽及万世而不为仁。"《逍遥游》曰："藐姑射之山，有神人居焉，肌肤若冰雪，绰约若处子，不食五谷，吸风饮露……是其尘垢粃糠，将犹陶铸尧舜者也。"由此以观，庄子心中之境界实至高。此境界即为超越出一切善恶、美丑之计较，贵贱、贤不肖之位分差别之人生境界。庄子之述此境界，如其文之表面而言，似只指一种尚不知善恶美丑等一切价值之差等，而无价值分别之境界。然实以指一种既有价值之差等之观念，或既具备美善于其人格者，再忘"其人格在人上之高自位置感"，所达之一种境界。夫人之高自位置感，恒植根于人心深处，恒随人之精神之上达与进步而与之俱往，为古今之人物罕能自免者。此乃人心最深之私欲。然人之精神之真正求上达，必须越过此一步。基督教之谦卑，佛家一切众生之平等教，及儒家之礼让，皆所以使人越过此一步。道家之所以越过此一步之道，则在使人超越善恶美丑之分别，而游心万化以平齐物我，使人忘其所居之不同位分，而各自得其得，自适其适。吾人若谓庄子竟不知人生价值中善恶美丑之别，以庄子之智慧之高，固不至此。庄子之此种精神，盖即中国后世之高士、隐逸及仙道之徒所表现之精神。此种精神之客观化于社会者，唯是敝屣社会之尊位。故高士隐逸之行，传于社会者，亦唯在其辞尊居卑，辞富居贫，而入山学仙、学道，莫知所终等等之上。此种人物之心灵之境界如何，人恒无得而知之。然终亦为后世所仰慕崇敬。四皓隐于商山，张良与赤松子游，严子陵卧于钓台，吕洞宾三过岳阳而人不识，陈抟初年志王业，及闻宋太祖黄袍加身，即撒手入华山为道士，及今惟留手书"开张天岸马，奇逸人中龙"之一对联于人间。诸人行事，留落人间者，皆如鸿爪，恒在依稀仿佛间，此皆中国所谓神龙见首不见尾之人物，而自成中国人格世界之一格者也。

（十）独行人物

中国人格世界尚有一类之人物，即一生以极少特立独行之事，名于后世之人物。《后汉书》曾特为此种人物立《独行传》。然独行人物，可不限于《后汉书》之所论。凡行谊少而见称后世者，皆属之，孔子弟子如颜渊，其一生一箪食，一瓢饮，在陋巷，既无任何之功业可见，亦未尝留下若干之名言。唯孔子尝赞其好学，而彼亦尝偶自言其志在"无伐善，无施劳"，并曾赞孔子之教曰："仰之弥高，钻之弥坚。瞻之在前，忽焉在后。夫子循循然善诱人。"孟子即以颜子与禹稷并举，后人即称之为复圣。东汉之黄叔度，世人称之为似颜子，曰："叔度汪汪若千顷之陂，澄之不清，扰之不浊。"亦即名垂后世。此外如鲍叔牙平生之事，唯在对管仲之友道。管仲曾叹曰："生我者父母，知我者鲍子也。"而后人即以管鲍之交，喻友道之笃。《后汉书》范式、张劭传，寥寥百十字，唯述张劭已死，而棺不能举，盖待其友范式之来。及范式乘素车白马至，抚棺言曰："行矣元伯，死生异路，请从此辞。"棺乃得举。此事使人感涕。而范式、张劭亦即永为人所不忘。此外如存鲁之义姑，存孤救孤之程婴、公孙杵臼，弦高之犒师，卜式之牧羊散财，皆唯以一事而留芳百世。此外如申生以孝名，缇萦之以愿代父赎罪名，木兰以代父从军名，梁鸿、孟光以夫妻相敬如宾名，聂嫈以不忍没其弟之名名，武训以行乞而兴学名，皆足见中国人所崇敬之人物，不必由于其有若干之行事。吾人之崇敬一人，更不须观其如何奋斗以发展其精神，形成其人格之历程。可敬之人格，其行事不必多。而一人格之可爱处，由于天赋，由于学养，或由于奋斗，皆不必问。"或生而知之，或学而知之，或困而知之，及其知之一也。或安而行之，或利而行之，或勉强而行之，及其成功一也。"人之可贵者，唯在其有此可贵处。吾人见其有此可贵处，即贵之、爱之、敬之、心悦而诚服之，不待吾人知其何以有此可贵处之来源、所经之历程也。盖人之整个人格之形成，固为一历程。而任一言一事之本身，亦皆独特无二、圆满具足之一历程。人之德性见于其行事也，千百次不为多，一次不为少。不同之德性，皆依于同一之根而生。具全德者圣，具一德者贤。全德一德虽不同，而其为德之纯则无不同。中国人唯以德之纯为可贵，故具众德而杂驳者，不如具一德而纯粹，如精金美玉者。此即中国人之所以崇尚只有极少之事称于后世，以一德名之人物也。

（十一）圣贤

吾以上论中国之人格世界之人格型几尽，及论中国式之圣贤而迟疑。圣贤之人格，非吾之学养所能论也。宋明儒者，恒教学者体圣贤气象。气象者，心领神会而后可旦暮遇之，亦非吾之所得而论也。基督教徒之上帝与耶稣，可颂扬而不可论。佛教中之佛，亦可赞叹而不可论。道家之于其至人、真人、神人，儒者之于其圣人亦然。而吾之此文，又非颂赞而为论，吾将如何而论之？吾将曰：中国儒家之圣贤者，天人之际之人格，持载人文世界与人格世界之人格。儒家精神，乃似现实而极超越，既超越而又归于现实。然儒家之精神，在开始点，乃纯为一理想主义之超越精神。世之谓儒家为现实主义者，皆不知鹔鸘已翔于辽阔，而弋者唯视乎薮泽之类也。孔子念念在体天德之仁，最恶同乎流俗，合乎污世之乡愿，即超现实社会之精神。故曰"不得中行而与之，必也狂狷乎，狂者进取，狷者有所不为"。人学为圣贤，自古儒者，皆谓必自狂狷入。耿耿于怀，于当世少所许可，恒存隐居求志之心之谓狷；狷者精神之收敛凝摄，以自保其人格之价值。顺其精神之收敛凝摄而极之，则为圣之清，为伯夷、为隐逸，为佛家之苦行僧、为仙道、为社会之反抗者，皆儒者之狷者所优为也。"其志嘐嘐然，曰，古之人古之人，夷考其行，而不掩焉者也。"理想远超溢于现实之谓狂。狂者之精神恒发扬而超升，以期涵盖，而自任至重以扩大其人格之价值。如陆象山所谓"仰首攀南斗，翻身倚北辰；举头天外望，无我这般人"。孟子之"当今之世，舍我其谁"之概是也。则为圣之任，为伊尹，为先天下之忧而忧，后天下之乐而乐之贤相，为豪杰，以至不得意而为大侠，为禅门龙象，亦儒者之狂者所优为也。狷者如至阴之肃肃，狂者如至阳之赫赫；狷者如地静，狂者如天行。中国圣贤之教，人有所不为而后可以有为。故非天生之狂者，必先学狷以自别于乡愿，以拔乎流俗与污世。而当其学狷也，恒先有契合于伯夷之清、颜渊之默、仙道之返真、佛家之出世。故孔子特赞伯夷。《论语》终于载荷蓧丈人、长沮、桀溺，与楚狂接舆之事，以见孔子不胜眷恋隐者之情。司马子长作《史记》，序列传，亦以伯夷为列传之首。宋明理学家，亦皆由佛道而返于儒，颜渊亦最为理学初期之大师所敬也。若乎在今日之学儒者，则恒须兼有契于反现实社会之革命家之精神，与宗教精神，或形上学，乃可免于乡愿之伪儒。儒者之精神，反现实之世俗，而有超人间以隐遁之势，充之至极，必畸于人而侔于天。果全侔于天，则为道、为佛、为宗教家，或为形上学家，则非儒。儒者必能狷亦能狂。狂者为世间立理想，而担当世间之任。匪特隐居以求其志，抑且欲行义以达其道，故其精神不逃避世俗，而不能不与世俗相激扬。宏愿孤怀，若与天通，而所志不能骤实现于当今，此志乃亘时间之长流而过，以遥通古之人，兼寄望于来者。"建诸天地而不悖，考诸三王而不谬，百世以俟圣人而不惑"，此狂者之所以自信也。夫然，故真正儒家之狂者之志，即为通贯天人与古今之人格精神，并以其人格精神，改造现实社会。其改造现实社会之志，乃自上而下，而不如西方社会革命家之自下而上。其前有所承，而后有所开，又不似西方社会革命家，徒寄望于未来之实现其理想。而狂者之过，则在其或不免高明自许，自视如神，而归于亢举或虚矜。果自视如神，高居人上，则成英雄、成先知、成超人、成天使，而非儒。故儒者之真狂者，必由狂者而进于中行或中庸。中行中庸者，由狂而再益以狷；于一往进取向上，以希涵盖之精神中，再去其英锐之气；于高明之外，再充之以博厚与宽阔，以归平易近人，斯成为具太和元气之圣德。圣德之精诚所注，乃既积刚大于内，而发于外者，皆如春风化雨。所存者神，而所过者化。其改造现实社会之事业，非自下而上，亦非自上而下，而唯是诚中形外，旁皇四达。由近而远，由暂而久，以感格于家国天下及百世以后。中者"在中"，内心之称。庸者用也，通也，感通之谓。中庸之道，非折衷之道，乃由内心以感通世界之谓也。善感通者，以其善与人之善相接，故必乐道人之善。由狂狷之目空当世，转而为中庸之圣，乐道人善，则可与世俗共处。而柳下惠之和，亦为圣之一德。乐道人之善，则"三人行必有我师焉"，恭以下人之孔子，所以为至圣也。孔子非不能狷而避世，"道不行，乘桴浮于海"，孔子将何惮于悠然长往？孔子非不能狂而气足盖世，"文王既没，文不在兹乎"，"天生德于予"，此孟子之舍我其谁之概也。为狂为狷，皆在世而超世，而位居天人之际，而不免缺乏与世人亲和感。孔子所思在狂狷，存心亦恒在天人之际，而有予欲无言之感，知我其天之叹。而孔子道中庸，其接人遂唯是一片太和之气象。其称人溢美之辞多，而自称则唯是一好学不厌。孔子未尝如耶稣之言"我即是道路"，亦未尝如释迦之言"上天下地，唯我独尊"。孔子之所称者，尧、舜、禹、汤、文、武、周公、伯夷、叔齐、柳下惠、蘧伯玉、管仲、晏平仲、子产、颜渊，实遍及于人格世界之各类之人物。孔子所学者，为历代所传之人文之全体。故孔子之人格精神非他，能狂能狷，而又持载人文世界、人格世界之全体之人格精神，以使人文世界、人格世界得所依止者也。"泰山不让土壤，故能成其大；河海不择细流，故能成其深。"儒者所谓圣德非他，盖亦不外积人格世界之人物之德，以成其德，恒于人格世界之人格，致其赞叹仰慕之诚，而不胜愤悱愿学之意而已。唯犹有进者，即今世之论者，恒谓孔、孟以后之儒家，盖不免过于推尊古人。尧、舜、禹、汤，当未尝如孔、孟所言之圣。然不知孔、孟之圣，亦正在其善于推尊古人。夫积德于中，必溢乎外，溢乎外者，不私其德之谓也。不私其德，必乐闻人之有德。乐闻人之有德，乃忘古人之小疵，信古人之大德。则尧、舜、禹、汤，不圣而亦圣。此正见孔、孟之圣，而不私其圣德之大圣。尧、舜、禹、汤，盖实未尝如孔、孟所言之圣也。而孔、孟既公其自心之圣，以信历代之有群圣，乃使圣德洋溢于历史人格之世界。此正孔、孟不世之功，而见圣贤人格，复创建历史人格之世界。孟子又曰："人皆可以为尧舜。"荀子曰："涂之人可以为禹。"王阳明曰："个个人心有仲尼。"其徒乃见满街是圣人。此岂谀俗之论，实只是"圣心之洋溢而无尽，乃登凡人于圣域"之大慧。呜呼至矣。（拙著《孔子与人格世界》，刊于《民主评论》第二卷五期孔子圣诞号，与此文相出入，读者宜参看。）

第十四章　中国之宗教精神与形上信仰

——悠久世界

（一）宗教要求之内容与其产生之必然性及当然性

西方形上学主要有三问题：一为意志自由之问题，一为灵魂不朽之问题，一为上帝存在之问题。皆依于人类精神之根本要求而起。意志自由之问题，所关涉者，乃人是否能"为其所当为，得其所欲得"之问题。此中包含：人是否能实践道德，是否能获得道德及获得幸福快乐之问题。此乃直接属于当前人生者。灵魂不朽之问题，则为关涉于死后之人生者。而上帝存在之问题，则是关涉于是否有一先于我精神生命，或超越于我精神生命之"客观、普遍、永恒而完满至善之精神生命"之存在者。此三问题，第一问题，直接为一现实人生之问题，亦可在现实人生中直接求一解决之道。而后二问题，则为超越现实人生之问题，而为人类之宗教所自生之根源。然人类之所以信神与求不朽，又与人在现实人生之意志是否自由，是否能实践道德，能否获得至善、幸福、快乐等密切相关。通常言，人之所以必须相信一神之存在而求不朽，乃由人在现实世界中，遭遇种种挫折、困难，与苦痛，常感自己主观之生命精神力量之微弱，故不能不求一神以相助。由人现实社会中，人常在念自己或他人受种种不公之待遇与冤屈，人遂不能不望有一主持正义的客观普遍之至善之神存在，以赏善罚恶于未来，或来生，或死后，以维护此正义之原则。由此，人遂恒不能不希望人有死后之生命，而肯定人有死后之生命。

吾人对于此说，并不能完全赞成，因此说不能真说明神之观念及灵魂不朽之观念的起源（另详拙著《文化意识与道德理性》中论宗教意识之本性一章）。然人之受苦难多而无以自拔，受冤屈多而无处伸诉者，固更易趋于信神与灵魂之不朽。则吾人至少可谓：一般人之有强烈之求神与求灵魂不朽之宗教意识，实出于上述之补赎今生所受苦难或冤屈之动机。故反宗教之人恒谓：如吾人能使现实人生获得幸福，社会中常存有正义，即可绝去宗教之根源。然此问题，尚不如是简单。盖人类除求一般之幸福快乐，求客观社会上之正义之实现以外，尚欲求圆满之德性。向上精神强之人，恒欲绝去其人格中任何些微之过恶，以达于至善，亦欲一切人之绝去任何些微之过恶，同达于至善。然人所向往之至善人格，恒为吾人今生所不能达到者，亦恒非只赖己力所能达到者。则顺此必欲达至善之志，人必将加强"人之精神生命能存在于死后"之信仰，而使死后仍有继续向上、自强不息，以达于所期之至善之活动。又人当感其自力不足以去其过恶时，人必求师友或他人予以助力。然人当发现他人之力不足助其去过恶，或发现他人皆在罪恶中时，则人便不免于肯定一客观存在之至善而有无限力量之神力存在，求其助我被除于罪恶之外，并涮除人类社会之罪恶。此种人类之求不朽与求神之动机，乃人类宗教意识中最深之动机。大约世界之高级宗教，如佛教、婆罗门教、基督教、回教之所以成立，皆以此动机为主导，而以前述之二种动机为辅。且人一朝具此种动机，以信神或求不朽之后，恒即转而对于人之苦痛、幸福，及罪恶与正义之问题作一通观：即人之所以在现实生活中受苦，乃由于人之罪恶。人有罪恶而受苦，即表现一宇宙之正义原则。此盖为世界各大宗教同有之宗教智慧。此智慧，乃原自当吾人一朝以求至善为目标时，吾人立即发现："吾人之苦痛，皆为使吾人之精神内敛；并使吾人觉吾人苦痛之原因，恒依于吾人之罪恶或自己欲望者。"因而苦痛又为使吾人获得超越罪过、超越欲望之"善"，或磨炼吾人之人格，而帮助吾人去除过恶者。由此而人可发现"苦痛"之一积极的价值，为吾人之深心之求善意志所愿意承担，而积极加以肯定，以鞭策吾人精神之向上者。由是而苦痛对我遂成为义之所当受，表现宇宙之正义之原则者。吾人再将上述对于苦痛之思想态度客观化，即成为"一切人之苦痛，皆原于其罪恶"之宗教智慧。人类之现实的苦痛问题，到此即化为一人类道德问题，即化为一存于人心之内，而不在人心之外之问题。由是而人可视宇宙间之有苦痛，乃人之罪恶之必然的惩罚。亦即使人之内在的罪恶之泛滥，有一外在的限制者。由是而在"苦痛与罪恶之相限制相销相除"之大法之信仰下，人乃得安顿于充满苦痛罪恶之世界。人之同时承担此二者，亦即成一使人精神上升之大道。

以苦痛为罪恶之惩罚或罪恶之结果，以显一宇宙之正义或大法，乃世界各大宗教之所同然。宇宙间是否有主持此大法之神，则是一问题。在佛教只以恶之受苦报与善之受福报，为一异熟性的因果原则。犹太、耶、回诸教，则肯定有一主持之之神，或作末日审判的耶稣。然此二种思想，自主观心理起原言之，皆由吾人"赖苦痛以磨炼自己之道德意志"之客观化所生。大率如当吾人有一愿忍受承担苦痛之道德意志，只觉吾人理当如是忍受，以助吾人之去其罪恶，而不感有"我"主宰时，则吾人此时客观化"吾人精神意志之内容"所成者，即只为一异熟性的因果原则。如吾人在忍受苦痛，而与自己之罪恶战斗时，觉有一我为主宰；则吾人客观化吾人精神意志内容之所成者，即为一有客观普遍性而能主宰此正义原则之大我精神，或人而神之存在，如作末日审判之耶稣。二者之所同，在皆肯定一宇宙大法，以使分别本来对人生表现负价值之苦痛与罪恶，由其结合，而表现一正价值。然此结合之价值，乃人之所发现，而恒非一般人所意欲。一般人犯罪，未必即欲苦痛以为惩罚，而此结合之事实，又恒非人之所能期必，且恒不在今生。故"此结合之事实必有"之肯定，纯为一超越的肯定、形而上之肯定，亦即一宗教信仰。此信仰，在吾人之经验中不能有绝对之证实，因而可说为发自主观的。然而吾人离此信仰，吾人即不能发现苦痛存在之客观价值，而苦痛亦以无表现价值效用之场合以被被除。而人之罪恶，无一在客观宇宙上必然产生之苦痛以对消之，则人之罪恶，亦即无客观宇宙中之限制之者。如罪恶无客观宇宙中之限制之者，则"善"即不能成为主宰客观宇宙之原理。夫然，故此信仰虽发自主观，而其此信仰之根据，则为善之必主宰客观宇宙。此善之必主宰客观宇宙，即一切高级宗教之信仰核心。

　　善之主宰客观宇宙之宗教信仰下，实包含二超越原则之信仰：一为"无罪之受苦，应被补偿"之正义原则，及"有罪则当受苦，使罪得罚而苦罪皆去除"之正义原则；一为一切"无罪之善，皆当被保存"之原则。原人之所以相信神与不朽，其消极的动机中，低者为求神之去吾人之阻碍与苦痛，或求死后之得福；较高者则为由苦痛之惩罚他人之罪恶，以满足吾人之社会的正义要求；更高者，为由视自己之苦痛，皆自己之罪恶之惩罚，而自动加以承担；最高者则为由受苦，而知其对人类社会之使命，在奉神之命以罚不义，或奉神之命为他人之罪恶而受苦，如穆罕默德、耶稣是也。而人之相信神与不朽之积极的动机，则最低者为求自己之幸福与快乐，由神之福佑与永生，而永保不失；较高者为望社会之一切善人之得福，并以福与善人，以满足吾人社会正义之要求，吾人之所以欲以福与善人，乃由吾人之欲以福支持善之继续存在，此与吾人之愿苦痛加于恶人，乃由于欲以苦痛否定恶之存在，乃相反而相成之二动机；更高者则为视自己之福德，皆由他人所施与或神所施与，而生一对人、对神之感恩心，人在视自己之福德为由神施与而生感恩心之时，吾人一方是信此福德原不属于我，而属于神，亦即原保存于神，为神具无尽福德之一部者，一方即将吾人所受之福德，再客观化而还之于神者，此客观化乃依于“吾人对福德之不加占有，而亦不愿自陷于其中”之向上精神；最高者，则为如穆罕默德、耶稣等之通过“对客观普遍之神之存在之信仰”，而“传达神之意旨或福音于人”，以使人备福德，并为其他善人祈福德，兼自愿将自己的福德，赖神之力作传递，以奉献于他人。而此后四者之宗教意识之所自生，皆依于一“善福之必保存于客观宇宙”之超越原则之信仰。

吾人如知人之宗教信仰包含：恶必由苦痛惩罚而被去除，善必由福而保存二原则之信仰，则知最高宗教信仰中，宜须包含灵魂不朽与客观普遍之神之存在二信仰。如灵魂非不朽，则犯罪恶者之被罚，有德者之得福，无必然性（因此现世犯罪者不必受罚，有德者不必得福也）。人之德行，今生不能完满者，将永无完满之一日。如无客观普遍之神之存在，则依于佛家所谓异熟因果之法则，固可使赏善罚恶之事，自然成立。然若宇宙只有众多独立之灵魂或精神生命，而无一客观存在之公共精神生命或神，以为诸个体之精神生命相互贯通之根据，则人与人之"由神之信仰之共通，而凝合成一社会"，或"人之奉行神旨，以行义于世间"，或"代人受苦赎罪，与为人祈福之事"，或将不可能而不必要。

故吾人如绝对的肯定有价值之福德之当存在，并欲使之永久存在、客观普遍的存在，则吾人必须兼肯定吾人之精神生命不朽，与诸个体之精神生命，同贯通于一超个体之客观、普遍、永恒精神生命之前。人类之宗教，固不必皆肯定"个体精神生命"之分立（如佛教之一部），及个体精神与"客观普遍的精神生命"之分立（如人格唯心论者），亦不必皆肯定唯一绝对之客观普遍精神生命之存在，又或主多神（如希腊宗教）。然佛教仍必须信人之精神生命涵具永久性与普遍性，并信人之成佛，其德即同于所谓客观普遍之梵天，而贯通于一切众生之心。信多神者，亦必视神有其相当之客观普遍性，可为不同之人之精神所共同集中而贯通之地。人类典型之宗教如回教、基督教、婆罗门教，固皆一方肯定"唯一绝对的精神生命之存在"，一方亦肯定"个体之精神生命之存在"者也。

如吾人以上之分析宗教要求之内容为不误，则吾人决不能有任何理由，谓吾人之宗教要求为不当有。人生无论在任何情境，实皆不能永不发生一宗教要求。盖依吾人上之所述宗教要求之根本，乃依于"吾人之使苦痛罪恶由相互结合而被去除，及福与德之由互相结合而永远保存，并得客观普遍化"之意志。此意志之为一善意志，无人得而否认。则宗教要求，无人能谓其不当有。若此要求而不当有，则人之一切为善去恶之道德修养，与赏善罚恶之法律，及一切增加人生之福德之文化事业，皆不当有。至于吾人在无论任何情境，皆不能永不发生一宗教之要求者，其故则在：如吾人之生命为苦痛为罪恶，吾人固必求超越此不完满之生命，而另求一福德兼备之生命。纵吾人之生命，为幸福与美善，吾人亦必望其能永久，且愿将此幸福与美善，客观普遍化，以分布于他人。故吾人生命之有限性与个体性，仍为吾人不能不求超越者。由此求超越之意识，即使吾人不能不要求一超个体之永恒客观普遍之精神生命存在。而人所以恒不显其宗教要求者，唯以当人受苦罪于今日或今年时，恒只冀望其将得福德于明日或明年，人又可赖各种人文活动，以使福德客观普遍化于他人之故。然人如真念及其上寿不过百年，终不免乎一死，或念及吾人之生命精神与他人生命精神之贯通范围终有限，及吾人备福德于世间之能力亦有限之时，则求不朽与神之念，仍将不能自已而生。盖吾人无论能兼备福德于吾人或他人之生命至何程度，若吾人之死，即一无所余，则一切福德便成空幻。诚然，吾人恒由我虽死、今人虽死，而后人尚在、人类社会尚在，以得慰藉。然实则此慰藉，亦为至勉强者。盖若人皆不免一死，则后人之福德亦同归此空幻。人类社会之是否永存，自现实宇宙上言，亦并无绝对之保障。人在此或又谓：凡宇宙间在一时间曾有之事，即永为在此一定时间中之事，故凡曾“有”者皆不“无”。然实则吾人之所以言“曾有者不无”，吾人必须假定一能回忆曾有之事之心存在，如此心亦灭，或一切人之心皆灭，则曾有者虽为曾有者，亦为曾无者。自其兼曾有与曾无而言，则亦可不谓之有，而灭者永灭，死者永死矣。故人类精神，若不有一在客观宇宙中之不朽意义，则一切福德，毕竟只归于空幻。唯物论者及社会功利主义者与反宗教之人文主义者之抹杀此问题者，皆由于其对人类之有价值而备福德之人格，未能真致其爱惜珍贵之情故耳。人诚有此情，则不朽之宗教要求，仍将沛然莫之能御。诚有此情，而吾人又欲使一切生者死者，皆逐渐的成为福德兼备之人格，吾人又感自力之不足，或自力之无所施时，则祈天求神之志，亦在所不能免者。唯肯定宗教之人文主义，乃圆满之人文主义也。

（二）世界各大宗教之异同

吾人以上唯论及于宗教要求之一般内容，及宗教要求之为人所当有与必有。然宗教思想中最大之问题，则为吾人如何能知不朽与神之存在，为一客观之事实；与吾人当如何规定神之性质，规定神与人、神与自然界之关系，及不朽之存在之范围等。此即世界宗教哲学理论之所由分殊，及各种宗教之具体信仰内容所以不同之故。考察此各种哲学理论、具体信仰内容之不同，一方可知人之宗教智慧，有若干未易决定之问题，一方亦知各民族之宗教智慧，实为其民族关于其他人文之智慧或人文之形态所规定，而万有不齐者也。

吾人如通观世界之大宗教精神之不同处而较论之，则犹太教之耶和华，唯以主持正义，而主要以罚恶为事。犹太人之所求于耶和华者，初亦唯是求其惩罚亡其国家之敌人。耶和华之超越性，特为显著，个人唯有服从其意志，而不能外有所为。此耶和华固为诸犹太人精神集中，而得交相贯通，以凝结成一民族或社会者。然耶和华特以威严显，而恒不体恤个人之意愿，因而不免对诸个人之精神，若为外在之一客观精神人格。至于回教之上帝，亦以超越性显，然回教之上帝，不只以罚恶为事，而尤富于赏善之意志。回教之上帝，为一超民族意识之上帝，故凡信回教之不同民族皆平等，一切教徒在回教上帝下，亦皆可平等，此即为一真具普遍的正义之德之上帝。由一切人在回教上帝下皆平等之故，于是回教之教义，特重一切人之自尊独立，各保其清真之德性品行。故回教徒精神，为挺拔直立，以承受一客观普遍上帝之意旨。此与《旧约》中犹太人奉耶和华时之精神，恒不免为委屈的、哀怨的、愤懑的，大不相同。至于基督教之上帝与犹太教、回教之上帝之不同，则在基督教之上帝之根本德性，唯是一仁爱。由上帝之道，唯是仁爱，则上帝之精神，乃抚育世间、体恤人类而下覆者。由此而耶稣之实现上帝之道于世间，则重宽恕他人之罪恶，对人谦卑。耶稣之奉行此道，明白劝人忘掉世界之一切人与人、民族与民族之仇恨，并告犹太人曰"我们之国在天上"——即纯精神界——不在世间。此即表示耶稣之精神乃使上帝之道降至世间，而使世间升至上帝之一精神。故耶稣为此道而上十字架以后，基督徒即谓耶稣为上帝差遣之独生子，至人间为人受苦、赎人之罪者。犹太教徒所期望之神对人之审判，在基督教则移至世界之末日。耶稣乃人而神之圣子，上帝为圣父，耶稣所表现之精神及上帝之道，其遍运人间，以使神人交通者，即圣灵。此三位为一体。故基督教之上帝，可谓为犹太教中之超越而威严之上帝之自己超越其超越性，而内在于人心、于世界，自己超越其威严性，而显其谦卑、宽恕、仁爱，以承担世间之苦痛罪恶，并使一切同信此上帝、耶稣之人，亦彼此相待以仁爱、宽恕、谦卑，而共谋解除世间之苦痛罪恶之上帝。由此而基督教崇拜之上帝，与基督教崇拜之耶稣，即成为一坚固的教会团体中之一切个人之精神，互相贯通而凝结之根据。此精神之凝结与贯通，初不如回教徒之先分别肯定各人之自尊心、个体性，而只在共信上帝一点上，精神互相凝结贯通；实只是由各个人之自愿销融其个体性于耶稣之精神人格之前，而隶属于一客观之教会团体，以凝结贯通。故基督教之精神，不如回教徒之挺拔而直立，而是内敛的、深厚的。基督教教会主宰罗马世界之后，教会精神之堕落之形态，即为诸教徒之赖其团结意识，以共排斥异端，而形成之一精神之僵化。至近代基督教之尊重良心与自由之精神，则是希腊精神或日耳曼精神透入基督教，而将此僵化打开之结果。由此僵化之打开，而后基督教之精神，乃由内敛而趋于外拓，由重谦卑、宽恕与祈望，而更重自我之尊严与个体之意志，由深厚中更转出高卓。此乃因个人自我之地位之提高，而上帝亦由是而更与个人之良心及理性相连结矣。

　　回教与基督教皆有一唯一之上帝，亦有一唯一之先知或救主，即穆罕默德或耶稣。二教皆以人不信先知或救主，则别无直接联系其精神于上帝以得救之道。此种宗教思想之价值，在除上帝外，兼使一具体而现实之人格，成为"同教之一切人之个体精神"中之一普遍的联系者。而其短处，则在使人之通接于上帝之道路，只有一条。印度婆罗门教之谓我即梵，则使上帝成为内在于一切事物、一切人，而人人皆可自觅其通接于上帝之道路者。由此，上帝与世界通接之道路成无数者，乃见上帝之真广大。然其缺点，则在因梵之为无所不在，人遂可将梵与自然物混淆以措思，于是梵易失其人格与精神性。佛教之反对婆罗门教，主一切法之为因缘生，而其自性毕竟空；则一方所以扫荡一切自然物之实在性，一方所以破除吾人之一切我执与法执，以显此心之至虚，而随所遇以运吾人之大智大悲，恒不舍世界之有情。则上帝之一切清净恒常之无边福德，皆佛心之所备。于是外在超越于此心之梵天或上帝，即可不立。此种宗教之价值，即在升人之自觉者之佛，以同于上帝，并表现一视一切众生皆平等之精神。又由因缘生之教，使一切众生之心色诸法，同成为透明而不相对峙者。佛教之理论问题，则在一切诸佛之毕竟是一或是多，佛心是否可说为自始永恒存在者。如佛心自始永恒存在者，一切修行者唯是求同证一佛心之佛性；此佛心，仍可在一义上同于上帝或梵，诸佛亦可以不异而即一佛。佛教中如《华严》《法华》《涅槃》《楞严》《圆觉》诸经所言，即显有此趋向。如佛教徒而决不承认有共同之佛心佛性，不承认诸佛之即一即多，则佛教虽表现一大平等与使一切法不相对峙之价值，然终不能免于诸佛与众生之世界之散漫而无统摄之失。佛教之所以恒只能成为一个人之宗教，而不能成为一凝结集体社会之人心之宗教，其故盖在于此。

在上述之一切宗教中，无论其所信仰者为上帝或梵天或佛心、佛性，要皆被视为对吾人当前个人之心为一超越者。由是吾人如何可肯定此超越者之必然存在，即为一宗教哲学或形而上学之大问题。大率在佛教与婆罗门教中，对于梵天之存在、涅槃之常乐我净，最后均赖人之直接之神秘经验或戒定慧等修养之工夫，加以证实。回教徒与基督教徒，则皆以除其救主、先知外，无人能直接见上帝。上帝唯启示其教义于其先知、救主，由先知、救主传至人间，故皆自称为启示的宗教。因而其所以教一般人信上帝存在之道，则或为命人对先知、救主所言，先持绝对相信态度，或注重以推理证明上帝存在之必然。在西洋思想中，因其素有一理性主义之潮流，故尤重以推理证明上帝之存在。此或如亚里士多德之第一动者、第一因论证，谓一切动皆须预设一不动的动者，一切继起因皆预设一最初因，此即上帝。或如安瑟姆至笛卡儿之本体论论证，谓上帝为完全的存在，完全存在之概念中，即包含存在性，故上帝存在。或则如由亚里士多德至圣多玛目的论论证，谓一切合目的之物，皆预设一制造者。今世界之物为合目的，故必有一制造之者。或则如圣多玛、来布尼兹由一切偶然的存在皆可不存在，必肯定一必然的存在为第一因，然后一切偶然的存在能存在，以证明上帝之存在。或则如康德之由人之道德意志必不求快乐，而快乐与善又须综合，故不能不有使善与快乐结合成至福之上帝存在。然此诸论证，因皆依乎推理而非依直接经验，故皆可容人根据不同之推理方式，加以辩驳，而有种种理论上之纠葛，乃今在西方哲学中，仍无定论者。吾人以下则将以上列所论诸世界宗教之精神，与其论证上帝存在之方式，为一参照与比较之根据，以论中国之宗教精神与对于天帝或鬼神之信仰。

（三）中国宗教精神比较淡薄之故

以中国与西洋印度相比较，中国人之宗教精神似较淡薄。其所以淡薄之原因，即由于产生吾人在第一节所述之"宗教要求之动机"之外缘之缺乏。如析而论之，则中国之宗教精神之淡薄之外缘，第一即在中国古代人因处肥沃之地，并极早即务实际，重利用厚生之事，故对于生活上所遭之苦难，皆求一当下之解决，而不重玄想死后之幸福与快乐，为之报偿。第二中国社会文化对于个人安排，一向注重使富贵为有德者所居，贫贱为无德者所居。因社会阶级之对峙不显，与异民族之逐渐融化，故"因阶级民族之歧见，而致令个人所受之不合正义之待遇"亦较少。个人之报仇之事，在春秋战国时代，亦皆不以为非。后代法律亦常减报仇者之罪刑。因而人恒不须求正义伸张于死后，以使为恶者得其应受惩罚，而期必为善者受报于死后之念，自亦较微。第三则以中国人生伦理思想，素反对个人主义，尤反对以个人之快乐幸福为目的之人生观。故纯出于保存自己之幸福于死后而求神佑佛者，远不如求保存其幸福于子孙者之多。子孙之幸福为现实者；故求保存幸福于自己子孙，又远较求虚渺无凭之死后幸福，更有把握。子孙之生命，自我之生命而来，则子孙之存在，即可视为我之生命未尝朽坏之直接证明。故爱子孙之念浓，则求个人之灵魂不朽之念自淡。第四则由中国人之重孝父母与祖宗，故常觉自己生命精神之意义，在承继父母祖宗之生命精神。人当常以父母祖宗之心为心时，人当下即感一生命精神之充实。而此充实吾之生命精神，又为吾之生命精神所自来之生命精神，亦即"其中包含有吾之生命精神，而生吾之生"之生命精神。故人之以父母祖宗之心为心，亦即在吾人自己心中，体现一"生吾之生"之生命精神。而吾之体现一"生吾之生"之生命精神，即可当下使吾人感我之生，为生之所护持，而不见有死亡，而当下感一生命之永存或悠久。第五则人之孝父母祖先之心所联系之历史文化意识，复使吾人常得尚友千古。此尚友千古之直接价值，固在使古人若仍在于吾之心，然同时亦可使吾人自己之精神，若踊身于千载上。吾人之精神如只在现在，则瞻望未来，若一片渺茫，而无可把捉。而当吾人之精神踊身于千载上，而置身于古人之地位时，以瞻望未来，则未来非全为空虚，而亦为充实。盖自古人至我之现在之一段，皆古人之未来，吾人今日之怀古，即古人之未来得以充实，则怖死之念轻，而求死后灵魂不朽之念，亦自微矣。第六，人之求自己死后之灵魂不朽，恒由于吾人当下无最切近之责任可负，或无所事事，或临死之际之一悬想。故人当前应尽之责愈多，人伦之关系愈繁，人文之活动愈富，则求自己之不朽之念亦必愈轻。第七即中国思想中，除墨家明主信天鬼以求福以外，依道家、儒家之教，人皆可于当下，不待神之相助，而凭自己之智慧与德性，以安顿其精神于人间，唯以求人文之化成或内心之自得为事，亦不须求不朽或求神。依儒家之教，人之所重者，唯在尽人道，情通于他人及万物，而为其所当为。人在抱如是尽人道之人生观时，其精神乃向上的，亦由内以通外的，而非自己照顾（Self Regarding）的。关于自己之得失、利害、生死，皆唯视义之所在，以定取舍。生死之问题，不在其心中，则死后是否有继续存在之生命，亦可不在其心中。而吾人如此时转而照顾自己之生死，及死后之是否灵魂不朽等，则可只是一私意。其最初乃原自躯壳起念，而为人所当除去者。此乃孔子所以只言"朝闻道，夕死可矣"，"未知生，焉知死"，而后儒亦罕论生死与鬼神之故。而朱子言：人之求实有一物之不朽，"皆由一私字放不下耳"！（《答廖子晦书》）亦此意也。

复次，依儒家之教，人亦决不能重视鬼神过于生人。此一则因唯有生人，乃吾人精神可直接与相感通者，吾人之情必当先及于生人，乃能及于鬼神。此先后秩序之不可乱，即注定吾人之重事人当重于事鬼神；故孔子谓："未能事人，焉能事鬼？"二则因儒家论人之当为善，即所以尽心尽性，为善本身即目的，而非外有所求；其行仁义，既非所以求富贵功利幸福于生前，则亦不索报于死后，或求神在冥冥中，加以奖赏扶助，此即孔子所以不祷于神（参考论孔子一节）。儒者之行仁义，皆所以尽心尽性，亦即出于心之所不容已。夫然，而无论成功与否，皆有可以自慊而自足。德性之乐，乃在当下之尽心尽性之事中，即完满具足者。幸福与德性原为一致，不如康德之视此二者，为此生之所不能兼备。则求赖上帝之力，以得二者之综合于死后，在儒家即可视为不必须。至于对于过恶之去除，则儒家唯重己力。盖唯去过恶者，纯为自己之力，而后去过恶之事，乃更为实现完成自己之德性人格之事。求超越而外在之神相助，以去自己之过恶，虽未始无功，然人在此求神相助之一念中，或不免已先有一自己之精神之懈怠。此时之求神相助之心，又或恒是一方跨过自己过恶，一方意想一无过恶之我，而欲由神助，以获得一如是之我。此便非与过恶直接相遇，而加以改易之道，不免一功利心之潜存。儒家言修养工夫，则重在于细微处，断绝一切功利心，于过恶之几初动处，即加以截断，不俟恶之积，而力不足以克之时，始冒起精神，而求神之相助也。至于对于他人之过恶，则在儒家爱人以德之教下，吾人首当求者，乃如何助人改过之道，而非见他人之过恶之受罚。人之望他人之过恶之受罚，虽恒出于自然之正义意识，然亦常出于报仇雪恨之心。儒者言义必与仁连，而不孤言义。立义道以赏善罚恶，要在使人确能由此以进德。故法律必与教化之意俱。否则吾望彼有过恶之人受罚之心，必非仁心也。夫人为恶为善，而在幽冥之中或来生得罚或得赏，固皆可为一自然或上帝对人之教化，然此毕竟不能由吾人之直接经验以证实，则吾诚欲以赏罚为教化，与其寄望于幽冥与死后，不如直下树立礼乐刑政之大经大法于当前之社会矣。

至于在道家思想中，则虽不似儒家之重人文之化成，然彼亦可不求神与自己之不朽。盖人之所以求不朽，恒依于人之有我之观念。人恒因觉我之自我为有限，故思另有为无限自我之神，因念生前之我为我，死后非我，故求死后亦有我而不朽。然依道家义，如庄子之所言，则吾人当忘我、丧我。自天地以观我，则我之一切皆非我有。"汝身非汝有，是天地之委形也。生非汝有，是天地之委和也。性命非汝有，是天地之委顺也。子孙非汝有，是天地之委蜕也。"（《知北游》）知我所有者即天地之所有，则天地之所有亦皆我之所有。夫然，故诚能如吾人前所谓游心万化，即无适非我。游心万化即无适非我，则我亦即同于上帝，同于天而不须外求天求神。自此处言，庄子之精神实与佛家相通。然佛家犹承认相似相续而流转之业识不灭。自庄子观之，则人诚能知无适而非我，则无论吾人死后之化为何物，其与我相似相续与否，吾皆可视为非我之我，而无所容心。以我为鼠肝，以我为虫臂，皆无所不可。"浸假而化予之左臂以为鸡，予因以求时夜；浸假而化予之右臂以为弹，予因以求鸮炙；浸假而化予之尻以为轮，以神为马，予因而乘之，岂更驾哉。"无往而不可自得矣。故庄子之解脱生死同帝同天，不由其肯定永生与上帝，而由其不求永生而不见有生死，同天同帝，而人无非天，所遇而皆神之所降也。

由吾人上之所论，可知在中国社会人文之环境下，依儒、道二家之人生智慧，中国人之宗教信仰，必然不免淡薄，盖无可疑。吾人亦可依儒、道二家人生智慧，而谓人之不求信宗教，不求神与不朽者，可有一较一般信宗教者、求神与不朽者，更高之精神境界。盖一般人之信宗教，恒多出自为自己之动机。人恒由精神寄托于"神之必可与我以助力，及神必能赏善罚恶之信仰"，及"天国来生之福之想念"，方得一精神安息之所。此实常夹杂一自私心。则儒、道二家，不为自己而信神求不朽，而专以舍己救世为事，或当下洒落自在者，实可表现一更高之精神境界，此乃决无可疑者。然人若由人可专以救世为事，当下洒落自在，或据其他自然主义之思想，而否定神之存在与不朽之可能，并谓中国无宗教，儒道思想中无宗教精神，及人不当有宗教要求，文化上不需有宗教，亦复为一错误之意见。中国道家思想之发展，为后来道家之求长生不死，即表现一对不朽之信念。佛教之传入中国，亦以中国人固有之求精神不灭之思想为接引，而儒家思想之本身，固亦有同于西方宗教之肯定神在与求不朽之精神者也。

（四）宗教信仰之当有与儒家之形上性的宗教信仰

吾人之所以必肯定宗教要求为所当有者，即以人之肯定神、求神与不朽，实除出于为自己之动机外，尚有一更崇高之动机，乃纯出于对人之公心者。此即由于吾人之求保存客观的有价值人格，或对亲人之情，而生之望他人人格或精神永存不朽之心，并肯定一超个体宇宙精神生命之存在以护持人类之心，与求苍天鬼神福佑国家民族与天下万民之心。此三种心，皆人情所不能免，而皆人仁心流行之所不容已者也。诚然，在一伟大之人格，可一生永不念及其个人之生死。当其尽道而死时，其自顾其一生，亦可毫无愧怍而无憾，吾人亦可谓之为一全人。然彼之死，虽于彼无憾，他人对之，则终不免悲悼之情。在此悲悼之情中，人必一方觉其一瞑而永逝，一方又觉其音容宛在。此二者相融，而死者在人之情中，乃若亡而又存。吾人若顺吾人对彼敬爱之心，以思维彼之是存或亡；吾人此处又如不自拂其情，必不忍谓其一死即无复余。亦不能谓彼唯在心中未死，其自身确已死无复余。因吾人当作是念时，则无异谓彼已真死，而自拂其情矣。吾人若不自拂其情，则吾必顺此情之伸展，而肯定其虽没于明，而仍存于幽。吾只须不将此情折回，而纳诸主观，则此情之所往，即直接决定吾之信之所往，与吾之智之所当往。主观上之不忍"不信"，即客观上之不当"不信"，而为智之所当直下肯定者矣。若于此不能肯定，则吾人虽可言彼人格甚伟大，彼在生时，已有一不计较生死之伟大心胸，然彼之此不计较生死之精神，与整个之人格，既随其死而俱灭净，即最后仍等于若未尝存在，而无价值之可言。彼纵有影响，留至他人，然他人最后亦死，其命运仍与彼同。终亦无价值之可言矣。夫人之人格，纵已完全无憾，其人格之价值不能保存，尚非人情之所能忍；则人之人格未达完全之境，而灭尽无余，更当为人情之所不能忍。康德之由人格必求完满，以证人之必有不朽，唯是依理而证。而吾人亦可兼依情之不忍，以证此理之不能不被肯定。孔子教人，固重事人重于事鬼，欲人先知生而后知死；然孔子对死者之有知无知，亦在两可之间，其答弟子问，固未尝否认圣贤祖先之鬼神之存在；而丧祭之礼中，固可祭神如神在，对鬼神之存在，积极加以肯定者也。

关于上帝之存在问题，诚更为儒家所罕言。然儒家亦实未尝反对人之出自仁心而祈祷上帝者。如汤之祷雨于桑林，郊祀之礼中之祈天之助，使五谷丰登，国泰民安，固为儒家所许。唯中国传统文化精神既重尽己力，而不以天地私眷爱于人类，故祀天之事，由天子行之，重在报恩，而不重在求助。其求助亦不期其必得，更不希望一秘密之方法，如巫术，以邀天地鬼神之福。此传统精神，为儒家所承。故先秦儒家之于上帝或天之存在，虽未尝如西方宗教之明显视为一人格，更未尝如西哲之勤求证明其存在之道，然实亦未尝否认其存在。孔子有知我其天之叹，畏天命之言。孟子有尽心知性则知天，存心养性以事天之言。其所谓天，吾人实难谓其只如今日科学家所言之感觉界之自然。孔、孟之未尝明白反对中国古代宗教，而否定天帝，正见中国古代之宗教精神，直接为孔、孟所承。孔、孟思想，进于古代宗教者，不在其不信天，而唯在其知人之仁心仁性，即天心天道之直接之显示，由是而重在立人道，盖立人道即所以见天道。《中庸》言圣人之道，"肫肫其仁，渊渊其渊，浩浩其天"，非意之也，乃实理固如是也。此吾人已在本书第三章"中国哲学之原始精神"等章中，加以论列。吾人今将进而论者，即孔、孟之思想中，如只有人道或人之心性论，而无天道、天心之观念，或其天道只是如今日科学中所言之自然之道；则人之心性与人道人文，即皆在客观宇宙成为无根者，对客观宇宙，应为可有可无之物。人死之后纵得灵魂不朽，亦均在客观宇宙，如无依恃之浮萍。诸个人之心，亦将终不能有真正贯通之可能与必要，宇宙亦不能真成一有统一性之宇宙。孔、孟之思想而果如是，何足言致广大与极高明。诚然，孔、孟之言天，恒直就吾人所指之自然之"日往月来，花放水流"之事以说，并恒视天为无思无为，似以"莫之为而为"之自己如是之自然之一切为天，与西哲言天心上帝有思想、有意志者，迥然有别。然孔、孟谓天为无思、无为、无欲，实正如其言圣人无为而治、不思而中。此非不及思虑、意志之意，而是有思虑、意志，复超乎思虑、意志以上之意。超乎思虑、意志之天，为人之所从出，亦即人之思虑、意志所从出也。则天非无精神之感觉所对之自然，而为包涵人之精神生命之本原于其内之自然。由是而能生无尽之人物之天，即一充满无尽之精神生命之整体的自然，或绝对的精神生命之实在。唯天为一绝对之精神生命之实在，然后知天事天之事，必待尽心知性、存心养性而后能。若天而只为无精神感觉所对之自然，则又何必待尽心知性、存心养性，乃可称为知天事天乎。果孔、孟之天为绝对之精神生命，则无论孔、孟对天之态度及对天之言说，如何与西方宗教不同，然要可指同一形而上之超越而客观普遍之宇宙的绝对精神，或宇宙之绝对生命，而为人之精神或生命之最后寄托处也。

（五）中国儒者证天道之方——天或天地可指宇宙生命、宇宙精神、本心即天心

大率在西方宗教及哲学，对宇宙之绝对精神生命之态度，与中国儒家之对天之态度，其不同在：西方之宗教家，恒由先与吾人日常生活中所接自然世界及人文世界，先有一隔离，在绝对孤独中，求直接与此绝对精神生命相遇。印度人之求证梵天与涅槃者，亦恒须隐遁寺院，避迹山林，以作一冥索虔修之工夫。既证得或接触此形上实在后，乃以言说示人。故西方印度宗教家，求与此形上实在相遇，所取之道，乃一逆人之自然生活中之性向之道。此道，实非人人所能行。因而僧侣不能不成一特殊阶级。一般人除通过对其先知教主或僧侣之信仰以外，亦不能直接与此形上实在相遇。因而在一般人之看此形上实在，亦终不免视之为高高在上。故婆罗门教，虽明主张梵无所不在，佛教虽言大平等，一般人仍不能不以婆罗门教徒与梵天，或佛与涅槃、真如，为一超越境也。西方哲学家，求知此形上实在，则恒取一理智上、思维上之把握态度，因而终不能得实证。依中国儒家尽心知性以知天之教，则人之求与此形上实在相遇，又不须于自然世界、人文世界，先取一隔离之态度。人诚顺吾人性情之自然流露，而更尽其心，知其性，达其情，以与自然万物及他人相感通，吾人即可由知性而知天。于是此与形上实在相遇之道，非逆道而为顺道。非只少数人可行之道，而为人人可行之道。至于由人尽心、知性、达情，与自然万物及他人相感通等，所以能使人知天者，则以吾人之知天，初不能外吾人以知天。人即天之所生，吾亦天之所生，故吾欲知天之果为何物，可直接透过我之行为、

我之性情以知。夫然，故吾之行为进一步，性情多一分流露，吾对于天之所知，即深一步。若吾人求知天，而外吾人行为性情以知天，则吾有精神，天地宜不得有精神，吾有生命，天地宜不得有生命。吾人才七尺，则七尺之外，皆属于天地不属于我。于是天地与我，对峙而相外，天地亦只块然之物质耳。此西方唯物论之所从出也。至多谓自然界有生命已耳。然吾若透过吾行为与性情，以观天地，则我之行为之所往，性情之所流行，皆我之生命之所往，亦即我之精神之所往，我性情之所周遍流行。则我有生命，天地即不能为块然之物质，我有精神，则天地不能为无精神之生物。天地之大，不仅生我之生命精神，亦生他人之生命精神，我父母祖宗之生命精神，亦皆由天地而来。则透过我所接他人之生命精神、由父母祖宗传至我之生命精神，以观天地，则天地不特包含一切人生命精神之本原，亦且为一切人生命精神所之充塞弥纶，则天地即一大宇宙生命、宇宙精神也。

然吾人只由上说以思天地，惟可见天地之为大宇宙生命、宇宙精神，然此中天地之观念，可唯是一笼统之整体或大全，尚不能确立一统天地之绝对精神生命之存在。吾人欲求能确立此义，必待吾人真自尽其心，知其仁心仁性之可无所不涵盖，无所不贯注流通而后可。盖人诚能自尽其心，则知"依其仁心仁性之所自发之情，可无所不涵盖，无所不贯注流通"，知"天地万物虽至繁至赜，实皆为我之同一仁心仁性所弥纶布护，而与之为一体者"。吾人诚有此仁心仁性之全幅呈露，则吾人更将不能视此仁心仁性为我所私有。因而既不能谓此仁心仁性，只属于我而不属于他人，亦不能谓此仁心仁性只属于人类，而不属于天地。盖此仁心仁性，既呈露为普万物而无私者，同时亦即呈露其自身为不能私属于我者也。故人当知其自己有仁心仁性时，必然同时知：他人亦有此同一之仁心仁性（此上为第五章所已言及）。然当此仁心仁性呈露时，即呈露为命我超拔其私欲与私执者。故此仁心仁性呈露时，吾人既直觉其内在于我，亦直觉其超越于我，非我所赖自力使之有，而为天所予我，天命之所赋。由是而吾人遂同时直觉：我之此仁心仁性，即天心天性。我之仁心仁性之生生不已之相续显现于我，即天命之流行于我，天心天性之日生而日成于我。我遂由此益证天心天性之超越于我，而自有其高明悠久之一面。吾人之仁心仁性之显于我所成之仁德，我皆可推让之于天，而成为天之德。如是之天心、天性、天德，克就其本身而言，即为一绝对普遍而客观之形上实在，谓之为绝对生命、绝对精神，或神与上帝，皆无不可。就其内在于我，而为我之仁心仁性仁德，使我之生命、我之精神、我之人格之得日生而日成以言，则天心、天性、天德之全，又皆属于我而未尝外溢，以成就我之特殊性与主观性。此即天之博厚、悠久一面。自天之高明一面言，曰天之乾道，亦曰天。自天之博厚一面言，曰天之坤道，亦曰地。天地乾坤之德，皆由人之尽心知性而可直接证得，亦即皆由立人道以见。此程伊川之所以言"观乎圣贤，则见天地"，不言观乎天地，以见圣贤也。

吾人以上谓先秦儒家之天或天地，为一客观普遍之绝对的精神生命，乃自天或天地之形上学之究极意义言之。孔子于此义罕言之，只谓"知我者其天乎"，默识天心与其心之合一。孟子之教则明涵此义。《易传》《中庸》，则畅发此义。然此义亦初不碍诸家之言天，言天地，常直就感觉之自然界以说。盖感觉之自然界，自儒家之思想言之，本非只为所感觉之形象世界，同时即为一绝对之精神生命，或天地之乾坤健顺、仁义礼智之德之表现。此点吾请读者重览本书

第五章。唯今须进而说明者，则吾人在第五章，唯言吾人视自然万物具仁义礼智之德，乃由于吾人之依仁心而不私其德云云，尚有自然万物之德，唯由人心所赋与之嫌。实则吾人诚依仁心，而不私其德，则其视自然万物皆具仁义礼智之德，非只吾人视之如是而已，乃实理本来如是。日往月来、山峙川流，与花放鸟啼、草长莺飞之事，如人只以感觉界之事实视之，则诚若只为一感觉界之事实。然吾诚透过吾之仁心以观之，又知普遍客观之天心天性天德之为真实不虚，无往不彰其高明、敦其博厚，而著其悠久，以裁成万物；则自然万物互相感通应和，而生生不已，即实见天德之仁与礼。由感通而各得其所求，各成就其自己，而各得其正位，即实见天德之义智，以至于凡所谓在时间之生化之事中皆实见有仁，于凡在所谓空间之布列之物中，皆实见有义，愚者千载而不悟者，仁者之智皆可得之于一瞬矣。

吾人以上力祛世俗之蔽，以明中国儒者之天或天地，非只一感觉界之自然，不同于西方自然科学家，或自然主义者所谓自然之说。吾人谓中国儒者之天或天地，至少在《孟子》《中庸》《易传》作者之心中，乃一具形上之精神生命性之绝对实在。由是可知中国人之祀天地，或祀天，与天地君亲师神位中之有天地，亦不能谓之只祀一块然之物质天地，或只有生命之自然；而实含视之为一精神实在之意。唯先哲因恒对物质、生命、精神三者，不加截然区别，故人恒易不知觉间以天或天地唯指感觉界之自然。实则中国后儒亦多以天或天地，直指形上之精神实在。惟汉儒或以元气赅天地，而以元气为人与万物之共同本原。然董仲舒之谓天为人之曾祖父，又用天心一名，视为王心之所承，亦涵天为一精神实在之意。唯在魏晋玄学、佛学兴以后，玄学家本道在天地先之说，乃视天地只与感觉界自然同，并视天地如无情物。佛家则以感觉界之自然，唯是色法，为纯物质者。然宋儒张横渠以气言天，其以乾坤为父母之说，犹不失《易传》及汉儒尊天之精神。朱子乃合理气以言天地。天地之理为元亨利贞，即仁义礼智之在天者，即天地之德性也。天地之气者，所以实现此仁义礼智之化育流行，即天地之生命或精神也。朱子于天地一名，乃唯以指感觉所得之天地之形象，朱子以理气言天地，正重视天地之德性与精神生命之义也。至于陆象山、王阳明之言本心与良知，皆为人心而即天心，人之知而即天之知。象山所谓宇宙即吾心，吾心即宇宙之心，阳明所谓充塞天地之灵明，为天地万物之准则之良知，皆天人不二之心知，即主观而即客观。吾人但不自躯壳起念以观之，皆不可只说之为各人一个而相互分立者也。而阳明之徒王龙溪、罗近溪，尤善发明人之良知灵明，即神鬼神帝，生天生地之主宰，乾坤之知能，而为一绝对之精神实在之义。人之证得良知本体，正同于人之与上帝合一，超生死而证永恒。康德所谓不能实证之上帝存在与灵魂不朽，到此皆可由意志之真自由，人之证得自心之良知本体，同时实证，此儒家本涵有之精神，而龙溪、近溪则明白点出之矣。龙溪之言曰：

自得之学，居安则动不危，资深则机不露，左右逢源，则应不穷。超乎天地之外，立于千圣之表。……夫天积气耳，地积形耳，千圣过影耳。气有时而散，形有时而消，影有时而灭，皆若未究其义。予所信者，此心一念之灵明耳。一念灵明，从混沌里立根基，专而直，翕而辟，从此生天生地，生人生万物，是谓大生广生，生生而未尝息也。乾坤动静，神智往来，天地有尽而我无尽，圣人有为而我无为。冥权密运，不尸其功。混迹埋光，有而若无。……外示尘劳，心游邃古，一以为龙，一以为蛇，此世出世法也。

罗近溪以良知为乾坤之知能，其言有曰："或问君子之道费而隐，……曰：费用是说乾坤生化之广大，而隐藏是说生不徒生，而存诸中者，生生而莫量。化不徒化，而蕴诸内者，化化而无方。……费则只见其生化之无疆去处，而隐则方表其不止无疆而且无尽去处。……要之圣人他的确见得时中……不过只在此个费隐。你试看，溥博渊泉，而时出之，……溥博如天，渊泉如渊，夫时中即是时出，时时中出，即是浩费无疆，宝藏无尽，平铺于日用之间而无我无人，常在目睫之下而无古无今。"

直至王学流弊见，王船山祛王学之弊，乃讳言心之至尊而无外，而重返于横渠"大天而思之"之论，而以天地之气，具含万德，既为物质的，亦为生命精神的。故曰："今夫天，……气也，寒暑贞焉，而昭明发焉，而运行建焉，而七政纪焉，而动植生焉，而仁义礼智不知所自来而生乎人之心，显乎天下之物则焉。斯固有以入乎气之中，而为气之衷者，附气以行而与之亲，袭气于外而鼓之荣，居气之中而奠之实者矣。"（《尚书引义》卷三）（详拙著《王船山之学述》。《学原》杂志第一卷二、三、四期，第三卷一、二期）

凡此诸论，实皆有一形而上之精神实在之肯定，而对"既为主观亦为客观而天人不二之气理或心"有一绝对信仰。此乃既表现中国文化中之最高的哲学精神，亦表现一最高之道德精神、宗教精神者。唯自清儒起，学者多徒以训诂考证为事，而颜、李、戴、焦之伦，皆重人事而不能上达天德。宋明儒之道德精神中所涵之哲学精神、宗教精神，皆渐为人不识。清代学术流风，至于今日，人复感西方宗教家、形上学家言与中国多不类，遂谓中国人无宗教精神、无对于形而上之精神实在之信仰与肯定，则相率而传讹者也。

（六）中国宗教之形上智慧——开天地为二

吾人如知中国思想中，一直保存一形上的精神实在之信仰，而具备一对天之宗教精神，则吾人可进而论中国人对天之宗教精神，与世界其他宗教对其上帝等之精神之异同。中国人之对天，与回教、基督教对其上帝，最大之不同，即回教、基督教皆特重上帝之超越性，而较忽其内在性。此首可由回教、基督教皆重上帝创造天地万物之说证之。上帝创造天地万物之说有二涵义：其一为上帝乃依其自由意志而创造天地万物，因而上帝并非必须创造天地万物者。于是天地万物对上帝遂非一必然之存在，上帝可依其自由意志，随时加以毁灭者。其二为所创造之人以外之天地万物——即自然界，在上帝看来，虽是好的，然其本身则无内在之价值。其所以发生价值，乃在上帝创造人之后，对人而发生价值，故上帝恒高居人外之自然物上。复次，由吾人前所言，回教、基督教皆谓上帝只对救主、先知直接有所启示，亦只对救主、先知而现身，不对一切人现身。于是他人唯有通过对救主、先知之信仰，乃能与上帝感通。此复证上帝之超越性，过于其内在性。然在中国古代传统思想及儒家思想中，皆缺天神创造世界之说。而天心之仁，则遍覆于自然万物而无所偏私。神运无方，帝无常处，曰天曰神曰帝，皆内在于万物者。此颇有似于婆罗门教之以梵天为无乎不在，佛教之以一切法皆具真如，而一切有情皆具自性涅槃、自性菩提同。然中国思想，又不如婆罗门、佛教视一切有情为平等，而重严人禽之别。中国思想虽谓：天心无所不在，神运无方，帝无常处，万物皆能显元亨利贞之德（即在天之仁义礼智之德），然唯人能自觉此天道之元亨利贞之德，完成人之仁义礼智之德。亦即谓唯人能体天心，以人德合天德。故人禽之辨，不可不严。此点则又与基督教、回教，特重视人之精神，谓唯人为有灵性有自由意志，而最肖神之说相近。中国思想，与回教、基督教之思想，皆重人，并重人群之关系。此与婆罗门、佛教，较忽视人群之组织，重各个人直接与梵天合一，或各自证得涅槃者不同。中国思想与回教、基督教思想之特不同处，则在回教重各个人之独立自尊，而同交会其精神于上帝与穆罕默德之崇信，以形成其团体之生活。故回教团体之形成，可谓之为伞状的，而自然趋于向外膨胀的。基督教徒重谦卑宽恕，而归命于耶稣，以形成教会及其他社会组织。诸个人在团体中，则有较多之互相依赖性。在此教会团体中，诸个人之关系，宛然如互相系属成纽带状的。教会团体本身，又恒要求个人隶属于其中。教会团体复或表现一强烈之排外性。此教会之纽带，在中世纪亦即成整个欧洲社会之纽带。而依中国先哲思想，则因人人皆具天德之全，故每一个人皆可上达天德，而为一中心，以遍致其或厚或薄之情于相关之一切人。故中国之各个人精神，为独立而当各以仁心遍覆各种人伦关系中之人的，宛如莲叶之互相涵盖的。在回教中，因无三位一体、上帝之子化身为人而为人赎罪之说，故上帝显尊严之天德，而不显地德，以持载人间世。基督教之上帝化身为耶稣而同于人，以承担人间之苦罪，可谓能由天德而开出地德，以持载人间世。然因其视人外之自然世界为无本身价值，又不甚重一般人文，故上帝不能真承载自然界、人文界，而泛神论思想之所以对基督教为异端者，亦以此故。基督教上帝之地德，未能博厚，如非真有地德。而中国思想中之天，则遍在自然界而以化生万物为事，即为真有持载自然界之地德者。于是人与万物同不为枉生而为直生，此即《易经》之所以乾元统坤元，以天统地，而乾坤又可并建，天地又可并称之故。中国思想中，于天德中开出地德，而天地并称，实表示一极高之形上学与宗教的智慧。盖此并非使天失其统一性，而使宇宙为二元，而唯是由一本之天之开出地，以包举自然界而已。天包举自然界，因而亦包举"生于自然界之人，与人在自然所创造之一切人文"，此所谓包举，乃既包而覆之，亦举而升之。夫然，故天一方不失其超越性，在人与万物之上；一方亦内在人与万物之中，而宛在人与万物之左右或之下（此二义，在婆罗门教及西方泛神论思想中亦有之）。再一方，则在中国思想中，天德之宛在人与自然万物之下，以举而升之也，即推举人与万物，以上升于天。而天之在人与万物上以包而覆之也，又复若承受人与万物之上升，而卷之以退藏于密，而成人与万物之终。故天地与人及万物之关系，乃一方是"天地先于人与万物而生之"之关系，一方是"后于人与万物之生而承受之"之关系，人在世间一切事业与德行，皆一方为人本于天命之性，天心显于人心，以自尽其能之事，人所以"后天而奉天时"之事；在另一方，由人之事业与德行所成就之人格与人文，又为其自身之创造，而"先天而天弗违"，天亦只有加以认可承受者。宇宙间唯人能以人德继天德。人之以人德继天德，即其尽心知性以知天之事。人知其性即知其天所赋之性。天所赋之性为明德，此明德即天性也。人知其性即明明德，而能继天德矣。人若不知其性，则性德隐而不显，即天德未能为其所明。唯人知其天性而明明德，乃上达天德。人必知其性，人德必上达天德，天德乃被自觉于人而贞定于人。天德贞定于人，即天德之自成。故宇宙若无人之尽心、知性、知天一串事，则天德亦不得大成。故人之知性知天，实即人为功于天所不可少者。由是人不仅有所依赖于天，天亦可谓有所依赖于人。无天道，人道固无所自始，无人道，天道亦无以成终。而人道之立，即表现于人格之成就，人文之化成于自然界。夫然，故中国思想中必以天地人为三才而并重。天德高明，地德博厚，而通此高明与博厚，以成就人格人文世界，裁成自然界，以立人道者，则人也。世衰道丧，人不能顶天立地而立人道，则天心摇落。世界宗教大皆不能真肯定人格世界与人文世界与上帝并尊，其关键皆在其以上帝为绝对之自完自足而无所待者。上帝可造自然界，亦可不造；可造人，亦未尝不可不造人。其造自然界与人，多说其唯以显其自己之光荣。此上帝实多少含一自己照顾之色彩，故其造人之后，人犯罪而赖上帝之救赎，便只见人之需要上帝，而不见上帝之需要人。经院哲学所宗之亚里士多德，以上帝为本身不动，而唯使他动者，亦涵上帝不需要世间，而唯世间需要上帝之意。印度之佛教之涅槃真如，纯为一无为法。人之迷觉，纯为人一边事，对此无为法，人既不能有所减损，亦不能有所增益。此无为法对人之智慧，如一"所"而非"能"。婆罗门之梵天，遍在万物，亦非必需要有人之存在以觉悟之者。故人之觉悟梵天，亦复无功于梵天。唯依黑格尔之哲学，论上帝之必须客观化为自然界，并在人之精神中被自觉，可谓能说明自然界及人对上帝亦为一必需存在之理由。然黑氏终未明言人可与上帝并立，而相待以为功。及至今日之怀特海（A. N. Whitehead）乃言上帝之先万物性与后万物性。（见其《历程与实在》最后一章，中世宗教思想中。Eriugena 以上帝为创造万物者，亦为万物之终，非创造者，亦非被创造者，盖怀氏思想之所本。）彼谓万物固赖上帝以成万物，上帝亦赖万物以更成其为上帝。是能明上帝与万物及人，相待而交相为功之理。而于其《理念之探险》一书，深道基督教中缺"上帝真需要世界之理论"之弊。

怀氏之上帝之先万物性与后万物性之说，实西方思想中最同于中国之思想，以一天而开出天德与地德之思想者。怀氏神解至此，可谓贤矣。

（七）中国先哲对鬼神之信仰与对自己之宗教精神

由中国思想之兼肯定天之天性与地性、天之先人性与天之后人性、人之先天性与人之后天性，而尊重人之人格世界、人文世界之地位。故中国之宗教思想，必然不免在敬祀天地以外，兼敬祀祖宗与各种之圣贤人物与君、师。在西方宗教中，只有一先知或教主。人之宗教性之崇敬意识，最后只能集中于一先知一教主，以达于上帝。在中国儒家，则以人皆可直接见天心，而遍致其情于所关系之他人，故人亦当遍致其崇敬之意于一切当敬之人物。敬祖宗者，敬我之自然生命之本源，即敬天地之德之表现于自然生命之世界者也。敬君者，敬人之群体生活之表现。君非一社会团体之领袖，如教会之教皇，而为一切社会团体之一领袖。故敬君即敬整体之人类社会之表现。而敬师与各种圣贤人物，则敬一切人格世界之人格与人文世界之全体之表现。夫然，而中国宗教精神之归结于崇敬天地君亲师五者，正表现中国宗教精神之涵具一更圆满的宗教精神之证。天德开为二，以成天地乾坤之德，人生其中而为三。人由其与自然生命世界及人群世界、人格世界、人文世界之数种关系，而有对君亲师三种人物之崇敬，以代表吾人对数种世界之崇敬。世界之一切宗教中，人所崇敬者之范围之广，盖尚未有过于此也。

抑中国宗教思想尚有一特色，即人精神之不朽而成为鬼神也，其鬼神非只居天上，而实常顾念人间。在基督教与回教中，有天使，可来往于天国人间，以传达上帝之使命，此乃由其上帝之超越性特显之故。天使能来往于天国与人间，可谓顾念人间者。然天使初非由人而化成。又人之行善而入天国也，在西方宗教思想中，皆以为乃一入天国，则远离俗世，而不再顾念人间。在印度婆罗门教中，喻人之证梵天者，如一瓶之破，而瓶中之虚空反于太虚，人之精神亦一解脱而不还。佛教小乘教，亦谓人成佛即远离世间，唯大乘教有菩萨永不舍众生之论，志在使一切众生皆入无余涅槃而灭度之。然在中国之宗教思想中，则以人之死为归而为鬼。然鬼非即归于天上，而一去不还。伟大之人格之鬼，必鬼而神。鬼为归为屈，为人之精神之屈而入于幽，如卷而退藏于天地之密。神则为往而再来，为死后之人之精神之重伸，而出于幽，以达于明，以放而弥六合。鬼而不神，必其人格卑污者，故后世鬼恒有劣义。凡人格伟大者，其鬼必神。神必顾念世间，而时求主持世间之正义，与生人相感通。在中国宗教思想中尊神而卑鬼，即使人死后不朽之灵魂，不当成为一去不还者。然中国固有宗教思想，又无如印度之个体轮回之说。印度之个体轮回之说，假定人与畜生，可以互相转化，亦假定畜生可为前生之父母。此则无形中，足以泯人禽之别。此乃重辨人禽之别之中国思想所不许。中国固有思想，多信造化日新而不用其故（伊川语），于是先后之秩序不可乱，故初无祖宗再投生为子孙之说。人死而成鬼神，则人之生有如何之规定性，其为鬼神，亦有如何之规定性。夫然，而后鬼神之不朽，乃生人之德行或生命精神之全部，如其所如，以保存于天地间而未尝散失。鬼神之进德，亦当赖其与生人作不断之感通。由此感通，不仅鬼神，可有裨益于生者；而孝子慈孙，亦可以其诚敬之心，使祖宗鬼神，得向上超度，而日进于高明。此种宗教思想，实为中国最早之传统的宗教思想，而大体为后世所承者。先哲中固多持无鬼之论者，如王充；亦有持死者之气一去不还，唯其理尚存于天地间，而可与子孙之诚敬之心相感格之说者，如朱子；或又主鬼神之气，大往大来，古之圣贤之气，存于两间者，仍将或聚或散，以重现于后世之说者如王船山。然除受佛家思想影响者，要皆不主个体轮回之说。而凡谓鬼神有真实意义者，皆恒对其理或对其气，视为可以与生人相感通，而有所裨益于生人者。除儒家以外，如道家之发展至后来之道教，其求死后之不朽而望长生，或脱胎换骨以成仙者，成仙以后，亦必愿重至人间，与人为侣。此皆见中国宗教思想中之求不朽，重在建立人之精神，往而能来，超世而能入世；与世界其他宗教偏于求得一直升天国，直达彼界，而不再重来俗世，再受后有，实明表现一不同之特殊精神。此种不朽或鬼神之理论，吾尝以为实最能满足吾人对不朽鬼神之多方面要求者，大可有加以发挥之余地，唯非今之所能及耳。

最后，吾人尚可谓世界其他宗教之宗教精神，皆可谓只重消极的被除苦痛与罪恶，而宗教中之一切道德修养，其作用皆为消极的去罪苦，以降神明。中国之宗教思想，则尤重积极的肯定保存一切有价值之事物。基督教思想，以人生而有罪，婆罗门思想与佛教思想，皆以人自始为业障或无明所缚。故诸宗教言道德修养，除去罪恶无明以外，若不能外有所事。人如不承认自己有罪或烦恼等，即若无法使其觉有信上帝之必要。然依中国儒家宗教思想，则吾人对于形而上精神实在或绝对精神生命，能加以肯定与证实之根据，正在吾人之不自以为先有罪，而先能信其性之善而尽其性。其对天地君亲等之宗教性感情所自生，则主要赖吾人能伸展其精神，以遍致崇敬之情。故此种宗教精神，不特重在教人能承担罪苦，而尤重在能承担宇宙之善美、人生之福德。承担宇宙人生之善美福德，不私占之为我有，乃报以感谢之意，而又推让之天地君亲师，以致吾之崇敬，即为一崇敬客观宇宙人生之善美之宗教。此中之道德修养所重者，遂可不重在消极的去除罪恶与烦恼等，而重在积极的培养一崇敬而赞叹爱护宇宙人生之善美福德之情，并以求有所增益于宇宙善美、人生福德，使之日益趋于富有日新为己任。故此中所信天地，为厚德载物，以生长发育成就万物者。此中所信之鬼神，亦为顾念人间，而与生人之精神相感格者。人对天地鬼神，依此思想，又不当有所私求，亦不当望其能为吾人伸冤屈而雪仇恨，以至赏善罚恶，皆非天地鬼神主要之责任。天地鬼神之德，皆在无思无为之生物成物之事，或与人之自然的感格上见。夫然，故天地鬼神之德，皆与其谓为永恒不变，不如谓为洋洋乎如在其上，如在其左右，悠久而无疆。于是人崇敬天地鬼神之心，即同于“一积极的直觉一悠久无疆之形上精神实在之哲学意识”，与“对悠久无疆之天地鬼神，积极的致当有之礼敬，愿望天地鬼神之与人，同从事于增益宇宙人生之善美福德”之道德意识。贯宗教、哲学与道德精神以为一，斯即中国宗教精神之极高明而敦笃厚之至诚。诚之至也，则吾之一切行为，皆可质诸天地鬼神而无疑，而与天地鬼神之德共流行，为形上精神实在之直接呈现。吾之礼敬，即既敬彼天地鬼神，亦敬吾之一切行为。吾之一切行为，以至一切意念，皆即形下而形上，才通过主观，即化为客观，才属于我，即属于天，才自我所创生而辟发，即为我所恭敬以奉持。则我于我之一切行为意念，亦可敬之如天，而自处如地。此则儒家之宗教精神之极致，为中国宋明儒者之言敬者之深意，而有待于读者之旦暮得之者也。

第十五章　中国文化之创造（上）

（一）中国百年来之文化问题与中国文化之价值

如吾人以上对于中国文化精神之解释为不误，则吾人可以进而讨论：中国现在之文化问题，中国文化将来应发展之趋向。

中国近百年来之文化问题，皆表现于西方文化对中国之冲击。此可谓自鸦片战争、太平天国之时代起。因太平天国所假借者，乃西方宗教中之上帝信仰。太平天国之乱平，表示曾、左、李、胡所代表之中国文化精神之胜利。然曾、左、李、胡，已知中国文化中，缺乏西洋之坚甲利兵，与其他富强之术，须加以补救，而知学习西洋富强之术之重要。清末国人又知非变法不足以图存，而有君主立宪、民主立宪之运动。康、梁之君主立宪运动，因不能满足中国民族推翻满清之要求，孙中山、章太炎诸先生之民主立宪运动胜利，遂有民国之建立。此是中国政治受西方文化之冲击而生之大改变。清末，废科举、兴学校。民国初年，学日本军国民教育。新文化运动时，学者倡英美式之个性教育，鼓吹语体代文言，以科学与民主之口号，批判中国传统文化，打倒孔家店，提倡妇女解放、自由恋爱、劳工神圣与自由思想，皆若为革中国传统文化之命者。国民党所领导北伐之成功，主要由于以打倒帝国主义与军阀为号召。其所宗之三民主义之民族主义、民权主义、民生主义，亦与中国自清末至新文化运动以来所要求之民族独立、政治民主之愿望相符，故北洋军阀迅速崩溃。平心而论，三民主义之思想，原为力求包括西方近代政治思想之潮流，亦力求应合于中国文化精神者。然三民主义乃一政治上主义，其所承于中国文化者，只限于传统社会、政治、伦理精神之一方面，故即在国民政府时期，社会文化思想之暗流，仍是一面鄙弃中国学术文化精神，一面崇拜西方最新之思潮。马列主义者因自命为西方近代资本主义之文化之批判与否定者，而被青年视为最新之西方思潮。此思潮又适合于中国人民近百年来对于西方帝国主义、资本主义之侵略之反感，并与中国传统文化精神中均贫富之意识相应，再加以八年抗战之后民族元气之亏伤，国民政府中官僚之腐化，于是中国大陆终为共党所支配，而中国大陆之文化教育乃改而纯以俄为师，以求马列主义化。共党之革命不只为政治的，乃彻底之社会文化之革命。共党视中国过去文化为封建文化，近百年中国文化为半封建、半殖民地之文化，此皆依其历史哲学不得不加以废弃者。由此以观，则中国近百年之文化，至少在表面上可谓之为西方文化次第征服中国传统文化之历史，或中国文化在西方文化之冲击前，一步一步退却，而至于全然崩溃之历史可也。

吾人若承认，中国近百年来，至少在表面上，中国文化乃以西方文化之袭入，而一步一步退却，为西方文化所征服，于是可使吾人生数问题：一、中国文化精神究竟是否有其永久不磨的价值？如其无永久不磨之价值，中国文化历史何以有数千年之久？二、中国文化究竟有何缺点？如无缺点，何以近百年来，至少自表面观之，中国社会之变革，乃由西方传来之文化思想为领导？又何以中国现在沦至如此悲惨之国际地位，人民遭遇如此深之苦难？三、中国近百年对于西方文化之一切接受，是否皆是必须且应当？西方文化真有价值之处何在？究竟哪些方面是中国人所当接受，而当进一步尽量接受者？当接受之理由何在？接受之态度当如何？四、中国人对西方文化之接受，是否必须先破坏中国文化之传统？或只须以其所长补吾人之所短？如吾人须接受西方文化，以补吾人之所短，是否即是将二种原来不同之文化精神重新加以综合，以创造中国之新文化？抑依中国文化精神之自身之发展，亦本当发展至一如是之综合之阶段？五、中国当有新文化之面目，大体是如何？中国近百年之变乱的历史，是否表示中国民族活力之衰弱？中国民族是否真有能力创造新文化？如何证明其有此能力？又中国近百年之变乱历史中，中国社会文化是否有真正之进步，其进步之处何在？

上列诸问题，可谓为中国近百年，关心中国文化前途者所一直思索的。吾自开始能自动读书用心之日起，亦一直有此问题在心，及今已近三十年。此诸问题，每一问题，皆有各种可能答案，每一答案，如欲为之觅一理由，皆似极容易。然人对此不同之问题，如各取一答案，而细加考察，即见其中有种种矛盾冲突，而逼人至其他答案。百年来之文化思潮，亦即在此各种可能的答案中轮转，循环往复，如在漩流。而中国近百年文化思想之无出路，亦即使建国大业终无出路者。然吾人在经此共党之全盘否认中国传统文化，并否认中国近百年所接受之欧美文化之后，吾人确已到——切从混沌中立根基，纯依理性上、理想上之当然与定然，以思维一切之时代。中国文化生命，已到一可自漩流中拔出，而真正向前伸展的时代。而此诸问题，已有比较和谐融贯之答案，逐渐显出，为中国人所见。

以下只将吾所见者，提出结论，然后再择要加以说明。

吾所见者是：中国文化精神确有其永久不磨的价值。然其发展至今，与西方文化对照而论，亦确显出其有种种缺点。中国近百年对西方文化中科学民主自由精神之接受与摄收，亦为一不自觉的择善而从之理性所支配。唯中国近百年来，人接受西方文化之意识态度，恒出于一欲望之动机，而显一卑屈羡慕之态度。同时西方文化之长，又常不能真正皆为中国人所倾心接受。人恒一方以为要接受西方文化之科学与民主自由等精神，必须打倒、否定传统文化；然又终为传统文化之精神所牵挂。于是今之中国文化思潮，乃陷于种种矛盾，而无出路。故中国以后之接受西方文化，必须彻底改变以往之卑屈羡慕态度，而改持一刚健高明之态度，仍在自己文化精神本原上，建立根基，自内心之深处，自觉中国人当接受西方文化之理由。吾人如真能以一刚健高明之态度，从内心深处自觉中国人当接受西方文化之理由，吾人即将发现，今日接受西方文化之长，将不限于科学与民主自由。而吾人接受西方文化，亦并非只是左右采获，截长补短，以为综合；而即是完成中国文化精神之发展，以形成中国文化前所未有之新阶段。以此新阶段之中国文化，不仅可超过过去之中国文化，亦可在理念上，超越现在以前之西方文化。吾人自中国文化精神将有之新发展，再回头看中国近百年来，文化思潮之冲突，与社会所历之变化，仍可发现有一中国民族精神之潜力在生长，有种种社会文化之进步事实可指出。因而亦可在一超越的眼光下，肯定中国近百年之变乱之价值。此即吾人本书之结论，将错综加以说明于下文者：

关于中国文化之价值，本书全部皆在发挥，此处本不拟再加覆述。吾人皆知世界上唯中国文化有四五千年之历史，此四五千年之中国历史文化，复有一贯之统绪。此历史之长久，固不必即为中国文化之精神有至高价值之客观证明。因人可谓价值之高下，不与存在时间之长久相应（如黑格尔之《历史哲学》，即持此论）。然吾人如肯定存在本身即一价值，则一文化能使其自身长久存在，必有其所以能使其自身存在之理由。此理由只能在此文化之能满足长久时期之人之精神要求，而有其不容磨灭之精神价值。则文化存在长久，虽不必为其文化精神有至高无上之价值之客观证明；然断然可为其有不容磨灭之价值之客观证明。吾人如自内部探索中国文化精神之价值，吾人实可发现：中国文化精神，至少在一点上，实有其至高无上之价值。此即依于人者仁也之认识，以通天地、成人格、正人伦、显人文是也。吾似不能谓：唯中国文化能知重人、重仁，因西方基督教之爱与佛教之慈悲，亦是重仁。基督教以上帝必命其子化生为人，以救人同入天国，并教人以在地若天之道。佛教以佛法主要为人而说，皆“重人”之精神。然中国思想之不以仁只为超越而外在于上帝之心或佛心，而以人性即仁，以至以一切善德皆直接内在于人性；则特为数千年来之中国思想，万变而不离其宗者。此种人性即仁之思想，始发于孔子欲仁仁至，仁不外求之思想，而由孟子加以发挥。而自学术文化史观之，则实导源于中国古代宗教中，对天帝之信仰，早即重其德性。犹太人尚力，其上帝以权能显。希腊人尚智，柏拉图之造物主（*Timaeus* 对话中之 Demiurge）以能知一切理念之智慧胜。故耶稣之上帝，虽以爱之德性为主，而后来基督教之上帝，仍特以全知全能之理智、意志见尊（此可看中古神学论上帝之德性，或谓以智为主，或谓以意志为主，相争至烈）。而中国古代宗教之天帝，则自始以宽大无私之德性显。孔、孟之大慧，即在直接体承人所信天帝之无私之德，以见人当遵行之仁道。由是而尽心行仁道以知人之仁性，即可知天之所以为天，而存心养性即事天。人成圣即与天合德。故孔、孟之思想，乃即就中国古代宗教信仰，以为其"哲学之智慧及道德之实践"所凭依。此古代宗教之信仰，亦即全融摄于彼等之哲学智慧、道德实践之中，而若超化于无形。此皆吾人之前所已论。吾人若真扣紧此处，以观中国思想、中国文化精神之本原，吾人即可谓，中国思想真为本质上之一天人合一之思想。孔、孟之精神，为一继天而体仁，并实现此天人合一之仁于人伦、人文之精神。由孔、孟之精神为枢纽，所形成之中国文化精神，吾人即可说为：依天道以立人道，而使天德流行（即上帝之德直接现身）于人性、人伦、人文之精神仁道。此意，依宋明理学言之，即依太极以立人极，而于人极中见太极。依西方理想主义思潮之术语言之，即为直接依绝对之生命精神，以成就主观生命精神，而使绝对精神生命，内在于主观生命精神，而再通过主观生命精神，以表现于客观生命精神，即表现于人之各种对人对物之感应关系（人伦）及精神文化之活动（人文）上。夫然，故中国文化，实在本源上最为清净，而以一极高明之对于性与天道合一之智慧，极敦厚笃实之"立地道以承天，承天道以隆人"之德性为基础之文化。吾人如以譬喻之语言之，吾人可谓中国文化精神在本原上，为一直上直下，不使天与任何人，或任何人生文化活动，或地上之万物受委屈者。因其不使一切天、人、物与人生文化活动受委屈，故中国文化精神又有致广大而极宽平舒展一面。吾之全书，实皆不外将此诸义自各方面烘托出。吾人欲知中国之性与天道合一之智慧，吾人必须深切反省：吾人之心之虚灵明觉可无所不涵盖；吾人之德性可无所不贯通。吾人又不可私吾人之德性，而当视此人之德性即天地之德性。此在本书论自然、论心、论宗教三章，吾人已有所论。吾人如再由此三章之义，触类引申，以论中国先哲对于心性与天道之智慧，并与世界之其他文化思想中，对于心性与天道之智慧比观；即可见在细密分疏方面，中国学术文化，虽不如西方与印度，然在洁静精微与高明一面，确有对人类文化永远不磨之价值。

吾人欲知中国人之"立地上以承天，承天以隆人道"敦厚笃实之德性一面，吾人必须注意中国文化之始于夏禹之重朴实勤劳、尚忠敬之精神，由夏至孔子一段，逐步开出人文世界之历史；与孔子继天而体仁之教，及其在汉以后之次第实现于民族之凝结、中国政制之改进、土地之开发、文化区域之逐步扩大之历史。此在本书，甚为忽略。然单就敦厚笃实之德性而论，吾人直接自中国今日之农民，与中国之人格世界中，朴实的经学家、史学家，重践履之儒者、理学家，方正贤良之名臣，忠君爱国之儒将，以身殉道之气节之士，仁厚之君主，如汉光武、宋太祖，古典的文人，如屈原、杜甫，与独行人物，皆可以想见。此可阅本书人格世界一章，已足知此种人格之德性直接使人敬爱，而有其永远不磨之价值也。

至于观中国文化精神之致广大而极宽平舒展一面，则吾人必须一方白中国儒者对于天地万物之有情而不傲视；对于一切人之平等的礼敬仁爱，对于一切人伦关系，一切文化活动，一切人生之富贵、贫贱、死生、祸福之遭遇，均一一肯定其价值；而使此心之仁无所不运，不有丝毫之缺漏，而又能安仁而乐等见之。一方亦可自中国社会之大体而言，无阶级之对峙；社会之政治系统、家庭宗法系统、文教系统，与宗教系统，不相凌驾，而并行不悖；朋友尚和而不同等见之。而中国艺术文学精神之重游心于物，尚自然流露，重表虚实相涵之意境；中国民间日常生活中，宽闲自得之情趣；与中国人格世界中，侠义之士之宅心公平，豪杰之士之宏纳众流，风流文人之倜傥不羁，与僧道隐者高士之游世而超世忘世，皆见一广大而宽平舒展之文化精神之表现。此广大而宽平舒展之精神，即中国所以能成一广土众民国家，常能以太平、大和之世为理想，而亦真能乐天以安居于世界者。今日诚欲停息人类之相争，而达天下一家之境，则中国过去人之致广大之心量与胸襟，与宽平舒展之气度，终将当普及于今之世界而后可。"政治、家庭与文教、宗教之不相凌驾"，"泯除阶级，而只承认人间社会之人各有位分之差别"诸理念，亦正为今日人类所亟须以一新形态实现于地上者。中国文学艺术之精神，与重情趣之日常生活态度，亦终将为消除人间戾气，使人各于其位分有以自乐之所资借，则中国文化有其永远之价值亦明矣。

（二）中国数十年新文化运动，提倡西方文化之科学民主自由之精神于中国，所以失败之故及其态度上之错误

吾以上论中国文化精神之有积极之价值一面，此积极之价值，诚如《中庸》所谓"考诸三王而不谬，建诸天地而不悖，质诸鬼神而无疑，百世以俟圣人而不惑"。如人类存在，吾决不信此价值将可被磨灭，而为人所抹煞。然吾人今日目睹中国国运之颠连，身经数十年之变乱，吾人亦不能不深自反省，中国文化缺点，毕竟在何处。当鸦片战争之起，吾人以为中国文化缺点，只在无坚甲利兵、少富强之术者，俄而以为在政治法制矣，俄而以为在教育学术文化缺科学精神、民主自由精神矣，俄而欲打倒孔家店与非孝矣。至今，而以俄为师之马列主义者，以为整个中国社会、中国历史文化与其所形成之民族性，若皆为罪恶，而欲彻底翻天覆地，加以改造矣。吾不信中国历史文化精神，在本源上，有何不足。吾亦不信彼一切弃

祖宗之教者，竟无痛哭前非、废然思反之一日。然吾由近百年中国人一步一步自认其文化之有所不足，而不断自己否定其文化之价值，吾必须深探其理由所在。吾人不能独断数十年之人心皆中风狂走，而吾人独清。依中国儒家言人性善之教义，则吾不能不虚怀肯定：近百年来，中国人之自认其文化有所不足，而自否定其文化之价值，亦有不自觉之向上、向善要求，潜驱暗率于其中。抑且此否定中国文化价值之表面之意识，既为中国人之所发出，中国人又为素受中国数千年历史文化所陶养，则此表面意识，亦应有所根据于中国文化之精神之潜流（下文可参考拙著《中国之乱与中国文化之潜力》，华国出版社。及《论接受西方文化之态度》，《民主评论》第三卷十五、十六期）。吾于是发见中国文化无锢蔽之宗教信仰与狭隘之国家民族观念，中国传统仁者无敌对之精神，求充心灵之所涵盖之量，而虚怀以致广大之精神等，藏于中国人心者，正为西方文化输入中国，更无阻拦之真因。吾人诚虚怀以观西方文化中，致富强之物质文明、科学及民主政治，与西方之宗教，吾人亦不能不肯定其有一种价值，而又为百年前中国之所缺。顾中国近百年来之人，对于西方文化价值之肯定，实太偏于专从功利观点着眼。太平天国之崇上帝，乃洪、杨借宗教以排满与为王。曾、左、李、胡，讲富强之术，则由感西方之坚甲利兵，将威胁吾民族之生存。故此时人之虚心学声光化电等格致之学，实与一畏怖，并求利用夷人之术以制夷之心相夹杂。而清末倡法制政治之改革，以建立民主国家之运动，又起于推翻满清之民族意识。民国之成立，乃借民主之要求，以达民族之独立。故民国以前，人倡科学与民主，尚非真正正面承担、肯定西方之科学与民主之精神。民国以后新文化运动时，陈独秀提倡科学与民主，初仍是以为舍此不能致富强，此可于其《新青年》早期之文章见之。而中国儒家之理想，又不以富强为最高义。故清末梁任公、康有为之提倡富强，即只得援墨家功利之教以入儒。陈独秀倡富强之道，而尊科学与民主时，即同时非孔。至新文化运动时，陈独秀、胡适之等，倡科学与民主，已不复纯视为富强之手段，而渐肯定科学精神、民主自由精神本身之文化价值。由科学、民主、自由精神，而从事批判、怀疑传统文化，并尊重个性，而求解放妇女与儿童，尊劳工，革文学，亦未尝不显露一社会活气。然胡适之所倡实验主义之哲学，亦不免使人对一切学术文化价值，偏自效用上看。中国一般人民最急切问题，亦仍为军阀之压迫，与帝国主义、资本主义之侵略与威胁。国民党以代表此人民之要求而建立国民政府，然三民主义对于科学看法，仍偏重其实用价值。训政廿年，人民民主精神，亦未真伸展。至共党起，其辩证法、唯物论、唯物史观，又以一切科学为解决人之实际生活需要而有。而其政治实验，亦固非如西方民主自由主义之尊重个人，而纯为尊重集体之组织，与组织之领袖者。由此以观，则中国近百年之接受西方文化，固可谓极其虚心。然因始终不免主要由功利之动机出发，而未能真正直接肯定西方科学、民主、自由、宗教之本身之价值，正面承担西方科学、民主、自由，或宗教之精神。人恒只自功利之动机出发，而只想利用科学与民主，以为达实际民族国家之富强、政治之稳定、政权之维持等目标之工具，故科学与自由民主，在此只成为一欲望之对象。而凡吾人对于一欲望之对象，吾人皆是在动欲望时，自处于一卑下而向外攀取之态度。因而吾人之精神恒为卑屈的，同时对于他人之获得此欲望之对象者，则取一羡慕之态度。凡以卑屈羡慕之态度学习他人之文化精神，皆不能真曲尽其诚。因而内心对之，恒缺真正亲切感。又以中国文化传统精神之异于西方，吾人尚可发见，中国数十年知识分子之深心，对科学与民主自由，亦实未能以不容已之真心爱好之、尊敬之，以至吾人常可说其在内心深处，常潜存一加以轻鄙之心理。吾人试观彼西方十七、八世纪科学家、民主自由运动之思想家，对于科学与民主自由之政治社会，盖皆有极端之爱好尊崇，而以一极度热忱提倡之。然中国人则不能。何以不能？此实因中西文化学术思想之传统之不同。盖西方自希腊即尚智、尚客观概念式的思维，如毕达哥拉斯、柏拉图，皆肯定一超越的数理世界，中世纪基督教重上帝之全知，亦因尚智而来。故近代科学家初起时，如牛顿、盖律雷、凯蒲勒，皆自觉为一了解"上帝之所知"之自然秘密而生之伟大要求所鼓舞。近代作民主自由运动之思想家，亦依于天赋人权、个人权利之独立性，与个人人格之绝对的尊严，及由基督教所传下，人类始祖亚当之异于他物，即在有"自由意志"观念，以鼓吹民主自由之神圣。故民主自由之精神，乃与其一套社会文化相配合（详见后）。此即西洋近代科学文化，与民主自由之政治社会运动，皆有一段真生命、真精神加以推进之故。然依中国文化精神，则首以人心之虚灵明觉为超概念式之思维者；心之仁性则主要表现于与一切人物在精神上之感通。因此概念式之思维不被先哲重视，今人亦恒不知其价值。于借科学研究，以改造征服自然，以满足欲望者，深心恒若有一不屑之感。至于西方民主政治思想，以个人权利不容放弃为根据者，尤为深受中国人文教养者视为卑下之功利观点。至其以人格平等说民主政治者，固与中国思想相通，然纯从人民安乐上说，民主政治是否必好于君主政治，以此数十年之历史与以前比较，实亦看不出。吾人亦不能说：人人必需参加政治活动，方见人格之平等。如西方式竞选中之自我宣扬，亦与中国传统"谦谦君子""怀忠信以待举"之德性相反。至于议会政治中，反对党对政府之攻击批判，及各种司法、行政、立法权之互相限制之政制，与中国传统政治思想重人民对政府之信托，政府重立官分职，各专职责，在政府内部行监察制度之传统，亦不类。西方近代诸国家之人民，皆有坚强之国家意识。因一国与他国界限森严，故国内之政党之分立，皆统一于国家意识下。政党分立，有攻错之益，而无使国家分崩离析之害。然在中国自秦以后，国家意识即淡。今日，犹不免如是。政党分立而无加以统摄之国家意识，则一政党亦易自行分裂而成派，以至只有各个之政客。否则，政党之使命，即或逾越国家而成一只以天下或世界为一统摄原则之政党，如共党。至于与民主精神相连之西方尊重个人自由之精神，则一方由基督教之自由意志之观念所转化，一方由于西方商业精神，必然尊重个人之抉择所陶养。自由之崇尚所以有意义，则因西方社会，原有种种宗教束缚、阶级对峙、国家社团旧有之法律限制，复恒为个人自由之阻碍，故争自由有其特定对象与目的。而其争自由之不致为害者，亦以此争自由，原是在限制束缚中争取，有一定对象、特定目的，故所争之自由，亦受所自争取自由之对象（如教会、如上层阶级）之限制，亦受同向一对象争自由之"他人之意志"之限制。并因其有特定目的，而所争得之自由，遂有一定之内容，而可立为种种法律，加以保障。此法律所准许之自由，同时亦即与此自由以一客观理性形式，并与人之自由本身以一限制（此上并可参阅牟宗三先生《平等与主体自由之三态》）。然在中国，则传统人生思想中，唯言内部之自成、自求、自在、自得，而不重向客观之社会或他人争自由，而社会亦确无各种宗教、阶级、国家对个人之限制。个人所享有自由原已甚多（见"人间世界"一章），由是而民国以来新文化运动、自由主义之提倡，其效用反在使个人生摆脱各种个人之家庭责任、道德责任、文化责任之想，此即纯成为一浪漫主义的自由主义。浪漫的自由主义，恒未认定特定之争自由之对象与自由之具体内容，而又不知真重法律，由法律以与吾人所争自由以客观的理性形式，故既未建立客观社会之自由精神，而唯有对传统文化道德之破坏而已。

　　吾人上文之目的，在说明中国此数十年之文化思潮，虽极表示一虚怀接受西方之科学文化与政治社会中民主自由之精神，然以中西文化精神之不同，中国人实未尝，亦未能真直接正面承担之。故中国人此数十年之科学文化运动，与政治社会之民主自由运动者，恒欲彻底推翻否定中国文化之传统，此未尝不由于彼等之感到中国文化精神陶养下之中国人，恒不能真如西方人之贡献其生命精神于科学与民主自由之运动。然彼等不知中国文化历史终不能截断，支持西方科学精神、民主自由精神之文化精神背景，吾人亦不能骤然具备，故近数十年，以民主自由科学号召之知识分子，欲彻底抛弃中国文化精神之结果，反开启欲彻底否定彼等所谓自由民主，以科学学术为政治工具之马列主义者之成功。一般提倡自由民主者更不知：中国文化精神陶养下之中国人所以不能真贡献其生命精神于科学与民主自由，乃由于中国人文精神，自一方言之，确较单纯之科学精神、民主自由之精神为高。纯出自功利动机与由欲望而生之卑屈羡慕之意识形态，以提倡此二者，尤为中国人深心之所不愿。吾人真欲接受西方文化中之科学、民主、自由之精神，亦须自整个西方文化所表现向上精神上着眼。故吾人今日必须一反此数十年以卑屈羡慕心与功利动机鼓吹西方科学与民主自由之态度，而直下返至中国文化精神本原上，立定脚跟，然后反省今日中国文化根本缺点在何处，西方文化之精神异于中国者，毕竟有何本身之价值，而自一超功利之观点，对其价值加以肯定尊重，最后再看中国文化精神自身之发展，是否能自补其不足，而兼具西方文化精神之长。而吾人亦将唯由此道，可以言真自动的接受西方文化之一切向上的科学、民主、自由等精神于中国文化精神未来之发展中也。

第十六章　中国文化之创造（中）

（三）中国文化精神之根本缺点之反省（此段或须读者先看一次，再看后文，重看一次，乃能真理解）

吾人所谓反自中国文化精神之本原上立根基，以接受西方文化，即吾人必须先肯定中国文化之一切价值，如本书前所指陈。中国文化之高明、敦厚、广大、宽平之精神之表现于中国之文化历史者，吾人尤必须先肯定其价值。在评判中西文化之长短时，吾人之标准，亦不能离中国思想之根本信念。此根本信念，即人确有异于禽兽之心性，人之一切文化道德之活动，皆所以尽心尽性，而完成人之人格。此即谓一切文化，皆由于人之人格精神而有，最后亦为人之人格精神之成就而有。一切文化道德之价值，最后必然为内在于人之精神之体验者。吾人之肯定一种文化活动之价值，最重要者，唯在其对人精神直接显示之本身价值，而不在其工具价值、功利价值。吾人从事一文化活动，最初唯当问应当与否，于吾人精神人格之完成，有价值与否，而不应问利不利。吾人必须以义为利，而不能以利为利。吾人此处必须严守中国传统文化精神重人禽之辨、义利之辨之立场，以应用之于文化之抉择。由此，而数十年来，凡自功利主义、唯物主义，及泯人禽之辨之一切自然主义之思想，吾人皆须从根加以简别。而凡只说文化之接受改革、创造，是单纯为人之欲望之满足，为人类生物之进化，为上帝之光荣，以至为社会幸福之增加，或国家之富强，或建立未来世界之人类天堂，民族生命之延续；而最后不归宗于人之尽心尽性，以完成其自己或他人之人格精神，使此一切对人格精神直接表现价值者，皆如佛家所谓不了义。如视为真理，而以人格精神本身，为达此诸目的之手段，则成大错误之曲说。唯谓吾人之人格精神中，当包含此诸目的，以宏吾人心量与德性，则此诸说，乃可方便说。

吾人如先肯定中国文化精神之价值，并依人禽义利之辨以立根，吾人将不讳言中国文化之短，以至强调吾人之短，以便改过。吾人今将先以一譬喻之辞开端：吾之写此书，心中恒有一直觉的意象，常昭临于吾之心目。即中国文化之高明面，吾尝觉其如天之覆，而其敦厚笃实面，觉其如地之厚，而其广大一面，则觉其如地面之宽。整个中国文化精神，遂宛然覆天盖地，人之精神可直上直下于其间，又可并行不悖，如川之流。然当吾将此中国文化之直觉意象，与吾之理想的人类社会文化之一直觉的意象相较时，则觉中国文化覆天盖地之景象下，如少一由地达天之金字塔。诸个人精神并行如川流，若不见横贯诸川流之铁路，以经纬人与人之精神，成无数之十字架。更不见个人之能负此十字架，以攀彼金字塔而上升，使每个人之精神，皆通过此十字架之四端，以四面放射其光辉，与他人之光辉，连成无数并行交光之组织，而聚于金字塔之顶。因此天地间，若缺此金字塔与十字架。故中国文化精神，虽如天之高明，如地之笃厚，如地面之广大悠远，然数千年文化之发展，远望而天如日与地连，如向一平面沉坠；人之精神，如百川并流，泉源混混，而无火车驰走于诸川之上，乃日见天地之岑寂；人无十字架可负，使精神四达并流，精神诚不免收敛而入睡，则人之顶天立地，渐如一伞之矗立，而未撑开。此文化之缺点，在古有封建门第制度之时，及汉唐文化之盛世，尚不著；愈至近世而愈显。吾于是知中国文化当有一发展，以撑开此伞，此当赖于接受西方文化之长也。

　　吾之此譬喻，乃意谓中国文化之精神，在度量上、德量上，乃已足够，无足以过之者，因其为天地之量故也。然文理上，确有所不足。亦可谓高明之智，与博大之仁及笃实之信，皆足，而礼义不足。因而必须在内容中充实。度量上、德量上之足够，多只见精神之圆而神。圆而神者，宜充实之以方以智，此方以智非智慧之智，乃理智之智。如圆中无方形加以支撑，则圆必有缩小而趋于一点之势。吾意谓：毁中国文化之圆为方，再为线，而孤线单持，乃中国数十年中，功利主义者、科学至上论者、单纯的民主自由歌颂者、共产主义者之所为。此固不可。然徒圆而无方、神而无智，以支撑之，则神之卷而无迹，其有与无，未可定也。故吾人今日必纳方于圆，以撑开此圆。或由中国文化精神之圆中，化出方来，如《河图》之转为《洛书》。古中国人格形态中，有方正一型。此方正型人格，即由圆满之性情，四面平施以开出。吾人今日所需者，则不特是过去之方正型之人格。过去方正型之人格，恒为个人道德的，吾今所谓方正型之人格精神，则是兼通于方正型之社会文化精神的。一切社会文化精神，虽最后亦是为个人之人格完成而有，然亦有自为超个人以上之实在之意义。又吾所谓纳方于圆之人格精神、文化精神，必须为依一十字架以开出之方。所谓依十字架以开出之方，即人之精神，依分殊理想，向上向外四面照射，而客观化以成就之科学知识、工业机械文明、生产技术，及各种客观社会文化领域分途发展，与社团组织、国家法律，以真实建立一多方面表现客观精神之人文世界。至于民主自由之精神，则所以为此中"个人之精神，与客观精神之交通孔道"之一客观精神。而其他纯粹文化，如文学、艺术、哲学、宗教等，则为此客观精神之文理结构之顶，又为人之主观精神之自由表现之所，以通接于宇宙之绝对精神者。而此一切，又皆当仍覆载于中国传统人格精神之高明敦厚之德量度量中，而为此人格精神之表现，亦为此人格精神之内容，用以充实陶养此人格精神生命者。此即吾所想望之中国文化之前途。吾意孔孟之功，在于见天命于人性，继天体仁而立天道于人道，亦可谓之立太极于人极。而宋明儒学之复兴，在由人性人道以立天道，可谓之由人极，以立太极。然中国文化中，尚有皇极之观念。太极为绝对精神，人极为人格之主观精神，皇极为客观精神（此三精神之意，与黑格尔所言不必同）。中国过去所谓立皇极，表面上似限于政治。然皇者大义，故吾今将立皇极之义，扩而大之，而以多方面表现客观精神之人文世界之真实建立，或社会人文世界之充量发展，为立皇极。皇极之立，依于人格之主观精神，亦归宿于人格之主观精神。皇极、人极、太极三者皆立，然后中国文化精神之发展，乃百备至盛而无憾。此则中国民族将凭其以往之盛德，所当从事之大业，而将可与世界文化前途，相配合者。吾人将于下文，再次第论中国文化精神之缺点，及其理当发展出立皇极之精神之故。

吾人回顾中国文化数千年之发展，吾人在此章将先姑用二名词，论中西文化精神重点之不同。即中国文化根本精神，为自觉地求实现的，而非自觉地求表现的；西方文化根本精神，则为能自觉地求表现的，而未能真成为自觉地求实现的。此处所谓自觉地求实现（此二名在此三章有特殊义，不必可移用本书他处），即精神理想先全自觉为内在，而自觉的依精神之主宰自然生命力，以实现之于现实生活各方面，以成文化，并转而直接以文化滋养吾人之精神生命、自然生命。而此所谓自觉地表现的，即精神先冒出一超越的理想，以为精神之表现，再另表现一企慕追求理想，求有所贡献于理想之精神活动，以将自己之自然生命力，耗竭于此精神理想前，以成就一精神之光荣，与客观人文世界之展开，而不直接以文化滋养吾人之精神生命、自然生命。中国文化精神为前者，西洋文化精神为后者，而此亦即中国文化能悠久，西方文化无论希腊、罗马，皆一时极显精彩，复一逝不回，唯存于"上帝之永恒的观照"（借黑格尔《历史哲学》意）下之故。吾以为西方文化欲求悠久，必学中国文化此精神；而中国文化欲求充实，则必须由其原来重"自觉地重实现"精神中，开出一"自觉地求重表现"之精神。自觉地重实现之精神，乃先有一具足文化理想全体之心性在上，并视人文世界一切，唯是此心性之实现或流露，同时为此心性所包覆涵盖。故恒不偏执任何文化理想，以推类至尽。凡偏执一理想，至妨碍心性中其他真情或理想，而心有所不安不忍处，即须折回，而变通其理想。此中恒有一枢极在心，以运转理想之形态而不穷，使吾人生命精神之自身，得悠久而无疆。此即吾人上文所谓中国文化之圆而神之精神，与高明智慧之所依。此乃中国文化精神之好的方面。然吾人复须了解，中国人精神之不偏执理想，亦可常由吾人自然生命之堕性，与自然生存欲望之牵挂，而不能真尽忠于当下本当为之一理想。则此时所谓不偏执理想，而善于变通之神，即成为通脱圆滑。而人之精神，此时便非绕心性之枢极而开辟，以进于高明，乃是缘一心之灵活之虚用，而螺旋下降，以沉陷于自然生命之堕性。于是一切所谓高明之智慧，博雅之学识，仪态万方之礼节，皆成为虚伪，成助人堕落之装饰。人之精神到此，亦即极善于作伪。此即成为中国传统知识分子之大病痛。此种病痛，恒在心髓入微处，人常苦于不自知。中国道家思想之重通达，佛家思想之重不执，皆可增益此病痛。中国社会，较西方尤多伪君子，与言伪而辩之小人，及苟生苟存之庸众，吾人皆不能不深察其故。吾人承认中国儒家之教化，乃处处要提起人之精神以上达者。吾人尤佩敬宋明理学家教人在心髓入微处，去伪存诚、去巧存拙之工夫。然宋明理学家之工夫，只能各人自己用，他人如不用，则无奈之何者。而所谓礼乐教化，又可成为虚伪之文饰。此种精神之堕落，又可不表现于社会法纪之违反，遂非刑政之所得而施。故中国之文化，对人之人格之成就上，恒使圣贤自圣贤，而小人自小人。庸众如不读书，未受圣贤之教，则除为安分守已之良民，或和宗族、睦乡党外，则缺乏逐步提升其人格、逐步充实其文化生活之客观道路可遵循。圣贤与小人庸众，乃恒成两橛。小人只为圣贤所恶之对象，而庸众则为圣君贤相所安抚涵育怀柔之人民。圣贤不出，则小人用圣贤之礼乐文化以自饰，而恣其依自然生命生起之货财权力之欲，而庸众亦顺其自然生命欲望，以相呼啸，而天下即大乱。再由诸英雄之权力欲、才能，与群众自然生命力之相较量、相否定，而渐归于统一。此即成中国一治一乱之常轨。当天下大乱时，有道有德之人，恒站在一旁，俟天下定，而再以礼乐教化安天下。由是可知中国文化，在中间一段，终少了一截。此所少之一截，即可谓由于中国圣贤之道，只有一自上而下之自觉地重实现的精神，而缺乏一如何使凡人之精神，以次第上升之客观路道。此客观路道，吾意即指"内心理想之分别客观化而超越化，以成一超

越而客观之理想；及自觉地使此理想，表现为客观存在的社会文化诸
领域、各种社团之组织、科学知识、生产技术、工业机械文明、国
家法律，及民主自由与宗教精神等"。

吾人何以谓此上列等等社会文化，同为内心理想之客观化、超
越化，同为一使人精神上升之客观路道？吾人必须说明：此等等纯
自精神上看，乃同依于"人之内心理想之客观化、超越化，而自觉
地加以表现"之一理念。吾在以下当说明内心之理想，本具超越性
与客观性，故可超越化、客观化，然后再论任持此超越的客观理想
之价值，与上列等等如何可说依此一理念而生。

（四）内心理想之超越性、客观性与其价值

吾人通常在正实现理想时，恒不见一理想之超越性与客观性。
然吾人当有一理想欲实现于现实，而不能实现时，精神遂折回而自
照此理想。此理想，即显其对现实为超越的。又当吾人顺理所之，
以逐步开辟此理想之内容时，在如此继续开辟之历程中，吾人如只
观理境之逐渐展现，而不反省吾人能展现此理境之心，此理境亦必
被觉为超越的。当吾人谓此理境，乃只呈现于我心，只内在而非超
越时，吾人之理境即停止开辟矣。故克就理境开辟之际而言，谓吾
人精神理想为超越的，乃应当而不可少之一观念。吾人即以是肯定：
人之理想有超越性。吾人当有一真超越的理想之时，吾人同时即超
越吾个人之欲望自我、经验自我。并同时必肯定：此理想之可为其
他自我所任持、承认；吾人并要求其为他人所任持或承认，成为他
人之意志或公共意志所共表现，或可赖他人之合力，以客观地实现
于现实世界者。由是而此理想，即有公共性或客观性。凡当吾人真

表现一有超越性、客观性之理想于吾人之心时，吾人此时，即一方有理想与现实之对待，一方有我欲向其宣扬此理想之他人，与我之对待。然亦同时有此理想将为此二对待中之贯通者与统一者之自觉。由是而吾人如是凝注精神于理想上之心，吾人亦可说之为一客观心、超越心。而吾人之精神，在此乃客观化以附托于此理想；并由此理想为媒介，以与他人之精神相贯通；因而可说此理想与人我之精神，同属于一客观精神。吾人在此用客观精神之一名，与黑格尔意不必同。吾人乃以人类之一切道德以外之文化，同为一客观精神之表现。而道德则只为主观精神之表现。吾人之意，是一切道德以外之文化，皆必不免明显之理想与现实之对待。人在此一切文化活动中，人皆必肯定：此文化理想之有公共性或客观性，亦即有普遍性。并要求他人精神亦任持、承认此理想，而与我共同表现此理想，以共实现之于现实世界，使有现实的客观性与具体的普遍性。在道德生活中，则道德理想为可不与现实真相对待者。因此中之现实，唯是吾人之过失，道德理想直接生于对此过失之觉察。吾人觉察过失之时，亦即形成理想之时。然真形成理想之时，即开始转移过失之时，此中可即知即行。理想之形成是理想，亦即内心之现实。过失是现实，而为觉其非是之心之理想所贯注，并将顺此理想以自超化者。中国儒家（尤以宋明儒为甚）之思想，主要自道德立根，其谓现实与理想不相对待，心与理、理与事不相对待，于是以志气一名，统此道德生活中之理想与现实之融摄（参考第六章），诚是。然在道德以外之文化活动中，吾人则复须承认：吾人常有未实现之理想，客观而超越的表现于吾人之前。如吾今作此书，而望人了解，吾即有一超越客观理想，表现吾心目前。吾人必须承认，在吾人有客观而超越之文化理想时，吾人之心乃不能自足者，乃向客观倾向，而有所要求于他人与现实世界者，并由觉理想未实现，而感一不满足，觉外有阻碍对待者。吾人之理想，又恒为有特殊之规定性，因而亦若使吾人心受一限制者。吾人亦惟在觉此理想逐渐成为我与他人贯通媒介，觉此理想成为他人或社会公共之理想；而实际的客观化于他人社会或现实世界时，吾人乃感到此理想之不为吾人之限制，而为扩大吾人心灵境界者。吾人如不能达吾人之目的，使吾人之理想实际客观化，吾人此时即恒须抱理想而寂寞以终古，而忍受一悲剧之命运。于是恒不免信赖上帝之存在，能知我之理想之何所似，见吾人之理想之客观化于帝心；吾之此理想，乃得成为"吾人之精神与另一精神交通"之媒介，而完成其扩大吾人心灵之境界之用，不复成为吾之精神之限制。此即西方文化精神肯定理想之超越性、客观性者，最后必逼出上帝之信仰之情感上的理由之一。然吾人所重者，则在说明：由重视理想之超越性、客观性，而"向客观之他人或社会有所要求"，"感外有阻碍对待"，"心为理想之特殊内容之限制"，亦有直接使人精神上升之道德价值；兼有成就西方科学精神、生产技术、工业机械文明、客观社会文化领域之分途发展、社会文化团体组织、国家法律意识、民主自由精神之文化价值。此皆中国先哲之所忽，而吾人当虚怀究心者也。

吾人何以言吾人之心之任持一有特殊规定之理想，感外有阻碍对待，向客观要求等，有使人精神上升之价值？此乃依于吾人精神之提起，实不能无所攀缘。佛家、道家之破执致虚，可以助人明心，而不必使人见性。儒家之迁善、改过之教，可以使人见性，而不能为不受其教之庸愚与小人亦开出一条可渐拔于其自然生命堕性，以渐使精神上达之道路。此中唯有肯定吾人对各种客观理想之攀缘，乃可以使人人皆得一自拔于自然生命堕性之道路。人之有一客观理想，可是一执着。然此执着，乃执着一精神性之理想内容，此乃一法执。人精神之上升，首正赖此法执，以破我执与自然生命堕性。至于感我之理想外有他人，有现实世界与我对待，及实际上感他人或现实世界对理想成阻碍，则皆可破我对此理想内容之执，使吾人之理想内容，更向上提高，而另求创造发生理想者。理想之为他人所任持，即所以扩大吾人心灵境界，上既已论之。至于具体实现理想于现实世界，即精神理想向现实世界流贯，以使精神增其厚积之度之道。夫然，故任持客观超越理想之精神本身，即为"由肯定限制，以上升无限，通过阻碍对待之反面，以生发正面"之精神。此乃为一由下上升之精神，自有其高度者。理想之为吾人之精神与他人或上帝精神交通之媒介，以扩大心灵之境界，即成就此精神之广度；理想之实现，即成就此精神之厚度者也。此即任持超越客观理想，对人人格精神之成就之道德价值也。

（五）西方科学、工业文明、阶级、国家法律意识、社会文化之分途发展、民主自由精神，依同一理念而成立

至于吾人之所以说：能任持超越客观理想之精神，即能成就各种西方文化中之科学工业文明等者，吾人必须先了解，西方科学精神，在根本上，只是以思想概念析物之精神。概念之内容即共相、共性或共理，每一概念内容皆为普遍的。普遍的即超越于特殊事物，亦超越我个人之主观经验，而为理想的、公共的、客观的，为他人所可同认识，亦可再表现于未来经验或可能经验中之同类事物的。科学之精神，乃期在事物之共相、共性、共理，皆成科学概念之内容，亦即一使吾人之心，常向往于共性、共相、共理之世界之精神。

因此共相等，通于一切同类之未经验之事物，又为他心所可知；故吾人可谓，真具科学精神之心，即透过此共相之普遍性、客观性、超越性而若成为一普遍心、客观心、超越心者。人一方由思想而内在地表现此共相、共理于心，一方由文字而外在地表现吾人科学概念于文字，以促进他人之科学思想、科学精神。人共本科学精神，求知事物之共相、共性、共理等，并还以所知之理等，解释新遇事物，由新事物以生新知，吾人即不断成就科学知识之世界。此科学知识之世界，非由一人之所成，乃无数人之科学精神，互相合作、贯通，而次第成就，故即一客观精神之表现也。

吾人上所谓西方科学之精神，初只是西方希腊之科学、哲学精神。此精神在本原上，实纯为观照的，此中之理想对象即"理"。故思想之求知理而化之为概念之内容，即为一理性活动。此种理性活动，乃与其他现实活动隔离的，亦非通常所谓实现理想之实践理性活动。然唯此为西方文化精神之本原。此种精神，如人之立于大地之上，而四射其心灵之光辉。此光辉之所著，固为一一确定之理或理之形式。然此心灵光辉之弥纶照耀，亦上下皆不著实际之存在的。此精神之上达，而求著实际存在，即成为一绝对精神实在之认取，此即西方中古精神；而其下达而求著实际存在，即求知自然之理，并依之以改造自然世界，或制造出理想中之事物，以符人之情意上各种特殊要求。近代戡天役物之工业机械文明、生产技术、机械之模型、技术之方法，皆依若干有特殊规定之"理之形式"以成，而用之以融铸物质材料，而使吾人之理想中之事物，得客观化于自然世界，而成为人所共识、共享用，亦兼以贯通我与他人之精神，而成为客观精神之媒介者也。

吾人于西方科学精神与工业机械文明、生产技术，既均探其源于人精神之以理之形式，或概念内容，或理想事物等规定其自身，而赖其表达于文字，或由机械与一定技术方法制造出，以为成就客观精神之媒介。吾人即可进而说明，西方社会一向富于阶级之对立与各种社会文化社团之分立，亦即依于同一精神。阶级之生，固常由战争，阶级之保存，亦常由于阶级之存在，对人可有利或表现其他价值，如吾人昔之所论。然阶级成立之自觉的心理基础，则唯是赖同阶级人之抽象的共有属性之自觉。如同为战胜者、同血族、同握有生产工具、同政治地位等。人恒通过此抽象共有属性之自觉，以集合同阶级之一切人，而有一阶级之统一意识。此正同于吾人通过诸事物之共有属性之自觉，而统摄诸事物成一类之类概念。类概念与其表为文字之类名，为"吾人认识事物共有属性"之客观化所成。此正如阶级或阶级制度，即人之阶级统一意识之客观化所成。二者之不同，唯在阶级之统一意识中，同阶级之人间，复有依于人性之亲和感，与互相关注之情，恒通过此统一意识以加强，相互流行。而人对一阶级外之人，则由阶级之统一意识为界限，而减弱人性自然之亲和之情，恒存一相互之敌意。至于以概念统摄事物为一类，则为纯理智的耳。

唯阶级之产生，恒依于诸个人之外在属性相同之自觉，而不依于人内在天性、精神目的相同之自觉。故阶级之团体，恒为"内在天性之仁爱之流露"或"由内在精神目的之共同，所成之社会团体意识"所冲破。大体而言，前者是中国之情形，后者为西方之情形。西方之社会，自希腊而有毕达哥拉斯、伊辟鸠鲁等之宗教、学术团体，中世而有基督教之宗教团体、经济上之基尔特与大学之教育组织，近世而有各种政治、经济、学术、文学、艺术、体育之社会文化团体，皆为冲破西方之阶级者。然此各种社会文化团体之成立，一方依于吾人之肯定社会文化领域之分途发展，以四方八面地表现人精神于客观世界；一方即依于每一抽象而共同之超个人之文化理想，皆可集合若干个人于其下。每一社团，吾人皆可视之为由"人之将其精神凝注于超个人之文化理想，并求普遍化、客观化此理想于他人，以此理想为人我之精神、行为、生活之交通之媒介"以形成，是即一客观精神之表现也。

吾人可由外在属性之相同，而生阶级统一意识，以客观化为阶级之存在。人又可客观化吾人一种特殊之文化理想，以成社会之文化团体。然人之自我，又原为能同时识取诸阶级之存在，统摄各种社会文化活动；而可兼对一切阶级之利害，多少有加以照顾之仁义之心，并能肯定各种社会文化团体之价值者。故人有阶级社团，人即不能不要求一统摄各阶级、各社会文化团体以上之一更大组织之存在，以协调阶级，并使各社会文化团体之任务，不相冲突，此即不能不有一国家意识。自阶级社团之观点看国家，无疑为一高一级之组织。如阶级、社团为吾人外在属性之共同或精神文化理想之共同而客观化之产物，则国家为吾人自我之"综合各阶级属性或综合各文化理想之精神"之客观化于现实世界者。至使各阶级、各社会文化团体与个人之活动互相规定而互相制限，以成就国家之统一者，则为国家之法律。

社团国家，虽较个人为大，然唯个人之客观化其理想等之精神，可支撑社团国家之存在。欲每一个人发挥其支撑社会文化发展，与各社团国家之存在之才能，必须一切人平等，阶级理当废除。同时，一切人应在从事任何社会文化活动之时，同有其充分之自由，以表现其个性与创造力。社团之规约与国家法律，必须由参加之分子共同制定，以共同遵守。社团之行政，国家之政治，乃所以谋增加社会之福利，促进文化与保护国家之存在；故政府之行政，须不悖法律，并不妨碍或兼保障个人自由权利：如居住、迁徙、财产、婚姻、名誉、思想、信仰、言论、出版、选举、被选举等自由权利。社团领导人及政府，亦须由支持社团政府之存在之社员或人民所选之人组织，受社员与人民监督，此即为近代西方之自由民主精神。自由民主之精神之用，一在所以使个人之主观精神，恒得凭其所享有之自由权利之运用，而有其客观化于社会文化团体与国家之机缘或道路。二在使客观之社团与国家政府，不致以其规约与法律，硬性的成为个人主观精神之束缚。即使原系由人之精神之客观化所成之文化成果与社会组织，不致妨碍一主观精神之生发、创造。三在使社团与国家随时更新其形态，更新其领导人物与治者，而使社会文化日趋进步。民主自由之精神，乃西方文化中之圆而神的精神，运于其社会之重组织、社团之重规约、国家之重法律之方以智精神中者也。

吾人上论，西方之民主自由之精神，尊重国家法律、重视社会文化之分途发展，与阶级意识、工业机械文明、生产技术、科学精神，实表现一整套之社会文化精神，为同依于一对客观超越理想之肯定，而赖之以知普遍之理，以制物，以集合人群，所次第必然产生者。其中，除阶级意识可废以外，其余皆原自一本，相待而成，如加以分割，只取其一，则为不备，而不免无效果，或流弊百出。故吾人如欲加以采取，必须依于肯定客观超越理想之精神，伸引吾固有文化中相同之绪，以全套而取之；则吾人将能在覆天盖地之中国精神中，建立一使一切庸众与小人，皆得一精神上升之路道，亦完成中国文化之本当有之发展。中国文化精神，真不畏自然生命之堕性之拖下，而吾人可建立吾人之金字塔与十字架矣。

（六）西方社会文化精神对中国文化之价值

吾所以谓发展此一套社会文化精神，为建立吾人之金字塔与十字架者，吾意谓：吾人诚知重视科学知识世界之开辟、工业机械文明之建设，与社会各种文化领域之分途发展、建立国家法律意识，而行之以一自由民主之精神，则吾人之精神，即以其似处处有一特殊内容之规定，如受一限制，并时感有外在之对待或阻碍，而有一向上如十字架以撑开之轨道。科学研究重识共理，然无一特殊物可为一共理所穷竭，任一事物，必兼表现诸交贯之共理，由是而科学之研究，即使吾人之精神，通过纵横交贯之共理而向上，如十字架以撑开者。工业机械文明之价值，吾将不由其表现吾人征服自然之精神以说，吾唯说其可使物力互相转化，物质互相变易，此即使分立之物力物质，实显其纵横交错之文理。由此物力物质之互变，而使吾人对物之理想，实现于自然世界。此皆所以使吾人之精神向上，如十字架以撑开者也。至于社会文化领域分途发展，个人之参加不同社会文化社团，亦为使吾人精神如十字架以向上撑开者，其理易明，不须另释。至于科学研究中，所感之疑难与概念之错置而生之误谬等，及工业机械文明建设中之艰困，与人之社会文化理想，各欲普遍化、客观化而生一时之冲突，皆为可赖以激发吾人精神之上升者。未得真理时，真理之外在感；物质文明之建设中，自然界之外在感；社会文化活动中，他心之外在感、其他社团之外在感：皆可谓为吾人精神先置定之一“精神将即运往之地”。西方法律中，对于个人与社团及国家之关系相互责任权利之规定，使一人之自由权利，受他人之自由权利之限制；与政治上人民对政府之监督，及行政权、立法权之互相制限；固恒病互相妨闲之意味太重。然吾人如自另一眼光观之，则将见此在政治效用上，亦可为免政权之滥用所必需之一道。在社会之道德效用上，此至少为使小人之私心有不可逾越之界限者。而对于一般人，则可使其知他人之权利之不可犯、法律之当守、他人自由之当尊重，进而培养出一对他人人格尊重之礼之意识，与尊重普遍性之客观理想之意识者。即对于君子，亦可由法律对于其权利之限制，以更自觉其精神自我。是法律即使人于特定范围，求特定的所以自尽其责之道，以一直上升，而无下坠至唯知放肆其私欲之虞者也。中国先哲言法，偏重以刑罚止暴乱与不德及吏治清廉等。其不重法律之积极的规定人之权利，而置定人之行为之客观限制，保障人民之自由，启发人格尊严之意识等，以成社会文理之精神价值，于义终有憾也。至于法律之疏密，当视其需要。中国法律在文化中之地位，不能如在西洋之高，而当次于礼乐，则理固然矣。

至于克就民主自由精神本身而言，则因其乃运于西方国家社会组织之方以智中之圆而神一面，故如一国缺社会文化领域之分立发展，与各种社团之组织，而国家法律，又不被尊重，则自由民主精神之价值，恒不能大显。在西方社会历史，以先有有力之宗教组织、对立之阶级，与较强之国家意识、互相对峙之社会文化团体之组织，故个人自由之争取，并一一形诸法律，特显意义。政治民主制度之施行，亦以有社会文化力量、团体组织力量为其背景而易见效。中国过去社会，本有较多之个人自由；而在政治上中国过去（尤以近世为然）各社会文化领域分途发展之势不显，缺各种社会文化团体之存在，以为政治民主之后盾；中国数十年来，盛倡民主自由精神之未尝有善果，而只有消极的破坏传统文化之效，其故，亦在于此

（阅本章第二段）。

　　然吾人亦不能因此谓自由民主思想之输入，对中国文化无价值。中国过去政治中，人民毕竟不能推选皇帝，亦未有明文公布之宪法，以保障人民之自由权利。无论其原因如何，亦无论吾人前文曾以何等同情之地位，肯定中国有皇帝，及中国过去社会政治之精神价值，然最高执政者之不由人民推选，无论贤与不肖，人民皆须接受其统治，便唯是听天之安排，而居于一被动之地位，此终是中国人在政治生活上所受之一委屈，而使人民之精神不易升扬者。在察举科举制度下，读书人唯有怀忠信以待举，夙夜强学以应考，亦不免处于被动之地位。人民积极自动的对政治负责之精神，未能充量的表现，而人民之自由权利未经宪法之明白规定，而受法律舆论之保障，则人民虽实际上甚自由，其自由亦随时可受暴君之剥夺。民国以来之推翻皇帝，在原则上肯定最高执政由民选，政治家可直接向社会表示愿负政治责任，人民渐有对其自由权利，不当受非法干涉之自觉；谓此非中国社会政治之一大进步，不可得也。说此是大进步，不须自民国数十年之政治，是否使民康乐之效果上，及向社会要求负责之政治家是否野心家上说；此只须自中国近数十年来，人民已公认"统治者应由人民中自下举升而上，而非由自上覆盖而下"之原则上说，自"向社会要求对政治负责，不被人以为非"之社会意识上说，是即民主政治之精神已被肯定。在古代中国有皇帝时，除谏诤外，人民决无批评皇帝之自由。人民可望皇帝之仁恩普被，而无"某种自由权利为皇帝亦必须加以尊重"之自觉。然在中国，即数十年来，至少已曾有约法与宪法，明文规定人民自由权利。则谓今之中国人民，至少在原则上已自觉的肯定自由之精神。至于中国将来之自由民主精神，进一步之表现，必须表现于人民之尽量运用民主精神，

以共立一切社团国家之法，共商一切社会国家之事；运用自由向上
之精神，以从事于各社会文化领域之分途发展，形成并行不悖之各
种社会文化团体，为人民有力以限制政府、督促政府，或支持政府，
以强固国家之基础；并运用自由民主精神，以共要求对政治负责，而
要求对政治负责之精神，亦宜与一新道德精神结合（见下章第十节），
则自由民主之精神，使中国人精神上达之价值，终将大显也。

（七）社会文化之分途发展与国家法律意识及世界性之人类社会组织

吾人在中国未来文化创造中，于一般人所重之科学精神、工业
文明、民主自由精神等外，复特重视社会文化之多方分途发展，此
赖于各个人之各致力于一特殊文化领域之特殊文化活动，及国家法
律意识之建立。吾人非不知社会文化之多方分途发展，恒不易致。
西方人献身于特殊文化领域者，恒陷于偏至之人生文化理想，而不
知人文之大全。由偏至成偏执，而蔽陷于一曲，遂不免有以一种文
化势力，凌驾其他，使人文世界趋于分裂之事，如中世人以宗教压
迫学术，近世人以科学毁谤宗教、以经济势力控制政治，及俄国之
以政治宰制文化等。社会文化多方分途而又平流并进之实，诚为难
致，吾人亦非不知中国传统学者重破门户之见，重通道之大全之精
神，为一更高精神，然吾人以为所谓通道之大全，乃只自人之识度
与器量言。吾人在识度与器量上，通道之大全，并不碍吾人只求专
精于道之一曲。吾人只须不失此识度与器量，则人各自求致力于一
特殊文化领域，分别从事于特殊文化活动，即不必招致道术或社会
人文世界趋于分裂之害。各文化部门中皆有社团组织，正所以使人

执一文化理想者，得在各种社团中，有与他人互相讨论之机会，而增切磋之益，使其识量日以宏阔者也。

至于吾人之重国家法律之意识之建立，亦非不知人太重国家法律，恒不免使人视国家本身若成为一绝对自足之存在；或使政府权力过大，滥用其权力以提倡一偏至之文化理想、政治理想，而对内以法律限制人民力量之伸展，禁止不同之文化政治理想之提倡，遂鼓舞人民向外求国力之膨胀，侵略他人，以为补偿。此即西方近代国家观念，恒促进侵略的帝国主义之故。唯吾意，为西洋文化前途计，吾人亦承认彼方应多有超国家之精神，与综合的人文精神，以免帝国主义及文化政治理想之偏执之害。而西方希腊之思想，与近代之理想主义之潮流，亦为较富综合的人文精神者；中世纪之精神，亦即为一超国家之天下精神；近代民主自由思想，复即为一提高个人之精神，以限制政府之权力过大者。引此西方思想之绪，与中国之天下一家精神，及综合的人文精神结合，即可救西方之弊。然在中国，则其文化传统素富一天下一家之精神，与综合的人文精神；中国学术亦素尊个人，并尊个人之仁心仁性，重个人无所不涵盖感通之德量与度量，故于中国提倡国家观念，主张人之各献身于特殊社会文化领域，共求人文世界之多方分途发展，固不易陷于侵略的帝国主义与文化理想之偏执之害也。

复次，吾人须知，吾人之所以提倡社会文化之多方分途发展，及重国家法律之意识之建立，纯由一欲广开中国人之精神上升之路道上说，而非自民族、种族之意识，或功利观点说。如纯自民族、种族意识说，诚易陷于狭隘的国家主义。如自功利观点说，则吾人将只看何种特殊文化理想，为能满足吾人目前欲望需要者，吾人即视为唯一有价值者，或竟以之为至高无上，垄断全部人文世界者，斯易走入偏执。然吾人今日之主张，则纯由吾人发见：中国人欲求其精神之上升，中国传统文化在其方以智之诸方面，实有不足。吾人乃一步未离"尊人性人文""以义断是非"之中国文化精神本源。吾人唯感中国过去先哲，若偏重于视人文为人之心性之实现或流露，人文若唯在人整全之心性所包覆涵盖之下，直接为陶养人格精神之用，未着重其客观的表现吾人之精神之意义，求先展开为一分途发展之超个人的人文世界，则不免偏于只能卷之则退藏于密，而不能放之则弥六合，是则中国文化之伞，仍未撑开也。吾人固已深知西方人重客观的表现精神，而偏执特殊文化理想之弊，则吾人可把稳中国文化精神之本源，以为躯干，知人之整全之心性，其高明广大，原足以涵盖天地，其敦厚笃实，足以顶天立地，以保任吾人上所谓通于道之大全之识度器量，则人之各献身于特殊之文化领域，以共求人文世界多方分途发展，只所以伸长此身躯之四肢，茂发此树干之枝叶；由身躯而四肢，由树干而枝叶，乃由本以成末，而非忘本以逐末，则何弊患之有？夫四肢不灵，枝叶凋零，则躯干日以孤寒，此中国文化之危机。中国文化精神之灵四肢，茂枝叶，唯赖人文世界之多方分途发展。故吾人今日必须自觉的依本以成末，依全以定分。此所谓依本以成末，依全以定分，乃直运本以之末，运全以至分，使四肢皆成身躯，枝叶皆成本干，则身上有四肢，肢上有身，树上有枝叶，枝叶上有树。大人之身，诚可以"仰首攀南斗，翻身倚北辰"，林木扶疏，天地长春，而未尝出于其位矣。

  吾人所谓人文世界之多方分途发展，其中本已可包含科学精神，与工业机械文明，及国家法律意识之建立。因此等等，皆各为人文世界一端。吾人上所以分别而说，又特提国家法律之意识者，因人文世界之多方并行发展，乃依于崇尚"分的文化领域"或"文化理想之分"之精神。而科学之表现重分理之精神，特为显著。工业机械文明，则科学精神之表现于对自然界者。故中国人如不能本科学精神，以表现一工业机械文明，则人之精神，先受委屈于自然界。人精神如先受委屈于自然界，则至少对一般人言，便无法与之言其他向上之精神伸展。至于物之不足用，使文化之一切创造，缺表现之资具，尚其次也。故吾人对中国数十年来，世人于西方文化之接收，特重其科学精神、工业文明之模仿一点，吾人止不取世人所持之理由，然亦并不以此为不当。唯吾人以为社会文化之全面发展，必须以文学、艺术、宗教、哲学、道德、生活情趣等，纯粹精神文化之大盛为归宿。中国将来之文学、艺术、宗教、哲学、道德、生活情趣，当是何面目，吾人今不讨论。吾人今所论者，唯是各种人文之多方分途发展，将形成中国未来社会文化之一新形态。各种社会文化之团体组织之依自由民主精神以形成，将构成中国社会结构新文理，为昔所无者。而有分立并存之社会团体组织，则必须有统摄调整维系其间之关系之国家法律，否则由社会团体组织冲突而生之社会分裂，即将招致人文世界之分裂，并形成各个人对文化理想之偏执与人格精神之片面化；同时使中国文化精神中之顶天立地、涵天盖地之精神倒塌，躯干之生命精神皆全散在四肢与枝叶而死亡。离国家法律之观念，以言民主自由，以倡社会文化之多方分途发展者，其弊盖必至此。故吾人之言民主自由，与社会文化之分途发展，必须与"统摄性之国家法律"之观念相俱。唯由国家法律之观念，以为分立并存之各种社会团体组织之统摄原则，并保障分立并存之各种社会团体组织之活动与个人之活动，而后文化之分途发展，乃各有其社会性之轨道，而免招致社会与人文世界之分裂。夫然，而后个人乃可虽只献身于社会文化之一面，而可免于文化理想之偏执，其人格精神亦未尝真片面化，仍能有顶天立地、涵天盖地之识量，以持载社会文化全体之向上生长也。

抑吾尚须申述，吾人之依中国文化精神之躯干，以建立国家法律之意识，吾人之所重者，唯在保障社会文化之分别发展，而使吾人之文化精神，有四肢枝叶以伸展生长。然又因吾人之文化精神，原以一人之仁心仁性为本，故此文化精神之伸长，亦必通过国家内部社会文化之分途发展，以与世界文化相交流。故吾人亦必须肯定国家以上之天下或世界性之人类社会组织。吾人虽主加强中国人之国家意识，然此国家意识，亦不能成为吾人社会文化意识之顶点。吾意国家当只为"吾个人之文化意识"通过"国家内部社会文化之分途发展"，以与"世界文化交流"之一枢纽；亦即吾"个人之活动"通过"国内社会文化团体之活动""世界性文化团体之活动"及"世界性之整个人类社会之组织"之一枢纽。此枢纽之作用，乃在保障吾人个人之精神有轨道，以通接于人类全体文化，与世界人类之全体。吾人之如是说，并非自外袭取一世界之观念，或承认一国以上之大力，以凌压于吾人之国家观念之上。吾人唯是求充量表现吾人之文化精神于人类世界，以吾人每一个人本有无所不运之仁心仁性，能担当世界，并纳整个世界人类于此心性之涵盖包覆度量下也。吾人以为，如国家为现实社会文化势力交会之顶点，国家真为一绝对自足之存在，如黑格尔之所论，世界仍不能太平，而一时代将只有一国以武力夺取世界霸权。吾人复相信：吾人依仁道与恕道存心，吾人必不能只爱自己之国，而侵压他人之国。故自限于爱自己之国为不仁。吾人之仁心，必冒出于国家之上，以及于世界。然吾人又知国家乃积文化历史而成。各国民族由文化历史陶冶之气质，亦确不同。各民族唯当在其真自成一独立之政治单位，其气质之美之表现于文化者，乃有相应之特殊法纪，与政治措施，以护持之。吾信在理想人文世界，个人未尝不可依其所慕之文化，本其自由，以易其国籍。然已成之国家，则不能轻言废除。吾人欲去狭隘之国家民族思想之为害，吾人又非空言博爱与人人平等所能为功。故吾人必须有不绝灭已成国家，而使吾人仁义之心，通达于天下世界之道路，以向往一整个人类组织，即世界国。此道路，吾意唯有先由国家中不同社会文化团体，越过国家之界限，以相通接，成世界性之文化团体，以促进世界性之文化交流，使各国家民族之文化精神之差别处，互相了解，而或由异成同，或互尊其异。此世界性之社会文化团体，即可为世界国之社团基础。此世界国之任务，则当有如国家之保护个人与国内社团，与国内社会文化之分途发展，而以保护世界之一切国家、世界性之文化社团，与世界之个人为责任。世界国保护各国与世界性之文化社团，国家护持一国内之文化社团。每一个人即为国内之公民，亦为世界之公民。每个人以义道尊人之国，以仁道爱自己之国。充仁道成礼道，敬世界国，充义道成智道，分别肯定世界各国社会文化多方发展，与各世界性文化社团之价值。则世界国与各国，世界文化与各国文化，相依而俱存，皆为个人之仁义礼智之心所持载，则民主精神可表现于国与国间，而个人之自由的向上尊重文化之精神，亦伸展于世界矣。

夫宇宙之道，多无一则不生，一无多则不成。个人，一也，而其各种文化活动之兴趣，多也。文化理想，一也，同一理想所聚集之个人，多也。多个人聚集以共实现一文化理想，而成文化社团。诸文化社团，多也，国家之组织，一也。诸国并列，多也，世界国，一也。诸国之同类文化社团，多也，世界性之文化社团，一也。个人多方面之文化活动兴趣之分别客观化、社会化，以成多社团；一之散为多，多之各为一，而多"一"也。多社团之成为一国，则多"一"之复返于国之一。各国之并存，则一而复一，而国之"一"多。通各国之文化社团，以成世界性文化社团而统于世界国，则国之多亦复统于一。一多必并存，一者必须与另一俱成以多，多者必须有所一。而后人之精神，乃无往而不见普遍化之文理，斯谓太和之世之文理见。而再润泽以中国式之生活情趣，鸡犬在户，五谷在田，牛羊在野，而工厂在林水之间，父子兄弟，怡怡如也，皆有礼乐文化之生活，以陶养性情，兼对文化有所贡献，世人之精神乃无所不运，而六通四辟，皆有轨辙可寻，而生意盎然矣。斯则吾人之借西方之国家精神，以充实吾人之文化精神，而可转以吾人之文化精神，裁抑西方国家精神，以充达吾人之仁心仁性于天下，而所想望于人类世界之社会文化组织者也。

第十七章　中国未来之文化创造（下）

（八）中国未来哲学及文艺之方向

至于克就分途发展人文世界中纯粹之哲学、文学、艺术、宗教、道德等而言，吾意其在中国未来，亦必有新面目。中国固有之哲学重妙悟、重智慧、重体证，而略论证，与批导辩证。吾人亦当摄西方哲学之精神，以自补其所缺。重妙悟、重智慧、重体证，乃直接实现真理于直觉之理解。重论辩等则所以间接求真理之后面根据，以凸出真理，或通过反对面之拨开，以举出真理，而表现之。如康德之批判哲学，则反溯一切知识所以可能条件，而知其对道德实践，对信仰等之界限；使知识中所知真理，安于其所位，而四围开朗，以表现真理者也。而黑格尔之辩证法，则合正反以拱出真理，而表现真理者也。西方哲学家，诚多不免视真理为外在，而偏执一主义。然外在如同于客观，则无可非议。客观真理世界之立，纯粹理性自我、理型世界之立，皆可提高人之精神，使人向上看，而非可轻议。至西方哲学论辩，恒不免在文字上缴绕，又多陷于不切实际之戏论，则诚为其短。然西方哲学之恒力求表现真理，同时亦即表现吾人之纯粹理性，而使吾人心灵之光辉得以扬升。其求真理，如科学之向外。而其所扬升之心灵之光辉，则亦未尝不纯为在内。在纯粹西方哲学之精神，又实恒不重在知真理之为何，而重在表现理性，以凸显此理性活动本身。是即凸显心灵光辉之扬升。则纯西方哲学之陶养，亦可归于外无所得，内无所执，而只使人有一心灵光辉之扬升，心灵境界之提高，其价值诚不可忽。西方之逻辑，即表现吾人之纯粹理性活动之流行之节奏，而纯表现吾人此心灵光辉扬升之姿态者也。

唯吾人于纯粹西方哲学精神，犹有憾者，即西方哲学精神之价值，唯在哲学思维之正进行中表现，而不能在其停下处表现。西方式之哲学思维之停下处，恒落于其初所执，或后所停一二观念之本身。而此观念之本身，如不归于宗教信仰或道德实践，或其他直接体证，恒为一干燥无味而空虚之物。于是其所以得此观念之思维与论辩，亦只成一种理性之虚姿之播弄。而中国之哲学，则因其必归于体证与实践，则罕有此弊。融中西哲学之精神，吾人固宜有其更向上一着之哲学精神可创造。吾意此将是使论辩者皆归于体证，而称体证以流行，复为体证所充实。论辩与体证之所以不当相离，正如仁与智、言与行，可相互为用。体证依论辩中理性之流行，以为轨辙，正所以使体证者，亦得流行以增益。又兼所以使吾人之所体证者，既充实于自己，亦满溢于他人之道。论辩而各有真实之体证在，即所以使心灵光辉之扬升，不徒如播弄理性之虚姿，而有活泼之精神生命，顺所体证者之流行而流行于论辩之中。此亦即仁体之昭露于哲学之文化领域，而河汉无极之哲学论辩，皆可摄于中国先哲所谓率性修道之教矣。佛家谓善说法者，当如法说。体证与论辩恒相应之谓也。本书论哲学者虽较多，然尚未及哲学系统之构造，非今之所能详也。

在艺术文学中，中国古代之文学艺术，恒为人格精神之自然流露，其用亦恒在润泽吾人之日常生活，实未真显为一独立之文化领域。而在西方，则文学艺术，早成一独立文化领域。文学家、艺术家多献身于文艺，并注重以文学艺术想象，提升人之精神而鼓舞其生命，吾人前已略论之。然中国近数十年来，则盖以受西方之影响，文学艺术，皆逐渐被公认为一独立文化领域。倡优提高为文化人，是其证也。西方文学艺术精神，异于中国者，今日益为中国人所欣赏。在一公共聚会之场合中，中国旧式之怡情养性之音乐与绘画，固不足以凝摄耳目。中国式之亭台楼阁与园林之疏朗，亦不如钢骨水泥大建筑，足团聚人心。西方式之小说、戏剧、史诗、电影，善于兴发人意志，激荡人精神，吾人又岂能不承认其更为能客观地表现出生命之精采者？此固皆不足持以否认中国传统艺术文学精神之价值。然势之所趋，亦即见中国文学艺术，不能只停于过去阶段，而必须有一开新之道也。

唯文学艺术之创作，皆为天才之事。天才之创作，当其未出现之先，亦无人能加以推测，其作风亦不能由人预定。吾人所可言者，唯是如中西文化精神，将来果有一融合，则中国未来文学艺术之天才，宜亦保持中国过去文人，重各方面人文陶养以养气之精神，并辅之以一高明之智慧与敦厚之德量。然又不当如古人之视文艺为小道。当转而学西方文学家、艺术家献身于一专门之文学艺术，而务求表现其心灵于作品。使志气充塞于声音，性情周运于形象，精神充沛乎文字，以昭宇宙之神奇，人生之哀乐，历史文化世界之壮采，人格世界之庄严与神圣。然后中国文学艺术之世界之文章，乃皆为性与天道之流行。夫西方文艺在希腊，即成一文化之领域。其历代文人艺人，未必如中国之重多方面之人文陶养，恒恃其灵感之闪光、宗教之企慕、生活之激荡，既竭天才与生命力于艺事，无以怡养其精神，乃颓然以老，疯狂以死，其事可哀。中国昔之文学家、艺术家，陶养于人文者较深，又不免视文艺为人生余事。今中国旧文学家、艺术家，仍多只知胎息古人。模拟西方者，多侈言为艺术而艺术，而罕见宇宙人生之大观。或则以艺术文学当为政治服务，而唯凝虑于卑近之社会现实。不知不能"志道据德依仁"，则创造精神先自淤塞。安得千百天才焕发，而有高明之智慧、敦厚之德量，与人文陶养之士，愿献身于文学艺术，为中国创辟一新音乐、绘画、建筑、文学、戏剧之世界。既博大以雍容，亦刚健笃实以光辉，岂非中国文化之盛德大业哉。

（九）宗教精神之重建

吾理想中未来之中国文化，亦复当有一宗教。宗教之创立，亦必俟宗教性之人格，不可由哲学以建立。然而宗教人格之出现，必先有社会宗教精神之氛围。宗教人格出，则此氛围环绕于其身，而宗教兴。耶稣之出者，因以前屡有先知预言耶稣当出是也。夫然，故哲学虽不可建立宗教，而可期望宗教。高级宗教必信一宇宙之绝对精神实在。通常人精神，恒唯在坚苦困难、寂寞无依之境，乃要求绝对精神实在，以自慰其情。此绝对精神实在，谓之为吾人本有之极高明精神之客观化可，谓之为客观宇宙本有此绝对精神实在，唯于我之忘我时，乃显于我亦可。因宇宙绝对精神实在，原当为综摄主客者也。世之论者，咸谓中国无宗教，亦不须有宗教。然如宗教精神之特征，唯在信绝对之精神实在，则中国古代实信天为一绝对之精神生命实在（参考前"中国宗教精神"章）。孔孟之精神在继天，又知天即在人中，故以尽心知性立人道为事也。孔孟不重信天，而偏重尽心知性立人道者，因当时之礼中，原有郊祀之礼，人民原信天也。宋明之际，人不信天神，故宋明儒必重立天道，濂溪立太极，横渠立大和，程、朱识天理，陆、王由本心良知以见天心，船山论天衷与天德；唯诸儒皆非如孔孟之承天道以开人道，而是由人道以立天道；故非承上以启下，而是启下以立上。在宋明儒思想中，天人交贯，宗教融于道德，宗教终不成独立之文化领域。而在今日，则吾人既当由吾人之精神之四面撑开，以客观化为各种之社会文化之客观精神；则同时亦即当将吾人精神自我之统一体，即天理天心之在吾人内者，亦推举而上以客观化为：统摄"分别发展之社会文化之各种客观精神"之一客观的"绝对精神实在"。是乃于天人合一中，再分开此天与人，亦即再分开道德与宗教，使宗教重成为社会文化之一领域。此乃理之所宜然，义上之所当然。吾人今固难专自"人要求神之存在，以慰其情之坚苦寂寞"之动机上，说宗教之当建立。因此中之"情"与要求，虽由理性生，而此理性，乃尚未被自觉的。只依此情与要求建立宗教，似为非合理者。然吾人今亦可依自觉理性，就人之顺理之心，与人生经验，以说明天心——即客观之绝对精神生命实在——之有其可肯定之理，而言宗教当建立。

　　何以吾人可就人之顺理之心与人生经验，以说明天心或客观绝对精神生命有其可肯定之理？此可略说如下：盖吾人只须对本书所说个人心之超越性、涵盖性、无限性，真有所会，再自切实反省，便知当吾人精神之表现于科学真理之追求、艺术境界之向往，及一切超越客观之理或理想之体验与实现也，吾心皆顺理之所引导以开辟。心之顺理以开辟，吾虽恒觉理先行而心后继。实则，理之所往，心必俱往。心理实如如而不二。若此理为贯于他心与自然，而为客观之理，吾奈何不可说：我能知理之本心，即为贯于自然与他心而为一，实有统一自然、他心与我心之客观心，或绝对的天心乎？吾人何以不可说：唯以吾人能知理之本心，原为贯于自然与他心，而统一于客观的天心，故吾人乃求知自然之理，求与他心相通，以实际实现吾之本心实显此天心乎？诚然，人可谓吾心目中之客观心，终异于他人心目中之客观心，故吾人与他人之心终是二。于是更无统一人我心之客观心或天心，而唯以二心之间，有共同之"自在之理"为之媒，以使我心通于他心耳。然吾人复须知：依吾心理如如而俱往之经验，以说此问题，则此理之"超越我心与他心而自在，以为我心与他心之媒"，既为我心之所肯定，吾奈何不可肯定：亦有"知此理之客观的天心之超越我心他心而自在，以为我心他心之媒"？吾又奈何不可肯定："如是肯定理于我心外"之"肯定心"，即"在我之内同时在我之外，而为贯通我心与他心之客观的天心"之展现于我者乎？凡此等等，吾人思之，复重思之，终将见贯通自然、我心，与他心之客观的天心，至少为可有。吾人感觉性、审美性之艺术生活中，明直感我心与自然之相通；于社会经验伦理生活中，明直感吾心与他心恒心心相印、默默相通。克就此心与自然、心与心之贯通处言，明见我心与自然与他心之统一贯通之事实，则客观的表现此事实之涵义于前，而谓天地与我并生，我心与他心同统一于一心，则一客观的天心存在之信仰，亦不容不立。夫然，故客观天心之被建立与否，可唯视吾人是否能客观的表现：吾人所直感之我心与自然与他心之贯通统一而定。吾人只须客观的表现：吾心所直感之"我心与自然与他心之贯通而统一"，即可立天心。我心与自然与他心之贯通，乃仁心之所感也。客观化此仁心之所感，即见一天心。孔子曰："我欲仁，斯仁至矣。"仁至即仁心至。仁心至，而客观化此"仁心之所感"，则天心至。是我欲天心至，而天心至，则天心为人心之所能立矣，人之客观的表现其仁心之所感，所不容不立而当立者也。吾人循此用心，便可为中国未来文化中宗教之必有与当有，立一理性基础矣（其详须在形上学中讨论）。

唯此中国未来宗教精神之性质，吾人将谓其异于一切往昔之宗教精神，又自人类往昔宗教精神中升进而出，亦非只止于有一单纯的天心或神信仰之建立者。盖人类往昔之宗教精神中，神之信仰，自其为主观精神之客观化或心理之起原言之，初乃由人类在现实生活，历种种困难寂寞，感种种苦痛罪恶，而自然逼出的，即非自觉依理性以建立的。唯因人历困难寂寞，感苦痛罪恶，而精神冒起，乃要求一更高之精神实在，而显一超越的我。再客观化此要求之所对，或客观化此超越的我，以与现实之我隔离，即成神。神立，而人亦恒立即有求于神，以解决其实际困难，与助其去苦罪等。人并依欲望心之患得患失，恒畏神之加害于我、不肯助我等，由是而人之此宗教精神，表现为对神之信仰祈祷等时，皆恒夹杂私的欲望，或与战栗恐怖之情相俱。此欲望心有高低各形态：或为单纯求神解决当下之困难，或为求神赐与以后之福禄，或为求死后得神之庇佑，或为求神主持世间正义，或为求神在人死后或世界末日，作公平审判，或为求神助我解除罪恶。更高宗教意识，则或为视一切苦难，为我之罪恶所当受，而以自力担负罪恶——此即耶稣宗教精神之伟大；或则为将自己所受之福、所成之德，皆推让或归功于神，而不视为我自力所致，而对神所赐福德，取感恩之态度。世界高级宗教中，亦多有此精神。而中国古代人之宗教信仰，重报天之恩，让德于天。孔子之不祷于天、不怨天，亦即此精神。由此精神，而人日益刚健自立，而人可与天平等，进而求德与天齐，以人之仁德继天德，使宗教精神融入道德精神。此即孔孟以后，中国文化若为一超宗教之天人合一之文化也。夫人最初乃以主观精神，历困难苦罪，而表现出一对客观神之信仰，而对之有所祈祷。孔孟以仁德继天德，则实现天德于人德，而返客观之神于主观之精神。宋明儒之由人德之完成而见天德（见前）亦即由主观之道德实践与性之实现，以立人道，而证天道。吾人所谓中国未来文化，则将由宋明儒所重之"道德之实现""整全心性之实现"以再转出心性之分殊的表现，以成就分殊之"客观文化精神之表现"，而将重新表现出一客观天心与神。此即宋明儒精神之一推开，孔孟精神之一倒转——由中国古代原始之宗教之不自觉的表现神，转为自觉的表现神者也。

由吾人上述之神，为吾人之依孔孟、宋明儒精神之转进，而自觉的表现出。故吾人之宗教精神，可谓为至刚健、极高明，而真广大的。此即谓吾人宗教精神，乃对神全无所希慕欲望，而纯由吾人道德文化精神自身所建立，以表现吾人心性之高明，与文化精神之广大者。故吾人之建立此神与宗教精神，吾人唯是自觉的依理性之必然与当然上或纯"义"上言，当有此建立。西方之道德精神，唯依附宗教精神。及近世人谤神，而视神为人造。孔子融宗教于道德，神即人。宋明即道德以为宗教，而人即神。吾人今即由道德以转出宗教，而人建立神，人造神。西方哲学言人造神者，则谓神为本来无有。哲学以思辨肯定神之必有者，唯所以说明其宗教。纯就西方哲学说，则神唯是一纯智所对之观念。故其哲学中有神，而对神无情，无真宗教精神。西方之宗教精神，固只在其宗教中，而不在其哲学中。然吾人建立神，谓人造神，即同于谓神之显于人，神之建立其自己于人。吾人谓人之精神，客观化出神，亦即同于谓神之主观化于人。因本书最重要观念，即依一大公无私之仁心，以观宇宙人生之一切。天地为我之天地，我亦为天地之我，我亦不能以私心看我之活动，而当以仁心看我之活动，视为天地间公物。则"吾人主观建立任何客观所对"之活动，皆"客观所对自建立于吾人主观"也。由是而吾之所谓人建立神，人造神，亦无损于神之客观实在性。且依吾人之说，亦未尝止于在哲学理论上建立一客观之神之观念，复能对神有情、有真实之宗教精神。

吾人何以能对神有情而有真实之宗教精神？因如此之神，乃由吾人道德文化精神之充量表现而自觉建立的，主要依仁心所感"人我精神之贯通统一"而客观的表现之，所建立的。依人之仁心，则人对其所感之人与我精神，必有情；人对人之道德文化精神之一切表现，亦必有情；因而对于由"人我精神之贯通统一之直感"而客观的表现之，所成之神，亦有情。夫人仁心之奥，即在其恒自反而仁其所表现与所成。仁者不仅仁人而爱人，亦可于人之相仁相爱处，生一感动，爱此"相爱相仁"中之"仁之流行"，而仁于此"相爱相仁"或"仁之流行"之本身。人与人一切精神之贯通，皆人之相爱相仁处。故仁者必爱一切"人与人精神之贯通"所成之人文世界人伦世界。吾人之信神者，即由吾人之感"人与人之精神贯通"中，有"仁之流行"、有"人我一体之天心"在。则吾人客观的表现此天心而信其存在，即非孤提此"一体性"而客观的表现之；必将并此所感之人我精神贯通中之"仁之流行"以客观的表现之。故吾人客观的表现此天心，而推开此天心至何处；则吾人对人对"仁之流行"之爱、对人伦人文之爱、对天心之爱，亦表现而伸展至何处；则吾人不能止于只有干枯之神之观念，而必对神有宗教情绪、宗教精神也。然此宗教情绪、宗教精神，直通过吾人对人伦人文之爱而生发建立，故大异于西方宗教初为离人伦、人文以求神。离人伦、人文以求神，则神无实证处。神境迢迢在天，求神者亦寂寞孤往，则宗教精神终难任持。吾人今即人之人伦人文人以见神，则于人之家庭父子之相处、朋友之交谈、群众之聚会、一切社会文化活动、历史文化精神之延续，一切"为人类精神所可共认识而交会其精神"之客观自然物文化物中，无往而不可视之为人与人之心贯通之"实事或凭借"，而见神之实在，与神对人之招呼。则神境匪遥，举目皆是。求神者不须寂寞孤往，宗教精神方可久持。然神境匪遥，又非卑近。匪遥而不推开之使遥，则非宗教精神。推开之道奈何？曰观乎人伦人文世界之广大，力求精神之表现为广大之人伦人文世界，以求精神之四达并流，上际于天，下蟠于地，则人伦人文之世界推开，而神境亦推开，神境匪遥，而复迢迢在天矣。神境迢迢在天，而人伦人文世界，亦与神俱上，则人间境界皆天上化，皆有相而无相，无相而若有相矣。人间天上化，而吾人宗教精神之对象，即不只为一神，而为一神之自开其涵盖仁爱之量，而举人伦人文世界之全体，亦即人所在宇宙之全体于其怀，则神真先于人，先于人间世界，亦后于人间世界。人间世界之在天上，亦即所以充拓开辟此天上，以扩大此神境。此神境诚渊渊其渊，浩浩其天。此方为吾人宗教精神之真对象。而以肫肫之仁，与神境中之鬼神，及生人相感通（参考前"悠久世界"一章），则吾人之所以对此神境之宗教精神也。

吾人上述之宗教精神之化为实际之宗教，当有何具体之教义、仪式以形成，则待于宗教中之新圣。而如是之宗教所以有成立之可能者，则由于吾人先有鉴于佛教之不信天心在人心外，谓即心即佛，亦能建立宗教。佛教精神乃自觉的以自心还崇敬同于自心之佛。则吾人可知吾人之性与天道不二之根本思想，不碍宗教之建立。佛教在中国文化数千年之历史，对民族气质之陶养，皆有助于吾人之新宗教精神之建立。唯佛教重各个人之分别体佛心，而不重在人与人感通关系中，人伦人文世界中，见天心，故恒落入个人主义。吾人所向往之宗教精神，则既本于性与天道人心与天心之不二——知天心即人心之所表现出者，或人心之客观化；又知克就客观化出之天心，见于"人与人之精神之贯通"者言，乃超诸个人之上，而为统摄诸个人之心者。因而此宗教精神，不得陷于个人主义，而与吾人之一切社会伦理文化之意识，可相辅而兼成。此宗教精神，乃直接依吾人注重于"人与人精神之贯通"中，于人伦人文世界中见天心，而置人间于天上之宗教精神。故吾人即不能如佛教之教人为崇敬一佛，而或忽视人文人伦矣。

至于吾人所向往之宗教，与基督教之不同，则在督教之以神为人与人之精神之统一者，固可使人依神之意志以组织社会。然彼等恒只知上帝在人之先，而不知其后于人；天上人间，隔离之意味仍重，不能置人间于天上。而其只崇敬一上帝，亦非吾人所取。吾人必须于上帝之崇敬外，包括中国传统宗教精神中所有之对人格世界之人物，如祖宗、师与圣贤之崇敬，并须取中国古代之兼祭天地之意，以真表示一肯定神之先于人间，亦肯定其后于人间，对人间加以覆载，使人间天上化之精神。吾人所向往之新宗教精神，必须由吾人传统宗教精神以长出，而不能外袭。由此长出之宗教精神，且将正为一佛教、基督教精神之融合。唯此等等皆须俟宗教上之新圣出，乃成定论。吾人今日能复兴祭天地与对亲师贤圣之敬，并充量分别发展客观社会文化之精神，即迎接此新宗教，为此新宗教建基之第一步。故吾将学孔子曰："明乎郊社之义、禘尝之义，与精神之客观表现于文化，新宗教精神之建立，其如示诸掌乎。"中国佛教徒如能识此义，则亦可以充其大乘精神，发展出吾人所述之新宗教精神，而化佛教为此新宗教，予企望之矣。

唯吾人所向往之新宗教精神，虽异于人类过去之宗教与宗教精神，然吾人对一切人类过去之宗教圣人，皆不排斥，且当肯定其特殊之价值，而兼承认之。一切人类过往之宗教精神，诚不免多所祈求于神，且未能充宗教精神之量。然纯无所求之宗教精神，非人所能骤企，即彼有求于神者，其神之观念之初冒出之一动机，亦非出于欲求，而为一纯粹精神自我之超升，而客观化此精神。则一切宗教精神，无不可供人之上达之几也（对耶、回、佛诸教之价值，在"悠久世界"一章，吾人已略有所论）。夫天之高也，唯可次第以上达，宗教精神之量之充也，亦唯有次第以充盈。由原始宗教以至基督教、佛教、回教，人对神之欲求，已几进于无。而其神境，亦几将人所求之真美善，全客观化于其中，其崇敬救主与先知，已有崇敬人格精神之意于其中。吾人于彼等之所憾，在其所崇敬者，唯限其教之先知与救主。此诸教之间，不能相容，反相视如异端而相残，此独断也，此大惑也。然由人类文化之进步，人之依理性以平论不同宗教之文化价值与道德价值，已使人日有宗教上之宽容与自由。不同宗教之人，今已能互欣赏所谓"外道"或"异教"之价值，如进而能崇敬异教之先知与救主，则宗教偏蔽之惑将全破，而终将进至一新宗教，以天心与一切贤圣为崇敬对象者，如吾人上述之天上人间之宗教。吾人屡言一与多相反而相成，有一无多，一则不一。中国先哲之于德量度量，恒力求其无所不涵。吾人所向往宗教精神，包涵对人文世界人格世界之崇敬，即包涵对人文世界中已成一切宗教精神之崇敬，即包含对一切宗教圣哲之崇敬。吾人正当聚孔子、释迦、耶稣、穆罕默德，与无数圣贤于一堂，以相揖让，而供之于中国之新庙宇。吾人又知一切涵宗教精神之训示，皆可以促进吾人所向往之宗教精神之树立，奈何其可排斥之哉。

（十）伦理道德精神之充拓

由上所谓中国未来文化之各方面，须有一精神之充拓，则知在道德生活方面，亦不能不有一精神之充拓。夫中国思想中对物之有情，而惜物，复能善用物于人文之动机，固高于西方精神之利用物而傲物，追求财富而无止者也。然惜物用物而不能多制造物，以供人文世界之用，使人之人文理想受委屈，亦不可。此意儒家固知之。然道家，则恒侈言安命以自遣。安命之道德，非不表现精神之超越也。然安命之动机，或由于懈怠，则安命成依于懈怠之罪恶而有之德矣。儒家知利用厚生成人文之足贵，然不重格物穷理以发达科学，观象制器，变化万物，以合于当有之人文理想，则儒者精神亦终将退堕，而同于道家之所以自处。是儒家对物之理想之实现，非赖对物表现真正格物穷理、观象制器之精神不可。格物穷理，而使吾人之智照之明，贯入于物之中，而照明物理，亦即照明此心于物之中，而于物见心。观象制器，以实现人文理想，即所以使物质之世界，由顽梗而化为宽柔，由对人无情而对人有情。此皆吾人既以成己，亦以成物，而贯彻中国文化精神之一道也。

此外，在中国传统之伦理道德生活中，重家庭及重孝友之道，与尊豪杰侠义之士、气节之士，与圣贤之精神，皆为当保存于今后者。此种精神之价值，吾人于本书第十三章已论。唯传统所谓五伦之道德，所对者皆具体之人。君臣一伦，在昔所以表示个人之精神须统摄于代表国家或天下之人。亦即使个人之主观精神，通接于国家天下之客观精神者。然据吾人上之所论，则个人精神之通接于客观精神，尤将赖各种分别发展之文化活动，以通接于客观之社会文化领域，与社会文化团体，再透过国家以及于天下。将来各国之上再有联合国至世界国，则在一国中或在世界，皆可有一政治上居最高位之人，相当君之地位。唯因由个人至相当于此君者之间，有一庞大之社会文化系统，君之重要性必减轻。此君将日近于有位而无权责之人。只为天下一统或国家一统之象征，而有似于儒家道家所想望之无为之帝。故人之敬君之道德，亦将只为一精神上之向往，而非实际的对君负责。而代表个人精神，实际通接于客观精神之道德，当为个人对社会文化理想之忠诚。如对经济上之公平，对政治上之公正，对学术上之真，对文学艺术上之美善，对宗教中之神圣之企慕爱好，与对依文化理想而形成之社团、国家、其他世界性人类组织及其法纪之尊崇；对文化领域中同道、同志、同事、同业、同为一国公民或世界人民之合作精神，对历史文化之虔敬，对人类未来前途之遥远的爱，皆所以表示吾人对客观精神之忠诚者也。中国从前之五伦中，家庭之伦占其三，有太重家庭之失。吾人今必须扩大吾人之伦理关系，而充量表现人类道德生活之文理。

夫家庭之情谊，初依于直接之感性关系。家庭中人，乃在现实具体之日常生活相接触以通情者。父子之伦，见生命纵面之上下通流。兄弟之伦，见生命横面之左右舒展。父子之伦，行以慈孝，主爱，而为仁之始。兄弟之伦，则由爱而生敬，为义之始。夫妇之伦，所以合二家之好，使一家之人之具体生活通于他家，以合二家之内外。夫妇之道立，而男女各得其所欲：二家之男有分，而女有归，此成己成物之诚之始。此皆依感性或自然生命之诸生理关系，而复表现道德价值之伦理关系。至于朋友之交，以道义合。朋友之道，乃整个精神人格之相敬，此为横面之敬之扩充。君臣亦以道义合。君仁臣忠，又表志气之相通，此为纵面之仁之扩大。唯君臣朋友，皆以道义合，家人父子皆主恩。故又可谓前者皆统于义道，而后者统于仁道。此乃中国过去五伦之系统。然吾人今扩而大之，则人当有对一抽象文化理想或向往真善美之价值之忠诚，以成为吾现实自我对理想价值之道德。此即开出一吾现实自我对吾理想自我之一伦。由此成就自我之宛然二重化，而自我之精神，即增一内在之伸展。吾在依一文化理想或价值向往，以与同道、同志、同事、同业集成社会文化团体时，依于共同之理想，而吾人之自我与他人之自我精神即相感通。于是吾人之现实自我，与他人之现实自我虽差别，而在理想自我上，则可谓有一统一。此理想自我之统一，即使吾人理想自我得普遍化，而有一更高之拓开与伸展。在社团中，吾人之对社团之事负责，亦即又为对此统一之理想自我负责。对同志、同道、同事、同业之合作精神，则为依此统一之理想自我，以联系我与人之自我；使各得有以尽责，以同尽忠于共同理想之实现，亦即同尽忠于此中之统一的理想自我者。由是而吾人对社团之爱，即为仁道之一表现，而同于吾人之尽忠于君者；对同志、同道、同事、同业之合作精神，即义道之表现而为友道之扩大。

唯凡一社会文化理想，皆为一特殊者。一社团只为社会文化诸领域中之一社团。吾人之自我，则对社会文化之各领域之价值，皆可加以涵盖肯定。且人对不同之社会文化领域，有不同理想，人亦皆当愿对之多少有所尽责。因而吾人对一社团之忠诚与责任感，恒为有限度者。对一社团中同志、同道、同事、同业之合作精神，可只须在同作实现某理想之事中表现。此即谓吾对社会文化团体之忠诚，必分布于各种分别实现我理想之不同社会文化团体。然依于吾人自我之统一性，吾必望诸分别实现我理想之诸社团之活动，互相配合于一整个之团体——此即国家——之内。国家为诸社团之统一者，亦即为我之各客观文化理想之统一者，"分别从事各社会团体活动之诸理想自我"之统一者。于是吾人之忠诚，必通过对诸社团之忠诚，而综合于对国家之忠诚下。吾人之自我，通过诸社团，而直接间接与同国公民之自我精神相通，而见其间亦有理想自我之统一于一国家之内。而此理想自我之统一，乃具体的，不似通过社团活动所显之理想自我之统一为抽象者。因国家为各社团之综合，可为吾之全部文化理想得实现之场所故也。由是而吾人对国家之忠诚，遂若可为无限度，而愿对之尽无限责任者。

唯此所谓对社团、对国家之忠诚，绝不可视同于对社团领导人，与国家中之"政府"及"国家组织形式"之忠诚。此忠诚乃一对"文化理想"与"求文化理想之抽象的或具体的普遍化于他人之精神"之忠诚。故对社团与国家之忠诚，不碍个人具有充分之主权，本民主精神，以要求改组一社团，改变国家之组织与法律，或反对一社团之领导人，与国家之政府，或革命。此亦皆为表现个人对国家忠诚之一方式。同时个人复应有其自由，以形成其文化理想，择定其所从事之社会文化事业，决定参加或退出一社团，以至人如企慕他国所代表之文化理想，而改入他国籍，亦非不道德之事。凡此等等自由，除在违反他人之自由或国家存在之情形下，无他人或政府可加干涉，国家亦应保障此自由。人与人更应互相尊重彼此之此种自由。此即谓：人虽有对社团、对国家尽忠诚之责，然社团与国家，在个人不害其存在条件下，则无强迫个人服从其领袖或政府之必然的权利。此亦同于谓：由人之欲实现其文化理想而形成之社团国家，不能反而限制桎梏人之精神之自身。君子不以所养人者害人也。故吾人虽可以社团与国家为诸个人现实自我之上之一客观精神实在，然吾人复以诸个人之主观精神，各有其自由，可冒出于其上，而溢出于其外。诸个人之主观精神，各以如是之自由相限制，则无特定之个人，可代表国家或社团，亦无特定之社团，可代表国家。此即谓诸个人与诸社团，为立于一绝对平等之基础之上。诸个人、社团之自由，互相限制，而各个人复自觉肯定此限制，同时依恕道，以尊重彼此之自由，以兼成彼此之自由，使人皆各有其向上追求理想，以表现其精神，完成其人格之道路。此又为一人与人之友道之扩大。吾人以前论中国友道之精神，即尊重朋友不同之思想、不同出处之精神。思想不同、出处不同，仍可互敬其向上精神或德性，而有精神之感通，则同国之人，文化理想不同，所参加社团不同，仍可有一扩大的友道行乎其间，而有精神之感通也。

由上所述扩大的友道，能尊重人各有自由，以抱不同文化理想，参加不同社团，再进一步之敬意伸展，则为敬一切依不同文化理想形成之社团之自身。由此即可成就社会诸文化社团之自相敬，如宗教团体、经济团体、政治团体之相敬，与不同宗教、不同政党之团体之相敬。一时间之政府，自其有一时之政治任务言，即可视为依一时之文化理想之共同，而集合之人之一团体。故一时之政府，亦须敬同时之其他社会文化团体。政府中人之道德，即在时时体察社会要求实现之文化理想何在，求综合的实现之于政治。然此求综合实现文化理想于政治，仍只是国家社会整个文化事业之一方面，而不能以此证明政治或政府与政府中人，居于一切文化社团之上，而为一至高之主宰者也。政府之人物，除依法律，与得人民之同意，可命人民遵守法律规定之义务外，固可本其德性与人格性情，通过其政治活动，以感发人、劝导人，使人自动效忠或爱戴政府。然此亦同于师友之相淬厉以德行。唯此与人相淬厉以德性之精神，不仅政治中人当有之，从事一切专门文化活动与一般人，皆当有之。此乃中国友道之原始精神，而今后则当兼保存于吾人之分殊的文化活动中，以成为促进人与人文化活动之互相影响，促进人与人精神感通，而支持国家社会之统一之精神，并使人与人之自由，成为相勉于向上之自由，而非只使人有相容并处之自由者也。

吾人如真了解上列之意，则吾人已将个人对社团国家之忠诚（民主精神，亦即所以使人能尽此忠诚者）之纵的道德，与个人依恕道以敬他人之自由，自己限制规定其自由范围与社团国家之关系，并通过文化活动，以与人淬厉德行之横的道德，加以综合。前者为中国传统君臣间之仁忠精神之扩大，而后者则中国传统之朋友间之义恕精神之扩大。至于吾人前所谓敬他人之国，则是依于义恕之再扩大，以肯定他人对其国之忠诚而来。敬联合国或世界国，则是依于吾人之敬，各溢出其国界，而交会于国之上之实现整个人类文化共同理想之世界性之组织，以将吾人对文化理想与国家之忠诚，亦弥纶布护于整个世界人类之道也。

吾上所论，中国之伦理道德观念之扩大，亦只为中国传统仁义、爱敬、忠恕之道本可有之涵义之引申与抉发。故吾人不谓中国道德精神之本质，能有任何之改变。而吾人之扩大之，实未尝于此道之自体有所增益。唯多彰其一用耳。然由此道德观念之扩大，则使吾人知：人在社会当依位分以定实际职责之重要。全体社会文化之发展，实赖人之各抒发其才性之所长。墨子所谓为义譬如筑墙，能筑者筑，能实壤者实壤，能掀者掀之精神，与西方人重发展个性之义，真可涵摄于儒矣。由是而吾人必须更承认各种献身于一特殊文化理想之西方式的人格之价值，使吾人扩大吾人所崇敬之人格世界。在过去中国所崇敬之人格，多为圆满的人文型之人格，或笃于家庭朋友之情者。至于为一抽象的文化理想，尽其偏至之忠诚，表现一偏至精神者，人恒不能深肯定其价值。偏至之人格固常不免偏执一文化理想，推类至尽，乃违反社会之常道，而有惊世骇俗之行，致或见弃于社会，自陷于悲剧之命运。其行为且或产生危害一时社会风俗，或其他对社会之恶果，吾人诚不宜过事崇拜。然吾人观过知仁，亦当怜其志而略其迹，悲其遇而爱其才。此类人物恒自逆料其行为必不免自陷悲剧，为社会留恶果，而自愿承担之，复恒有一不容已之真性情。至少此类人物所以有偏至精神，就其源而论，亦为天地奇气所钟，表现一上达之情志，而可以荡庸俗之故习，开社会之生机者。世人之假圆满人文型之圣贤标准相责让者，正多由其不能修而忌人之修，使举世共沦于乡愿。吾人今日如引申孔子尚狂狷之意，则对一切表现偏至精神，而忠于一特殊理想之人格，如西方人格世界之人物，固当亦望其多得见于中国，而特致尊重，方见吾人之宽恕。此则有待于吾人之观过知仁，尤有赖于吾人对"人之过失与人之善德，恒不免相缘而至"之人性奥秘，多有所体验。西方文学中之小说、悲剧与传记，对人性之善恶之相互转化历程之描述，尤足使吾人扩大吾人同情体验之范围，以增加吾人之宽恕精神，与所敬人格之范围也。

　　至于吾人以前所言中国儒家道德思想，以完成人格为最后目的，而不以之为任何事物之手段。其应事接物，重顺特殊者而特殊之，于事事见一具足，见一太极，使精神无所不充满。此种即特殊以见普遍之平等慧与差别慧，及其于任何一事，皆发见其本身价值，无入而不自得之人生态度，与其鞭辟近里之修养方法，如宋明理学家所论，则皆可谓天不变，人性不变，而亦不变之常道，不废江河万古流者也。唯此一切，皆须随吾人上所论道德观念之扩大，以推致其应用范围，以求社会文化之分途发展、各种文化社团之建立、对国家世界之忠诚。常道不废江河万古流，非静而不动，乃黄河九转，依旧朝东，日趋广阔浩瀚。故人不可不随时世，以开拓此道，开拓正所以承继也。孔子圣之时者也，随时之变，乃可似异而同。吾人千言万语，虽颇似异于孔子，亦正同于孔子。其似异于孔子者，在孔子综摄三代人文精神，以成其统一之人格精神；吾人若将再重分化此统一人格精神，以成就人文世界之区域。孔子重法天道以立人道，依古代之宗教以成道德；吾人则将由道德，再启迪出宗教。孔子尊周天子，吾人则向往未来之天下一家。吾人与孔子之所以有异，正所以同于孔子。孔子之时，先有者乃三代之人文与人所信之天道，而当时天下原已有周天子在诸国之上。吾人今日时移势异，吾人精神所立之据点，与吾人之所缺者，正与孔子相反，故所言者亦不得不与孔子若全相反。然吾人向往人文世界、人格世界相因以成就，重天道、人道之一贯，与天下、国家之多而一，固皆同于孔子者也。吾人与孔子同者理，异者所重之事；同者精神之质，而异者所以充满于事之精神之量。夫诚者自成也，而道自道也。自成、自道，则理同、质（Quality）同，而量已充实而拓展。夫然，故纵贯而观之，精神自任持其质之同，正所以成其量之异。然横贯而观之，则精神所应之事异，亦可说理异而质异，所充实拓展之范围异，而量异。此可以通中国文化古今之变，而知吾人前之所以言，吾人之立脚点，未尝离中国文化精神一步，唯是返本成末之故矣。孟子曰："金声也者，始条理也。玉振之也者，终条理也。"孔子对以前之文化为玉振，对吾人今日则为金声；而吾人今日之玉振，则在重振孔子之所玉振，以振出对有超越性、客观性之文化理想之尊重，与人文世界之分途发展，成就今日之家庭、社团、国家、天下，即以振出吾人之道德精神，而完成吾人之人格，以尽性知天。此太极、人极、皇极三极一贯之道，即天心、人性、人格、人文之一贯之道也。

（十一）中国文化之回顾与前瞻

嗟乎，吾人观中国文化四五千年之历史精神，自敦笃、厚重、朴实之唐虞夏商周之精神以兴起，此可谓之以求信实之精神始。禹平水土而和万邦，而尊鬼神，至周文之盛而礼乐兴，而诸侯齐统于周天子，宛然一初立洪范皇极之规模。至孔子而周衰，孔子宗周攘夷，以兴灭国，继绝世，平天下，以为外王之道；教仁教孝，而期人之与天合德，为内圣之道。二者皆立人道之仁，以继天道之仁，使天道之仁，流行于人道之中，而立太极于中国文化中之事也。由孔子之以六艺垂教，而古之道术，乃散为诸子百家之学。诸家之学影响虽大，唯皆未尝分显为不同之学术文化领域，乃归于游士之谈说，百家之学，往而不返，道术乃为天下裂。秦以强力兼并六国，使天下具形式统一。儒家人文精神之潜隐于下者，至汉乃光显其坚凝社会、建制立国之文化效用。汉分为三国，乱于夷狄，而两晋、六朝之文化精神，不生根于地上，乃盘旋于空阔，以显为文学、艺术，归于宗教。隋唐复秦汉之大一统，政治规模，更趋宏远。唐广开疆域，以与世界交通，文艺盛才情而富华采，宗教致广大而纳众流，中国文化精神之气，膨胀至极，外拓展而中反空，故终衰散于晚唐，颓败于五代。及宋而理学家重加以凝摄，乃较不重文化之表现，而主静、主敬以立人极、显天理、明本心，由道德上之实践，而依理以生气，由此心之理以见天理、天心。天人不二之枢极立，而后中国文化精神，复归于贞定。然宋积弱而亡于元，明法唐乃复亡于清。

宋代理学家讲学于唐五代之后，民族元气衰散之余，不得不重收摄以立极，暂薄霸术与功利。盖感于如以薄弱之气，而唯务外泄，虚张声势，徒益速其亡也。然理学之影响，初及于社会，尚未能见于治道与礼乐刑政；诸儒以理生气之事业未竟，民气未能重得昌达之道，而国祚已移于元。明儒继宋学之功，矫宋学之拘谨，故开辟新知，颇尚才气。明末诸儒，如黄石斋、朱舜水、顾炎武、黄梨洲、王船山，皆重治道，而畅言礼乐刑政与食货。船山尤善合理气以言性与天道，尚志气以期刚大，彰礼乐刑政之全体大用，以立民族文化之生命。而皆志在立皇极，由道德之实现，而重社会文化之表现。清学重考证训诂，此乃"业必贵于专精"，未能"道必抵于全量"（此与"业必贵于专精"皆章学诚语），民族精神，不能顶天立地以挺起，故终不能本"分"之精神，以立文化之皇极，中华文教，日成虚饰，而无真生命精神以实之。考古以求自信，非求精神自信于内也。学术乃日徒存名言，艺文乃日只资玩弄，缠足、鸦片与纳妾之风气流行，谓非文化堕落之征，不可也。清末而外患内忧交至，清亡而文化上欧风美雨，决民族文化精神之堤防。西方文化原崇尚文化之分途发展，与科学分析之精神，虽与清学重分、重专精之精神相应，然晚清与民初之学者，大本不立，尚国家之富强，重科学、尊民主自由之精神，皆统之无宗，会之无元。为政者、主社会革命者，与提倡教育文化思想者，因处中西文化精神错杂之际，恒不知一切文化活动，皆当为依表现的精神（表现实现之义见第十六章），以贡献生命精神于客观理想。表现向外，必先向上，向所敬之他人与社会客观精神而表现。一切道德价值之实践实现，乃向内，须先实现于自己人格。表现而不向上，则唯以增其骄盈；实践道德而先向外，以求诸他人，唯以增其恣纵。此数十年之为政者、主社会革命者、提倡教育文化思想者之大病，正在其精神：初则重有所表现而向外，而不知先向上，以求贡献生命精神于客观理想；其结果唯是持一客观理想对自我表现，自以为是，成偏执之见，奋之以意气，以号召他人，冀得信徒，加以实践，视社会徒为我实现理想之场所，而无敬他人与社会客观精神之意。于是思想庞杂之文化精神，唯使社会活气相荡相消，互摧互压，而闭敛于无形，民族精神日归瘫痪腐烂，以俄为师之马列主义者，起而承其弊，乃谓世本无精神，宗尚唯物，于一切精神皆视为物质之变形，于一切事物唯见数量之差别，不复见性质与价值之差别，与个性人格之尊严。薄高远之理想，忘固有之人文，昧自然之人性，中国文化精神之高明敦厚而广大之德慧，乃皆平沉于地下。世唯见自然生命暴力之泛滥，与理智光辉之流行。势之至此，天也，非人也。民族精神之瘫痪腐烂，终不免此文化自杀之事也。然舍表面以观底层，则中国文化精神之潜流，固当顺晚清诸儒立皇极之精神以发展。化清儒重专精之学，为社会文化并行不悖之分途发展，而期于民族精神之旁通周达，以扬升而高举，必将能转百年来被动接受西方文化冲击之态度，而自动加以摄受，宏纳西方学术文化之众流，以充实此皇极，而展开分途充量发展之中国人文世界。则欧风美雨、北俄霜雹，坏固有文化之堤防，盖亦天之所以涤荡中国文化之尘垢与虚饰，使中国民族精神，将吞吐百川于大海之开始。先圣先贤之英灵永在，中国文化真精神，亦终将重自混沌中昭露以出，而光辉弥以新。则吾人于此剥复之交，独握天枢，吾人未尝不可悲而不失其乐。知吾人今日之责任，唯在透至底层，直接中国文化之潜流，去其土石与沙砾，重显其源泉混混、不舍昼夜、健行不息之至德于光天化日之下。则承孔孟立太极、宋明理学家立人极，与明末至今企慕皇极之精神，依太极、人极以繁兴大用，实立皇极于天下，使吾人一切精神活动，皆一一得直升而不受委屈，积诸直而并行不悖、参伍成文，成大方之直。依枢极以周流，而大方无隅，斯谓圆而神。是正吾人今日贞下起元之任也。《易》曰"云行雨施，品物流形，大明终始，六位时成"，又曰"坤至柔而动也刚，至静而德方，后得主而有常，含万物而化光"，"直方大"，又曰"君子刚健、笃实、辉光，日新其德"。文化之创造，诚当日新其德，通其变以不倦。文化之品物，诚须流行，以分别成位序，展开为并行不悖之人文世界。日新而后高明，直方而后广大，刚健笃实而后光辉。然此等等，皆自吾人之自求尽心性，当如是以言，绝非谓未来实立皇极之理想人文世界，人生即幸福无疆，更无吉凶、得失、死生、祸福，亦无美丑、善恶、真伪、贤不肖之别。凡此等等，皆人之为有限之生物个体，有特定之理想，而求其普遍化，与其随所遇顺逆，及心性之显于情而不可免者（可参考第六章）。此一切之相对，皆与宇宙人生之历程相终始。然人生之所贵者，唯在透过此诸相对，而反反以显正，以求上达。吾人之求绝对至善之精神，唯运于相对之中，以自尽心知性，完成其人格。唯此人格之次第成就，以上升于天而配享上帝，为一成而永成者。此自然世界、人文世界，与人生外表之活动，皆永在流行变化中，而终于未济。若人持其求自逸之心，以为理想人文世界可使人各取所需，终日享受极乐，人生从此得息肩之所，则大妄也。如此世界果可终于此，则又何不早终于无量劫来之过去？天行健，君子以自强不息。地势坤，君子以厚德载物。云雷屯，君子以经纶。经纶于雷雨之动中，即人生之所息。吾人以此心存此志，则皇极已立于吾当下之心中，透过吾此心以显，则此雷雨之动之世界，亦即皇极之理想人文世界正向之而立之世界，又岂远乎哉。直下承担，见诸行事，是待善学者。

外文人名中译对照表

Adler 亚德勒

Anaxagoras 安那克萨各拉斯

Anselm, St. 安瑟姆

Archimedes 亚基米德

Aristotle 亚里士多德

Augustinus, St. A. 奥古斯丁

Bacon, F. 培根

Bakunin, M. 巴枯宁

Beethoven 贝多芬

Bentham, J. 边沁

Bergson, H. 柏格孙

Berkeley, G. 巴克来

Bismarck, O. von 俾斯麦

Bradley, F. H. 勃拉得雷

Burnet 贝勒特

Burtt 布耳特

Byron, G. G. 拜伦

Carlyle, T. 卡来耳

Cassirer, E. 卡西纳

Cervantes 塞万提斯

Chopin, F. F. 萧邦

Copernicus 哥伯尼

Cromwell, O. 克伦威尔

Darwin, C. 达尔文

Democritus 德谟克利泰

Descartes, R. 笛卡儿

Dewey, J. 杜威

Dickinson 狄肯生

Edison, T. A. 爱迪生

Einstein, A. 爱因斯坦

Empedocles 恩比多克

Engels, F. 恩格斯

Epicurus 伊辟鸠鲁

Fichte, J. G. 菲希特

Freud 佛洛特

Galileo 盖律雷

Goethe, J. W. 哥德

Green, T. H. 格林

Croce, B. 克罗齐

Hartmann 哈特曼

Hegel, G. W. F. 黑格尔

Heidegger, M. 海德格

Heraclitus 赫雷克利塔氏

Herodotus 赫罗多塔

Herzberg 赫兹保格

Hobbes, T. 霍布士

Hume, D. 休谟

Husserl 虎赛尔

Ibsen, H. 易卜生

James, W. 詹姆士

Jefferson 杰弗逊

Joad 约德

Johnson 约翰生

Jung 容格

Kant, I. 康德

Kepler 凯蒲勒

Keyserling, H. G. 凯萨林

Kierkegaard, S. 杞克果

Kropotkin, P. 克鲁泡特金

Leibniz, G. W. 来布尼兹

Lincoln, A. 林肯

Lloyd George 路易乔治

Locke, J. 洛克

Lombroso 朗布罗梭

Mach, E. 马哈

Machiavelli 马夏维利

Maeterlinck, M. 梅特林克

Marx, K. 马克思

Maupassant 莫泊桑

Michelangelo 米西尔朗格罗

Mill, J. S. 穆勒

Milton, J. 密尔顿

Moore, G. E. 摩耳

Musset, A. de 缪塞

Nietzsche, F. 尼采

Northrop 诺斯诺圃

Owen, R. 奥文

Parmenides 巴门尼德斯

Pascal, B. 巴斯噶

Petrarch 辟特拉克

Plato 柏拉图

Plutarch 布鲁塔克

Poincare 普恩加赍

Pythagoras 毕达哥拉斯

Rodin 罗丹

Romain Rolland 罗曼罗兰

Roosevelt, F. D. 罗斯福

Rousseau, J. J. 卢梭

Royce, J. 罗以斯

Russell, B. 罗素

Santayana, G. 桑他耶那

Schelling, F. W. J. 席林

Schiller, F. 席勒

Schopenhauer, A. 叔本华

Schubert, F. 舒伯特

Schweitzer 史怀哲

Shakespeare, W. 莎士比亚

Shaw, G. Bernard 萧伯纳

Simmel 席默耳

Sinclair 辛克来

Socrates 苏格拉底

Spaulding 斯波丁

Spencer, H. 斯宾塞

Spengler, O. 斯宾格勒

Spinoza, B. de 斯宾诺萨

Spranger 斯伯朗格

Swift 史维夫特

Thales 泰利斯

Thomas Aquinas, St. 多玛斯

Tolstoy, Leo 托尔斯泰

Toynbee, A. J. 汤恩比

Voltaire 伏尔特

Wagner 瓦格纳

Wallace 华勒氏

Washington, G. 华盛顿

Watson 华逊

Whitehead, A. 怀特海

Zeno 齐诺